CHICA DA SILVA E O CONTRATADOR DOS DIAMANTES

JÚNIA FERREIRA FURTADO

Chica da Silva e o contratador dos diamantes
O outro lado do mito

5ª reimpressão

Copyright © 2003 by Júnia Ferreira Furtado

Grafia atualizada segundo o Acordo Ortográfico da Língua Portuguesa de 1990, que entrou em vigor no Brasil em 2009.

Capa
Ettore Bottini

Ilustração da capa
Carlos Julião, c. 1776.
Acervo da Fundação Biblioteca Nacional

Edição de texto
Cláudia Cantarin

Índice remissivo
Caren Inoue

Revisão
Edna Luna
Renato Potenza Rodrigues

Atualização ortográfica
Verba Editorial

Dados Internacionais de Catalogação na Publicação (CIP)
(Câmara Brasileira do Livro, SP, Brasil)

Furtado, Júnia Ferreira
Chica da Silva e o contratador dos diamantes : O outro lado do mito / Júnia Ferreira Furtado. — 1ª ed. — São Paulo : Companhia das Letras, 2003.

Bibliografia
ISBN 978-85-359-0349-2

1. Diamantes – Minas e mineração – Brasil 2. Escravos – Brasil – Minas Gerais 3. Silva, Chica da, m. 1796 I. Título.

03-1464   CDD-981.51

Índice para catálogo sistemático:
1. Minas Gerais : Escravidão e alforria : História 981.51

[2021]
Todos os direitos desta edição reservados à
EDITORA SCHWARCZ S.A.
Rua Bandeira Paulista, 702, cj. 32
04532-002 — São Paulo — SP
Telefone (11) 3707-3500
www.companhiadasletras.com.br
www.blogdacompanhia.com.br
facebook.com/companhiadasletras
instagram.com/companhiadasletras
twitter.com/cialetras

*Para Clara e Alice,
por cada manhã,
cada amanhã,
cada maa-nhêêê...*

*Isso foi lá para os lados
do Tejuco, onde os diamantes
transbordavam do cascalho.*

Cecília Meireles,
*Romanceiro da Inconfidência**

* Todas as epígrafes dos capítulos foram extraídas do *Romanceiro da Inconfidência*, de Cecília Meireles.

Sumário

Agradecimentos 11
Apresentação 17
1. TERRA DE ESTRELAS 27
   A Demarção Diamantina 27
   O arraial do Tejuco 37
2. CHICA DA SILVA 47
   Escrava, parda 47
   Ascendência 58
3. CONTRATADORES DE DIAMANTES 73
   Velho sargento-mor 73
   Jovem desembargador 87
4. DIAMANTE NEGRO 103
   Amor profano 103
   Dona Francisca 112
5. SENHORA DO TEJUCO 128
   A casa e a rua 128

Plantel de escravos	143
6. A VIDA NO ARRAIAL	157
Redes de sociabilidade	157
Irmandades	168
7. MINAS DE ESPLENDOR	183
Mecenas	183
Macaúbas	188
8. SEPARAÇÃO	199
A casa na Lapa	199
O contrato diamantino	207
9. DISPUTAS	225
O morgado do Grijó	225
A era mariana	238
10. DESTINOS	244
Dona do Serro do Frio	244
Descendência	246
11. CHICA QUE MANDA	265
Memória histórica	265
A difusão do mito	278
Abreviaturas	285
Notas	287
Bibliografia	353
Créditos das ilustrações	377
Índice remissivo	381

Agradecimentos

Até o início deste livro sempre acreditei que o trabalho de pesquisa era, antes de tudo, um ato essencialmente solitário, que isolava o pesquisador em arquivos, bibliotecas, ou em um escritório em frente à tela de um computador. Pesquisar a vida de Chica da Silva foi, na realidade, uma tarefa partilhada com amigos, historiadores, colegas, alunos, familiares, funcionários e muitos outros que me auxiliaram a remontar a intricada rede da vida dessa mulher setecentista. Agradecer a todos é como recontar um pouco a trajetória da pesquisa que se esconde por trás desta obra.

Primeiramente, minha gratidão a Virgínia dos Santos Mendes que, com sua amizade e companheirismo acadêmico, sem querer me colocou nas trilhas desta pesquisa. Foi por seu esforço e o dos colegas e amigos do Departamento de História da Faculdade de Filosofia de Diamantina (Fafidia/UEMG) para construir o Centro de Memória Cultural do Vale do Jequitinhonha que esta pesquisa começou a tomar forma. A Virgínia, Neusa Fernandes, Mariuth Santos, Kiko (Paulo Francisco Flecha Alkimin), James William Goodwin Jr., Toninho (Antônio Carlos Fernandes), Marcos Lobato e

Dayse Lúcide Silva, companheiros das segundas sem lei diamantinenses, este livro é dedicado. Nossos esforços para tornar o Centro uma realidade, um espaço e um instrumento para a pesquisa histórica na região não teriam sido possíveis sem o apoio, na UEMG, do reitor Prof. Aluísio Pimenta e do pró-reitor de extensão Prof. Eduardo Andrade Santa Cecília.

A constituição do Polo de Extensão da UFMG no Vale do Jequitinhonha, do qual este projeto também se tornou parte, propiciou as parcerias interinstitucionais, os recursos e a infraestrutura indispensáveis para que esta pesquisa fosse realizada. Agradeço em especial ao apoio do pró-reitor de pesquisa Prof. Paulo Beirão e do pró-reitor de extensão Prof. Evandro José Lemos da Cunha. À incansável Marizinha Nogueira, sem a qual o Polo seria apenas uma abstração, meu obrigada muito especial, assim como para todos os colegas integrantes desse privilegiado espaço de integração acadêmica na Universidade Federal de Minas Gerais.

Em diferentes momentos e etapas contei com o apoio financeiro de agências de fomento à pesquisa, o que viabilizou a contratação dos bolsistas, as viagens de pesquisa, a compra de material e a reprodução de documentos. Agradeço a Fapemig (Fundação de Amparo à Pesquisa do Estado de Minas Gerais), que foi a primeira a conceder um financiamento por intermédio do apoio às atividades do Centro de Memória Cultural do Vale do Jequitinhonha; a Fundação Ford/Fundação Carlos Chagas, que contemplou o projeto com um dos prêmios do VIII Concurso de Dotações para a Pesquisa sobre Mulheres, no ano de 1999; a Finep (Financiadora de Estudos e Projetos), que financiou o projeto através do Polo de Extensão da UFMG no Vale do Jequitinhonha; e o Fundo de Pesquisa de Projetos integrados da Fundep (Fundação de Desenvolvimento da Pesquisa) concedido pela Pró-Reitoria de Pós-Graduação da UFMG ao projeto "A riqueza e a pobreza do vale do Jequitinhonha", coordenado pelo Prof. Ralfo Matos, ao qual a pesquisa sobre Chica da Silva e outras mulheres forras do Tejuco se vinculou como um dos subprojetos.

Com o apoio financeiro propiciado por essas instituições, vários bolsistas de pesquisa puderam me auxiliar no levantamento documental. Gostaria de agradecer especialmente a Lígia Fátima de Carvalho, Maria Angélica Alves Pereira, Renato de Carvalho Ribeiro, Maria José Ferro de Sousa e Maria Eugênia Ribeiro Pinto.

A busca por documentos que reconstruíssem de alguma maneira a vida de Chica da Silva me levou a uma ronda incansável por arquivos e bibliotecas no Brasil e no exterior, instituições em que sempre encontrei funcionários solícitos e atenciosos que minoraram as distâncias, os custos e as dificuldade da enorme tarefa a que me propus. Em Diamantina, meus agradecimentos especiais a Til Pestana, diretora do Instituto do Patrimônio Histórico e Artístico Nacional (Iphan) na região, que permitiu livre trânsito a mim e a meus estagiários na Biblioteca Antônio Torres e abriu a documentação da Casa dos Ottoni, que ali se encontrava em processo de restauração. Também sou grata à funcionária Denise Alves Ferreira pela atenção dispensada.

Parte importante desta pesquisa foi realizada no Arquivo Eclesiástico da Arquidiocese de Diamantina; meu muito obrigada aos bispos dom Geraldo Magela Reis e dom Paulo Lopes de Faria, que franquearam meu acesso ao arquivo, onde, fora das normas da casa, muitas vezes fui providencialmente "esquecida" até tarde da noite, bem como à funcionária Débora Maria Braga Reis, que não poupou esforços para facilitar o trabalho de transcrição da documentação.

Em Portugal, meus agradecimentos a Tiago Pinto dos Reis Miranda, querido amigo, que se prontificou a conseguir uma visita à antiga casa do contratador João Fernandes de Oliveira e à Fundação Luso-Americana para o Desenvolvimento, atual proprietária do imóvel, por ter permitido o acesso e a realização das fotografias no seu interior. Com Tiago, em tardes inesquecíveis, passeei pelas ruas de Lisboa, em verdadeiros mergulhos na história dessa maravilhosa cidade. No Arquivo Histórico Ultramarino, o dr. José Sintra Martinheira disponibilizou com presteza e rapidez a cartografia do Distrito Diamantino e do Tejuco, pertencente a essa instituição.

Na Itália, no Archivio Centrale dello Stato, meu muito obrigada ao seu diretor, dr. Luigi Londei, por ter respondido prontamente às minhas solicitações de pesquisa, e à funcionária Giuliana Adorni, que, a despeito do pouco tempo de que eu dispunha para a permanência em Roma, liberou com rapidez a documentação para a consulta, abrindo uma exceção nas normas da instituição.

No convento de Macaúbas, agradeço à irmã Maria Imaculada, que realizou com perfeição a pesquisa, o xerox e a transcrição dos documentos por mim solicitados, tendo em vista ser vetado o acesso direto à documentação do convento.

Em Belo Horizonte, sou grata ao sr. Assis Horta, que gentilmente me apresentou rica coleção de documentos, fotografias e objetos sobre a história de Diamantina que guarda em seu acervo particular.

Em Princeton, Estados Unidos, encontrei o ambiente e a paz necessários para escrever a primeira versão completa deste livro. Ali tive o apoio inestimável de professores e funcionários do Program of Latin American Studies que se tornaram amigos queridos e saudosos. Agradeço em particular a Jeremy Adelman, David Myhre, Rose (Rosália Rivera), Stanley Stain e Peter T. Johnson. No Departamento de História pude desfrutar de instigante e profícuo ambiente de debate, especialmente por intermédio dos professores Robert Darnton, Kenneth Mills, Antony Grafton, Eileen Reeves e Elizabeth Lunbeck. Amelia O'Neill, Andra Olívia Maciuceanu, Dean Antony Dent, Elizabeth Balthrop, Kathie Holt, Kristina Allemany e Nicolas Fintch, alunos do curso que ministrei sobre escravidão brasileira, foram importantes debatedores de minhas interpretações acerca do tema e da figura de Chica da Silva.

Contribuições inesperadas de pessoas que não cheguei a conhecer pessoalmente enriqueceram ainda mais o texto. Agradeço em especial à generosidade demonstrada por Samuel da Cunha Pereira, que forneceu a cópia do testamento de Jacinta da Siqueira; a Valdina Oliveira Pinto, conhecedora da religião banta; a Tiche Puntoni e ao grupo Klepsidra pela indicação e transcrição da letra da música *Xula carioca*, e a Eneida Mercadante pelas informações sobre Carlos Julião.

(Não poderia deixar de lamentar o desaparecimento, no Arquivo do Fórum do Serro, do livro de testamentos onde foi registrado o de Chica da Silva. O retorno do livro a suas estantes significará a recuperação de parte da memória tão dilapidada da história do país, patrimônio comum de toda a sociedade.)

Vários colegas e amigos se juntaram a mim na busca de documentos, e colaboraram com sugestões, leituras e comentários dos diversos capítulos e versões do texto; entre eles minha gratidão a Adriana Romeiro, Caio César Boschi, Renato Pinto Venâncio, Francis Dutra, Luciano Figueiredo, João José Reis, Stuart Schwartz, Thaïs Cougo Pimentel, Pedro Putoni, Íris Kantor, Adalgisa Arantes Campos, Maria Fernanda Bicalho, Roberto Borges Martins, Amilcar Vianna Martins Filho, Laura Mello e Souza, Patrícia Lendi, Ulisses Vanucci Lins e Ana Catarina Parisi.

A Maria Odila Leite da Silva Dias e Maria Luiza Mott, pareceristas do projeto apresentado à Fundação Ford/Fundação Carlos Chagas, agradeço pelas sugestões e leituras críticas que enriqueceram a pesquisa e orientaram muitos dos rumos que o texto final apresenta. Amir Nadur Jr. fotografou com especial atenção as figurinhas de Carlos Julião que ilustram o livro e Maria Cristina Armendani Trivellato, as de Milho Verde.

Aos amigos e colegas do Aracne, António Manuel Hespanha, Federico Palomo, André Belo, Rui Tavares, Guiomar de Grammont, Neil Safier e Angela Barreto Xavier, agradeço as sugestões, os documentos e a profícua discussão sobre temas acadêmicos e outros nem tanto, mas nem por isso menos saborosos.

A tarefa mais árdua consiste em agradecer a meu marido Lucas Vanucci Lins, a meus pais Ilda e Evaldo Furtado, à minha sobrinha Isabel e às minhas filhas Clara e Alice. Para com eles, meu débito e meu amor não têm tamanho. Lucas foi leitor atento das infinitas versões de cada um dos capítulos e das formas que o livro tomou ao longo de sete anos. Não poupou estímulos para que eu aprofundasse a pesquisa, quase sempre à custa de prolongadas ausências ou de meu isolamento em frente dos livros e do computador. Foi igualmente companheiro de pequenas escapulidas mineiras em busca de fazendas, cidades, conventos e trilhas por onde passaram Chica e seus familiares. Agradeço a meus pais Ilda e Evaldo, meus maiores incentivadores, "paitrocinadores" e, como todos os pais, meus maiores fãs. Sem eles, nada disto seria possível. Isabel, com sua grande doçura, leu os primeiros originais e enriqueceu-os com sugestões e críticas. Minhas filhas Clara e Alice foram criadas por uma mãe meio ausente, e, por isso mesmo, "detestam Chica da Silva", mas seu amor incondicional foi sempre motivo de minha alegria mais profunda e verdadeira. A elas, de quem Chica roubou a mãe por incontáveis horas, este livro é dedicado.

Apresentação

*Ainda vai chegar o dia
de nos virem perguntar:
Quem foi a Chica da Silva,
Que viveu neste lugar?*

Por volta do segundo quartel do século xx, o jornalista Antônio Torres recolheu, em diversos cadernos, apontamentos sobre personagens e acontecimentos da história do Tejuco, já então renomeado Diamantina. Sobre Chica da Silva escreveu: "Reza a tradição que seu cadáver foi encontrado, muitos anos após sua morte, com a pele seca e negra".[1] À primeira vista, a afirmação parece sugerir santidade, afinal Chica não seria a primeira, nem a última, na longínqua tradição luso-brasileira, a ser encontrada nesse estado, considerado uma vitória sobre a putrefação pós-morte, a indicar a santidade e a pureza do morto. Exemplo desse fenômeno pode ser encontrado em 1752, quando a *Gazeta de Lisboa* noticiou a morte da irmã Isabel de Madre de Deus, natural da Bahia, atribuindo o fato de seu corpo permanecer flexível e suar no esquife à vida virtuosa que levara, "havendo vivido tão abstraída das coisas do mundo, que só para servir a Deus conservava a memória e a diligência".[2]

O corpo de Chica da Silva foi enterrado na igreja de São Francisco de Assis, no Tejuco, em cuja entrada se postava uma imagem de roca de santa Margarida de Cortona. O corpo incorrupto da santa repousava numa igreja da Toscana e operava milagres e curas.³ Tal efeito teria sido resultado da sua vida venerável, pois após converter-se distribuíra todos os seus bens aos pobres.⁴ A visão do corpo intacto de Chica da Silva não causou tal impressão de pureza em seus conterrâneos, tampouco sugeriu santidade. Antônio Torres assim descreveu as reações que a descoberta do cadáver provocou:

Era como um saco de ossos, que ao menor movimento chocalhavam sinistramente. O coveiro teve escrúpulos de guardá-lo em lugar sagrado e atirou-o em grotas afastadas, como restos de animal selvagem. Rolado ao vento, produzia vibrações estranhas, que atemorizavam, semelhando gargalhadas de mofa. Os que passavam, mais corajosos, balbuciavam o insulto costumado: "Toma lá, quingongo!". Os demais passavam apressadamente e benziam-se ao ouvir o chocalhar dos ossos.⁵

A descrição que Antônio Torres recolheu a respeito do corpo de Chica, descoberto provavelmente durante os trabalhos de restauração por que passava a igreja,⁶ não nos interessa para discutir a veracidade do relato, e sim para analisar as impressões que provocou. As reações de repulsa e medo descritas pelo autor — muito diferentes dos sentimentos que Chica evoca hoje — expressavam o que a população, na época, sentia em relação à visão de seu corpo incorrupto, imprimindo ao mito da ex-escrava tejucana outros significados. A interjeição popular de "Toma lá, quingongo!" com que reagiram os moradores refletia seu temor. Quingongo, divindade ligada à profundeza da terra na religião banta — por isso também associada à doença, à morte ou à regeneração —, era exortada a levar seus restos mortais.⁷

Mesmo de forma contraditória, a figura de Chica da Silva sempre atraiu e despertou curiosidade. Sua imagem, popularizada a princípio pelos livros de história, e mais tarde por romances, pelo cinema e a televisão, desafia o tempo.

A partir de meados do século XIX, quando o diamantinense Joaquim Felício dos Santos escreveu sobre Chica da Silva, em suas *Memórias do Distrito Diamantino*, ela deixou de ser uma entre as muitas escravas que viveram em Minas Gerais no século XVIII e se tornou um mito,[8] que ao longo do tempo, como demonstra o relato de Antônio Torres, sofreu inúmeras modificações, atualizações e releituras ao gosto de cada época.

Bruxa, sedutora, heroína, rainha ou escrava: afinal, quem era Chica da Silva? Após quase três séculos, a falta de uma pesquisa histórica sobre sua vida contribuiu para que a pergunta permanecesse sem resposta efetiva. Este trabalho procura conhecê-la não como curiosidade, nem como exceção, mas, por meio dela, lançar luz sobre as demais mulheres daquele período, inserindo-as na história. Só assim é possível libertar o mito dos estereótipos que lhe foram imputados ao longo do tempo. O caminho escolhido foi o de procurar em documentos os registros da passagem de Chica pela história. E o que parecia impossível revelou-se tarefa fecunda e produtiva, como provam os inúmeros documentos a seu respeito, bem como sobre o contratador de diamantes e seus familiares, encontrados em diversos arquivos, no Brasil e em Portugal, listados no final deste volume.

Antes, porém, que o leitor se aventure nas próximas páginas, é preciso fazer algumas advertências sobre o que esperar ou não do texto que segue, fruto de uma reflexão histórica baseada em documentos oficiais depositados em bibliotecas e em arquivos públicos ou particulares, em Portugal, no Brasil e nos Estados Unidos. Não são documentos íntimos, infelizmente perdidos, onde estariam registrados os pensamentos e os desejos dos homens e mulheres daquele tempo. São livros de batismo, listas de irmandades, ordens régias, processos, petições, entre outros, que em geral revelam fatos, e não opiniões. Não obstante, não impedem que o historiador busque as emoções, os desejos e os pensamentos que os motivaram: sua releitura pode revelar muito mais do que a abordagem limitada que se esperaria de documentos dessa espécie.

Apesar de embasado em minuciosa pesquisa documental e bibliográfica sobre Chica da Silva e seus descendentes, este livro não esgota, nem pretende, as interpretações sobre essa mulher e o tempo em que viveu; assim, várias perguntas permanecerão sem resposta. E, se o retrato resultante desse mergulho no passado não pode se comparar a uma iluminura renascentista, repleta de detalhes, não deixa de ser menos fiel ao original, como as pinceladas de um pintor impressionista. Toda vida humana é insondável; conhecê-la em sua plenitude é impossível, porém a Chica da Silva que aqui descrevemos procura se aproximar da mulher real que viveu no Tejuco no século XVIII. Ao inseri-la e contextualizá-la em seu tempo e em seu espaço, buscou-se construir uma personagem historicamente verdadeira.[9]

Também não se pode cair nas armadilhas da ilusão biográfica,[10] e pretender que biografia e história sejam subordinadas a uma rigidez cronológica, como se dá com a vida natural das pessoas. Tampouco se espera que ambas sejam dotadas de significação e sentido únicos e lineares pautados pela racionalidade. Vida e história nem sempre são coerentes e muitas vezes percorrem caminhos nunca esperados. Escrever a história de uma vida requer atenção para as rupturas, para as perturbações, "como a história contada por um idiota, uma história cheia de ruídos e de furor",[11] mas plena de significação.

Este estudo buscou promover a interseção entre o relato individual e o do contexto histórico em que o primeiro se insere.[12] É assim que Chica deixa de ser um mito para ser entendida como personagem histórica, nos aspectos que tinha em comum com as mulheres forras daquela época, mas também naqueles que lhe eram únicos. Não se pretende que uma biografia seja capaz de conter a multiplicidade dos significados de uma vida. O tempo da biografia é fragmentado, como o da história, caracterizado por contradições e paradoxos.[13]

Se o romance se caracteriza pela liberdade com que o autor constrói a história das suas personagens, a biografia tem como limite a vida e a existência real do biografado, remontadas com base na análise das fontes eleitas. Porém, ambos os gêneros se caracterizam pelo estilo narrativo, cujo renascimento, no discurso histórico, encontrou sua melhor expressão nas biografias.[14] O prazer de narrar a vida de Chica da Silva, de encerrá-la numa teia de palavras, foi o impulso condutor da escrita deste livro. Ainda que a redação dos capítulos e a seleção dos temas tenham seguido as orientações das modernas metodologias da história, acima de tudo foram as falas dos atores, apesar de indiretas e filtradas pela documentação, que indicaram os caminhos a trilhar. Como nos lembra Borges, "existe algo com a história, com a narrativa, que sempre estará presente. Não creio que um dia os homens se cansarão de contar ou ouvir histórias".[15]

ESCRAVIDÃO E ALFORRIA NAS MINAS

Na região aurífera, a alforria sempre foi mais acessível às escravas; apesar disso, também escravos de ganho ou aqueles empregados na mineração conseguiam formar um pecúlio com o qual compravam sua liberdade, visto que poucos eram os libertados como retribuição pelos serviços que prestavam a seus proprietários. Como decorrência da conformação do povoamento mineiro, onde a presença de mulheres — sobretudo das brancas — era escassa, o concubinato se generalizou e muitos senhores brancos alforriavam suas companheiras escravas. Geralmente, estes oficializavam tal

21

ato no leito de morte, e com frequência estipulavam um prazo para a concessão da liberdade, prevendo a prestação de mais alguns anos de serviço para seus herdeiros. Mais raramente, a alforria às companheiras era concedida durante o período de vida dos senhores.[16]

Nessa perspectiva, a sociedade mineira apresentou uma diversidade e uma miscigenação muito maiores do que as demonstradas pelas sociedades escravistas do litoral brasileiro, do Caribe e do Sul dos Estados Unidos. Nessas regiões, a generalização da monocultura de exportação acentuou o distanciamento entre o mundo das pessoas livres, dominado pelos brancos, e o dos escravos, constituído pelos negros. Em Minas Gerais, à medida que o século XVIII avançava, surgiu uma camada numerosa de mulatos e negros forros da qual Chica da Silva foi apenas um dos exemplos.[17]

Na região dos diamantes, o papel desempenhado pela mulher e pela família ainda não foi estudado com o aprofundamento que o tema merece: por um lado veem-se repetidas as características da sociedade aurífera, mas por outro peculiaridades podem ser detectadas. A biografia de Chica da Silva lança luz, sim, sobre o universo das mulheres forras da região, pois na verdade o tipo de vida que levou não constituiu exceção. A historiografia a tem retratado com base na reconstrução de uma imagem estereotipada das mulheres negras, escravas ou forras. Estudos recentes indicam que, uma vez alçadas à condição, muito comum na época, de concubinas de homens brancos, as forras procuravam se reinserir na sociedade, usufruindo as vantagens que esta podia lhes oferecer, a fim de minimizar o estigma da cor e da escravidão. Mas essa possibilidade não pode ser compreendida como sintoma de tolerância e de benignidade das relações raciais no Brasil, que teriam se constituído sob a forma de uma *democracia racial*.[18]

O mito de Chica da Silva tem sido utilizado para sustentar a alegação de que, no Brasil, os laços de afeto e as relações físicas entre brancos livres e mulheres de cor abrandaram a exploração inerente ao sistema escravista em face do concubinato.[19] É verdade que as mulheres de cor, uma vez livres, adquiriam controle sobre seu destino, e o concubinato lhes oferecia alternativas numa sociedade que, por princípio, lhes negava qualquer forma de inserção. Essas mulheres eram senhoras de seu viver e traçavam seu próprio destino. Entretanto, não podemos esquecer que, sob o manto dessa prática, não obstante as vantagens econômicas e sociais alcançadas, efetivava-se uma exploração dupla — de cunho sexual e racial —, pois a essas mulheres jamais foi propiciada a condição de esposas. Ainda, como veremos, por viverem no mundo dos livres, elas procuravam imitar seus hábitos, costumes, estilo de vida e indumentárias, de modo que reproduziam em escala menor o mundo daqueles que as haviam submetido à escravidão.

Portanto, em vez de ponto de partida para a constituição afirmativa de uma identidade negra, a alforria foi muitas vezes o início do processo de aceitação dos valores da elite branca, de forma a inserir-se, assim como a seus descendentes, nessa sociedade. O processo de branqueamento étnico e cultural revela não as características democráticas das relações entre as raças, mas as armadilhas sutis por meio das quais se esconde a opressão racial no Brasil.

Na sociedade hierarquizada e excludente da época, o casamento estava encerrado em regras rígidas. A mobilidade constante dos homens e a desigualdade social, racial e de origem entre os cônjuges dificultavam e até impediam os matrimônios legais. O Estado português normalmente não permitia a união de indivíduos de condições desiguais; chegava-se a instaurar processos para averiguar a origem dos nubentes. Ou seja, negras ou mulatas podiam casar-se apenas com homens de igual condição. A falta de consortes "aptos" fez com que as uniões consensuais entre indivíduos de condições distintas se tornassem comuns e generalizadas entre homens brancos e mulheres de cor. Contudo, ao não legitimar essas uniões, os senhores brancos impediam que a companheira tivesse acesso ao seu patrimônio, como previa a legislação portuguesa no caso de casamentos legais, o que era desvantajoso se compararmos essas mulheres às oficialmente casadas.[20] O que havia de positivo nesse ato é que evitava a perpetuação, nos documentos oficiais, dos estigmas de cor e de condição de nascimento herdados das mães ex-escravas. Numa sociedade em que essas "marcas" eram transmitidas por gerações e a linhagem constituía elemento fundamental de identificação social, o registro de tais condições no menor número possível de documentos oficiais era a única forma de minimizar o que era considerado desvantagem. Esperava-se que, com o tempo, a lembrança dessas máculas fossem apagadas.

O mergulho no passado, a fim de reconstituir a influência da família e da mulher na colônia, é um caminho ainda a ser arduamente trilhado. Não há como aceitar hoje a visão tradicional de família patriarcal, que delegava à mulher um papel praticamente nulo. Trabalhos recentes sobre o assunto demonstram que existe uma gama de abordagens múltiplas e variadas e revelam que, uma vez livres, inúmeras possibilidades se abriam para essas mulheres, oscilando entre a desclassificação e formas mais positivas de inserção social.[21] O estudo da vida de Chica da Silva, bem como de outras forras, permitirá o entendimento da sociedade em que viviam e os meios de que lançaram mão para nela integrar-se.

Chica da Silva passou parte importante de sua vida ao lado do desembargador João Fernandes. A relação com o importante homem branco imprimiu outros significados a sua trajetória. Para contar a vida dessa mulher, será necessário relatar a história do contratador de diamantes, pois seus caminhos estiveram permanentemente entrelaçados, apesar de separados nos anos finais, ele em Portugal, ela no Tejuco. Este livro conta a história da vida de Chica da Silva, de João Fernandes de Oliveira e de seus descendentes, vidas que permaneceram ligadas e cujos significados só podem ser entendidos se analisadas conjuntamente.

O livro inicia-se com a abordagem do contexto histórico e geográfico no qual se desenrolaram a vida de Chica e a do desembargador. No segundo capítulo, disseca-se a origem tão diversa de um e de outro, ela filha de uma escrava africana, ele filho de um português com uma descendente de paulistas, cujo pai buscava ascender social e economicamente por meio dos negócios coloniais. Ainda, procuramos esclarecer como se deu o encontro da escrava com o nobre contratador de diamantes nas montanhas diamantinenses. Os capítulos 3 e 4 tratam do relacionamento do casal, que se estendeu por quinze anos e gerou treze filhos, e como essa família se inseriu no seio da sociedade mineira, pautada pelos valores hierárquicos e de nascimento. Nos capítulos 5, 6 e 7 procede-se à análise do estilo de vida que levavam, das propriedades que acumularam, dos escravos que adquiriram, dos relacionamentos estabelecidos no arraial sustentados pelo exame dos registros de apadrinhamento de nubentes ou crianças, da educação que proporcionaram aos filhos. Do capítulo 8 em diante descreve-se o destino de Chica, de João Fernandes e de sua descendência após sua separação, quando ele retorna à Corte e ela permanece no Tejuco. Por fim, o capítulo 11 pormenoriza o nascimento e as metamorfoses por que passou o mito da famosa escrava tejucana.

Uma última ressalva: a Chica da Silva que se revela ao longo dos capítulos pouco se parece com o mito divulgado pelo cinema e pela televisão; cabe ao leitor, de espírito aberto, encontrar as respostas à pergunta que norteou a elaboração deste livro: "Afinal, quem foi Chica da Silva, que viveu neste lugar?".[22]

1. Terra de estrelas

*Pranto e diamantes caídos
era tudo um mar de estrelas.*

A DEMARCAÇÃO DIAMANTINA

A trajetória de Chica da Silva teve como palco o arraial do Tejuco, atual cidade mineira de Diamantina, e seus arredores, na capitania das Minas Gerais, nos confins do Império Português. Apesar de afastado, o arraial era como um caleidoscópio do mundo ao seu redor e a vida que lá transcorria espelhava seu tempo.

Em todo o mundo ocidental, o século XVIII foi um período de enormes transformações. Por todos os cantos reinava o inconformismo, borbulhavam revoltas, caracterizando o que chegou a ser chamado "a era das revoluções".[1] Num intervalo de menos de cem anos, o poder dos reis atingiu o auge, simbolizado na figura de Luís XIV, o Rei-Sol, e a França se tornou palco do movimento revolucionário mais significativo da época moderna. Enquanto isso, nos sertões auríferos das Minas Gerais, inconfidentes se reuniam e traçavam planos sediciosos para tornar independente a região mais rica da América portuguesa.

Nem mesmo os céus resistiram à sede de mudanças. Como premonição do século conturbado que se seguiria, o astrônomo inglês Edmund Halley chamou a atenção para o fato de que três importantes estrelas, Sirius, Prócion e Arcturo, haviam mudado suas distâncias angulares — imutáveis desde o tempo dos gregos.[2] Em 1759, a passagem do cometa despertou mais atenção do que as apreensões rotineiras decorrentes dos funestos presságios que tais corpos prefiguravam. Sua chegada comprovou a teoria de Halley de que os cometas não eram criaturas errantes, mas sim que tinham órbitas fixas elípticas e que visitavam a Terra em intervalos regulares.[3]

Em Portugal, os Setecentos foram marcados pelo esplendor das riquezas oriundas das minas brasileiras. Se Luís XIV foi o Rei-Sol, dom João V foi o Imperador-Sol, pois o ouro brasileiro fez resplandecer seu império transoceânico. Coroado em 1706, seu poder e glória foram imortalizados na construção do palácio de Mafra — "grande na verdade em toda a extensão desta palavra"[4] —, que incluía um convento e uma basílica. Em treze anos de construção, o palácio consumiu muito do ouro proveniente do Brasil, transformado em carrilhões belgas, mármores de Carrara, estátuas italianas, imagens francesas. A riqueza que emergiu dos ribeirões auríferos e diamantinos na capitania de Minas Gerais era estupenda. Em Lisboa, a descoberta das tão almejadas gemas foi motivo de festas e procissões que mobilizaram o povo português. Felicitações chegavam de toda a Europa; em Roma, o papa Clemente XI mandou celebrar graças solenes: "O Santo Papa e os cardeais felicitaram ao Rei de Portugal. Cumprimentaram-no todos os monarcas da Europa. Não se ocuparam os povos da terra com outro objeto e notícia. Dir-se-ia que se descobrira cousa que devia regenerar e felicitar o universo".[5]

No século XVIII, os primeiros deslocamentos populacionais para a região diamantina foram provocados pelo ouro encontrado em torno da Vila do Príncipe; quanto aos diamantes, foram descobertos somente na década de 1720. Os exploradores acharam as pedras nos ribeirões mais próximos ao arraial do Tejuco, como o Caeté-Mirim, o Santo Antônio, o Inferno, e outros tributários do rio Jequitinhonha, onde a busca pelo ouro já se iniciara. Um observador, o comerciante Francisco da Cruz, relatou que a Vila de Sabará estava ficando deserta, pois todos corriam para a região diamantina. A febre dos diamantes era tal que, naquela vila, trocava-se uma casa por um freio de cavalo, ou vendiam-se todas as posses para comprar escravos, com os quais se exploravam as lavras das preciosas pedras.[6]

No Brasil, a corrida do ouro e dos diamantes acarretou o desbravamento e a ocupação das Minas Gerais. Durante o século XVIII, a produção atingiu seu ápice, fez a fortuna de muitos e, lentamente, começou a declinar. O arraial do Tejuco localizava-se na região Nordeste das Minas Gerais, que correspondia à comarca do Serro do Frio, uma das unidades administrativas em que a capitania fora dividida. A sede dessa comarca, estabelecida na Vila do Príncipe, atual cidade do Serro, abrigava a Câmara Municipal, a Ouvidoria — que tinha competência judiciária — e a Intendência do Ouro, que organizava a distribuição das lavras auríferas e a cobrança dos quintos, o principal imposto que incidia sobre as riquezas metalíferas, e que correspondia a aproximadamente um quinto da produção.

A demarcação da comarca do Serro do Frio se iniciava perto dos 19° de latitude e, do centro da capitania, ela podia ser atingida por dois caminhos que corriam paralelos à chamada serra Grande, atual serra do Espinhaço. O primeiro, na vertente leste da serra, era conhecido como "Mato Dentro" e, tendo como ponto de partida a comarca de Sabará, passava por Conceição do Mato Dentro. O segundo, o "do Campo", corria na vertente oeste e era mais utilizado pelos viajantes que partiam de Vila Rica, na comarca de Ouro Preto.[7] Assim que entrava no Serro do Frio, o viajante que chegava dessas partes percebia diversas alterações na paisagem. As matas não eram mais tão altas e espessas, a vegetação se apresentava menos fechada e de um verde menos intenso, e o chão, mais arenoso e coberto de pedras.[8] Mas ainda era uma paisagem bela e, ultrapassadas as primeiras serras, negras à distância, o passante "descortina então um novo céu, um novo clima, sente o ar mais frio, os ventos importunam mais".[9]

As primeiras expedições que atingiram a região, durante os séculos XVI e XVII, partiram das capitanias de Porto Seguro e do Espírito Santo, seguindo o curso do rio Doce.[10] Contudo, mesmo com a descoberta de pedras preciosas essas empresas não criaram assentamentos duradouros. A área acabou sendo povoada mais tarde, quando a exploração do ouro passou a ser efetuada no centro das Minas Gerais, mas, ainda assim, continuou menos habitada[11] que a região central.

Apesar da descoberta oficial dos diamantes datar de 1729, sua exploração já era realizada havia algum tempo. Foi somente nesse ano, porém, que o governador dom Lourenço de Almeida enviou o comunicado oficial do fato à metrópole,[12] aparentemente pressionado pela notoriedade da mineração clandestina das pedras, da qual ele próprio, suspeitava-se, tirava vantagens. Irmão do patriarca de Lisboa e cunhado do secretário de Estado, governador das Minas entre 1721 e 1731, dom Lourenço retornou à Corte com cerca de 18 milhões de cruzados, valor considerado uma fortuna na época, riqueza auferida em diversos negócios em que se envolvera na colônia — entre eles os diamantes.[13]

Descobertos os diamantes "oficialmente", foi necessário organizar a exploração e a cobrança dos impostos. A princípio, o intendente do ouro era o responsável pela distribuição e a arrematação das lavras. Entre 1729 e 1734, a exploração foi aberta a todos os que possuíssem escravos e capital para investir; no entanto, era cobrada uma taxa sobre cada escravo empregado nas lavras — a chamada taxa de capitação —, que em várias ocasiões foi elevada para dificultar o acesso aos terrenos de mineração e aumentar a arrecadação dos impostos.

Primeiramente, com a bateia, explorava-se o aluvião dos rios, onde se encontravam diamantes em maior quantidade e com mais facilidade. Empregavam-se técnicas muito simples, e a exploração era realizada preferencialmente no período das secas. Esgotado o aluvião, passava-se às margens, ou grupiaras (que vinham a ser as margens ou os terrenos elevados junto aos rios). Como nessa etapa exigia-se a utilização de técnicas mais sofisticadas, assim como a remoção dos entulhos retirados do fundo dos rios e acumulados nas margens, os custos acabavam se elevando. Ao fim do processo, fazia-se uma segunda lavagem dos cascalhos buscando pedras desprezadas na primeira.

A riqueza das lavras fez a produção crescer de maneira vertiginosa, e as autoridades portuguesas logo perceberam que o preço do diamante era sensível, ligado diretamente à raridade das gemas. Com o excesso de oferta, o valor do quilate no mercado mundial despencou.[14]

Na tentativa de diminuir e controlar a produção, elevou-se substancialmente o valor das taxas de capitação, até que, em 1734, a Coroa enviou para as Minas Gerais Martinho de Mendonça Pina e Proença, cuja função seria avaliar a situação. Foi também designado um engenheiro militar, Rafael Pires Pardinho, a quem caberia demarcar a região produtora de diamantes. Estabeleceu-se então a Demarcação Diamantina, um quadrilátero em torno do arraial do Tejuco, que incluía arraiais e povoados como Gouveia, Milho Verde, São Gonçalo, Chapada, Rio Manso, Picada e Pé do Morro. Seu contorno poderia ser alterado para englobar regiões em que fossem feitas novas descobertas.[15]

A região da Demarcação Diamantina impressionava os viajantes pela força da natureza. O francês Alcide D'Orbigny afirmou que seu solo era quase sagrado pelas riquezas que ocultava, e cada pedra, privilegiada.[16] O naturalista José Vieira Couto a descreveu como uma visão "negra, arrepiada e crespa", composta por "mil picos de serra desiguais, [...] montes elevadíssimos de uma só pedra e perpendicularmente talhados [que] se elevam às nuvens". Mato rasteiro ou musgo pardo cobriam partes da terra, quase estéril. Mas para o descanso dos viajantes, por ali corriam, atravessando os caminhos, "mil regatos de puras e cristalinas águas". Alguns caíam "a pique e em fio de altíssimas montanhas"; outros se quebravam e se dividiam "sobre rochas até o sopé das serras", e após voltas e viravoltas desaguavam em rios maiores. Às vezes mansos, os regatos se abriam em espaçosas praias de areias brancas, ou, serpenteando entre as serras apertadas, sumiam de vista para reaparecer ao longe, com fúria. Por toda parte a natureza compunha um espetáculo inesquecível.[17]

O clima era moderado, com temperaturas que variavam entre 14 e 27 graus centígrados, e apenas nos meses de junho e julho esfriava um pouco. As estações não eram rigorosamente marcadas: somente se distinguia um período de seca, que se prolongava de abril a setembro, e outro de chuvas, entre outubro e março. Quando chegavam, as chuvas "não eram mansas e miúdas", mas grossas e ruidosas, e se arrastavam por dias e semanas. O alarido dos trovões retumbava nas serras e fazia tremer a terra, assustando os moradores. Porém, quando o sol reaparecia num céu azul e límpido, a vida se renovava e a natureza de novo se mostrava bela e alegre. Em janeiro, a temperatura sofria ligeira elevação, e desfrutava-se um veranico. Nos dois meses seguintes, as chuvas tornavam-se esparsas, até cessarem completamente por volta de abril, quando então começavam os trabalhos de mineração nos leitos cada vez mais secos dos rios.[18]

Em 1734, poucos anos após o descobrimento oficial dos diamantes, foi suspensa a exploração na área, até que os preços se normalizassem no mercado internacional. Todas as concessões de lavras foram revogadas; novas licenças foram concedidas somente para aquelas que fossem exclusivamente auríferas. Os diamantes já extraídos deveriam ser registrados e recolhidos em um cofre. Tais medidas provocaram forte comoção na população que para ali imigrara em busca de riqueza.

Foi também criada uma administração específica para a Demarcação — a Intendência dos Diamantes —, com sede no arraial do Tejuco, que teve como primeiro intendente Rafael Pires Pardinho. Mas, em termos administrativos, a região continuou dependente da Câmara e da Ouvidoria da Vila do Príncipe.

O fim da década de 1730 foi marcante para os moradores do Tejuco e, em particular, para os protagonistas desta história. No pequeno arraial do Milho Verde, perdido na Demarcação Diamantina a meio caminho entre o Tejuco e a Vila do Príncipe, na senzala de uma das toscas casas que se ergueram na região, quase todas palhoças,[19] nascia uma das personagens cujo destino pretendemos retraçar: uma pequena escrava, por sua mãe chamada de Francisca.[20]

Alguns anos mais tarde, em 1739, com toda a pompa que cabia ao seu cargo, o governador Gomes Freire de Andrade deslocava-se em direção ao Tejuco. Sua vinda iria desencadear mudanças na região que de forma marcante iriam interferir na vida da pequena Chica. Fora encarregado pelo rei de reabrir as lavras diamantinas, pois os preços dos diamantes no mercado mundial haviam subido e se estabilizado.

Desde janeiro, editais espalhados por toda a capitania e no Rio de Janeiro convocavam comerciantes interessados em arrematar a exploração dos diamantes a se apresentar no Tejuco no mês de abril.[21] A Coroa decidira empregar um novo sistema de exploração: faria uso de contratos arrematados de quatro em quatro anos, por um único interessado ou em sociedade, aparentemente um meio mais fácil de exercer o controle e evitar a queda brusca dos preços;

além disso, o pagamento do lance de arrematação era feito por antecipação e, esperava-se, deveria alcançar preços elevados.

Em meio à comitiva, seguia o sargento-mor João Fernandes de Oliveira, então um desconhecido negociante português, que a todo custo buscava subir na vida e encher os bolsos com as riquezas que brotavam dos ribeirões da capitania. Os acontecimentos não atenderam às expectativas e, a contragosto, o governador permaneceu no arraial até agosto. Enquanto em 1739, em Lisboa, a área próxima ao porto ardia em chamas,[22] Gomes Freire de Andrade usava de toda a sua habilidade para fechar o negócio considerado vital para os interesses régios.[23] Satisfeito com os resultados que obteve, pôde afinal deixar o Tejuco alguns meses depois, assim como a comitiva que o acompanhava.

De 1740 em diante, foram celebrados seis contratos, alguns dos quais seriam renovados, estendendo o período de quatro anos originalmente estabelecido. O sargento-mor João Fernandes de Oliveira foi o primeiro contratador, em sociedade com Francisco Ferreira da Silva. Em 1744, arrematou mais uma vez o negócio, mas, em face de vários reveses financeiros, desistiu de renová-lo ao seu término, em 1747, e retirou-se para o reino. No ano seguinte, o terceiro contrato foi celebrado com Felisberto Caldeira Brant, em sociedade com Alberto Luís Pereira e Conrado Caldeira Brant.[24] Mergulhado em dívidas e acusado de contrabandear diamantes, Felisberto foi obrigado a deixar o Tejuco, e seguiu preso para o reino. O quarto contrato, válido entre os anos de 1753 e 1758, e o quinto, de 1759 a 1761, foram de novo firmados por João Fernandes de Oliveira, em sociedade com Antônio dos Santos Pinto e Domingos de Basto Viana. Como passara a residir em Lisboa, o contratador enviou seu filho homônimo — o desembargador João Fernandes de Oliveira — para administrar o negócio no Tejuco. O sexto contrato, o mais longo de todos, estendeu-se de 1762 a 1771, e o sargento-mor e o filho desembargador tornaram-se sócios no empreendimento.

Os contratadores dispunham de enorme riqueza e prestígio. Por meio de alianças políticas e econômicas, buscavam a complacência das autoridades locais e mesmo dos governadores da capitania e, dessa forma, tornavam-se ainda mais poderosos. Apesar de a administração dos contratos ter sido marcada por certo descontrole, a abundância de minérios extraídos dos ribeiros diamantinos abrilhantou a figura do monarca português.

O sistema continha uma série de cláusulas que regulavam os direitos e os deveres do contratante, e deveriam ser por ele seguidas. Tais artigos visavam controlar tanto a produção, mantendo estáveis a oferta e os preços, como a limitação da área explorada e o número de escravos empregados, e ainda reprimir o contrabando.[25]

Os diamantes eram enviados anualmente a Lisboa em caixas pequenas e depositados na Casa de Moeda. Até o final da vigência do terceiro contrato, em 1752, as pedras acima de vinte quilates eram propriedade régia, e as demais eram vendidas pelos procuradores do contratador. Como o acerto das contas era feito uma vez por ano, os contratadores podiam emitir letras de crédito nas praças de Lisboa e do Rio de Janeiro — era assim que se capitalizavam para pagar as elevadas despesas que a produção demandava. Anúncio na *Gazeta de Lisboa* de março de 1754 estampava os seguintes dizeres: "Quem quiser comprar diamantes brutos para consumo deste reino e suas conquistas pode falar com os caixas do presente contrato, que estão prontos a venderem todos os que forem necessários".[26]

Do quarto contrato em diante, arrematado novamente pelo sargento-mor João Fernandes de Oliveira, a Coroa passou a monopolizar o comércio das pedras no mercado internacional e os contratadores ficaram apenas com o direito de exploração no Tejuco. Uma cláusula permitia que a administração local da exploração fosse delegada a outra pessoa. Foi desse expediente que o sargento-mor se utilizou para enviar seu filho homônimo para o Tejuco. Tendo chegado ao arraial em 1753, o desembargador João Fernandes de Oliveira iniciou no ano seguinte uma longa relação com a mulata Francisca, que, depois de alforriada, assumiu o nome de Francisca da Silva de Oliveira — a Chica da Silva.

A partir de 1745, a entrada na Demarcação passou a ser controlada, e somente podia ocorrer em locais determinados, os chamados registros — Caeté-Mirim, Rabelo, Palheiro, Pé do Morro, Inhacica e Paraúna. Cada registro contava com um fiscal — responsável pela cobrança dos impostos sobre as mercadorias que para lá se destinassem — e um destacamento militar — cuja função era impedir os descaminhos e a entrada ilegal de pessoas e mercadorias. Acreditava-se que assim seria possível manter sob controle a produção das pedras.

A segunda metade do século XVIII assistiu a mudanças no reino que repercutiram significativamente na região diamantina. Com a morte de dom João V, em 1750, subiu ao trono seu filho dom José I, cujo reinado foi marcado pela ascensão política de Sebastião José de Carvalho e Melo, futuro conde de Oeiras e mais tarde marquês de Pombal. A política econômica orquestrada por esse ministro caracterizou-se pela ascensão de uma classe mercantil fortemente associada aos interesses do Estado, da qual os João Fernandes de Oliveira, pai e filho, foram exemplos típicos. Foi um período igualmente marcado pelo estabelecimento de monopólios, com os quais a Coroa pretendia exercer maior controle sobre as riquezas do Império.

No final de 1771, um alvará régio extinguiu o sistema de contratos, e a exploração também se tornou monopólio da Coroa. Para esse propósito, criou-se a Real Extração dos Diamantes, dirigida pelo intendente dos diamantes.[27] Na colônia, especificamente no Tejuco, findava o tempo dos contratadores de diamantes, e na metrópole se avizinhava a queda do até então poderoso ministro, ocorrida afinal em 1777, com a morte de dom José I.

Por algum tempo, o desembargador João Fernandes ainda desfrutou da enorme riqueza que acumulara e que o tornara um dos homens mais ricos de Portugal. Sua trajetória simbolizava uma era em que, sob a batuta de Pombal, a classe mercantil, por meio da conjunção de seus interesses com os do reino e da fruição das riquezas de além-mar, ascendera econômica e socialmente, misturando-se à nobreza de sangue.

O ARRAIAL DO TEJUCO

Centro da Demarcação Diamantina, a nove léguas de distância da Vila do Príncipe, era no arraial do Tejuco que viviam o contratador e o intendente dos diamantes. O arraial surgira antes mesmo da descoberta das pedras preciosas, com a exploração do ouro nos rios Piruruca e Grande, ambos exclusivamente auríferos. No encontro dos dois rios e subindo o morro de Santo Antônio, iniciou-se a construção de um ajuntamento de casas que, desajeitadamente, constituíram a primeira rua do arraial, conhecida como Burgalhau. Por volta de 1730, os arredores do Tejuco, ainda selvagens, estavam infestados de ciganos, desocupados e quilombolas, a amedrontar os moradores.[28]

Havia três caminhos de acesso ao núcleo urbano, dispostos como os vértices de um triângulo. Subindo a encosta do morro de Santo Antônio, passava-se pelo arraial de Cima e de lá se atingia a trilha rumo ao sertão da Bahia, de onde vinham os grandes rebanhos de gado que abasteciam de carne o Tejuco e proximidades. No extremo oeste da povoação, junto ao largo do Rosário, partia o caminho para a Vila do Príncipe, que atravessava o arraial de Baixo. Mas, sem dúvida, a melhor vista era reservada aos viajantes provenientes de Minas Novas: eles chegavam pelo alto da serra de São Francisco, de onde se descortinava todo o arraial serpenteando encosta acima, na serra oposta, a de Santo Antônio. Do alto da serra de São Francisco, em redondilhas, descia uma pequena trilha que, no fundo do vale, cruzava o rio de mesmo nome, ultrapassava o pequeno arraial do Rio Grande e, um pouco mais acima, alcançava o Tejuco pela rua do Burgalhau.[29]

Entre os anos de 1720 e 1750, à medida que os achados de diamantes se avolumaram nos rios próximos, o pequeno arraial começou a crescer, com a abertura de novas ruas transversalmente à encosta. O centro do povoado se estabeleceu em torno da igreja matriz de Santo Antônio, construída em uma praça, e adquiriu feição "quadrangular, concentrada e reticular", diferente da dos demais núcleos urbanos das Minas Gerais, em geral mais espalhados e desordenados.[30] Em meados do século XVIII, o arraial já tinha seu formato definido, com a concentração de edificações em torno da praça da matriz. Ali ficavam as principais casas e sobrados, destacando-se o imponente solar do contratador Felisberto Caldeira Brant.

Na rua Direita, a principal, haviam sido erguidas as residências dos homens mais importantes do arraial. Em 1774, ali tinham suas casas o intendente dos diamantes Bento Joaquim de Siqueira Aiala e o sargento-mor José da Silva de Oliveira, que residia com a esposa e quatro filhos — um deles, José da Silva de Oliveira Rolim, se ordenaria padre e participaria do movimento da Inconfidência.[31] No período dos contratos e mesmo depois, durante a vigência do monopólio régio, o sargento-mor José da Silva de Oliveira esteve envolvido nos negócios diamantinos. Foi amigo pessoal do sargento-mor João Fernandes de Oliveira e chegou a ocupar o cargo de fiscal da Real Extração. Várias mulheres forras também moravam na rua Direita, tais como Maria Carvalha e Josefa Maria de Freitas, pretas, e Inês Maria de Azevedo e Mariana Pereira, pardas,[32] o que refletia as fronteiras fluidas que se estabeleciam entre os diferentes segmentos sociais nos arraiais mineradores. Apesar de residências chefiadas por mulheres forras estarem espalhadas por todo o arraial, sua distribuição não era homogênea. Os brancos eram maioria na rua Direita, na rua da Quitanda, onde se concentravam os comerciantes, na Cavalhada Nova e na rua do Amparo, mais centrais. As mulheres eram a maioria nas ruas Macau, Macau de Baixo, Campo e Burgalhau, menos centrais, e nos becos de Gomes de Aquino, da Intendência, da Cadeia, do Padre José Guedes e da Mandioca.[33]

De longe, o arraial parecia um pequeno presépio, devido à simplicidade e à rusticidade das casas e capelas, construídas em taipa e pedra. As edificações pintadas de branco elevavam-se, serpenteando morro acima, salpicadas entre os quintais de árvores frutíferas, flores e legumes, como um oásis em meio à paisagem inóspita e pedregosa.[34] As casas, caiadas por fora, eram cobertas de telhas.[35] Os sobrados também se diferenciavam das construções de outras localidades mineiras pelo uso do muxarabi, arquitetura trazida do Oriente provavelmente pelos comerciantes e lapidários de diamantes,[36] que consiste em um balcão coberto de treliças, de influência mourisca, que mantinha a privacidade de quem estivesse no interior das casas. Um remanescente desse tipo de balcão ainda pode ser visto à rua Francisco Sá, no prédio que abriga a Biblioteca Antônio Torres, na atual Diamantina.

Até a segunda metade do século XVIII, não havia cadeia no Tejuco, apenas um tronco ao qual eram amarrados os escravos transgressores que seriam supliciados, e os presos eram enviados para a Vila do Príncipe.[37] Quando os contratos foram estabelecidos, foi erigido um hospital para tratar principalmente das enfermidades dos cativos empregados na extração dos diamantes. Nessa época, sua manutenção cabia aos contratadores e, com o monopólio régio, a responsabilidade passou a ser da Intendência dos Diamantes.

Na encosta da rua de Santo Antônio nascia o córrego Tejuco, cujas águas abasteciam a população, que dispunha de água limpa e farta para consumo. Foi aberto um pequeno rego até o centro do povoado, e lá se construiu um chafariz, que deu nome à rua onde está localizado. No final desse século, com o crescimento da população e o alargamento do povoado, o Tejuco ganhou um novo chafariz, junto à igreja do Rosário.[38]

Com a expansão do arraial, proliferaram as construções. Nas Minas Gerais era proibida a instalação das ordens religiosas: os clérigos a elas afiliados foram impedidos de entrar na região, pois, segundo as autoridades metropolitanas, eram os responsáveis por boa parte do contrabando de ouro e só podiam entrar quando em peregrinação para a coleta de donativos, mas, ainda assim, dependiam de licença régia. A construção das igrejas e a realização dos cultos e outros ritos cristãos, para os quais se contratavam párocos, foram levadas a cabo pelas irmandades compostas de leigos, reunidos em virtude da devoção a algum santo.[39] No Tejuco, inicialmente, as irmandades se abrigaram no interior da igreja matriz de Santo Antônio, onde havia quatro altares laterais. As mais importantes eram as de Nosso Senhor dos Passos, Nossa Senhora do Terço, a das Almas, e a do Santíssimo Sacramento, que abrigavam sobretudo brancos livres.[40] A partir da segunda metade do século XVIII foram erguidas as igrejas do Rosário dos Pretos, Nossa Senhora do Carmo, São Francisco, Mercês, Amparo e Bonfim.

Até o fim do século XVIII, a sede da administração do arraial ficava na Casa do Contrato, depois chamada de Intendência, na rua do Contrato, onde hoje se localiza a sede do bispado de Diamantina. No piso inferior, instalaram-se os escritórios, e o superior não raro servia de residência para o intendente dos diamantes. Na sala principal do primeiro andar, os diamantes eram pesados semanalmente na presença do intendente, do contratador e do tesoureiro, e o montante era registrado em um livro para posterior acerto.[41] Em seguida eram guardados dentro de um cofre tipo arca, em uma parte com três fechaduras, e cada autoridade guardava consigo uma chave. Todo ano, partia do Tejuco um destacamento específico, a guarda diamantina, que escoltava a produção até o porto do Rio de Janeiro.

O Tejuco não era uma aglomeração pequena para os padrões da época. Em 1732, dom Lourenço de Almeida reconheceu que a população do arraial já ultrapassara em muito a da Vila do Príncipe, embora esta fosse a "cabeça" da comarca. Segundo o governador, a vila era distante dos rios e despovoada; já o arraial ficava mais perto dos cursos d'água, era mais populoso e por essa razão lá se estabeleceram os homens de negócio e os mineradores.[42]

No terceiro quartel do século XVIII, havia quase 510 casas no arraial, dispostas em dezenove ruas e sete becos, habitadas por um total de 884 moradores livres.[43] No início do século seguinte, quando por ali passou o viajante francês Saint-Hilare, o núcleo urbano possuía por volta de 6 mil habitantes, e cerca de oitocentas casas. O viajante se deslumbrou não só com o ambiente de luxo e abastança que ali reinava, mas também com a pujança do comércio local, cujas lojas estavam repletas de objetos importados, como louças inglesas e da Índia, tudo transportado em lombo de burros. Em 1774, a loja do pardo forro Manuel da Encarnação, na rua da Quitanda, especializara-se na venda de louça da Índia e molhados.[44] Em agosto de 1800, por uma petição, em nome dos moradores do Tejuco, que solicitava a elevação do arraial à condição de vila, o naturalista José Vieira Couto afirmou tratar-se da maior aglomeração urbana da comarca, com uma sociedade florescente e rica.[45]

Foi no Tejuco que Saint-Hilare encontrou o ambiente intelectual mais fértil da capitania, onde a elite instruída era capaz de falar fluentemente a sua língua, o francês.[46] Desde a década de 1750, o arraial possuía uma ópera onde eram encenadas as peças populares da época.[47] As igrejas contratavam músicos para escrever peças inéditas para as diferentes festas celebradas anualmente — a semana santa, a quarta-feira de cinzas, o Senhor dos Passos, *Corpus Christi*, além de diversos ofícios de defuntos e missas cantadas. O mulato José Joaquim Emérico Lobo de Mesquita destacou-se entre os cerca de 120 músicos que atuaram no Tejuco durante o século XVIII, tendo se tornado renomado compositor.[48] Frequentemente, para agradecer alguma bênção concedida por Deus ao povo português, era realizado o *Te Deum*, como o que teve lugar no Tejuco em 9 de novembro de 1751, para celebrar a aclamação de dom José I. Organizada por ordem do capitão dos dragões Simão da Cunha Pereira, a comemoração se estendeu por três dias de danças, máscaras, luminárias, missa cantada e sermão na igreja do Rosário. Todo o evento foi acompanhado pelo intendente dos diamantes e os principais habitantes do arraial, e foi concluído com um banquete oferecido pelo primeiro.[49]

Em catorze inventários existentes na Biblioteca Antônio Torres foi registrada a posse de livros, revelando um grau de instrução elevado para a época. Doze inventários eram de portugueses, com destaque para a biblioteca do guarda-livros Manuel Pires de Figueiredo, composta de aproximadamente 140 obras, dispostas em cerca de 360 tomos, que abrangiam os mais diferentes assuntos, em latim e em francês. De suas estantes faziam parte *O espírito das leis* de Montesquieu e um exemplar da *Enciclopédia portátil*, resumo da maior obra iluminista francesa, de autoria de Diderot e D'Alembert.[50]

Igualmente significativa era a biblioteca do naturalista José Vieira Couto, uma das maiores das Minas Gerais, e em seu acervo reinava o inconformismo: várias obras que a compunham revelavam familiaridade com as ideias mais novas e radicais. Vieira Couto possuía seis volumes da obra de Montesquieu; *D. Quixote*, obra clássica de Cervantes, em que se satirizavam a cavalaria e os ideais de honra por ela preservados; os dois volumes críticos do *Verdadeiro método de estudar para ser útil à República e à Igreja*, de Luís Antônio Verney; e a edição inglesa da obra de Volney, *The ruines, a survey of the revolutions of the empires* [As ruínas, um estudo das revoluções dos impérios], que, entre outros temas polêmicos, criticava radicalmente a religião católica. Eleito para os Estados Gerais e depois para a Assembleia Constituinte, durante a Revolução Francesa, Volney defendia a expropriação e a venda dos bens da Igreja.[51]

Fator decisivo para a existência desse intercâmbio cultural foi a presença significativa dos tejucanos como estudantes universitários no exterior, o que resultou em elevado índice de instrução local, que avançava à medida que transcorria o século XVIII. Nos dois últimos decênios desse século, boa parte dos estudantes brasileiros matriculados na Universidade de Coimbra era oriunda da região diamantina. "Assim é que, no ano de 1782, quase a metade dos candidatos mineiros proced[ia] do arraial do Tejuco e do Serro do Frio; quatro num total de nove matriculados."[52]

A sociedade diamantina tinha os mesmos contornos da capitania e era composta de uma camada expressiva de escravos, outra menor de homens e mulheres libertos, muitos deles pardos, e uma pequena classe dominante branca, em sua maioria portugueses, ocupantes dos principais postos administrativos e que monopolizavam as patentes militares e as honrarias. Não era uma sociedade imóvel, apesar de seus principais valores basearem-se nos critérios de nascimento e honra. Na ordem inversa dessa lógica, as mulatas e os mulatos forros buscavam ascensão social, as mulheres muitas vezes por meio do concubinato com um homem branco, ou pelas vendas de tabuleiro e a prestação de pequenos serviços no arraial, como costura e lavagem de roupa, serviços de entrega e até prostituição.

O censo por domicílios, realizado no Tejuco em 1774, revelou que, entre os 511 chefes de família, havia uma proximidade no número de forros — negros ou mulatos — e brancos livres. Do total, 282 eram homens e 229 eram mulheres;[53] com exceção de

Vitoriano e Anacleto, dois escravos coartados,[54] eram todos livres ou forros,[55] constituindo o que poderíamos chamar de a elite do arraial. Eram 286 pessoas de cor, fossem homens ou mulheres, representando 56% do total dos indivíduos; portanto, a sociedade mineradora era caracterizada pela fluidez e a indistinção.[56]

O que com efeito chama a atenção no perfil dos chefes de domicílio é a proximidade numérica entre homens brancos livres e mulheres de cor forras. Comprova-se assim a ascensão econômica e de status dessas mulheres, o que por vezes se revela paradoxal. A preta forra Josefa Maria de Freitas, por exemplo, morava em casa própria, na rua Direita, próxima à residência do coronel Luís de Mendonça Cabral, escrivão da Real Extração dos Diamantes.[57] Por outro lado, o exemplo da mulata forra Arcângela revela a dificuldade de controlar o comportamento de algumas delas. De forma bem pouco convencional, ela foi encontrada certa noite batendo as costas na porta da matriz de Santo Antônio, proferindo blasfêmias e superstições.[58]

Na sociedade diamantinense houve espaço para que homens e mulheres de cor obtivessem sua alforria. Uma vez inseridos no mundo dos livres, muitos acumularam bens e se misturaram à sociedade branca e livre do arraial. Sua presença, ainda que marcante, foi relegada ao esquecimento.[59] Quando os livros de história, esporadicamente, registram sua existência, quase sempre o fazem como exceção, e bons exemplos são Chica da Silva e o músico mulato Lobo de Mesquita.[60] A primeira utilizou-se da sensualidade da mulher de cor para conquistar o coração do poderoso contratador dos diamantes; o segundo, de seu dote artístico, imortalizado em sua música genial. Portanto, a liberdade era resultante de trajetórias singulares.

Não obstante a população liberta de cor tenha sido esquecida, a história da região mineradora esteve atavicamente ligada à sua presença. Antonil, um de seus primeiros cronistas, anotou que o *rush* do ouro nas Minas provocou a desorganização da sociedade e por sua causa se cometeram os maiores sacrilégios. Entre eles, os gastos exorbitantes e supérfluos dos mineradores, "comprando um negro trombeteiro por mil cruzados, e uma mulata de mau-trato por dobrado preço, para multiplicar com ela contínuos e escandalosos pecados". Ademais, quantidade vultosa do ouro arrecadado convertia-se "em cordões, arrecadas e outros brincos, dos quais se veem hoje carregadas as mulatas de mau viver e as negras, muito mais que as senhoras".[61]

Numerosas ex-escravas mantiveram relacionamentos longos ou esporádicos com homens brancos. Porém, a trajetória delas e o acúmulo de patrimônio não podem ser explicados por esse convívio. Rita Pais de Gouveia, crioula nascida em Sabará, exemplifica essa circunstância, pois afirmou viver "de sua agência e negócio", o que significava em termos da época ter ela mesmo construído seu patrimônio. Em 1774, solteira, morava sozinha em casa de sua propriedade na rua do Rosário, na área central do arraial. Como não tinha filhos, Rita deixou seu patrimônio, constituído da morada de casas, oito escravos e trastes de seu uso não especificados, para o usufruto de seu sobrinho. Morreu em 1796, tendo sido enterrada na igreja do Rosário com missa de corpo presente e outras cinquenta em intenção de sua alma. Era também irmã das Almas e Mercês.[62]

O censo de 1774 indicou que as mulheres que habitavam o Tejuco eram predominantemente de cor, e residiam sozinhas em domicílios em que eram chefes e únicas moradoras de condição livre, excluindo da amostragem os escravos que possuíssem, pois não foram registrados no documento. Das 197 mulheres de cor, 166 eram sós, constituindo maioria expressiva de 84,2%. Entre as 31 que moravam em lares compartilhados com outros moradores livres ou libertos, nenhuma era casada, e viviam com parentes (filhos, irmãs ou mães), com amigas ou com agregados. Na rua Direita, a negra Ana Maria, solteira, vivia com a mãe e uma irmã, em casa de sua propriedade; a mulata Felipa Antônia, também solteira, dividia com a irmã uma casa alugada. Na rua Padre Manuel da Costa, as pardas solteiras Juliana Francisca e Maria Angélica viviam em casas alugadas, cada uma com uma agregada, e a primeira ainda tinha por companhia uma irmã e a filha. Na rua do Bonfim, a crioula Vitória da Costa, solteira, morava em casa própria com três filhos.

A despeito de o censo retratar essas mulheres sozinhas em suas casas, elas não estavam realmente sós. As devassas episcopais realizadas no Tejuco em 1750 e em 1753 revelam os laços de afeto que, fracionados em diferentes casas, preservavam as relações pecaminosas dos olhos da Igreja Católica.[63] É o que justifica o número elevado de filhos bastardos no interior das moradias, embora todas as forras tivessem sido registradas como solteiras no censo. Foi nessa sociedade, plural, heterogênea e múltipla, contida e regrada com dificuldade pelas autoridades, que Chica da Silva viveu seus dias: primeiro como escrava, depois como mulata livre, companheira do homem mais importante da região — o contratador dos diamantes — e, finalmente, como matriarca de extensa prole, que procurou proteger e inserir de forma positiva na sociedade local. Assim procedia na tentativa de apagar o estigma da cor e da escravidão que legara aos seus descendentes.

2. Chica da Silva

Cara cor da noite,
olhos cor de estrela.

ESCRAVA, PARDA

Chica da Silva, nascida entre 1731 e 1735,[1] era filha de Maria da Costa, escrava negra, e de Antônio Caetano de Sá, homem branco. Apesar de vários documentos ajudarem a esclarecer sua origem, há perguntas que continuam sem resposta. Nascida escrava, essa condição e posteriormente a de forra sempre estiveram associadas a seu nome nos registros encontrados.

Nascida no arraial do Milho Verde, quando sua mãe ainda era escrava de Domingos da Costa, a própria Chica da Silva afirmou que era "filha de Maria da Costa e pai incógnito, nascida e batizada na capela de Nossa Senhora dos Prazeres [...] desta freguesia da Vila do Príncipe".[2] Muitos anos depois, seu neto Lourenço João de Oliveira Grijó afirmou genericamente que ela nascera na Vila do Príncipe, à qual o mencionado arraial estava subordinado administrativamente.[3]

O arraial do Milho Verde era uma pequena aglomeração urbana situada às margens do riacho Fundo, distante seis léguas do

Tejuco, no caminho da Vila do Príncipe.[4] Estendia-se num planalto de extensão reduzida que se abria entre duas caídas da serra, por onde o córrego corria quase plano, serpenteando entre inúmeras pedras, razão pela qual a população local o chamava de lajeado. Quase todo composto de palhoças em torno da pequena igreja dedicada à Nossa Senhora dos Prazeres,[5] vivia-se no arraial da mineração de ouro e diamantes e da agricultura de subsistência. É o que se infere do testamento de Ana da Glória dos Santos, negra mina proprietária de um rancho nas Bicas, próximo ao arraial, nas terras de uma certa dona Teotônia. Dentre os bens que deixou, constavam um descaroçador e uma roda de fiar, indícios de que plantava algodão e produzia tecidos artesanalmente.[6]

A cerimônia de batismo de uma escrava era simples e concisa, e a de Chica, presidida pelo reverendo Mateus de Sá Cavalcanti, "capelão que então era da dita capela", deu-se por volta de 1734.[7] Seus padrinhos foram Alexandre Rodrigues de Fontoura e Luís de Barros Nogueira. Se o pároco seguiu as normas eclesiásticas, deveria estar paramentado com sobrepeliz e estola roxa e teria iniciado a cerimônia lavando as mãos. Em seguida, tomaria Chica no colo e, com a boca da criança virada para baixo, a imergiria na pia batismal brevemente, para não colocar sua vida em risco. O templo estava quase vazio, mas o cirurgião-barbeiro Silvestre de Reis Drago, que tudo presenciou, foi capaz de descrever a cerimônia passados 35 anos.[8]

A taxa de mortalidade infantil naquela época era bastante elevada, e desde o nascimento havia risco de morte. As condições de higiene do parto eram mínimas, e logo após vir ao mundo, a criança, exposta a todo tipo de microrganismos, era lavada e enfaixada. O tétano de recém-nascido, conhecido como mal de sete dias, era recorrente, e suas causas, desconhecidas. No início do século XIX, o viajante John Luccock anotou em seus diários a grande negligência com o bem-estar das crianças. Pelos registros de óbito do Tejuco, em 1817, pode-se verificar que as principais doenças que vitimaram as crianças foram febres, diarreia, tifo e tuberculose.

Entre 1791 e 1792, quando a Vila do Príncipe foi assaltada por um surto de gripe, as crianças, mais suscetíveis a epidemias, foram as mais penalizadas. No primeiro ano, foram registrados 28 óbitos de inocentes e onze de crianças abandonadas; no ano seguinte, ocorreram 48 mortes, correspondendo a 38,2% e 44% do total de óbitos de cada ano. Com sorte, Chica sobreviveu a essa primeira etapa da vida, também chamada puerícia.[9]

Em geral, aos filhos de escravos não eram dispensados cuidados especiais; tratados como "pequenos adultos", sua infância durava um tempo menor, e por volta dos sete anos já dominavam algum ofício ou tarefa, aprendidos no convívio com os adultos. Entre os brancos, a primeira infância não tinha um limite fixo, variando seu fim entre os sete e os catorze anos. Como era comum entre as escravas, desde cedo as mães levavam os filhos para o trabalho, carregando-os nas costas em tiras de pano ou em cangalhas. Assim deve ter feito Maria da Costa com a pequena Chica.

Vários documentos atestam que Chica da Silva era mestiça, ora descrita como parda, ora como mulata,[10] filha de uma negra com um branco. Enquanto os africanos eram designados pela nação de origem na África, os escravos nascidos no Brasil eram classificados de acordo com a cor, e não pelo local de nascimento. Essas designações incluíam os *crioulos*, cuja pele era mais escura (filhos de pais negros, quase sempre africanos), os *mulatos* e os *pardos*. Eram denominados *cabras* e considerados inferiores aos demais os indivíduos resultantes de diversas misturas raciais, muitas vezes de sangue índio.[11]

Chica, que herdara os traços minas da mãe, possuía tez clara, e seu aspecto físico, aliado à juventude, despertava o interesse dos portugueses recém-chegados. No entanto, sem conhecê-la, ou dominar os termos utilizados no além-mar para distinguir os escravos entre si, o padre português Nuno Henriques de Orta, testamenteiro de João Fernandes de Oliveira em Lisboa, afirmou que seus descendentes eram todos mulatos, "havido[s] de uma mulher preta".[12] Os termos "mulatos" e "pretos", empregados de forma genérica, visavam denegrir a origem inferior da companheira e dos descendentes do poderoso desembargador.

Data de 1749 o primeiro documento que registrou a presença de Chica da Silva no arraial do Tejuco. Em novembro daquele ano, a "mulata Francisca" foi madrinha de Ana, filha de Rita, escrava de Antônio Vieira Balverde, com o sargento-mor Antônio de Araújo de Freitas.[13] Era então escrava do médico português Manuel Pires Sardinha, nascido na vila de Estremoz, próximo a Évora, no Alentejo. Depois de concluir os estudos de medicina, ele emigrou para as Minas Gerais e estabeleceu-se permanentemente no Tejuco. Vivia do rendimento de suas lavras de ouro, bem como do aluguel de escravos para o contrato e do exercício da medicina. Embora nessa época já tivesse cerca de sessenta anos, nunca se casou.[14] Em 1750, Manuel Pires Sardinha ocupava o importante cargo de juiz na Câmara da Vila do Príncipe, reservado à elite dos *homens bons* da região, considerados dignos e com direito à representação.[15] Em 1755, cinco anos antes de sua morte, redigiu seu testamento. Foi enterrado na matriz de Santo Antônio do Tejuco, pois segundo suas palavras era "a igreja de mais pompa de que aqui disponho", vestido com o hábito de são Francisco, tendo sido carregado em um tapete por mendicantes ou escravos de ganho até sua sepultura, na capela-mor da igreja, privilégio concedido aos provedores da Irmandade do Santíssimo Sacramento.[16] Deixou várias esmolas para as missas em intenção de sua alma, que foram rezadas até o sétimo dia após sua morte.[17]

Chica foi vendida ao médico, e passou o início de sua adolescência no Tejuco como escrava doméstica da casa de Manuel Pires Sardinha. Eram suas companheiras de cativeiro Antônia e Francisca crioula, com as quais dividia os serviços da casa. Aos sete anos, como qualquer escrava, já era capaz de desempenhar as tarefas destinadas aos adultos: servia à mesa, preparava as refeições, arejava as roupas, fazia a limpeza. Os espaços de mobilidade não se restringiam ao interior da casa, pois também cabia às escravas lavar roupas no rio de Santo Antônio, levar recados e objetos, assim como buscar água em potes na rua do chafariz. Em grupo, elas saíam descalças, trajando roupas coloridas, panos na cabeça, cangalha nas costas, carregando cestos com frutas, alimentos e quitutes para serem vendidos diariamente nas ruas, ou para os escravos nos serviços diamantinos, apesar de essa prática ser proibida pela administração.[18] Aos domingos, segundo o costume, os escravos, em fila, acompanhavam o senhor à missa na matriz de Santo Antônio.

Manuel Pires Sardinha era proprietário de um plantel razoável, e dois de seus escravos constituíram uma família que lhe forneceu várias crias ao longo dos anos. Manuel Gonçalves, casado com Maria crioula, tinha três filhas, Teresa, Gertrude e Maria, e os gêmeos José e Francisco.[19] Havia outros escravos de nome José, Paulo, Ventura, Felipa, João e João mina.[20] Senhor convencional, não alforriou nenhum de seus escravos em seu testamento, nem na pia batismal, com exceção dos que eram seus filhos naturais. No entanto, todos os seus afilhados — filhos de escravos de outros senhores — foram presenteados com duas oitavas de ouro, o que significa que pagou pela liberdade dessas crianças. Esse foi o caso de Rosa, filha de Maria parda, que pertencia ao licenciado José Gomes Ferreira.[21]

Em 1º de dezembro de 1750, sob as ordens do bispo dom Manuel da Cruz, o reverendo visitador Miguel de Carvalho Almeida e Matos chegou ao Tejuco para realizar uma visita eclesiástica.[22] Pretendia-se com esse aparato imponente e ameaçador vasculhar quartos e camas do arraial, a fim de impor vigilância sobre o corpo e a vida íntima dos moradores.[23] Durante sua breve estada de uma semana, como a principal autoridade eclesiástica no local, o visitador podia requisitar a presença de qualquer padre, autoridade civil ou morador e impor as penas necessárias para restabelecer a disciplina e banir "vícios, pecados, abusos e escândalos". O edital costumeiro foi distribuído por toda a cidade e conclamava que todos comparecessem à mesa, no prazo de 24 horas, para confessar as próprias culpas e delatar os moradores cujos pecados fossem "públicos e escandalosos".[24]

Em meio à enxurrada de denúncias sobre feitiços, desordens, batuques e concubinato, o português Manuel Vieira Couto,[25] de 42 anos, que vivia de sua lavra de ouro, apresentou-se ao visitador para denunciar "Manuel Pires Sardinha, juiz ordinário, [que] trata ilicitamente com uma sua cativa, que a comprou para este efeito, por nome Francisca".[26] Como esse depoimento permaneceu isolado, não foi suficiente para incriminar os réus e a denúncia não foi averiguada.

Em 1751, do relacionamento com seu proprietário Manuel Pires Sardinha, nasce Simão, o primeiro filho de Chica da Silva. Ao contrário do que foi afirmado no processo de *genere* de Simão, seu pai não assumiu a paternidade no testamento, nem no registro de batismo, tendo concedido sua alforria na pia batismal. Afilhado do capitão Simão da Cunha Pereira, dele recebeu o prenome como homenagem.[27] No testamento redigido em 1755, Manuel Pires Sardinha nomeou Simão como um de seus herdeiros,[28] ao lado de dois outros filhos, também não reconhecidos oficialmente, Plácido, filho da escrava Antônia, e Cipriano, nascido de Francisca crioula.[29]

Em julho de 1753, chegava ao arraial para nova visita o reverendo vigário Manuel Ribeiro Taborda. Desta vez, o fato de haver filhos nascidos dos relacionamentos não oficiais foi suficiente para que Manuel Pires Sardinha e suas escravas Francisca parda e Francisca crioula fossem considerados culpados pelo crime de concubinato em primeiro lapso.[30] Os três compareceram perante a mesa e assinaram os termos de reconhecimento de culpa. O documento, assinado pelo primeiro e marcado em cruz pelas escravas, se distinguia dos demais que se referiam a crimes de mesma espécie levantados pela devassa por se tratar do único caso em que um só homem se relacionava com duas mulheres ao mesmo tempo.[31]

No caso de Manuel Pires Sardinha e suas duas escravas, a visita eclesiástica de 1753 os condenou e os "admoestou paternalmente [...] para que de todo se apartassem da ilícita comunicação [...] evitando por este meio as ofensas de Deus, escândalo ao próximo e o perigo a que vêm expor as suas almas".[32] Escravos não tinham sobrenome, uma vez que não possuíam personalidade jurídica, eram apenas coisas, propriedades de um senhor; nos documentos, eram tratados pelo prenome seguido do termo indicativo de origem: o nome da tribo no caso dos africanos, e o termo crioulo, mulato, pardo ou cabra para aqueles nascidos no Brasil. Os designativos com que as escravas de Manuel Pires Sardinha foram descritas no termo de reconhecimento de culpa — Francisca parda e Francisca crioula — evidenciam que a primeira era mulata clara e a segunda, filha de africanos nascida no Brasil — negra, portanto.

Quaisquer dúvidas a respeito da maternidade de Cipriano e Simão podem ser dirimidas com a confrontação com outros documentos. O registro de batismo das crianças comprova que Francisca parda era mãe de Simão[33] e Francisca crioula, mãe de Cipriano.[34] A historiografia foi erroneamente unânime ao afirmar que Chica da Silva era mãe de ambos.

Os registros de batismo, a visita eclesiástica de 1753 e o testamento de Manuel Pires Sardinha, de 1755, não deixam dúvidas sobre a existência de duas Franciscas. No ano em que esse último documento foi elaborado, elas já haviam sido alforriadas e tinham os próprios sobrenomes, por ele é possível estabelecer que Francisca parda, uma vez liberta, se tornou Francisca da Silva. Nele, o ex-

-proprietário esclarece que as crianças que nomeava como seus herdeiros se tratavam de "três mulatinhos forros que me nasceram em casa, pelo amor que lhes tenho, e os criar como filhos, um por nome Plácido, filho de Antônia Xavier, mulher forra; outro por nome Cipriano, filho de Francisca, crioula forra; outro por nome Simão, filho de Francisca da Silva, parda forra, aos quais três mulatinhos instituo por meus universais e legítimos herdeiros".[35] Não resta dúvida portanto que Chica da Silva era parda e mãe do pequeno Simão.

No registro de batismo de Cipriano sua mãe é identificada como Francisca Pires, negra.[36] Ao nomear sua ascendência materna, Cipriano foi incisivo ao descrevê-la como "Francisca Pires, crioula forra, natural da Vila da Cachoeira, arcebispado da Bahia, neto materno de Luísa Pires, natural e batizada no Reino de Angola",[37] diferentemente de Manuel Pires Sardinha, seu pai, que, no trecho acima citado de seu testamento, não menciona o sobrenome da Francisca que seria sua mãe. Em 1785, Cipriano, padre recém-ordenado, requisitou que fosse habilitado para uma igreja no Tejuco, de onde era natural. Existiam dois impedimentos para a habilitação: o mulatismo e a ilegitimidade. No Brasil fechavam-se os olhos para o mulatismo como obstáculo para o acesso à carreira eclesiástica. Com efeito, o filho de Francisca Pires conseguiu dispensa para os chamados "defeitos", mas apagou a ascendência paterna, que lhe conferia a ilegitimidade — não se refere nem uma vez sequer ao pai no processo —, e buscou que todos os depoentes salientassem sua origem materna, da qual herdara apenas a cor.[38]

Como se vê pelo Quadro 1, o concubinato de Chica e seu senhor só se diferencia por se tratar do único caso de bigamia, já que as relações conjugais licenciosas haviam proliferado no arraial e nos arredores da Demarcação Diamantina e constituíam a maioria absoluta dos crimes apurados.

QUADRO 1 — CRIMES DE CONCUBINATO NAS DEVASSAS EPISCOPAIS NO TEJUCO (1750 E 1753)

SEXO	CONDIÇÃO	NÚMERO	%
Homens	Livre	54	94,7
	Forro	3	5,3
	TOTAL	57	100,0
Mulheres	Livre	3	5,1
	Escrava	15	25,9
	Forra	39	67,3
	Sem informação	1	1,7
	TOTAL	58*	100,0

* O número superior de mulheres se deve ao caso de Manuel Pires Sardinha e suas duas escravas.
Fonte: Arquivo Eclesiástico da Arquidiocese de Diamantina. *Livro de Termos do Serro do Frio*. 1750/1753, caixa 557.

A quase totalidade referia-se a casais compostos de homens brancos e livres e mulheres forras, seguidas das mulheres escravas. Na rua do Contrato, o oficial de ourives Caetano Francisco Guimarães tinha "portas adentro uma escrava por nome Teresa, com a qual trata ilicitamente e dela tem um filho e agora se acha prenha do mesmo senhor".[39] O casal fora sentenciado em 1750, mas ainda vivia junto na devassa seguinte. Foram de novo penalizados, desta vez mais duramente — pagaram o dobro da multa costumeira — em razão de serem reincidentes.[40]

Em menor número, havia casais de homens e mulheres forros, como um capitão do mato pardo, morador da mesma rua, que "vive ilicitamente com uma negra forra, por nome Rosa, de nação angola, [...] e continuamente anda com ela em zelos, dando-lhe muitas pancadas, tratando-a como sua manceba".[41]

Alguns casos raros envolviam homens e mulheres brancos. Joana Leite, por exemplo, casada com Francisco José de Menezes, vivia ilicitamente com um certo Tomé, morador da rua Direita, a principal do arraial. O marido tentou forçá-la a voltar a viver com ele, mas Joana não quis e conseguiu que Francisco José fosse preso, sob ordens do ouvidor da comarca. Depois de se abrigar temporariamente na casa de Manuel Fernandes de Carvalho, ela voltou para junto de Tomé e dele teve um filho.[42] O visitador considerou os réus culpados, e a exortou a voltar para sua casa no prazo de três meses, sob pena de excomunhão.[43]

Quando denunciou o concubinato de Manuel Pires Sardinha com sua escrava Francisca, Manuel Vieira Couto declarou "que [aquele] a comprou para este efeito".[44] Então, como já foi demonstrado, Chica foi comprada pelo médico e não lhe pertencia desde o nascimento. Não há nenhum documento que a relacione ao plantel de José da Silva de Oliveira, pai do padre Rolim, ou que sugira que a escolha de seus sobrenomes tenha se devido a ele, como afirmou Joaquim Felício dos Santos.[45] Seu primeiro proprietário foi Domingos da Costa, no arraial do Milho Verde; e Manuel Pires Sardinha, o segundo, a vendeu, no ano de 1753, a João Fernandes de Oliveira.[46]

A adoção, pelos negros alforriados, do sobrenome dos antigos senhores se tornou usual a partir do final do século XVIII. Provavelmente foi esse costume, disseminado no século seguinte, que induziu Joaquim Felício dos Santos a acreditar que o sobrenome Silva de Oliveira, mais tarde adotado por Chica, indicasse que um de seus proprietários tenha sido José da Silva de Oliveira.

Tampouco o testamento de José da Silva de Oliveira revela alguma conexão com Chica da Silva. No documento, ele manifesta o desejo de que uma rapariga chamada Dalida, abandonada na porta de sua casa quando ainda era criança, recebesse como herança uma escrava com que lhe presenteara em vida e que lhe dessem mais cinquenta oitavas de ouro de esmola. Assim justificava tais atitudes: "[...] pois a criei com amor de pai, [...] por não me ter dado desgosto algum e pelo amor que lhe tenho".[47] Também era grato pelos serviços prestados por Mãe Luísa, preta forra que fora sua escrava, e a Custódio, cabra forro que o estava servindo, e a ambos legou esmolas em ouro.[48] Segundo a historiografia, o caso de Chica seria similar ao da criança que por ele foi criada como filha, mas não existe nada que revele a existência de algum laço especial entre os dois, nem José da Silva de Oliveira faz alguma menção a ela no testamento.[49]

A construção de um novo nome após a obtenção da alforria e a transformação de Francisca parda em dona Francisca da Silva de Oliveira sugerem considerações interessantes. O primeiro documento em que se encontra menção a Chica após sua alforria, datado de 1754, a registra como Francisca da Silva, parda forra.[50] Naquela época, o sobrenome Silva, generalizadamente adotado no mundo português, indicava indivíduo sem procedência ou origem definida. O que podemos concluir é que a ex-escrava entrou no mundo dos livres por sua própria conta, sem conexões ou apadrinhamentos.

Quanto ao sobrenome Oliveira, clara referência ao desembargador João Fernandes de Oliveira, foi incorporado oficialmente apenas após o nascimento da primeira filha do casal, quando então Chica foi identificada no registro de batismo como Francisca da Silva de Oliveira,[51] sugerindo um pacto informal entre os consortes, já que não seria adequado legalizar a relação — poderia mesmo ser considerado desvantajoso para sua descendência produzir documentos oficiais ligando um pai branco e honrado a uma mulher mestiça e forra, pois qualquer tentativa de acesso a um cargo ou honraria demandaria vasculhar a vida dos antepassados; logo, quanto menos documentos existissem sobre Chica, quanto mais lacunares fossem as informações sobre ela, mais facilmente a memória de sua condição inferior poderia ser apagada.

A adoção de um nome diferente também era expediente comum quando da conversão de várias santas; nesses casos, em que ocorria sob determinação celestial, e equivaleria a um ritual iniciático que fazia parte da tradição judaico-cristã, significava mudança de vida.[52] Nas Minas Gerais, no ano de 1751, a negra Rosa, escrava de dona Ana do arraial do Infeccionado, assumiu o nome de Rosa Maria Egipcíaca da Vera Cruz como rito de passagem a simbolizar a nova vida de convertida, consagrada a Deus.[53] Como Rosa, embora fossem outros seus objetivos, Chica também tentava construir uma identidade que a afastasse definitivamente de seu passado escravo e revelasse sua inserção na sociedade do arraial. Francisca da Silva de Oliveira — foi com esse nome que Chica iniciou uma nova etapa em sua vida, em que se afirmava no mundo livre, por seus próprios meios, porém conectada ao homem ao qual permaneceria ligada até o fim de seus dias.

ASCENDÊNCIA

O processo de habilitação à Ordem de Cristo de Simão Pires Sardinha,[54] filho mais velho de Chica da Silva com Manuel Pires Sardinha, seu proprietário, lançou várias luzes sobre sua ascendência materna, mas também gerou mal-entendidos.[55] No século XVIII, alcançar a condição de cavaleiro da Ordem de Cristo era a maior honraria que um indivíduo não nobre poderia almejar no Reino português.[56] Durante vários séculos, essa ordem esteve restrita aos nobres de nascimento, mas, com o passar do tempo, seus estatutos se tornaram mais flexíveis e permitiram a entrada dos setores mais elevados das camadas comerciais e financeiras, que tinham se enriquecido com a expansão marítima.[57]

No Antigo Regime, o lugar que cada indivíduo ocupava na sociedade se baseava na linhagem; assim as honras ou as mazelas derivadas do nascimento eram transmitidas de geração para geração. Em Portugal, para o acesso a qualquer cargo ou honraria, fosse civil ou eclesiástico, o candidato era submetido a um processo de *genere*. A Ordem de Cristo averiguava não só o habilitado como também seus antepassados, a fim de certificar se em algum grau haveria alguma "mancha" a torná-lo inelegível. Para tanto, instalava-se o processo de *genere*, e os comissários visitadores designados pela Ordem se dirigiam ao local de nascimento do habilitado, de seus pais e dos quatro avós, para entrevistar pessoas de reputação ilibada que os tivessem conhecido. Nos processos de averiguação de *genere*, indispensáveis para a obtenção do título, dava-se valor ao que fosse "público e notório", ao que "se ouvia dizer". Porém, alcançada a graça, qualquer mácula que pesasse sobre o agraciado e seus antepassados, caso não tivesse sido descoberta no decorrer do processo, ficava apagada para sempre e as honras, imortalizadas.[58]

Para ser aceito na Ordem era preciso investigar "se é nobre e o foram seus pais e quatro avós"; "se é nascido de legítimo matrimônio".[59] Ora, Simão Pires Sardinha não tinha como cumprir esses requisitos: não era nobre e, além disso, era filho ilegítimo de uma escrava com seu senhor. Portanto, só lhe restava manipular o processo, aproveitando-se da elasticidade que o conceito de nobreza vinha adquirindo, de modo a permitir a ascensão da classe mercantil: ao lado de possuir linhagem, "viver na nobreza" também significava um estilo de vida, isto é, segundo a concepção da época, servir-se de bestas, criados ou escravos, o que podia enobrecer o candidato. Em um processo anterior, datado de 1768, em que pleiteava admissão nas Ordens Menores,[60] Simão Pires Sardinha construiu uma história e uma genealogia diferentes, revelando as possibilidades de manipulação desses processos.[61]

O obstáculo quase intransponível para a concessão do hábito era a ascendência escrava, já que ilegitimidade e mulatismo eram "defeitos" passíveis de dispensa real. No processo, Simão lançou mão de uma meia verdade que lhe permitiu ser consagrado cavaleiro, mas que por outro lado obscureceu informações sobre sua linhagem materna. Vejamos seu estratagema. Em 1779, quando se habilitou à Ordem de Cristo, Simão Pires Sardinha vivia em Lisboa sob o patrocínio do desembargador João Fernandes de Oliveira, na mansão do ex-contratador localizada no bairro da Lapa.[62] Sua mãe ainda vivia no Tejuco e uma inquirição simples no arraial rapidamente traria à luz sua prévia condição de escrava.

O primeiro passo para diminuir ou mesmo esconder os estigmas da cor e da escravidão, bem como sua ilegitimidade, era recrutar as testemunhas que deporiam sobre sua ascendência materna em Lisboa, e não no Tejuco, contrariamente ao habitual. Em meados de 1779, a rainha dona Maria I o dispensou do impedimento de ilegitimidade, eliminando um dos obstáculos à concessão do título. Também perdoou a "falta de folhas corridas da terra da sua naturalidade"; permitia assim que as inquirições acerca de seus pais e avós fossem realizadas apenas em Lisboa.[63] Era o sinal que Simão esperava para reelaborar a história de sua ascendência, diminuindo os "defeitos" que lhe eram inerentes. Com a dispensa real, o cavaleiro comissário, Francisco Joaquim da Silveira, responsável pela inquirição, pôde recrutar testemunhas que reconstruíram de forma distorcida a história familiar de Simão. Para isso, ele certamente contou com o patrocínio do poderoso padrasto.

Foram recrutadas catorze testemunhas, duas sobre Simão Pires Sardinha, seis sobre sua ascendência paterna e seis sobre a materna. A primeira delas, José Matias Frantsen, morador no bairro da Lapa, afirmou não conhecer Simão e não deu nenhuma informação.[64] Já Manuel Luís Esteves, seu vizinho na rua de Buenos Aires, confirmou que ele vivia na Corte com muito luzimento e que, apesar de não ter conhecido seus pais, "sempre ouvira dizer" que eram reputados.[65]

Como Manuel Pires Sardinha, seu pai, nascera na vila de Estremoz, o comissário procurou em Lisboa quem tivesse a mesma procedência e que o conhecesse, assim como a seus antepassados. Encontrou seis testemunhas, as quais confirmaram que tanto

Manuel como seus pais, Dionísio Lopes Sardinha e Paula do Espírito Santo Sardinha, eram "pessoas bem reputadas nos sangues e costumes, vivendo com distinção e gravidade, sem crimes de infâmia".[66] Manuel se formara em medicina em Coimbra e depois fora para o Brasil.[67] Na verdade, a ascendência paterna não lhe trazia maiores problemas, apenas ameaçava-lhe a lembrança de sua ilegitimidade.

O comissário passou em seguida à inquirição da ascendência materna, sobre a qual recolheu outros seis depoimentos. O primeiro depoente, Antônio Borges de Freitas, natural do Rio de Janeiro, revelou conhecer pessoalmente o habilitado e confirmou todas as informações por ele fornecidas. Seu depoimento descortinava pela primeira vez a história que o filho de Chica construíra sobre seu passado e o de sua família. Borges de Freitas afirmou que Simão Pires Sardinha era filho natural,[68] mas que, não obstante, o pai o "perfilhara e o fizera herdeiro dos bens que diretamente lhe pertenciam", o que diminuía o efeito negativo da ilegitimidade. Manuel Pires Sardinha reconheceu o filho no momento da morte e legou-lhe um patrimônio, o que o tornava "quase" legítimo.[69] O fato de o pai de Chica da Silva ter sido capitão dos auxiliares em Minas Gerais também colaborou para o bom desfecho, pois indicava nobreza. Simão declarou ainda que todos os ascendentes maternos já estavam mortos, mas que haviam vivido "sempre à luz da nobreza, em uma casa grossa e visitada pelas primeiras pessoas daquele continente".[70]

Somente três depoentes conheciam o Tejuco e as pessoas que estavam então sendo averiguadas, e todos pareciam ter conexão com o desembargador João Fernandes. Evasivos em seus depoimentos, ajudaram Simão Pires Sardinha a solidificar a versão de que todos seus familiares que viviam nas Minas eram nobres, omitindo a condição de ex-escravas da mãe e da avó. O reverendo Domingos Caldas Barbosa, na ocasião hóspede do conde da Calheta,[71] sem entrar em detalhes, testemunhou estar confuso quanto aos pais de Simão serem casados ou não. Contudo, afirmou estar certo de que Chica da Silva era filha legítima de Maria da Costa, e de que todos eram "igualmente opulentos, e com uma copiosa escravatura, vivendo à luz da nobreza", apesar da cor parda da avó.[72]

Francisco Xavier de Oliveira, que fora fiscal dos diamantes e vivera no Tejuco durante três anos, contou que Simão Pires Sardinha era filho de "Francisca da Silva, que vive e viveu com a maior ostentação, e senhora de uma grossa casa".[73] Observe-se que, no depoimento dessa testemunha — assim como no das demais —, o sobrenome Oliveira que Chica ostentava na época foi omitido. Dessa forma apagava-se sua ligação com João Fernandes de Oliveira e obscurecia-se seu passado perante o inquiridor.[74] Havia duas razões para esconder o relacionamento de sua mãe com o desembargador. A primeira era que os inquisidores descobririam com facilidade que se tratava de um relacionamento consensual e não legítimo. A segunda era que, com esse concubinato, dificilmente a relação mantida com Manuel Pires Sardinha teria a aparência de um envolvimento estável, acrescentando duas mazelas ao passado de Chica.

Em outro momento, conforme requeria a situação, Lourenço João de Oliveira Grijó, neto de Chica da Silva, não teve dúvidas em, além de recuperar o sobrenome Oliveira, tratá-la por dona. Quando se habilitou à mesa do desembargo do Paço, declarou ser "neto paterno de João Fernandes de Oliveira, natural do Tejuco em Minas Gerais, e de *dona* Francisca da Silva de Oliveira, natural da Vila do Príncipe".[75] Com o tempo, tal fórmula de tratamento passou a predominar nos documentos do Tejuco. A mudança indicou a distinção que Chica alcançara durante sua vida, permitindo que buscasse sua identidade junto à camada de brancos livres.

As testemunhas do processo omitiram a condição de escravas de sua mãe e avó e mentiram sobre a legitimidade de Chica da Silva com o propósito de diminuir a porcentagem de sangue negro que corria nas veias de Simão Pires Sardinha e na de seus ascendentes maternos. O depoimento de Baltazar Gonçalves de Carvalho, oficial de jardineiro, que vivera no Brasil durante cinquenta anos, foi exemplar ao revelar o estratagema do "embranquecimento" de Simão a fim de lhe conferir legitimidade. Afirmou que Chica era

> filha legítima do capitão dos auxiliares Antônio Caetano de Sá e de Maria da Costa, que possuíam muitos cabedais e uma copiosa escravatura, sendo esta de cor parda e, por consequência, sua filha, mãe do habilitado. Já neste, fica em terceiro ou quarto grau, porém vivendo todos com uma excelente reputação e à luz da nobreza, com muita riqueza e fazendo a primeira figura naquele continente, visitados das [sic] primeiras pessoas.[76]

Apenas duas testemunhas afirmaram que Chica da Silva ainda estava viva, mas ocultaram sua condição de ex-escrava. Sobre sua casa, afirmaram ser a melhor daquele continente, visitada "pelas primeiras pessoas assim do governo, como das justiças da terra".[77] Apoiado por Chica, dona de vasta fortuna, Simão recebia "na Corte atualmente de sua mãe uns avultados alimentos", que lhe permitiam viver com ostentação e "como pessoa nobre, vivendo de suas fazendas e rendas".[78]

Do processo de Sardinha, não obstante as evasivas e afirmações inconsistentes, assim como a deturpação de algumas evidências — reproduzidas acriticamente por aqueles que escreveram sobre Chica da Silva —, podem se extrair algumas poucas informações sobre a ascendência de sua mãe. Segundo os depoimentos, o pai de Chica, o capitão Antônio Caetano de Sá, homem branco, teria nascido e sido batizado na Candelária, no Rio de Janeiro, e sua mãe, Maria da Costa, na freguesia da Conceição da Praia, na cidade de Salvador da Bahia.[79] Essa última informação não era verdadeira, mas sim uma manipulação para sugerir que Maria da Costa era brasileira e mulata, branqueando assim o sangue de Chica e de Simão.

Em 1726, Antônio Caetano de Sá ocupava o posto de capitão das ordenanças de Bocaina, Três Cruzes e Itatiaia, distritos do termo de Vila Rica.[80] Pouco se sabe a seu respeito, mas o título de capitão era sinal de distinção e honra, o que invalida o argumento de vários autores, segundo os quais ele seria o feitor dos escravos de José da Silva de Oliveira, pai do padre Rolim. Chica o honrou, dando o nome de seu pai ao seu quarto filho homem, o terceiro com João Fernandes de Oliveira.

Sobre Maria da Costa foi possível reunir mais dados. A informação sobre seu batismo ter ocorrido na Bahia não era verdadeira, e o fato em si não era indicativo de que ela nascera em Salvador, como procurou insinuar Simão Pires Sardinha e suas testemunhas. A referência à freguesia da Conceição da Praia era apenas parte do estratagema para minimizar o estigma de mulatismo.

Maria da Costa chegou ao arraial do Milho Verde, um dos núcleos urbanos da Demarcação Diamantina, próximo ao Tejuco, por volta de 1720, quando era apenas uma criança, numa leva de escravos escoltada pelo negro forro[81] Domingos da Costa,[82] seu proprietário.

Foi na verdade ali, na igreja de Nossa Senhora dos Prazeres, que Maria da Costa foi batizada com os demais escravos trazidos por Domingos da Costa, pois "também não há dúvida [de] que os senhores quando trazem alguns escravos pretos para esta terra se não têm já batizado, logo os batizam, o que [todos] sabem porque é trivial".[83] Para receber o sacramento, os adultos do grupo deveriam dominar alguns rudimentos da língua portuguesa, com os quais, após os primeiros ensinamentos da fé católica, respondiam às seis perguntas que o pároco fazia na pia batismal. Crianças de até sete anos, como Maria da Costa, foram batizadas à revelia dos pais, diferentemente dos livros, que podiam consentir ou não no recebimento do batismo.[84] Apesar de muitos serem batizados somente quando chegavam ao Brasil, alguns navios que faziam o tráfico levavam padres a bordo para administrar o sacramento antes do embarque dos escravos.[85]

Várias forras do Tejuco tiveram trajetória semelhante à de Maria da Costa. A análise dos testamentos de 24 mulheres que viveram no arraial durante o século XVIII nos permite concluir que, dentre as quinze que eram africanas, a maioria foi batizada no Brasil.[86] Essa prática pode ser exemplificada por Maria da Encarnação, natural da Costa da Mina, trazida como escrava primeiramente para a Bahia, onde foi batizada.[87] A negra forra Rosa Fernandes[88] recebeu o sacramento em Paracatu e a já mencionada Ana da Glória dos Santos,[89] trazida ainda criança, foi igualmente batizada na Bahia.

O processo de *genere* de Simão Pires Sardinha para sua ordenação às Ordens Menores efetivamente concedeu informações muito mais precisas sobre sua ascendência materna do que o processo posterior. As inquirições, na ocasião realizadas no Tejuco, em 1768, quando lá ainda viviam quase todos os envolvidos, impediram que as testemunhas ocultassem informações, apesar de tal expediente ter sido utilizado em menor escala.[90] Diferentemente do processo que se instaurou para a habilitação para a Ordem de Cristo, tratou-se de apagar a ascendência paterna e os depoentes insistiram que Simão era filho de pai incógnito, "sem que se saiba na cidade quem seja",[91] e reiteraram que também não se conhecia o avô materno, omitindo o nome de Antônio Caetano de Sá. Já o nome da mãe foi mencionado como Francisca da Silva de Oliveira, como era usualmente tratada no Tejuco.

No documento, Maria da Costa pediu que fosse dispensada da apresentação de seu registro de batismo visto que os documentos tinham desaparecido e, como fora batizada no Milho Verde havia

46 anos, o padre que oficializara a cerimônia já falecera e poucos no arraial se lembrariam do fato, uma vez que, então, Maria da Costa já era uma de suas moradoras mais antigas.[92] Ela afirmou ser "natural da Costa da Mina", confirmando o que Simão Pires Sardinha e outros depoentes atestaram nessa ocasião sobre sua ascendência materna. Houve os que, de forma mais imprecisa, disseram que ela era "natural digo da Costa, mulher preta, natural da Costa da Guiné", ou informaram que, em 1768, já era "preta forra, natural do gentio da Guiné".[93]

Na época, a expressão "gentio da Guiné" denominava genericamente os negros do Norte da África ocidental, região que se estendia da Guiné Bissau, passando pela chamada Costa da Mina, até a Guiné Equatorial, combinando a toponímia portuguesa e a geografia africana.[94] Quando os escravos africanos chegavam ao Brasil em geral eram identificados nos registros com o nome de sua nação de origem, mas, como tais designações eram muito imprecisas, quase sempre acabavam correspondendo ao porto de embarque na África.[95]

A expressão, "da Costa", associada a inúmeros escravos, faz referência diretamente "à Costa dos escravos, região africana que corresponde ao Benim e à Nigéria atuais, habitada por negros do grupo sudanês", genericamente designados como *minas*.[96] Trata-se de uma derivação do castelo de São Jorge da Mina, também chamado Elmina, que consistia no ponto de embarque de todos os escravos da costa nordeste da África, mais conhecida genericamente como Costa da Guiné, cuja região de maior importância era a Costa da Mina,[97] onde já se praticava a exploração do ouro, cujos habitantes, por conseguinte, dominavam as técnicas para sua extração. Os escravos de lá oriundos foram importados em massa para as Minas Gerais, e, até meados do século XVIII, constituíam a maioria nos plantéis mineiros.[98] Tais expressões ou termos, usados indistintamente, não designavam, portanto, uma única tribo ou etnia; na verdade, reuniam diversos grupos que embarcaram rumo ao Brasil, a partir de um ponto comum, o castelo de São Jorge, no Nordeste da África.

Os minas eram considerados trabalhadores mais eficientes, mais resistentes às doenças e mais fortes do que escravos provenientes de outras regiões.[99] Temidos pelos senhores em face de seu espírito indômito, apresentavam tendência à revolta e superioridade intelectual: muitos eram mulçumanos e capazes de ler e escrever em árabe.[100] As mulheres eram reconhecidas pela beleza, frequentemente elogiada pelos viajantes estrangeiros que percorreram o Brasil no século XIX: de pele mais clara e corpo esguio, eram sempre as primeiras a ser escolhidas como concubinas dos homens brancos.[101] "De 1711 a 1720, cerca de 60,2% dos escravos importados na capitania eram minas. Diminuíram para 54,1% entre 1721 a 1730 e posteriormente para 34,2%, quando os bantus e angolenses passaram a vir em maior quantidade para a lavoura de abastecimento."[102]

Em 1725, o então governador do Rio de Janeiro Luís Vaia Monteiro assim descreveu a dependência dos mineiros em relação aos escravos e escravas minas:

> As minas, é certo que se não podem cultivar senão com negros. [...] os negros minas são os de maior reputação para aquele trabalho, [...] mas eu entendo que adquiriram aquela reputação por serem tidos por feiticeiros, e têm introduzido o diabo, que só eles descobrem ouro, e pela mesma causa não há mineiro que se possa viver sem uma negra mina, dizendo que só com elas tem fortuna.[103]

Maria da Costa conseguiu alforriar-se, destino comum de muitas mulheres nas Minas Gerais. Provavelmente ela agregou ao prenome a expressão "da Costa" em referência ao seu antigo proprietário, ou à sua origem da Costa da Mina. O reverendo Leonardo da Costa Amado revelou que, depois de obter a alforria, ela deixou o arraial do Milho Verde e com os filhos dirigiu-se para o Tejuco.[104] É por meio desse relato que tomamos conhecimento de que ela tinha outros filhos além de Chica da Silva. Há efetivamente referência a um batizado: em 1740, o capelão João de Souza Lemos batizou Anastácio, filho de Maria de nação mina, escrava de Domingos da Costa, a quem o senhor concedeu a alforria na pia batismal.[105]

A obtenção da alforria e a adoção por Maria do sobrenome Costa, após ter sido libertada, seriam indicativos de que, como era comum nas Minas, ela teve um relacionamento ilícito com seu proprietário? Domingos da Costa era casado com Ana da Costa, ambos negros forros, e o casal tinha pelo menos uma filha, de nome Catarina, batizada no Tejuco em 1743.[106] Não se sabe ao certo de que forma a mãe de Chica alcançou sua liberdade, mas, quaisquer que tenham sido os mecanismos, pela primeira vez mulheres como Maria da Costa podiam tomar suas próprias decisões e dar à sua vida o rumo que quisessem.

É possível seguir a trajetória de várias ex-escravas que, como Chica da Silva e sua mãe, alforriaram-se e tornaram-se senhoras dos próprios destinos. Em seu testamento escrito no Tejuco, a forra Ana da Glória nos dá uma mostra de como interpretou sua vida. Ao relatar a vinda para o Brasil, o casamento e a conversão ao catolicismo, utiliza verbos na forma passiva. No entanto, ao rememorar a alforria, faz uso da voz ativa, demonstrando que, com a liberdade, tomara em suas mãos o controle sobre sua existência.[107]

Em 1737, uma Maria da Costa, negra mina forra, teve uma filha chamada Rita.[108] Não é possível assegurar que se trata da mãe de Chica da Silva, uma vez que várias mulheres livres adotaram esse nome. Mas há nesse fato a sugestão de uma possível ligação com Chica, que costumava batizar os filhos com o nome de familiares seus e de João Fernandes: Rita foi o primeiro nome de uma de suas filhas e o segundo de outra. Esta Maria da Costa, na condição de mulher livre, mudou-se para Conceição do Mato Dentro, entre o Tejuco e Sabará, onde se comportou de maneira nada convencional.

Durante o século XVIII, a capitania das Minas Gerais foi esquadrinhada pela Igreja Católica à procura de pecadores. Em relação à moral e aos bons costumes, o pecado mais comum era o concubinato, geralmente entre brancos e mulatas ou negras. Vimos que o caráter instável dos relacionamentos era acentuado pela transitoriedade da prática mineradora e pela conformação da população — na região diamantina, por exemplo, de povoamento recente, a desproporção entre homens e mulheres era muito marcante. O exame do censo de 1738 realizado na comarca do Serro do Frio, que incluía o Distrito Diamantino, revela que, do total de 9681 habitantes, 83,5% eram homens e 16,5%, mulheres. Entre os escravos, o sexo feminino representava apenas 3,1%, já que o trabalho da mineração era prioritariamente desempenhado por homens.[109]

Entre os forros as proporções se invertiam, e as mulheres constituíam maioria. O mesmo documento nos informa que, dos 387 forros recenseados, 63% eram do sexo feminino contra 37% do sexo masculino, indicativo de que as mulheres eram as maiores beneficiárias da alforria, inclusive acumulando bens. Com a liberdade, elas oscilavam entre a desclassificação social e a inserção, ainda que desajeitada, no universo antes restrito aos brancos livres das Minas Gerais.

Como resultado, o concubinato proliferou não apenas na Demarcação Diamantina como em toda a capitania, e o principal mecanismo de que a Igreja Católica se utilizou para tentar conformar a moral e os costumes do rebanho de pecadores que lá viviam foram as Visitas Eclesiásticas. De tempos em tempos, os bispos percorriam os diversos arraiais e vilas a fim de apurar os crimes de natureza moral e de fé. Instalava-se uma mesa e os moradores eram constrangidos a confessar as próprias culpas e a denunciar as alheias. Apurava-se o que era público e notório e muitas mazelas emergiam das vielas locais. Alguns confessavam o que não poderia ser ocultado e outros aproveitavam para reviver antigas tensões e rixas entre vizinhos ou rivais. As denúncias, as culpas averiguadas e as sentenças correspondentes eram registradas em livros separados e o zelo dos visitadores legou aos pesquisadores uma fonte inestimável para a reconstrução do dia a dia colonial naquela região.[110]

Em 1748, em Conceição do Mato Dentro, a Maria da Costa de que falamos acima foi indiciada como ré em uma dessas visitas. Embora não seja possível afirmar com certeza que se tratava da mesma pessoa, lança-se mão aqui da evidência de que ela lá se estabelecera após a alforria. Apesar de amasiada com um ferreiro, Maria da Costa foi acusada de deitar-se "com todo homem que se lhe oferece".[111] Inúmeras testemunhas declararam ser do conhecimento de toda a população do arraial que seu ciumento companheiro a surrava com frequência. Numa dessas ocasiões, "se descompuseram de palavras e pancadas por ciúmes e que do modo de viver da dita têm resultado várias ruínas e mortes".[112]

Parece que Maria da Costa se envolvera em muitas contendas em Conceição do Mato Dentro e o tipo de vida que levava era exemplo das tensões causadas pelo aumento do número de mulheres livres de baixa condição social. Se de fato ela se relacionava com vários homens, devia provocar a ira de várias mulheres. A uma delas proferiu ameaças de agressão física e afirmou ser "capaz de dar uma bofetada em Nossa Senhora do Pilar".[113] Era comum os colonos conferirem um sentido ao culto dos santos bastante distinto do oficialmente recomendado pela Igreja Católica, popularizando-o; assim, algumas mulheres acabavam inserindo a religião nas contendas e tensões que permeavam seu cotidiano. Acusada de ser meretriz, a ré revidou que "se era mulher pecadora, que por ela tinha sido Santa Maria Madalena", e com essas palavras escandalizava a sociedade e os representantes do clero.[114]

Apesar das censuras da Igreja, Maria da Costa não mudou seu modo de vida. Alguns anos depois, ela foi novamente denunciada por um certo Francisco de Brito Bittencourt, que revelou que, "com sua língua",[115] era mulher pública e escandalosa, e que recebera o apelido de "a vassoura". Em 1753, o visitador Miguel de Carvalho Almeida Neves anotou que, embora tivesse prometido emendar-se, Maria da Costa continuava a "descompor os homens com palavras injuriosas e menos decentes, como também as mulheres".[116] Além disso, fora considerada culpada de concubinato em primeiro lapso, isto é, pela primeira vez, com Bartolomeu Martins da Rocha, que vivia nas cercanias do arraial. Condenada nos dois casos, ela pagou duas oitavas de ouro à mesa e foi ameaçada de maior rigor nas punições se não mudasse seu comportamento. Analfabeta, assinou os termos de culpa com uma cruz.

Porém, caso essa Maria da Costa, com sua língua ferina e sua religiosidade pouco ortodoxa, tenha sido de fato a mãe de Chica da Silva, em outros momentos podemos vê-la cumprindo os ritos católicos, principalmente aqueles que se assentavam em relações de favor, amizade e clientelismo. Em 1753 ela compareceu à igreja de Santo Antônio, no Tejuco, para ser madrinha da filha de uma escrava de nome Silvéria. O escrivão anotou no livro de batizados do arraial sua condição de forra.[117]

No processo de ordenação às Ordens Menores de Simão Pires Sardinha, as testemunhas a descreveram como boa cristã. O capitão Luís Lopes da Costa, homem branco, português, que morava no Tejuco havia catorze anos afirmou que

> Maria da Costa é cristã e tem vivido na crença de tudo o que crê e ensina a Santa Madre Igreja, assistindo como cristã-velha, observando todos os quesitos da Lei de Deus e da Santa Madre Igreja e a todas as funções e atos pios [...], com grande devoção, especial zelo,

dando suas esmolas e concorrendo com o que pode para o culto divino.[118]

O reverendo José Ribeiro Aldonço foi mais específico e declarou que ela assistia à missa todos os dias e comungava-se muitas vezes no ano.[119] Em 1774, Maria da Costa vivia em uma casa de sua propriedade no Tejuco, na rua do Macau. Era vizinha de Silvestre de Almeida, pintor pardo, e de Manuel do Nascimento, homem branco, que vivia em companhia da mulher, quatro filhos e quatro filhas.[120]

Maria da Costa não estava só. Aquilo que no reino era prerrogativa das senhoras brancas — o acesso aos símbolos exteriores de dignificação —, na sociedade diamantina era compartilhado pelas mulatas e negras forras, tornando-a indistinta e provocando a fluidez da hierarquia social, mesmo que muitas delas se comportassem de maneira bem pouco convencional.

O governador das Minas Gerais, o conde das Galveias, escandalizava-se com a frouxidão dos costumes e a inversão da ordem, chegando, em 1733, a emitir uma ordem para reprimir

> os pecados públicos que com tanta soltura correm desenfreadamente no arraial do T[e]juco, pelo grande número de mulheres desonestas que habitam no mesmo arraial com vida tão dissoluta e escandalosa que, não se contentando de andarem com cadeiras e serpentinas acompanhadas de escravos, se atrevem irreverentes a entrar na casa de Deus com vestidos ricos e pomposos e totalmente alheios e impróprios de suas condições.[121]

3. Contratadores de diamantes

> *Ai, quem possuíra a riqueza*
> *que borbulha no Distrito,*
> *sem descer do seu cavalo...*
> *sem meter os pés nos rios...*

VELHO SARGENTO-MOR

Foi em agosto de 1753 que o jovem desembargador João Fernandes de Oliveira chegou ao Tejuco para representar seu pai, que, do Reino, havia arrematado o quarto contrato dos diamantes.[1] Era um rapaz coberto de glória, cuja trajetória, cuidadosamente planejada pelo sargento-mor João Fernandes de Oliveira, refletia o processo de notabilização e ascensão social que o antigo contratador dos diamantes procurava estabelecer para sua família, à medida que enriquecia. João Fernandes de Oliveira, o pai, apesar da fortuna que acumulara com a arrematação dos contratos de diamantes desde 1740, alcançou apenas o título de sargento-mor, sempre mencionado junto ao seu nome para diferenciá-lo do filho homônimo.

Português natural de Santa Maria de Oliveira, arraial que pertencia à Vila de Barcelos, arcebispado de Braga, na província do Minho, localizada no Norte de Portugal, foi na primeira década do século XVIII, já maior de idade, que o primeiro João Fernandes de

Oliveira deixou o pequeno arraial e partiu para o Brasil.[2] Repetia a saga de inúmeros conterrâneos que na mesma época deixavam aquela região, cuja economia, baseada principalmente na agricultura, encontrava-se em crise. Esse século assistiu à emigração para o Brasil de significativa parcela de homens oriundos em particular das províncias do Minho e do Douro. Em sua maioria solteiros, poucos deixavam para trás esposa e família ao partir em busca do sonho do Eldorado.

Assim que chegou ao Brasil, João Fernandes de Oliveira passou pelo Rio de Janeiro, e de lá seguiu para as Minas Gerais, atraído pelas riquezas auríferas que a região prometia. Estabeleceu-se primeiro em Vila Rica (atual Ouro Preto), mas não ficou muito tempo, mudando-se em seguida para a Vila do Ribeirão do Carmo (atual Mariana), onde inicialmente se dedicou à mineração.[3] Quando a fortuna começou a lhe acenar, adquiriu a fazenda da Vargem, próximo ao pico do Itacolomi. Perdida numa região montanhosa e inóspita, perto do arraial da Passagem, do outro lado do maciço do Itacolomi, era um misto de propriedade rural e mineral.

Frequentava-a o cirurgião-barbeiro Luís Gomes Ferreira, proprietário de uma fazenda às margens do mesmo ribeirão que passava pela propriedade da Vargem[4] e autor do tratado de medicina prática *Erário mineral*, livro em que descreve a cura que realizou em um escravo que João Fernandes tinha em boa conta. O doente, que padecia de uma tosse tão forte que não deixava os companheiros de senzala dormirem, vinha sendo tratado por um médico da região, sem porém apresentar melhoras. Doenças pulmonares eram comuns entre aqueles que passavam os dias a catar ouro, sempre molhados, malvestidos e subalimentados. O cirurgião o curou com um remédio a base de açafrão.[5] Em 1725, a fazenda da Vargem abrigava 39 escravos, dos quais três eram mulatos e os demais pertencentes a diferentes nações africanas, como benguela, mina, nagô, cabo-verdiano etc.[6]

João Fernandes de Oliveira investiu em vários setores, e essa diversificação permitiu que acumulasse riquezas e que em meados do século fosse considerado um *homem de negócio*. Essa expressão designava os donos de grandes capitais que se dedicavam ao setor atacadista, o comércio *por grosso*, emprestavam dinheiro a juros e arrematavam da Coroa a cobrança de diversos impostos, entre outras atividades que exigiam investimentos de monta.

A enorme população que se aglomerou nos centros urbanos da capitania de Minas Gerais constituía um mercado consumidor atraente, que expandiu o setor mercantil e o tornou altamente rentável, pois grande parte da riqueza dos mineradores e agricultores acabava nas mãos dos comerciantes.[7] Em 1732, o secretário do governo atestou a importância e a pujança do setor comercial, ao afirmar que "o país das Minas é, e foi sempre, a capitania de todos os negócios".[8]

No início, sem dispor de muito dinheiro, João Fernandes de Oliveira tratou de associar-se a renomados homens de negócio do Reino e passou a representá-los. Organizou uma sociedade para arrendar a cobrança do imposto do dízimo na região em que residia, que era uma das principais fontes de renda da Coroa.[9] Originalmente um imposto eclesiástico, em Portugal, por concessão papal, sua receita era destinada ao rei, na qualidade de grão-mestre da Ordem de Cristo, que delegava a cobrança a particulares, por meio de arrendamentos de quatro anos em média. Nas Minas Gerais, incidia sobre qualquer gênero produzido internamente, com exceção do ouro.

A primeira sociedade foi estabelecida com Manuel Mateus Tinoco, que arrematou o contrato em Lisboa, Manuel de Bastos Viana e Francisco Xavier Braga; a João Fernandes coube a função de representante e caixa em Minas Gerais.[10] O negócio deve ter sido lucrativo, pois, ao término do prazo instituído, passou a representar o novo arrematante em Lisboa, Jorge Pinto de Azevedo, com quem firmou nova sociedade.[11]

Durante os primeiros anos, como era comum na época, amasiou-se com uma mulata chamada Lourença Batista, sua escrava. Quando Lourença engravidou, João Fernandes obrigou-a casar-se com outro, provavelmente também um escravo de sua propriedade. A criança, que recebeu o nome de Teodósio, foi batizada pelo sargento-mor, que a libertou na pia batismal. O rapaz estudou cirurgia na França, porém João Fernandes, que o patrocinava, nunca teve certeza de ser seu pai, pois, segundo ele, a mãe "sempre foi mulher meretriz".[12]

Conforme os negócios progrediam, o sargento-mor começou a trazer parentes para o Brasil, permitindo que também enriquecessem. Era comum os laços de sangue e de amizade, estabelecidos na esfera privada, se reproduzirem na esfera mercantil.[13] O primeiro a chegar foi o primo Ventura Fernandes de Oliveira, que lhe prestou diversos serviços. Seguindo os passos de João Fernandes, arrematou a cobrança dos dízimos na Vila do Carmo[14] e, já próspero, recebeu a patente de tenente-coronel da Cavalaria de Mariana.[15] Vieram também outros três primos, um deles chamado Miguel Fernandes de Oliveira, que foi trabalhar numa fazenda de gado em Formiga, adquirida pelo sargento-mor.[16] Foram muitos os familiares que vieram para o Brasil e mantiveram negócios com ele e mais tarde com seu filho, o desembargador. Para alguns, fazia empréstimos ou adiantamentos, como ao primo Manuel Fernandes de Oliveira, a quem, em testamento, perdoou todas as dívidas. Em retribuição aos favores prestados, Manuel batizou o próprio filho com o nome de João e ainda chamou o bem-sucedido primo para apadrinhá-lo.[17] O Brasil abriu tantas oportunidades de enriquecimento para João Fernandes de Oliveira e seus familiares que ele deixou em testamento 50 mil réis a dez rapazes que provassem os laços de parentesco até o terceiro grau e que estivessem dispostos a deixar o torrão natal a fim de "prosperar e passar para o Brasil".[18]

O sargento-mor aliou-se a indivíduos importantes da região, compondo cadeias de amizade e clientelismo de que procurava se cercar desde sua juventude no Reino. As missas de domingo realizadas na capela de Nossa Senhora da Conceição, que construiu na fazenda da Vargem, eram ocasiões de convívio social e de criação de laços com os vizinhos mais importantes, constantemente convidados para as celebrações. No centro do altar-mor da capela, que era pintado de azul, com flores brancas a decorar as colunas, repousava a imagem daquela santa, padroeira de Portugal, a quem João Fernandes consagrava especial devoção.

Importantes mecanismos de identificação e de sociabilidade no reino português, as cadeias clientelares se estendiam além-mar,[19] e a consequente troca de favores que tais conexões propiciavam tornava inextinguíveis os laços entre aqueles que delas participavam. João Fernandes de Oliveira não perdeu as oportunidades que se apresentaram para, ao introduzir indivíduos na esfera de sua proteção, aumentar seu poder. Tornou-se testamenteiro de vários homens com os quais mantinha negócios, o que não só se mostrara lucrativo, como ampliava para além da morte os vínculos estabelecidos em vida. Por exemplo, ele se tornou testamenteiro do vizinho Domingos Pinto Machado e tutor de Rita, filha de Domingos com sua escrava Joana Pinta. Assumiu a educação da órfã e a tratava "com toda a honestidade e recolhimento dentro de sua casa, com sua mulher e filhos".[20] Quando Rita chegou à idade de se casar, João Fernandes arranjou seu casamento com Domingos Gonçalves Rodrigues, retirando da herança que o pai legara à jovem o montante para o dote, o que permitiu que ela se casasse com um homem branco, mecanismo necessário para apagar os vestígios de um nascimento em condições pouco favoráveis. Assim agindo, não só protegeu a órfã como também utilizou como quis os bens do falecido, adiando o quanto pôde a finalização do inventário.[21]

Próspero e com os negócios estabilizados, e ao dar-se conta de que sua estada nas Minas Gerais iria se prolongar, João Fernandes de Oliveira resolveu que chegara a hora de assentar raízes. Aos 29 anos, em agosto de 1726, casou-se com Maria de São José, filha de comerciantes que viviam no Rio de Janeiro e com os quais provavelmente fazia negócios.[22]

Sua esposa nascera na cidade do Rio de Janeiro,[23] onde seus pais, Pedro do Reis Pimentel e Maria Inês de Sousa, se estabeleceram, primeiramente na freguesia de São José, onde a jovem fora batizada, incorporando ao seu o nome do santo, e depois próximo à igreja da Sé. Seu pai, ex-agricultor, era originário da ilha das Flores[24] e, como seus conterrâneos, viera para o Brasil em busca de melhores oportunidades de vida. A princípio, trabalhara como mercador em Taubaté, na capitania de São Paulo, onde se casou com a paulista Maria Inês, natural da Vila de Santos. Depois de uma breve permanência na ilha Grande, já na capitania do Rio de Janeiro, mudaram-se para a capital.[25] Maria de São José, a mais nova dos cinco filhos do casal — os dois homens tornaram-se religiosos[26] e as mulheres já haviam se casado —,[27] enquanto esperava um consorte adequado, fora internada em um recolhimento em Guarapiranga, onde receberia educação formal e levaria uma vida virtuosa; é provável que não tenha conhecido o futuro esposo até as vésperas do enlace. Na instituição, ela aprendeu a ler e escrever — raro na época entre as mulheres: ela mesma assinou o processo de casamento com o sargento-mor João Fernandes de Oliveira.[28]

A cerimônia religiosa, celebrada pelo padre José Simões na igreja matriz de Nossa Senhora da Conceição da Vila do Carmo, foi cercada de grande pompa, e a ela seguiram-se três dias de festividades.[29] Os processos de casamento iniciavam-se com uma longa investigação para atestar o estado civil dos noivos, uma vez que a bigamia era considerada crime muito grave, e as *Ordenações filipinas* previam a pena de morte para o culpado. Por essa razão, os proclamas, as certidões e as investigações geravam custos altíssimos, principalmente à medida que aumentavam a área geográfica colonizada pelo Império Português e a mobilidade da população entre o Reino e as diversas colônias. Como João Fernandes não apresentou a tempo as inquirições que deveriam ter sido efetuadas em sua terra natal para comprovar que de sua parte não havia impedimentos para o enlace, o casamento realizou-se sob fiança. O processo só foi concluído em 1736, quando ele afinal entregou a documentação que chegara do Reino havia seis anos.[30]

No ano seguinte ao casamento, em meados de 1727, nasceu o primeiro filho do casal, que, como o pai e o avô, recebeu o nome de João Fernandes de Oliveira. Seu batizado deu-se em 9 de junho na capela de Nossa Senhora da Conceição da Fazenda da Vargem, na pia batismal ali instalada, em cerimônia conduzida pelo padre Antônio Sanches Chaves. Como padrinhos, foram escolhidos Francisco da Cunha Macedo e Josefa Rodrigues da Silva, esposa do também sargento-mor Domingos Pinto Machado, seus vizinhos.[31] Seguiram-lhe cinco filhas: Ana Quitéria de São José, Maria Margarida Angélica de Belém, Rita Isabel de Jesus, Helena Leocádia da Cruz e Francisca Joaquina do Pilar. Mais tarde, todas recolheram-se no convento de Madre de Deus de Monchique, na cidade do Porto, onde professaram os votos e se tornaram freiras.[32]

Em 1739, João Fernandes de Oliveira habilitou-se a um negócio mais arriscado, que envolvia muito dinheiro. Foi nesse ano que a Coroa abriu os processos de arrendamento periódico de exploração no Distrito Diamantino. Gomes Freire de Andrade, o governador das capitanias do Rio de Janeiro e Minas Gerais, dirigiu-se para o Tejuco, e lá permaneceu de abril a agosto, na tentativa de convencer os mineradores locais a oferecer um lance. As negociações foram iniciadas com os homens de negócio do Rio de Janeiro, prosseguiram em Vila Rica — onde João Fernandes de Oliveira e Francisco Ferreira da Silva se juntaram à comitiva do governador — e, por fim, incluíram os mineradores do arraial. Contudo, os homens de negócio de Vila Rica se opuseram aos mineradores do Tejuco, que tentavam forçar maior flexibilidade das condições de exploração. As negociações foram tensas e quase terminaram em violência, com acusações de favoritismo sendo proferidas.[33] O melhor lance, oferecido em leilão público[34] pelos mineradores do Tejuco, continha a proposta de utilizar mil escravos nos trabalhos diamantíferos, num contrato de dez anos, com a exploração podendo ser estendida a todo o distrito, o que foi considerado inaceitável pelo governador.[35] Do ponto de vista da Coroa, João Fernandes e Francisco Ferreira apresentaram uma proposta melhor: limitaram a seiscentos o número de escravos e a quatro anos o período de exploração e aceitaram a delimitação dos rios a ser minerados.[36] Como os mineradores não apresentaram contraproposta, o lance teve que ser honrado pelos dois, que então arremataram o contrato em sociedade. Francisco Ferreira, cristão-novo e conhecido homem de negócio, entrou com o capital e ausentou-se em seguida, retornando a Lisboa. Restou ao sargento-mor administrar o negócio, função pela qual lhe caberiam 3% dos lucros.[37] Por um contrato de quatro anos, que especificava a limitação da exploração a alguns rios e o número de escravos empregados, seriam pagos 230 mil-réis.[38]

Segundo frei Gaspar da Encarnação, ministro do rei, o verdadeiro interessado na sociedade era o governador Gomes Freire de Andrade; João Fernandes seria apenas o testa de ferro, e seu lance não passara de uma farsa montada com o intuito de convencer os mineradores locais de que fora do Tejuco teriam como concorrentes grandes homens de negócio. A segunda mulher de João Fernandes de Oliveira revelou anos mais tarde que seu esposo entrara nesse negócio por intermédio do governador, que eles eram grandes amigos e que era público nas Minas "que os interesses deste eram do empenho de Gomes Freire de Andrade, a quem [todos] cegamente respeitavam e obedeciam".[39] Apesar de o intendente dos diamantes Rafael Pires Pardinho afirmar que houve lisura nos lances,[40] o envolvimento de Gomes Freire não parece ser infundado, visto que em inúmeras ocasiões o governador expressou sua amizade com João Fernandes, e chegou a ajudá-lo quando enfrentou dificuldades financeiras, impedindo a ruína econômica do contrato.[41]

Como a presença do sargento-mor era requerida no Tejuco, em virtude dos termos contratuais firmados, em 1740 ele subarrendou o contrato de cobrança de dízimos a Jorge Pinto,[42] que assumiu as funções de caixa e representante desse negócio,[43] e deixou a Vila do Carmo, mudando-se então para o arraial. Em 1743, ao término do contrato diamantino, Francisco Ferreira da Silva mais uma vez uniu-se a João Fernandes de Oliveira e, em nova sociedade, arrendaram o segundo contrato, que se estendeu de 1744 a 1748. Dessa vez, o sargento-mor exigiu condições mais favoráveis para si e recebeu como pagamento 4% do montante arrecadado pelos serviços que prestaria.[44]

Porém, os acontecimentos não corresponderam ao esperado: conforme haviam previsto os experientes mineradores do Tejuco, as condições oferecidas pela metrópole eram desfavoráveis, em especial o limite de utilização de seiscentos escravos nas lavras diamantinas. As terras melhores, nas quais a exploração era mais fácil, se esgotavam, o que impunha um aumento no número dos escravos para manter a produção estável. João Fernandes recorreu a Gomes Freire de Andrade na expectativa de que as cláusulas do contrato pudessem ser modificadas, particularmente aquelas que limitavam a quantidade de mão de obra, mas ele nada pôde fazer. Os investimentos realizados foram vultosos, pois a extração dos diamantes de grupiara exigia maior movimentação de águas e terras, e ao fim do segundo contrato as despesas haviam ultrapassado em 1 milhão de réis os valores empregados durante a vigência do primeiro.[45]

Em face dessas elevadas despesas, as dívidas atingiram 700 mil cruzados,[46] uma fortuna, de acordo com os padrões da época. Além disso, ameaçavam um dos negócios mais lucrativos da Coroa portuguesa e sua credibilidade. Como os diamantes só eram vendidos após serem enviados para Lisboa — o que ocorria uma vez por ano —, os contratadores contraíam dívidas para subsidiar os custos de exploração, operação realizada mediante a venda de letras, avalizadas pela Coroa, nos mercados lisboeta e fluminense, por caixas designados pelo contratador. Ao final de cada contrato, as letras eram resgatadas e pagas com os lucros alcançados, que, ainda, deveriam cobrir o preço do lance de arrematação. A insolvência ameaçava não somente o mercado financeiro português, como igualmente o holandês e o inglês, de onde provinha grande parte do capital dos homens de negócio de Portugal.

João Fernandes de Oliveira estava atravessando momentos difíceis, e, em abril de 1746, Maria de São José, muito doente desde o ano anterior, faleceu,[47] tendo sido enterrada na igreja matriz de Santo Antônio no Tejuco.[48] Não obstante as dificuldades financeiras que enfrentava, a morte da mulher privava-lhe de quase metade de sua fortuna, segundo a legislação portuguesa sobre heranças, reunida nas *Ordenações filipinas*. Quando um dos cônjuges morria, da metade que pertencera ao falecido, os filhos herdavam automaticamente dois terços, e o restante (a terça) era disposto conforme as determinações testamentárias. Com frequência nomeava-se a alma como herdeira, isto é, deixava-se a terceira parte do dinheiro para a realização do enterro, a celebração de missas, bem como para esmolas e outras práticas destinadas à salvação da alma, de acordo com o que pregava a Igreja Católica.[49] Maria de São José nomeou como administrador de sua terça João Fernandes de Oliveira, que, além de mandar celebrar missas em sua intenção, agregou o valor correspondente ao seu patrimônio. Cuidadoso, ele adiou ao máximo a abertura do inventário, o que só fez após 1750.[50]

Depois da morte do sargento-mor, coube ao desembargador João Fernandes de Oliveira administrar os bens da terça de sua mãe.[51]

No fim de 1747, quando tudo parecia perdido e a quebra do contrato era eminente, João Fernandes de Oliveira recorreu novamente à proteção do governador. A solução oferecida pelo amigo Gomes Freire foi induzir a rica viúva do capitão-mor Luís Siqueira Brandão a casar-se com o endividado contratador.[52] Isabel Pires Monteiro resistiu o quanto pôde, pois sentia repugnância pelo pretendente, mas as pressões vinham de todos os lados: não só o governador lhe escrevera várias cartas, como também apreciavam a ideia de um eventual enlace seu pai e seu genro, o coronel Alexandre Luís de Sousa, que afirmara "que não havia mais remédio que o de celebrar-se o pretendido matrimônio, porque assim mandava quem podia".[53] Em dezembro daquele ano, já casados e residindo no Tejuco, Isabel e João Fernandes batizaram o filho do amigo José da Silva de Oliveira e de Ana Joaquina Rosa Batista, que viria a ser conhecido como o inconfidente padre Rolim.[54]

Em 1748, na tentativa de usufruir das propriedades da segunda esposa, ainda pendentes no inventário do marido, por meio das quais solucionaria seus problemas financeiros, João Fernandes estabeleceu com ela um pacto que incorporava os bens de ambos, testemunhado pela filha dela e o genro Alexandre.[55] Isabel nominalmente "vendeu" seu vasto patrimônio ao marido e, em troca, após a morte dele, caso não houvesse filhos do novo matrimônio, ela retiraria da herança o montante correspondente às seis fazendas que possuía, aos 36 escravos, a cerca de 5,5 mil cabeças de gado e 610 cavalos e éguas. Após a avaliação, todos esses bens passaram para as mãos do sargento-mor.[56]

Com esse patrimônio seria possível oferecer credibilidade e confiança aos credores,[57] já que as dívidas assumidas com o arrendamento do contrato não seriam cobradas imediatamente, pois envolviam negociações que se arrastavam por anos.[58] Somente em

1760, a Coroa emitiu a carta de quitação final referente aos dois primeiros contratos.[59] No entanto, ainda nessa época João Fernandes e seus caixas em Portugal litigavam e prorrogavam o pagamento a particulares para quem tinham vendido letras, como a Irmandade do Santíssimo da freguesia dos Mártires em Lisboa.[60]

Endividado, João Fernandes não se interessou em administrar diretamente o novo contrato que estava em negociação, e em 1748 não houve exploração de diamantes.[61] Mais uma vez a situação exigia a presença de Gomes Freire de Andrade no Tejuco. Ele deslocou-se para o arraial, e, no final daquele ano, o terceiro contrato foi arrematado por Felisberto Caldeira Brant, que já tinha experiência com esse tipo de mineração no rio Claro, em Goiás.[62] Ele seria o administrador e o representante de uma sociedade composta por seus irmãos Conrado e Sebastião, pelo amigo Luís Alberto Pereira e vários homens de negócio do Tejuco.[63] O sargento-mor vendeu-lhe por 80 mil cruzados todas as fábricas e ferramentas de que dispunha e que eram necessárias à exploração — o pagamento seria efetuado com os lucros do contrato[64] — e comprou letras de crédito no valor de 136 mil-réis para capitalizar o novo contratador.[65] Prestativo, redigiu uma carta de recomendação para que Lourenço Antunes Viana, mercador no Rio de Janeiro, continuasse a realizar as vendas nas mesmas condições, o que significava dar crédito ao novo contratador para que adquirisse tudo o que o empreendimento demandava.[66]

As condições fixadas no terceiro contrato eram mais desfavoráveis do que as dos documentos anteriores. A região de rio Claro, em Goiás, havia sido incorporada, e por essa razão a Coroa limitou a quatrocentos o número de escravos que poderiam ser utilizados na Demarcação Diamantina. Logo, Caldeira Brant percebeu que a lucratividade do negócio dependia da capacidade de burlar as autoridades. Nos primeiros anos não houve grandes problemas. Ocupava o cargo de intendente dos diamantes o desembargador

Plácido de Almeida Moutoso que, muito doente, morreu no Tejuco em 1750. Demonstrando total confiança no contratador Caldeira Brant, Moutoso o nomeara testamenteiro.[67] Sucedeu-lhe como interino o ouvidor do Serro do Frio Francisco Moreira de Matos, que pouco aparecia no Tejuco. Em 1751 contudo, a situação mudou com a nomeação de Sancho de Andrade Castro e Lanções como intendente. Diferentemente das administrações anteriores, Lanções estava disposto a devassar os procedimentos de Caldeira Brant e começou a pressioná-lo para que fornecesse o número exato de escravos empregados nas lavras — e que chegavam ao absurdo montante de cinco mil. A tensão entre os dois aumentava dia a dia e o conflito era iminente.[68]

Em 1750, João Fernandes de Oliveira decidiu ir para o Reino a fim de ajustar contas com a Coroa e com seus sócios nos contratos diamantinos.[69] Dirigiu-se para Vila Rica, onde ele e Isabel apadrinharam Álvaro, filho legítimo do sargento-mor Gregório de Matos Lobo e de Vitoriana Pais de Queirós, garantindo os laços pelos quais se regravam as sociabilidades da época,[70] e em agosto, talvez doente ou temendo a longa viagem, ali redigiu seu testamento. Envolvido em tantos e tão complexos negócios nas Minas Gerais, no Rio de Janeiro e em Lisboa, e acreditando que "seus bens estavam em grande embaraço devido a uma série de dívidas e cobranças a efetuar",[71] resolveu não estipular prazo para que seus testamenteiros finalizassem suas contas.

Partiu em 31 de maio de 1751, na frota do Rio de Janeiro, e chegou a Lisboa em 24 de agosto.[72] Não se tratava mais do jovem que décadas antes chegara ao Brasil com uma mão na frente e outra atrás: João Fernandes de Oliveira ia embora gozando de uma condição privilegiada, com uma nova esposa, possuidor de extenso patrimônio, composto de várias fazendas — além das propriedades rurais de Isabel Pires Monteiro, que incorporara às suas, era dono da fazenda da Vargem, em Itacolomi, de uma sesmaria concedida por Gomes Freire, em 1744,[73] e de "A Canastra", que comprara às margens do rio Araçuaí[74]—, sete casas em Vila Rica e outra no Rio de Janeiro, para viver folgadamente na Corte e desfrutar do círculo social que começara a tecer nas Minas Gerais, particularmente por intermédio da amizade com o governador.

No Reino, esperava-se que ele agisse em defesa do novo contratador nas contendas com o intendente, visto que também era sócio e fiador do negócio[75] e contava com o patrocínio de Gomes Freire de Andrade, que tomara o partido de Caldeira Brant na disputa.[76] Efetivamente, João Fernandes de Oliveira continuou envolvido no terceiro contrato, pois havia resgatado e pagado várias letras que o contratador não conseguira honrar.[77]

Ao final do contrato, a sociedade se encontrava novamente mergulhada em dívidas; o resgate das letras emitidas estava ameaçado, e a situação no Tejuco, prestes a sair do controle. Durante 1751 e 1752, Caldeira Brant tentou renová-lo, certamente esperando contar com a ajuda de João Fernandes na Corte. Mas este, em vez de defender o amigo, arrematou para si o quarto contrato dos diamantes, desta vez como um dos homens de negócio da confiança de Sebastião José de Carvalho e Melo, o futuro marquês de Pombal.[78]

O novo contrato começaria a vigorar em 1º de janeiro de 1752, porém durante todo esse ano foi Caldeira Brant quem administrou as explorações no Tejuco. João Fernandes só assumiu o quarto contrato em janeiro de 1753, por meio de José Álvares Maciel, seu representante local.[79] Antes amistosas, as relações entre os dois contratadores se deterioraram, e, quando o terceiro contrato efetivamente quebrou, João Fernandes não hesitou em protestar as letras que comprara em seu nome.[80] A inimizade entre as duas famílias foi perpetuada nas *Memórias do Distrito Diamantino*, de Joaquim Felício dos Santos, que tomou o partido de Caldeira Brant, retratando-o como exemplo de virtude, em detrimento dos dois João Fernandes de Oliveira, por ele descritos de forma extremamente negativa.[81]

JOVEM DESEMBARGADOR

Por volta dos treze anos, o jovem João Fernandes de Oliveira deixou a casa paterna, os cuidados da mãe, a quem não iria mais rever, e as irmãs mais jovens e partiu das Minas Gerais para o Rio de Janeiro, onde permaneceu algum tempo hospedado na casa dos avós maternos, e dali para Portugal.[82] É quase certo que se separou da família quando seu pai seguiu para o Tejuco a fim de cuidar dos negócios diamantinos.

Nas classes mais abastadas, era nessa idade que tinha início a educação formal. O sargento-mor optou por proporcionar ao único filho homem a melhor educação possível, requisito necessário à ascensão social que, à medida que enriquecia, buscava atingir. Mandou-o para Portugal a fim de que lá obtivesse grau universitário, exigência para ocupar qualquer posto burocrático ou eclesiástico no Império Português e etapa indispensável à conquista de prestígio e influência que os homens de negócio pretendiam para seus filhos.[83] Nas Minas Gerais, a primeira instituição de ensino secundário — o seminário da Boa Morte, em Mariana — seria fundada apenas em 1748, e a criação de cursos universitários era proibida em toda a colônia.[84] Nas vilas mineiras, o aprendizado ficava a cargo dos padres locais, que ensinavam as primeiras letras aos meninos e latim aos que almejavam seguir a carreira eclesiástica.[85]

Vimos no capítulo anterior que, diferentemente dos filhos de escravos, os jovens que pertenciam às classes mais ricas desfrutavam sua infância — que se estendia até os catorze anos — em casa, entre as escravas "de dentro" e a ama de leite. Antes de deixar a casa do pai, João Fernandes provavelmente recebeu a primeira comunhão, que consistia no rito que marcava o início da vida adulta e inseria o adolescente nas redes de sociabilidade da comunidade.

Deixando para trás sua vida de menino, passada na fazenda da Vargem, o jovem João Fernandes, cujo destino era o Rio de Janeiro, foi para Vila Rica, a ainda tosca capital das Minas Gerais, "quase sempre [...] coberta de névoas, que ordinariamente fazem padecer os habitantes, [de] seus defluxos".[86] Tomou o Caminho Novo — mais tarde conhecido como Estrada Real — que, construído por Garcia Rodrigues Pais entre 1698 e 1725, cortava a Zona da Mata mineira e a serra da Mantiqueira, encurtando a viagem, que antes demandava dois meses, para 45 dias. A antiga trilha, conhecida como Caminho Velho, passava pela capitania de São Paulo.[87]

O percurso, longo e arriscado, era sempre completado em bandos bem armados para aumentar a segurança, pois bandos de mulatos e negros fugidos, igualmente bem armados, costumavam atacar. O comerciante Francisco da Cruz, ao término do trecho entre o litoral e Vila Rica, afirmou que o caminho era "longo e diabólico".[88] Para proteger os viajantes, dom Pedro Miguel de Almeida, conde de Assumar e capitão-geral de São Paulo e Minas Gerais desde 1717, publicou em 1719 uma ordem que proibia a qualquer negro, "quer pelas vilas, quer pelas estradas", portar "armas de fogo, curtas ou compridas, facas, punhais, espadas, porretes, paus ferrados", somente podiam fazê-lo "para acompanhar [seus senhores], quando pessoalmente andam em viagens".[89] Como as viagens eram cumpridas a pé, em lombo de burro, ou em redes carregadas por escravos, era forçoso realizar paradas ou desmontar em locais considerados perigosos.

O final do itinerário era marcado pela lenta travessia da serra do Mar, em face dos precipícios que margeavam a estrada, exigindo mais cuidados da parte daqueles que por ela seguiam. Apesar dos perigos, João Fernandes deparou com paisagens magníficas, com "altitudes [que alcançavam] de setecentos a oitocentos pés".[90] Seus olhos certamente se deslumbraram com as florestas cuja vegetação era composta de um verde carregado, onde múltiplas e desconhecidas espécies de plantas e animais proliferavam, preparando-o para a nova fase de sua vida que se anunciava. Por todos os lados viam-se trechos cobertos de cipós e bandos de tucanos, periquitos, papagaios e caça farta. Ao amanhecer, densa cerração ocultava a paisagem ao redor, mas ele podia ouvir o canto dos pássaros e o som emitido por outros animais. À medida que o dia clareava, uma luz suave iluminava o impressionante cenário que se descortinava.[91]

João Fernandes chegou à cidade de São Sebastião do Rio de Janeiro pelo porto, tendo, ao pé da serra, atravessado de barco a baía da Guanabara.[92] O espetáculo era grandioso se comparado com as acanhadas vilas do ouro mineiras, com suas casas de telhado vermelho caiadas de branco. Quando o filho do sargento-mor lá aportou, o Rio de Janeiro já era a segunda aglomeração urbana da colônia, com cerca de 24 mil habitantes, suplantada apenas por Salvador. Do porto, era possível avistar os morros do Castelo, o de São Bento e o de Santo Antônio, que cercavam o centro da cidade. No primeiro, ficavam o forte e a igreja dos jesuítas, ambos consagrados a são Sebastião, patrono e protetor da cidade. Os outros dois abrigavam respectivamente o convento dos beneditinos e o dos franciscanos.[93] Entre os três morros que emolduravam o núcleo urbano, os moradores da cidade dividiam seu tempo dedicando-se a Deus e aos negócios, que se expandiam especialmente como decorrência do lucrativo mercado mineiro.

Instalou-se na casa da avó materna Maria Inês de Sousa, no bairro da Sé,[94] no largo do Rosário,[95] e lá ficou apenas o tempo necessário até a partida da frota para Portugal.[96] Foi apresentado aos frequentadores da residência dos avós: eram conhecidos, amigos e vizinhos, como os comerciantes João Carneiro da Silva e Lourenço Antunes Viana, que mantinham negócios com seu avô e com seu pai, e o advogado José Carlos Pereira. Desde meados de 1730, enquanto a nova catedral não era edificada, a Sé fora transferida para a igreja do Rosário, na várzea central, bem ao fundo do aglomerado urbano, junto ao muro que o governador Vaia Monteiro mandara erguer para proteger a cidade das invasões estrangeiras, delimitando a área urbana da cidade.[97] O largo do Rosário ficava na rua da Vala, que devia seu nome à vala que por ela passava com o objetivo de drenar a lagoa de Santo Antônio e assim permitir a ocupação dos terrenos adjacentes.[98] Em meados do século XVIII, o largo da Sé, antes fracamente povoado, conheceu um processo de dinamização devido à expansão da cidade baixa para além da muralha construída pelo engenheiro militar Jean Massé. Quando João Fernandes por ali passou, a região era um canteiro de obras, pois estavam sendo edificadas a igreja de São Francisco de Paula e a nova Sé,[99] e demolido o muro que resguardava a cidade.[100] O novo papel que a região desempenharia na cidade baixa acarretou a instalação de várias casas de comércio por ali.

A travessia marítima entre o Rio de Janeiro e Portugal, considerada tão perigosa quanto a descida das Minas, levava de oitenta a noventa dias.[101] Os navios faziam escalas na Bahia e em Pernambuco, de cujo porto, após vinte dias, atravessava-se a temerária linha do equador — a "cintura do mundo" —, fato comemorado pelos marinheiros com bebedeiras e mergulhos no mar.[102] Um mês depois de passar perto das ilhas atlânticas, atingia-se Lisboa.[103] As frotas eram compostas por cem naus em média. O sistema de comboio havia sido instituído para garantir maior segurança às travessias, pois os mares estavam infestados de piratas. Os navios mercantes, mais pesados e de maior porte, carregavam mercadorias e viajantes; eram escoltados por galeões de guerra, menores e ágeis. De modo geral, as embarcações deixavam o Reino no primeiro semestre e retornavam no segundo, aproveitando as monções.

Apesar de todos os cuidados, os naufrágios eram constantes, quase sempre causados pela idade avançada, o mau estado e a superlotação das naus.[104] A viagem de João Fernandes não deve ter sido muito diferente da que enfrentou o baiano Antônio Álvares Pereira em 1694, quando deixou o Brasil para estudar Cânones em Coimbra. Na correspondência enviada a seu pai, o estudante conta que, ultrapassadas as ilhas atlânticas, pensou ter chegado o Juízo Final, pois foram "todos os dias trovoadas, tormentas, tempestades e cuidei que fosse a mais desgraçada frota que desta Bahia partiu".[105]

A vida a bordo não era fácil. Durante a travessia, os viajantes se submetiam a uma dieta frugal, constituída basicamente de biscoitos e, em menor quantidade, carne salgada, cebola, vinagre e azeite. Em tonéis, guardavam-se água e vinho. Nos dias santos, a refeição era composta de peixe e queijo. Havia também açúcar, mel, manteiga e ameixas. Ainda que todos tivessem direito a rações idênticas, havia diferenças que refletiam a hierarquia a bordo, já que a organização do navio espelhava as regras de sociabilidade adotadas em terra. Capitães e oficiais podiam embarcar galinhas e ovelhas, que forneciam ovos e leite. A escassez de alimentos era constante e motivo de tensão permanente: as despensas eram fechadas a chave e mantidas sob vigilância.[106] Para os viajantes mais afortunados, era imprescindível a recomendação ao comandante do navio, o que podia significar tratamento privilegiado.[107]

João Fernandes de Oliveira, como os demais viajantes que se atreviam a desafiar o grande oceano, regozijou-se com o término da viagem e, logo após entrar na barra do Tejo, livre do perigo das ondas e correntes marítimas, avistou Lisboa, suas fortalezas, palácios e casarios[108] espalhando-se pelas encostas, "disposta em anfiteatro sobre o largo estuário" do rio.[109]

Como era o costume,[110] depois de desembarcar o jovem foi se refazer da viagem na casa de José Ferreira da Veiga, amigo de seu pai, que também seria o responsável pelo adiantamento mensal do dinheiro necessário a suas despesas enquanto estivesse estudando.[111] O sargento-mor efetuava o reembolso de tais valores anualmente, por intermédio dos caixas do contrato diamantino em Lisboa, que descontavam as quantias correspondentes dos lucros da venda dos diamantes.[112]

Logo o jovem João Fernandes de Oliveira foi internado como pensionista no seminário de São Patrício, na própria cidade de Lisboa.[113] Fundada pelos irlandeses em 1593, a instituição pertencia aos jesuítas, e sua localização era próxima das escadinhas de São Crispim, na paróquia de São Mamede, em torno da igreja de mesmo nome.[114] No passado a construção abrigara o vice-rei dom Garcia de Noronha,[115] tendo sido adquirida por Antônio Fernandes Ximenes, fidalgo da Casa Real e fundador do convento sob a direção dos jesuítas.[116]

Famosas pela qualidade da educação que proporcionavam, instituições como essa tinham como objetivo primordial formar sacerdotes, já que o ensino que ministravam era um prolongamento da catequese. O método dos jesuítas era baseado na repetição e no respeito ao princípio da autoridade, que não devia ser questionado. Suas regras determinavam, por exemplo, que "a novidade de opiniões, ainda em assuntos que não se apresentem perigo algum para a fé e a piedade", deveria ser evitada.[117]

No Brasil e no Reino, os jesuítas detinham grande ascendência sobre a educação dos filhos da elite, pois eram proprietários da maioria das instituições de ensino secundário e dos seminários e ainda exerciam controle sobre as universidades de Évora e de Coimbra. Na primeira metade do século XVIII, quando João Fernandes chegou a Portugal, possuíam "vinte colégios, quatro seminários, dois noviciados, duas casas professas, dezoito residências", num total de 716 membros.[118]

Suas doutrinas estavam expressas na súmula *Ratio studiorum*, promulgada em 1599 pela Companhia de Jesus, elaborada com base nas anotações sobre educação deixadas por Inácio de Loyola, a qual unificou o ensino em todos os colégios e seminários da Companhia e instituiu as bases de uma pedagogia cristã.[119] Sob rigorosa disciplina, e proporcionando educação humanista, os jesuítas pretendiam conjugar a excelência acadêmica, o exercício da moral e das virtudes com a formação religiosa. Nos seminários, ensinavam gramática, ortografia, latim, grego, oratória, retórica, filosofia, moral e redação, com a predominância do estudo de autores clássicos, como Aristóteles, Cícero, Ovídio, Horácio, Isócrates, Homero e também santo Tomás de Aquino.[120] No seminário de São Patrício, o ensino de teologia foi introduzido no século XVII por Jerônimo Ximenes de Aragão, o diretor da instituição à época.[121]

Os seminaristas despendiam grande parte de seu tempo no aprimoramento da vida espiritual, principalmente por meio da meditação e da contemplação, regradas pela oração mental e pelos exercícios espirituais desenvolvidos por santo Inácio, que visavam introduzir os noviços nos mistérios da vida de Jesus Cristo e promover a familiaridade com Deus.[122]

Em junho de 1742, aos quinze anos, João Fernandes de Oliveira solicitou autorização para se habilitar à carreira eclesiástica, de modo a "servir a Deus no estado clerical",[123] e sua promoção às ordens menores. Foi então iniciado o processo de *genere*, por meio do qual seria verificada a ascendência de seus avós maternos, levado a cabo no Rio de Janeiro em 1742 e em 1745.[124] Apesar das súplicas para que o processo chegasse a um termo, ele não foi concluído, e o jovem não recebeu o despacho exigido para que tomasse o hábito.[125]

Em outubro de 1743, buscando aprimorar sua formação religiosa, João Fernandes de Oliveira deixou o seminário e matriculou-se no curso de Cânones em Coimbra. São Patrício havia lhe fornecido condições de cumprir os requisitos que aquela universidade exigia aos que pretendiam nela ingressar: o domínio de retórica, latim, lógica, metafísica, ética e grego.[126]

A conclusão de um curso universitário — principalmente o de leis canônicas — conferia honra e prestígio ao agraciado. Segundo os juristas portugueses do século XVIII, o estudo do Direito enobrecia o indivíduo,[127] e por essa razão atraía os filhos dos homens de negócio, que, por não serem nobres de nascimento, buscavam canais burocráticos de ascensão.[128] O curso de Cânones, escolhido por João Fernandes, habilitava o formando ao exercício do direito canônico e civil,[129] indispensável para quem aspirava a candidatar-se à carreira eclesiástica ou à magistratura.[130]

Apesar de Coimbra ficar apenas a cinco dias de jornada de Lisboa,[131] a vida de estudante não era fácil. O frio e a escassez de alimentos, provocada por seu alto custo, eram particularmente difíceis para os jovens provenientes do Brasil, que contavam tão somente com a mesada enviada pelos pais.[132] Estabelecia-se na universidade uma camaradagem entre os estudantes brasileiros, muitas vezes discriminados pelos reinóis, e os mais antigos se encarregavam de apresentar os mais novos a professores e alunos.[133] Para inserir-se no círculo social da instituição, onde o mérito valia menos que as cadeias de clientelismo e amizade, eram fundamentais as cartas de recomendação que os recém-chegados traziam de casa, igualmente importantes para a habilitação a cargos civis ou eclesiásticos.[134]

No ano de 1743, além do filho do sargento-mor, outros 27 estudantes vindos do Brasil se matricularam na universidade de Coimbra; entre eles, Tomás de Aquino Belo, do Ribeirão do Carmo, e José Gomes do Rego, da Vila do Príncipe, ambos colegas de João Fernandes no curso de Cânones.[135]

Os estudantes formavam repúblicas de dois ou três; eram servidos por uma ama e, caso tivessem dinheiro suficiente, por alguns criados e até escravos.[136] No primeiro ano, os novatos passavam por diversas brincadeiras, chamadas de "investidas" — podiam ser açoitados ou jogados nas gélidas águas do chafariz da cidade —, que com frequência terminavam em violência. As tentativas da administração da universidade de controlar os excessos incluíam a proibição de os calouros saírem de casa sem a companhia de um veterano, ou de falarem sem que antes lhes fosse dirigida a palavra.[137] Por causa das violências que eram cometidas, os estudantes, guardados por cães de fila, andavam armados e não raro disfarçados sob pesados capotes.[138]

Durante o ano escolar, era necessário estar sempre bem-vestido, pois era uma das maneiras de ostentar publicamente a condição de cada um. De acordo com os estatutos da universidade, os estudantes "andarão honestamente vestidos e calçados e não trarão nenhum vestido, roupeta, manto, pelote ou calças das cores aqui declaradas: amarelo, vermelho, verde, laranjado e encarnado".[139] Apesar dessas proibições, o folheto *Feição à moderna* aconselhava, para a demonstração de boa figura no meio acadêmico coimbrão:

> Armei-vos também com os melhores atavios e ornato que se requer[em] para ostentação de uma personagem escolástica, como coifa verde para o cabelo, chapéu de cairel, lenço de seda para o pescoço, véstia curta à inglesa, calções de camurça para montar, encarnados para o uso; botas de água com fivela de prata para as correias; esporas de cutelaria, capote de alamares, talabarte à francesa; faca de mato para a algibeira; espada curta e larga; vestido de crepe, gorro de lemiste, relógio de algibeira, a bolsa vazia, e com estes excelentes aprestos vos armei estudante de Coimbra, tratante fidalgo.[140]

O ensino era livresco e repetitivo, e os alunos se limitavam a copiar em apostilas as lições passadas pelos professores. No primeiro ano estudavam as *Instituições* de Justiniano, o centro do saber jurídico; no segundo, o direito civil; no terceiro e quarto, o direito canônico.[141]

Depois de cumprir os quatro anos regulares de 1743 a 1746, João Fernandes de Oliveira completou o bacharelado em 1747 e se formou em junho de 1748.¹⁴² O ápice dos estudos dava-se no último ano, quando, para formar-se, os alunos prestavam os exames finais, eventos cercados de um aparato que tinha como intuito exacerbar a honra e a distinção que o grau universitário outorgava ao agraciado. A essas solenidades públicas e cerimônias de encerramento, os novos doutores deviam comparecer trajando uma bem engomada batina de crepe com voltas e punhos de cambraia, e uma capa de baeta.¹⁴³

João Fernandes de Oliveira realizou o primeiro exame final, que constava de uma prova oral, em 23 de junho de 1748, na capela da escola, aonde chegou acompanhado do padrinho. Após acompanhar a celebração de uma missa, o jovem entrou na sala de exame ao som de trombetas e discursou por cerca de uma hora sobre um tema sorteado, com três professores, ou lentes, a argui-lo.¹⁴⁴ Na véspera do segundo exame, ou repetição, ocorrido em 4 de julho, repicaram os sinos da universidade e, como de costume, o examinando foi recebido sucessivamente na porta principal, na do reitor, nas dos dois colégios que integram a faculdade de Cânones, e na do primeiro lente do curso, tendo ao fundo o som festivo das trombetas. Cercado pelo reitor e pelos principais professores, e após novo sorteio, discursa mais uma vez. O ambiente da sala onde se faziam os atos e graus era austero, com paredes cobertas de tafetá vermelho e amarelo.

Seu exame privado, composto de nova prova oral, realizou-se em 14 de julho também na capela da universidade, na presença apenas do primeiro lente de Cânones. No dia seguinte, os sinos soaram em sua saudação e, em 16 de julho, João Fernandes de Oliveira assistiu à missa na capela real da universidade, acompanhado do geral de Santa Cruz e de outros doutores. De lá saiu sem o seu barrete, ao som de trombetas e caramelas.¹⁴⁵

A cerimônia de doutoramento era o apogeu da vida acadêmica. Depois de os doutores mais antigos de Cânones discursarem sobre uma questão proposta, João Fernandes levantou-se da cadeira de espaldar em que estava assentado, sempre abaixo do reitor, dirigiu-se ao cancelário,[146] sacerdote que conferia os graus acadêmicos, ao redor do qual se encontravam os bedéis, e solicitou o grau de doutor. Por meio de uma oração concisa, o cancelário exaltou seus merecimentos e, após o jovem ter repetido o juramento, seu padrinho o agraciou com as insígnias doutorais e fez um breve discurso. Por fim, João Fernandes orou agradecendo a Nosso Senhor e voltou para casa.[147]

Em julho de 1748 ao jovem bacharel foi concedido o título de cavaleiro da Ordem de Cristo, e como mercê ele recebeu a tença de 12 mil-réis.[148] A comenda fora comprada por seu pai e fazia parte da estratégia de promoção de sua família junto à nobreza do Reino. A sagração ocorreu, com toda a pompa, na igreja de Nossa Senhora da Conceição de Lisboa.[149] De estilo manuelino, essa igreja, situada entre o Terreiro do Paço e a Sé de Lisboa, pertencia à Ordem de Cristo, assim como os capelães que integravam o coro que acompanhava o padre durante os ofícios ali ministrados, muito apreciados na cidade.[150] Ao lado de João Fernandes seguem dois padrinhos, escolhidos entre os cavaleiros mais antigos, todos vestindo o hábito branco.[151] Na cerimônia, o capelão abençoa a espada, o capacete e as esporas do novo membro da Ordem. Em seguida, os padrinhos o armam: colocam o capacete na sua cabeça e as esporas nos pés e embainham sua espada. Um deles toma nas mãos a espada daquele que está sendo sagrado cavaleiro e lhe pergunta se é esse o seu desejo. Após uma resposta afirmativa, são professados os votos de castidade,[152] pobreza e obediência, que, era sabido, raramente eram mantidos.[153] O padre faz uma última oração, e os padrinhos desarmam e abraçam o novo membro, gesto repetido por todos os assistentes.[154] Depois de outra cerimônia, desta feita realizada no convento de Tomar, a nordeste de Lisboa, sob a direção do prior da Ordem, João Fernandes obteve o direito de vestir o hábito e o manto branco, bem como de ostentar o escapulário e a cruz da Ordem de Cristo, símbolos públicos de sua distinção.[155] Parecia que o jovem João Fernandes pretendia se estabelecer no Reino e fazer uma rápida e brilhante carreira na área jurídica ou na magistratura. Já no ano seguinte, candidatou-se para disputar como opositor a uma das cadeiras do curso de Cânones de Coimbra, mas não foi aprovado.[156] Em 16 de março de 1750, munido das cartas de formatura emitidas pela universidade de Coimbra, apresentou-se na Audiência de Juízo em Lisboa a fim de requerer licença para advogar, pois, como vimos, o curso de Cânones o habilitava ao exercício dessa profissão. A estratégia de seu pai fora bem-sucedida: com efeito, o grau universitário abrira-lhe as portas das varas do Paço, dos cargos na administração da justiça e de postos nas ordens militares.[157] O processo de habilitação foi concluído dois anos após a realização das inquirições costumeiras.[158] Nele consta que João Fernandes estava com trinta anos, o que não era verdade, pois ainda não completara 25, idade insuficiente para tal investidura.[159]

Quando o sargento-mor chegou a Lisboa, em 1751, o jovem foi residir com a família, junto à Horta Seca, em frente à residência do conde de Vila Nova.[160] A todos os sinais de dignificação que acumulara, acrescentou o título de desembargador, após sua nomeação para o Tribunal da Relação do Porto, em 1752.[161] Porém, alguns fatos relacionados à sua titulação contrariam as regras informais que norteavam as carreiras na magistratura portuguesa nos séculos XVII e XVIII:[162] o acesso direto ao importante cargo de desembargador como primeira nomeação, a pouca idade que tinha quando o posto lhe foi conferido, a ausência de desembargadores na família e sua origem brasileira. O poderio do contratador e o apoio das altas autoridades locais foram fundamentais para a rápida concretização do processo de notabilização que o sargento-mor buscara para o filho.

O quarto contrato diamantino entrou em vigor em janeiro de 1753. João Fernandes de Oliveira, o pai, preferiu continuar em Portugal e decidiu enviar o filho para cuidar diretamente da exploração dos diamantes no Tejuco. Foi assim que o jovem desembargador, deixando para trás a carreira eclesiástica para a qual também se habilitara mas ficara inconclusa,[163] saiu do porto de Lisboa a fim de representar o pai na condução do novo contrato. A frota em que o desembargador partiu para o Rio de Janeiro em 7 junho de 1753, composta de 23 navios escoltados pela nau de guerra *Nossa Senhora do Livramento*,[164] levava também a ordem de prisão de Felisberto Caldeira Brant, acusado do extravio ilegal de enorme soma de diamantes.[165] As embarcações aportaram no Rio de Janeiro em 4 de agosto[166] e, cansado da viagem, João Fernandes reuniu-se aos avós maternos.

No Tejuco os acontecimentos se precipitavam. Tendo em mãos as ordens provenientes do Reino, José Antônio Freire de Andrade, governador interino de Minas Gerais, e José Pinto de Morais Bacelar, ouvidor do Serro do Frio, deslocaram-se imediatamente para o Tejuco e em 31 de agosto efetuaram a prisão de Caldeira Brant e seus sócios. Além disso, cumpriram as ordens referentes à destituição do intendente dos diamantes, Sancho de Andrade Castro e Lanções.[167]

Cauteloso, o desembargador João Fernandes de Oliveira passou alguns dias no Rio de Janeiro, esperando a situação se definir no Tejuco e se refazendo da travessia marítima. Rumo às Minas Gerais, tomou o Caminho Novo, por onde já se entrevia razoável número de ranchos, paragens, roças, estalagens e arraiais que serviam de abrigo para os viajantes ao longo da jornada e de pasto para os animais. Viajando sem pressa, sua comitiva parou para descansar, passando de um pouso a outro. A viagem era realizada em jornadas, com a marcha "à paulista", ou seja, caminhava-se somente até por volta do "meio-dia, quando muito até uma ou duas horas da tarde, assim para se arrancharem, como para terem tempo de descansar e de buscar alguma caça ou peixe".[168]

Às margens do caudaloso rio Paraibuna, que constituía a divisa entre Minas Gerais e Rio de Janeiro, a comitiva cruzou o primeiro posto fiscal da estrada — então denominados "registros" —, onde havia "barcas prontas para passarem os viandantes e suas carregações do negócio".[169] Cobrava-se nos registros o Imposto Real de Passagem, que incidia sobre a travessia dos grandes rios da capitania.[170] Já nas Minas Gerais, o grupo atravessou os principais núcleos urbanos do caminho, a saber Matias Barbosa, Juiz de Fora, Borda do Campo, Registro Velho, Carandaí e Carijós, por fim alcançando seu destino — Vila Rica —, onde certamente se encontrou com seus familiares, sobretudo o primo Ventura Fernandes de Oliveira, que lhe puseram a par dos acontecimentos e da situação da região.

Seguindo pelo Caminho do Campo e atravessando a serra do Espinhaço em estradas de terra batida, João Fernandes deixou para trás os arraiais de Camargos, Catas Altas, Santa Bárbara, Morro do Pilar, Nossa Senhora da Conceição do Mato Dentro e Córregos. Chegou finalmente à Vila do Príncipe, ponto principal da comarca do Serro do Frio, e de lá, após ter cruzado em poucas horas de caminhada os arraiais de São Gonçalo do Rio das Pedras e Milho Verde, adentrou a Demarcação Diamantina. Durante o percurso, no qual encontrou tropas bem armadas de comerciantes que, depois de venderem seus produtos, entre eles os valiosos escravos, voltavam do Tejuco, pôde observar os primeiros trabalhos de mineração que escavavam o leito dos rios e córregos menores.

João Fernandes chegou ao arraial no início de setembro e, no dia 5, tomou posse o novo intendente dos diamantes, Tomás Robi de Barros Barreto,[171] que recebera ordens reais de se entender com o contratador dos diamantes, pois as desavenças entre os antigos ocupantes desses cargos acarretaram prejuízos enormes à Coroa. Tão logo assumiu seu posto, Robi tratou de conhecer o desembargador

João Fernandes e seus sócios,[172] com vistas a discutir a situação do Tejuco e acertar os pontos de interesse comuns. Homens cultos, ambos haviam sido designados desembargadores: João Fernandes para o Tribunal da Relação do Porto e Robi para o do Rio de Janeiro.[173] O novo intendente era poeta e pertencia à Academia dos Seletos, que em 1752 reuniu vários letrados para celebrar a nomeação de Gomes Freire de Andrade — que abrigava um e outro em seu círculo de amizades e proteção — como oficial responsável pela demarcação dos limites do Sul do Brasil negociados com a Espanha no Tratado de Madri.[174] Certamente, esses dois homens pertenciam às mesmas cadeias clientelares e partilhavam interesses semelhantes.

Desde janeiro de 1753, o contrato diamantino vinha sendo administrado pelo representante José Álvares Maciel, velho amigo e aliado do sargento-mor no Tejuco. Entretanto, o desembargador, apoiado pelo sócio Manuel Tinoco, e de posse de procurações assinadas por seu pai, tinha a incumbência de assumir tal posto. Seguindo as ordens régias, Robi suspendeu o contrato,[175] e obrigou José Álvares Maciel a entregar o cargo a João Fernandes de Oliveira. Em 15 de setembro, o expulsou da Demarcação Diamantina, sob a acusação de má administração.[176]

Assim que se inteirou da situação da exploração dos diamantes, o desembargador encaminhou petições ao vice-rei conde de Atouguia no Rio de Janeiro solicitando a abertura da exploração nos rios Pardo e Jequitinhonha. Alegava que as lavras dos rios Caeté-Mirim e Calhambolas, que, segundo o contrato recém-firmado, eram as que deveria explorar, estavam esgotadas, fato confirmado pelo intendente Robi, que realizou vistorias no local ao longo do mês de janeiro.[177] A comprovação do estado dos dois ribeirões incriminava ainda mais o antigo contratador Felisberto Caldeira Brant, que não poderia tê-los explorado, uma vez que legalmente, de acordo com as determinações do contrato que firmara, eles estavam vedados à mineração.

Decerto o jovem João Fernandes, "solteiro, de boa vida e costumes",[178] coberto de nobreza e representante do importante cabedal de seu pai, era o que se podia chamar de "bom partido". Porém, contrariando todas as previsões, ao chegar ao Tejuco, iniciou um envolvimento com Chica da Silva, ex-escrava, parda, a quem permaneceu ligado até a morte.

4. Diamante negro

> *Aqui tendes meu palácio,*
> *os vinhos da minha mesa,*
> *os meus espelhos dourados,*
> *cama coberta de seda,*
> *o aroma da minha quinta,*
> *a minha capela acesa.*

AMOR PROFANO

No segundo semestre de 1753, pouco depois de chegar ao Tejuco e assumir suas funções, João Fernandes de Oliveira comprou de Manuel Pires Sardinha, por 800 mil réis, a escrava parda Chica.[1] Não se conhecem ao certo os motivos que levaram Pires Sardinha a vendê-la, porém vale lembrar que em agosto daquele mesmo ano, durante a devassa episcopal, o médico assinara o compromisso de se "apartar [sic] da ilícita comunicação" que mantinha com duas escravas de sua propriedade. Vender essas mulheres, de maneira que vivessem em casas separadas, era condição essencial para o cumprimento dos termos do compromisso.[2]

Em outra devassa realizada no Tejuco em 1750, a sentença de Alexandre Gama de Sá, acusado de concubinato em primeiro lapso com sua escrava Ana, consistiu no pagamento da multa costumeira, e também "sua escrava, que vive em sua casa, para se forrar, para que com ela não trate".[3] No ano de 1753, no arraial do Itambé,

Manuel Rodrigues da Costa foi admoestado a lançar fora de sua casa a escrava Lucrécia de Sá, sua concubina apesar de ser casada com o preto forro Domingos de Sá. No termo assinado pela escrava o visitador estipulou o prazo de quinze dias para que ela se apartasse da companhia de seu senhor e deixasse sua casa; ainda, lembrou-a de que, estando na posse e sob a vontade de seu senhor, "que, sendo dele impedida, recorresse a Sua Excelentíssima para que fosse compelido a vendê-la e passar-lhe carta de alforria".[4]

Teria João Fernandes comprado Chica com a intenção de tomá-la como companheira? É provável; o certo é que, passados alguns meses, a relação entre eles já existia e, em dezembro do mesmo ano, o jovem desembargador registrou na Vila do Príncipe a carta de alforria de Chica, que havia comprado pouco antes.[5]

A data escolhida para registrar a alforria, 25 de dezembro, em que se celebra o Natal, estava carregada de significações. João Fernandes, como seu pai, era muito religioso[6] — lembremos que chegara a se habilitar à carreira eclesiástica. De acordo com os costumes, os sete dias que precediam o Natal eram consagrados à oração[7] e, como aluno do seminário de São Patrício e mais tarde como estudante de Cânones em Coimbra, ele estava acostumado com as festividades organizadas pelos jesuítas em comemoração à data. Na universidade, seguiam-se as determinações constantes no testamento do infante dom Henrique: estudantes e professores se reuniam na véspera, à uma hora da tarde, e em procissão, liderada pelo reitor, a quem cabia carregar as relíquias sagradas, coberto com rica capa e acompanhado dos capelães em sobrepelizes, caminhavam até a capela, onde assistiam a um ofício religioso. No dia de Natal, ouviam missa solene na mesma capela e rezavam uma ave--maria e um pai-nosso pela alma do infante e dos cavaleiros da Ordem de Cristo.[8] Em Lisboa, certamente o jovem João Fernandes juntava-se a seu pai no Paço, onde tinha lugar o beija-mão dos soberanos, pois era com toda a pompa que "todos os grandes e mais senhores do Reino, ministros dos Tribunais e mais pessoas de distinção" comemoravam datas tão importantes.[9]

Como membro da Ordem de Cristo, o desembargador era obrigado a se confessar e comungar quatro vezes ao ano, particularmente nas datas religiosas de maior importância — Natal, Páscoa, Pentecostes e no dia da Santa Cruz. Os cavaleiros dessa Ordem residentes em Lisboa vestiam seus mantos brancos e, reunidos na igreja de Nossa Senhora da Conceição, assistiam à celebração.[10] O primeiro Natal que o jovem João Fernandes passou no Tejuco foi celebrado com a concessão da alforria à sua futura companheira.

Alforriar um escravo logo após sua aquisição não era atitude frequente entre os proprietários mineiros. Usualmente concedia-se a liberdade às concubinas ou aos escravos de confiança pelo processo de *coartação*, em que o próprio escravo pagava por sua alforria, em parcelas. Em geral, era nos testamentos que os senhores os libertavam, com tal concessão sendo efetivada somente após sua morte. Nessas condições, poucas vezes os escravos se tornavam forros sem que deles se exigisse uma contrapartida, fosse em serviço, fosse em espécie. Alforriá-los no momento da morte era duplamente positivo: não só constituía um ato de caridade cristã, sempre necessária à elevação da alma ao paraíso, como também um bom negócio, pois ao estipularem a quantia que o escravo deveria pagar por sua liberdade, os senhores não corriam o risco de que fossem arrematados em leilões públicos por preços inferiores ao desejável.

A análise da trajetória de várias mulheres forras que viveram no Tejuco durante o século XVIII permite que enumeremos as particularidades e as similaridades entre elas, e assim desvendemos parte do universo em que Chica e elas viviam. Entre as 23 forras que registraram seu testamento no arraial ao longo daquele século, apenas uma foi libertada do mesmo modo que Chica da Silva. Maria de Sousa da Encarnação, negra forra, nascida na Costa da Mina, revela ter se amasiado, no Tejuco, com Domingos Alves Maciel, homem branco, que a comprou de Pedro Mendes, seu proprietário, por 150 oitavas de ouro, libertando-a em seguida. Em 1756, ano de sua morte, era proprietária de quatro casas no arraial, das quais alugava três; na que vivia mandara construir um oratório particular.[11] As demais forras fizeram questão de afirmar que elas próprias pagaram por sua liberdade.[12]

Era significativo o número de mulheres forras que buscavam angariar bens, porque, como concubinas, não tinham acesso ao patrimônio dos homens brancos com quem viviam. No tocante às crianças nascidas dessas relações consensuais, o espólio dos pais brancos tornava-se acessível pela herança — foi o caso, por exemplo, dos três filhos de Manuel Pires Sardinha, nascidos do concubinato com suas escravas, alforriados na pia batismal.[13]

Na região de Sabará e no Tejuco, o processo de alforria das escravas foi semelhante. Era comum os senhores alforriarem os filhos naturais no momento do batismo, mas a liberdade das concubinas era concedida somente em testamento. São inúmeros os casos que exemplificam esse tipo de comportamento. Lourenço de Melo e Madureira alforriou seus cinco filhos naturais e os nomeou herdeiros, porém manteve a mãe na escravidão, a fim de que cuidasse da criação da prole. Do mesmo modo procedeu Antônio da Rocha Flores, que estabeleceu o prazo de seis anos para que sua escrava Rosa servisse aos filhos que tivera com ele, os quais libertou e também nomeou como herdeiros. Já Francisco Roiz Neto determinou o período de doze anos para que sua escrava Antônia fosse alforriada, durante o qual ela cuidaria dos três filhos mulatos que tiveram juntos.[14] Bonifácio Antunes, português, casado e pai de seis filhas, alforriou em testamento sua escrava Antônia, que trabalhava com vendas de tabuleiro, com quem tinha um filho, desde que ela servisse suas filhas nos seis anos subsequentes à sua morte.[15] Apenas raramente a liberdade era concedida durante a vida do companheiro, como foi o caso de Chica da Silva e de Maria de Souza da Encarnação.

Segundo o ouvidor Caetano Costa Matoso,[16] a história da região diamantina sempre esteve ligada às negras e mulatas forras que, poderosas, como Chica da Silva, submetiam os homens brancos a seus desejos. Revelou ele que a fundação da Vila do Príncipe se deveu aos caprichos de uma delas. O pelourinho teria sido erguido em um local distante apenas duas léguas do arraial do Tejuco por ordem de Luís Botelho de Queirós, ouvidor de Sabará, mas, pouco tempo depois, o juiz Antônio Quaresma mudou a povoação para um novo sítio, onde está até hoje, distante do arraial nove léguas, tudo "a instâncias de uma sua amiga negra, por nome Jacinta, existente ainda hoje, que vivia naquele sítio com lavras suas".[17]

Referia-se à negra forra Jacinta de Siqueira, uma das primeiras moradoras da Vila do Príncipe, que viveu na primeira metade do século XVIII, tendo falecido em abril de 1751. Seu testamento revela a ascensão social por ela alcançada graças ao acesso às lavras e ao concubinato com alguns homens brancos. Jacinta declarou nunca ter se casado, mas tinha cinco filhas mulatas, Bernarda, Quitéria, Rita, Josefa e Vitória. Sua principal conquista, não apenas de ordem financeira, mas também social, concretizou-se ao casar legalmente todas as filhas com homens brancos, meio pelo qual puderam se inserir na sociedade hierárquica da época e, assim, apagar o estigma da cor e da escravidão que carregavam. Vivendo em uma sociedade que valorizava mais a condição dos antepassados do que a trajetória de vida, Jacinta omitiu suas origens no testamento, tratando de nomear detalhadamente apenas sua descendência e os laços tecidos com a sociedade branca por intermédio dos casamentos. Tais laços foram reafirmados quando se aproximava sua morte, pois, como veremos a seguir, a enferma lembrou-se de contribuir para que as almas de seus entes queridos buscassem a salvação.

Além de escravos, que a inseriam na elite proprietária da vila, vários bens, tanto móveis como imóveis, foram arrolados em seu testamento. Para afirmar sua religiosidade, deixou esmolas em ouro — por exemplo, as 34 oitavas de ouro legadas à Irmandade do

Rosário —, feito com que tornava público seu poder, pois só podia ser caridoso quem possuísse bens de que dispor. Determinou também que fossem celebradas missas, indispensáveis para a ascensão das almas: para si própria, além da de corpo presente, a ser realizada na igreja matriz da vila, onde seria sepultada, encomendou mais 55, das quais quinze em devoção de santo Antônio, vinte para as demais almas do purgatório, dez para a alma de Antônio Quaresma, e dez para a de Vitória Pereira, sua filha já falecida — todas com a concessão das esmolas costumeiras. A preocupação com Antônio Quaresma confirma a relação de ambos em vida, como revelou Costa Matoso.[18]

O concubinato com homens brancos oferecia por um lado algumas vantagens a essas mulheres, pois, uma vez livres, viam diminuir o estigma da cor e da escravidão, tanto no que dizia respeito a elas próprias como, sobretudo, aos seus descendentes mulatos. Várias filhas de Chica da Silva com João Fernandes e as de Jacinta de Siqueira casaram-se legalmente com homens brancos, apesar da condição de mulatas e filhas de ex-escravas. Por outro lado, contudo, a condição de concubinas lhes negava os privilégios legais compartilhados pelas esposas. O matrimônio, independentemente da cor dos cônjuges, permitia que as mulheres dispusessem do pecúlio do marido, qualquer que fosse o montante, ainda que houvesse a possibilidade de predominar a circunstância contrária.

O casamento entre pessoas de cor, por exemplo, muitas vezes não acrescentava patrimônio ou status aos cônjuges; além disso, nem sempre era garantia de uma vida mais segura. Na verdade, podia gerar situações paradoxais. Por isso, do ponto de vista do acúmulo de patrimônio e do branqueamento da descendência, o concubinato podia ser mais vantajoso para as mulheres de cor. A análise do caso de dez forras que se casaram no Tejuco e ali deixaram seus testamentos e inventários revela reduzida estabilidade: sete delas — portanto, a significativa maioria de 70% — eram ou viúvas ou abandonadas, situação tão precária quanto a do grupo das solteiras.[19]

O caso de Maria Vaz da Conceição, da Costa da Mina, viúva de Antônio da Costa, ambos negros, é ilustrativo. Ela afirmou ter comprado sua alforria e todos os bens que possuía antes do casamento, "de sua agência". Foi mais grata ao ex-senhor do que ao marido, pois não lhe deixou nem uma missa para a salvação de sua alma e instituiu como um de seus herdeiros o filho pardo do antigo proprietário. Também buscou garantir a própria salvação, por meio da celebração de missas e da caridade.[20] Em 1774, Maria Vaz morava no Tejuco, sozinha em uma casa de sua propriedade na rua do Macau, a mesma em que vivia Maria da Costa.[21]

Várias mulheres forras casadas salientaram nos respectivos testamentos que o marido não havia contribuído para a constituição do patrimônio que elas acumularam, resultante de "sua própria agência e trabalho". Nesse aspecto, a legislação portuguesa era desvantajosa para as mulheres, visto que os bens por elas adquiridos passavam a integrar o patrimônio do casal. Portanto, o marido, legalmente o chefe da família, tinha direitos sobre eles.[22] As forras Maria Martins Castanheira e Bernardina Maria da Conceição, ambas abandonadas, sentiram na pele tais desvantagens. A primeira, benguela, fora casada com o negro Francisco Pereira Lima, que gastou os bens do casal e "sempre esteve ausente". A segunda, cabra, fora casada com o pardo forro Gonçalo, "que se ausentou, depois de eu cair na sua indignação". Ambas procuraram impedir que os maridos tivessem acesso ao total de seus espólios, preocupando-se em garantir que a terça parte fosse disposta segundo o desejo delas.[23]

As relações de gênero e de raça estiveram fortemente interligadas nas Minas Gerais. A vida de Chica da Silva e de outras forras do Tejuco e adjacências o provam. O sexo foi determinante nas condições mais ou menos facilitadas de acesso à alforria: as mulheres, majoritariamente, eram alforriadas na idade adulta; a situação se invertia quando se tratava de crianças, pois eram sobretudo as do sexo masculino, filhos nascidos das relações mistas, que constituíam a maioria dos alforriados.[24] A conformação econômica e social da região explica por que as negras de ganho, uma vez que tinham acesso a um pecúlio, e as escravas que viviam em concubinato com homens brancos tinham maiores chances de serem alforriadas; para os homens de cor, quase sempre aproveitados nos trabalhos agrícolas e de mineração, a obtenção de um ganho extra, que lhes permitisse comprar sua liberdade, era bastante dificultada.

Não por acaso, apenas uma forra chefe de domicílio registrou algum tipo de ocupação no censo realizado no Tejuco em 1774. Tratava-se de Joana Gertrudes, parda, que morava na rua do Amparo em casa própria, onde era estalajadeira. As demais viviam prioritariamente dos ganhos, ainda que parcos, dos escravos que possuíam, o que permitiu que se afastassem do mundo do trabalho.[25] Entre os homens, deu-se o contrário. O censo revelou existirem 89 forros; sessenta deles exerciam ofícios variados no arraial: eram quinze alfaiates, onze sapateiros, seis ferreiros, quatro comerciantes de fazendas secas, três carapinas,[26] três barbeiros, dois professores, um pintor, um mineiro, um capitão do mato, entre outras atividades.[27] Para os homens, dominar um ofício era fundamental para ter acesso à liberdade e mesmo para manter-se economicamente no mundo dos livres.[28]

Rosa Correia, casada com Inácio mina, escravo do capitão Francisco Lima, foi uma das forras que conseguiram acumular patrimônio, como ocorreu com muitas outras forras no Tejuco e nas demais vilas da capitania, inclusive com Chica da Silva. Ao morrer, Rosa possuía um escravo, a casa em que morava, além de vários créditos a receber. O pecúlio que reuniu permitiu que atuasse no comércio por grosso, atividade em geral monopolizada por homens brancos,[29] e do Reino recebia cargas de produtos, dos quais ainda era devedora. Rosa pôde garantir os sufrágios necessários para que sua alma fosse para o céu,[30] dando-se ao luxo de uma boa morte, além de demonstrar publicamente a ascensão social que alcançara. Naquela época a expressão "boa morte" significava ter a oportunidade de preparar a passagem da alma, buscando a salvação. A ex-escrava, cujo corpo foi acompanhado por quatro sacerdotes, foi enterrada na igreja matriz de Sabará.

Em Mariana, a vendeira de molhados Maria das Candeias declarou em testamento ser casada com José de Lima, possuir uma sociedade de milho e feijão, assim como cinco escravos e um sítio com engenho de farinha. Deixou em testamento para seus descendentes os vasilhames para guardar milho, farinha e feijão, além de duas cangalhas e estoques dos produtos.[31]

Antônia Nunes dos Anjos, nascida na Bahia e libertada no caminho para as Minas, possuía vários créditos em seu testamento pela venda de escravos, botões e cordão de ouro. Pertencia à Irmandade do Rosário e, ao morrer, deixou três escravos, várias joias, fivelas, cadeados, cordões e botões em ouro e diamantes, além de uma imagem de são Brás e uma verônica[32] de são Bento. Morreu solteira e sem herdeiros, porém os bens que acumulou indicam que desfrutou uma vida muito melhor que a de seus pais, escravos oriundos da Costa da Mina.[33]

Ponto igualmente importante no que diz respeito à condição de forro é que nem sempre a obtenção da liberdade implicava uma vida melhor para os ex-escravos, principalmente quando não dominavam algum ofício. Após alforriarem-se, as mulheres viam juntar-se o estigma do sexo ao da cor e da condição. A situação marginal a que ficavam relegadas era pior do que aquelas a que estavam submetidos alguns tipos de escravos, como os domésticos. A vida de Rosa Tibães, preta forra, exemplifica as dificuldades enfrentadas por essas mulheres na tentativa de inserir-se no mundo livre. O sargento-mor José da Silva de Oliveira, apiedado de sua pobreza, e prezando a caridade como uma das virtudes do bom cristão, permitiu que ela construísse um casebre em uma de suas propriedades no Tejuco, próximo à igreja do Bonfim.[34]

No ano de 1780, na capitania do Pará, a cafuza Joana Batista se apresentou ao tabelião da cidade e, por instrumento público, se vendeu a Pedro da Costa, "morador na mesma cidade e cidadão catalão".[35] Joana, sem deixar dúvidas acerca da sua condição de liberta, da qual voluntariamente abria mão, afirmou que, "desde seu nascimento, sempre foi livre e isenta de cativeiro". Seus pais, já falecidos, foram o "preto Ventura, que foi escravo do padre José de Melo", e a "índia Ana Maria, que fora do serviço do mesmo padre".[36]

Num movimento contrário, ela renunciou à sua liberdade em favor de uma velhice amparada, segura e honrada. Para Joana, seu ato se justificava sobretudo pelo fato de poder "viver em sossego", isto é, o ônus do cativeiro isentava-a da insegurança diária de uma sobrevivência sem garantias. Na condição de acordante e de parte ativa do contrato, lavrado por sua livre e espontânea vontade, ela salienta que tal "venda fazia unicamente de si, ou de sua pessoa" e que, "se algum dia tiver filhos, estes serão forros e livres e isentos de cativeiro". Ora, poderia essa mulher ser reduzida a mero instrumento de trabalho pela historiografia? Ao abrir mão de sua liberdade e aceitar a escravidão, Joana Batista passaria a usufruir a oportunidade de uma vida digna que sua condição de mulher livre lhe negava. O mais interessante é que, como escrava, ela pôde acumular um pecúlio, fruto da sua venda, na forma de roupas, joias e dinheiro.

As vidas dessas mulheres em suas semelhanças e naquilo que era particular a cada uma delas nos permitem compreender melhor o universo da escravidão em que elas e Chica estavam mergulhadas. Da mesma forma, podemos compreender as alternativas que o casamento, o concubinato e a alforria lhes proporcionavam ou negavam na sociedade mineradora onde estavam inseridas.

DONA FRANCISCA

Segundo o informe das testemunhas ao processo de *genere* de Simão Pires Sardinha, Chica da Silva teria entre dezoito e 22 anos quando João Fernandes, então com 26 anos, a conheceu. A jovem, mãe de uma criança de dois anos — a vida sexual das escravas se iniciava precocemente, entre os doze e os catorze anos[37] —, possuía a beleza das mulheres oriundas da Costa Mina, com frequência elogiadas pelos europeus. Os documentos da época a designam como parda, termo com que se descrevia a tonalidade de pele mais clara entre os mestiços. Embora não conheçamos os efeitos que Chica da Silva provocou em João Fernandes, a atração que mulheres como ela exerciam pode ser compreendida por meio de um cronista estrangeiro,

> doze anos é a idade em flor das africanas. Nelas há de quando em quando um encanto tão grande, que a gente esquece a cor… As negrinhas são geralmente fornidas e sólidas, com feições denotando agradável amabilidade e todos os movimentos cheios de uma graça natural, pés e mãos plasticamente belos. Dos olhos irradia um fogo tão peculiar e o seio arfa em tão ansioso desejo, que é difícil resistir a tais seduções.[38]

O compositor carioca Antônio da Silva Leite imortalizou na música *Xula carioca* (*Onde vás, linda negrinha*), escrita em fins do século XVIII, o jogo de sedução entre brancos e mulheres de cor que circulavam com liberdade e desenvoltura nas ruas das cidades brasileiras:

Com esse teu desamor
Não corra com tanta pressa; tem pena de mim, tem dó.
[...]
Linda perfeição,
Não queira dar penas,
Ao meu coração.
[...]

Não fujas com tanta pressa
Nem te faças tão ingrata
Sou sinhozinho do reino
Não sou nenhum pararatá.
[...]
Não fujas, tirano enleio
Larga o cântaro e vem aqui
Senão olha que exaspero
E corro atrás de ti.[39]

Apesar de não termos uma descrição exata de Chica, as informações que restam sobre as descendentes mestiças das escravas da Costa da Mina nos permitem ter uma ideia de como ela era. No mesmo continente, mas em terras mais distantes, o inglês John Gabriel Stedman registrou a forte impressão que lhe deixou a "maravilhosa mulata, a escrava Joana", a única mestiça que teve a oportunidade de ver no Suriname. Seu relato tinha como tema a revolta de escravos que lá ocorreu entre 1772 e 1777, contudo a visão de Joana fez com que o autor se esquecesse temporariamente do levante e a descrevesse, enlevado:

> [...] de estatura mediana, ela era perfeita, com as mais elegantes formas que podem ser vistas na natureza, movendo suas bem formadas pernas como uma deusa quando caminha. Sua face era cheia da modéstia nativa e da mais distinta doçura. Seus olhos, negros como ébano, eram largos e cheios de expressão, demonstrando a bondade do seu coração. [...] Seu nariz era perfeito, bem formado e quase pequeno; seus lábios eram um pouco proeminentes e, quando ela falava, mostravam duas pérolas tão brancas quanto as montanhas de neve. Seu cabelo era escuro, quase preto, formando um lindo globo de pequenos anéis.[40]

O certo é que João Fernandes ficou vivamente impressionado com Chica da Silva, cujas características físicas, ao mesmo tempo exóticas e conhecidas, correspondiam à noção de beleza que tinham os europeus. No século XVIII, a beleza era a "justa proporção das partes do corpo, acompanhada com graça e com uma cor agradável".[41] Chica devia ter os atributos capazes de realçar a beleza da mulher, tais como

> [...] a justa proporção de todas as feições; na união que têm entre si; na bizarria de cada uma delas em particular; na viveza das cores, imperceptivelmente matizadas com branco, e com o encarnado, que formam o carão; no fogo brilhante, que sai dos olhos; na quantidade, no comprimento e na cor dos cabelos; na alvura e na igualdade dos dentes; na exata simetria de todas as mais partes; mas também na graça, na estatura, na donayre [sic] do corpo e na majestade do andar.[42]

Na época, o amor compreendia duas esferas, a do amor divino e a do profano. O primeiro era, acima de tudo, o que Deus nutria pelos homens, e vice-versa.[43] Para a Igreja Católica, o amor a Deus era a forma perfeita e mais sublime que esse sentimento podia alcançar, e a castidade, o estado necessário para atingi-lo.[44] Mas havia as formas profanas de amor, como aquele que une filhos a pais, os homens à pátria, e também os homens às mulheres. Esta última era considerada "um movimento do apetite, com o qual a alma se une com o que lhe parece ter alguma bondade ou beleza", e o "que os homens têm às mulheres é por vezes desordenado".[45]

O amor não era condição necessária ao casamento e dele estava totalmente dissociado, por não constituir o espaço para a realização das paixões.[46] Os matrimônios eram assuntos de família e visavam à construção de alianças que promovessem social e economicamente os envolvidos, levando em conta "motivos outros que os interesses pessoais dos participantes"[47] — daí serem denominados "casamentos de razão".[48] Os sentimentos que deveriam unir os cônjuges eram principalmente a amizade e o respeito, principais valores do amor conjugal.[49] A segunda união do sargento-mor João Fernandes de Oliveira, com Isabel Pires Monteiro, foi exemplar nesse sentido, visto ter sido contraído para resolver as questões financeiras pendentes do segundo contrato dos diamantes. Também seu filho não tinha dúvidas de que o casamento era uma convenção social entre iguais e parte das estratégias familiares. Por isso, sua determinação era de que nenhum de seus herdeiros "poderá tomar estado e casar pelo seu livre-arbítrio e escolha antes da idade de trinta anos, tempo em que já podem olhar para o estado que tomam, sem se preocuparem das paixões, que ordinariamente cegam a mocidade, [...] e que nenhum poderá casar com pessoa de inferior qualidade a dele".[50]

Em Portugal, não era só a família que buscava consolidar uniões em que fossem similares a condição de nascimento dos nubentes e a posição que ocupavam na sociedade. Atentos, Estado e Igreja concediam licenças baseados no princípio da igualdade.[51] Os matrimônios eram sempre precedidos por processos de banho em que se examinavam cuidadosamente não só a situação presente dos nubentes como também as ascendências materna e paterna. No Brasil, seguindo as leis do Reino, o casamento era regulado pelas *Constituições primeiras do arcebispado da Bahia.*

O espaço da paixão era outro, o do amor ilícito, das relações consensuais. "O amor era um jogo, uma diversão. A sedução e o adultério eram um passatempo".[52] Nas Minas Gerais, com a enorme desproporção entre homens e mulheres que lá havia e com o crescente número de negras e mulatas, tanto escravas como forras, as relações licenciosas se multiplicaram, com inúmeras e variadas formas de arranjos familiares.[53] No arraial do Tejuco, por exemplo, o licenciado José Gomes Ferreira, padrinho de batismo de Simão

Pires Sardinha,[54] vivia com sua escrava Maria. Também Caetano Francisco Guimarães vivia com Teresa Iadá, fato severamente recriminado pelo visitador, que o advertiu "[da] ruína espiritual que causava ao próximo,[55] [...] a quem de justiça devia dar a boa doutrina, buscando-lhe o bem de sua salvação e da dita sua escrava, com cominação [sic] de que fazendo o contrário seria mais gravemente castigado com todo o rigor da justiça",[56] pois com seus atos "dava ocasião de ofender a Deus, provocando a culpa".

Segundo a visão dominante na época, as mulheres "eram cortejadas, enganadas, manipuladas como um brinquedo, mas nunca levadas a sério";[57] sua vontade não importava, especialmente quando escravas, pois os senhores as usavam a seu bel-prazer. Consideradas incapazes, desprovidas da razão, deviam ser em face disso subjugadas pelos homens.[58] Alegavam os visitadores que os senhores eram os principais responsáveis pelo adultério praticado com as escravas, objetos de suas vontades.

Ao contrário dessa imagem, não poucas mulheres, quer livres, escravas ou forras, eram agentes ativos dessas relações ilícitas, das quais decerto auferiam algumas vantagens. No Tejuco, Joana, apesar de casada, vivia por sua livre vontade com Antônio de Azevedo Correia. No arraial da Tapera, nas proximidades, Teresa de Sousa Lobo admitia em sua casa Sebastião Ferreira, e a escrava Catarina Teixeira, que não vivia na mesma localidade de seu senhor, morador de Paracatu, se desonestava com José Ribeiro da Silva, ferrador. A crioula Micaela Pereira, escrava, também vivendo longe de seu proprietário, não só se relacionava ilicitamente com o pardo Simão Pereira, como consentia "em sua casa mulheres para conversarem com homens". Francisca Leite Batista mantinha um relacionamento com Francisco Borges de Sousa com o consentimento do próprio marido, que provavelmente não conseguia se opor às suas vontades.[59]

O desejo de serem correspondidas no amor que sentiam — o *amor mutuus* —, sem o jugo da vontade masculina, levou muitas mulheres na colônia a recorrer a poções e filtros mágicos preparados com a ajuda de reputadas bruxas.[60] "Em 1591, na Bahia, a feiticeira Antônia Fernandes, de alcunha a Nóbrega, possuía receita infalível para manter os homens apaixonados: recomendava a suas conhecidas que usassem de beberagens muito especiais."[61]

Não obstante fossem ilícitos, consoante os modelos comportamentais então predominantes, os relacionamentos da época se revestiam de uma aparência legal e estável, ainda que informal e não sagrada pela Igreja — na verdade, o "amor profano" se concretizava sob a fachada do "amor conjugal". A tendência à estabilidade foi fator marcante de várias relações consensuais na região mineradora, muitas mais duradouras que os casamentos legais. Embora não raro os amantes vivessem em domicílios separados, o afeto era preservado.[62] É o que exemplifica o número de casais apanhados na devassa realizada no Tejuco em 1750 e que na de 1753 ainda eram companheiros. Domingos José Coutinho havia vários anos vivia com a parda forra Micaela Maria da Conceição; Romana Teresa, também parda forra, era concubina de Antônio José; Alexandre da Gama tinha um caso com sua escrava Ana, e José Coutinho com Rosa, parda.[63]

O relacionamento de Chica e João Fernandes durou dezessete anos, entre 1753 e 1770, período que o contratador viveu no Tejuco. Como eles, o cirurgião José Gomes Ferreira manteve um longo caso com sua escrava Maria parda, a quem mais tarde alforriou. Maria e Chica da Silva eram conhecidas e suas vidas se cruzaram várias vezes. José Gomes Ferreira trabalhava como cirurgião no hospital mantido pelos contratadores dos diamantes, incorporado à intendência quando o monopólio régio sobre a exploração diamantina foi decretado. Provavelmente conseguiu esse posto por intermédio de seu tio Luís Gomes Ferreira, autor do *Erário mineral*, que em Itacolomi construíra boas relações com o sargento-mor João Fernandes de Oliveira, seu vizinho e futuro contratador.[64] Apanhados pela devassa de 1753,[65] cinco anos depois, José e Maria ainda viviam juntos; desse relacionamento nasceram Rosa, Matilde, Francisca[66] e um menino. Em 1774, Maria Gomes vivia em uma casa alugada[67] no arraial, na rua Padre Manoel da Costa, e José Gomes, na rua de Luís Gomes, acompanhado do filho,[68] que se tornaria clérigo. Do tio-avô João Gomes Ferreira, que foi abade em Prondas,[69] herdou um patrimônio que lhe garantiu renda, pré-requisito necessário para a carreira eclesiástica. João Gomes era senhorio direto de algumas casas em um lugarejo próximo à Vila da Feira, pertencentes ao morgado de Salvador da Rocha Tavares. Como tais bens eram inalienáveis, para dotar o sobrinho ele teve que entrar com um pedido de desintegração, submetido à apreciação de Sua Majestade, dona Maria I, no que foi atendido.[70]

As atitudes de João Fernandes demonstram sua intenção de conferir à relação com Chica da Silva os ares de um matrimônio estável mas não legal — o qual deveria somente ser constituído entre indivíduos de mesmo status —, como a alforria precoce, a promoção para que ela acumulasse patrimônio, o uso que Chica fez do sobrenome Oliveira, o número elevado de filhos, cujos nomes se ancoraram nas tradições familiares dos pais, e a longevidade do relacionamento.

Alguns meses depois da alforria, em 1754, Chica ficou grávida de João Fernandes. Pouco se conhecia sobre o corpo humano e seu funcionamento, razão pela qual a gravidez e o parto eram cercados de mistérios. Os limites entre a vida e a morte eram tênues, e inúmeros os perigos que mãe e filho corriam. A mortalidade entre recém-nascidos era elevada e o número de ocorrências pode ser calculado mediante a análise dos óbitos, onde eram registrados como "anjinhos", pois geralmente morriam sem receber o batismo. No Tejuco, em 1753, por exemplo, morreram oito recém-nascidos, o equivalente a 11,3% do total de óbitos daquele ano.[71] Só no mês de setembro foram quatro óbitos: um enjeitado, um filho legítimo do dr. José Pinheiro, um filho de Manuel Alves Maia e o filho de uma escrava de Manuel Soares.[72]

A gravidez transcorria em meio ao temor de gerar filhos portadores de más-formações ou monstruosidades. Acreditava-se que mulheres com gatos em casa podiam gerar crianças de costas peludas; que colares e outras joias deixavam marcas na pele e que carregar chaves na cintura ou no pescoço, como era o costume, provocava lábios leporinos. Para proteger o recém-nascido contra doenças e maus-olhados, Chica, como as outras grávidas da época, deve ter tomado cuidados especiais; algumas costumavam carregar no pescoço um saquinho contendo pedras de um altar.[73] Depois do nascimento, as mães valiam-se de alguns sortilégios — queimar o cordão umbilical e dependurar medalhinhas de santos ou moedas nos bebês eram os mais comuns.[74] A alimentação era reforçada, e procurava-se atender aos desejos da nova mãe, principalmente no resguardo pós-parto, que durava vários meses. No inventário do sargento-mor José da Silva de Oliveira, entre outros gastos com doentes foi anotada a compra de galinha e carne de vaca para as escravas crioulas Maria e Rita, recém-paridas, pois se acreditava que tinham valor curativo.[75]

A mãe, o pai e outros familiares, em suas promessas e orações, pediam proteção na hora do nascimento e invocavam Nossa Senhora da Graça, também conhecida como Nossa Senhora do Bom Parto, e outros santos. No Tejuco, em 22 de dezembro de 1781, após ter estado oito dias em trabalho de parto, Rita Angélica da Costa, com a criança já morta no ventre, finalmente deu à luz. Em suas orações, pediu que Nosso Senhor do Matosinho a salvasse, e, tendo sido atendida, retribuiu o milagre fazendo um quadrinho (*ex-voto*) que imortalizou o fato e atestou sua devoção ao santo milagreiro.[76]

Como era o costume, o nascimento do bebê de Chica e João Fernandes foi um acontecimento público, acompanhado pela parteira, por familiares da parturiente, bem como por mulheres idosas e escravas. Quando a situação se complicava, e ainda havia tempo, o que não foi o caso, chamava-se o padre para ministrar os sacramentos da extrema-unção. As parteiras deviam ser licenciadas pelas câmaras municipais, das quais recebiam as *cartas de usança*, que lhes permitiam exercer o ofício. Eram, em geral, mulheres mais velhas, negras forras e pobres que guardavam um saber próprio. Conhecedoras da arte de fazer nascer, elas é que faziam os partos. Entretanto, eram igualmente figuras temidas, porque em suas mãos estava o poder sobre a vida e a morte da mãe e do recém-nascido. O medo que inspiravam recheava o imaginário popular de histórias de bruxarias que praticavam nos recém-nascidos com sopros ou toques.[77] Na época em que Chica da Silva teve seus filhos, as parteiras em exercício no Tejuco eram Maria da Silva Tomé e Antônia de Sousa,[78] uma das quais certamente a acompanhou em seus partos.

Durante dezessete anos, entre 1753 até 1770, ano em que João Fernandes voltou para Portugal, ele e Chica mantiveram um relacionamento estável, do qual nasceram treze filhos, nove meninas e quatro meninos. A média de um parto a cada treze meses faz desmoronar o mito da figura sensual e lasciva, devoradora de homens, ao qual Chica esteve sempre ligada. João Fernandes jamais teve dúvidas sobre a paternidade dos rebentos, pois os legitimou e lhes legou todo o seu patrimônio, apesar de em seu testamento demonstrar a esperança de que ainda pudesse vir a ter um filho legítimo que o sucedesse.[79] Encontramos o registro de batismo de onze deles, no Tejuco e em Macaúbas, mas infelizmente o estado do Livro de Batismos do Tejuco de 1769 a 1780 impossibilitou a consulta. A despeito da alta taxa de mortalidade da época entre recém-nascidos e crianças, todos os filhos de Chica e João Fernandes chegaram pelo menos até a adolescência; foram bem poucos os que não atingiram a idade adulta.

Como a morte causada por febre puerperal era comum,[80] o resguardo das mulheres livres durava cerca de três meses, período em que não saíam de casa e recebiam poucas visitas. Em maio de 1762,

Chica não pôde comparecer à cerimônia de batismo da filha de Luís Antônio da Silva e Micaela Arcângela da Silva, da qual era madrinha, por estar de resguardo pelo nascimento de sua filha Ana.[81]

Em 7 de abril de 1755, foi batizada a primogênita do desembargador e da ex-escrava, registrada como Francisca de Paula, mulata, de pai desconhecido.[82] O nome escolhido era clara referência a Chica e a são Francisco de Paula, uma das devoções familiares de João Fernandes, segundo declarações do sargento-mor em seu testamento.[83] Foi no registro dessa cerimônia que, pela primeira vez, Chica ostentou oficialmente seu novo sobrenome: Francisca da Silva de Oliveira substituiu a "Francisca, parda, escrava de...", como era comumente descrita em documentos anteriores.

Ao nascimento de Francisca de Paula em 1755, seguiu-se, em 1756, o de João, que se tornaria o principal herdeiro do pai homônimo.[84] Em 1757 Chica deu à luz Rita,[85] e dois anos mais tarde Joaquim.[86] Antônio Caetano nasceu em 1761,[87] e na sequência, consecutivamente, Ana,[88] Helena[89] e Luísa.[90] Em 22 de janeiro de 1766 nasceu Maria, batizada em fevereiro,[91] seguida de Quitéria Rita em 1767[92] e de Mariana, em 1769;[93] portanto, provavelmente Antônia[94] era de 1768 e José Agostinho[95] de 1770, pois em 1774 vivia no Tejuco em companhia da mãe, ainda muito pequeno para estudar fora do Brasil, como os demais.[96]

Assim que nascia, o bebê era lavado, enfaixado — hábito que não raro provocava sufocamento e atrofias — e enrolado em panos — em rendas e fitas quando pertencia a uma família de posses. Também eram acessórios comuns os cueiros e as toucas, que protegiam a criança do frio e das correntes de ar. As amas de leite, recrutadas entre as escravas que haviam acabado de dar à luz, cuidavam do aleitamento dos recém-nascidos. Ao que tudo indica, a primeira escrava comprada por Chica destinava-se ao aleitamento de sua primogênita Francisca de Paula, amamentada por Ana, cujo filho Manuel nascera no final de 1754.[97] Quando nasceu Rita Quitéria, três escravas de sua propriedade podiam amamentar a criança: Rita parda tivera Maria, apadrinhada pelo pequeno Simão Pires Sardinha;[98] Ana mina tivera Sotério, afilhado de Maria da Costa, mãe de Chica;[99] e Catarina, uma menina que recebeu o nome de Francisca.[100] Em 1759, quando nasceu Joaquim, a escrava que amamentara Francisca de Paula havia dado à luz Antônio.[101]

A proximidade entre o nascimento dos filhos e o fato de Chica ter dado à luz com regularidade durante os dezesseis anos em que viveu com o desembargador demonstram que ela, comportando-se como as senhoras de seu tempo, não amamentou, diferentemente do que ocorreu com seu primeiro filho Simão, quando ainda era escrava, pois não tornou a engravidar nos três anos seguintes. Explicava-se a amamentação dos recém-nascidos pelas amas de leite não como descuido das mães, mas sim como o cumprimento de um papel que a sociedade destinara às damas pertencentes às classes mais altas — o de gerar numerosa prole, a fim de garantir a perpetuação da família.

O nome da criança, cuja escolha se baseava nas tradições religiosas ou familiares, em que se homenageavam os santos de devoção, parentes ou padrinhos, é que a introduzia no seio da família, na qual ela encontrava sua identidade até a vida adulta. Os prenomes escolhidos por Chica da Silva e João Fernandes — Francisca de Paula, João, Rita Quitéria, Joaquim, Antônio Caetano, Ana Quitéria, Helena, Luísa Maria, Maria, Quitéria Rita, Antônia Maria, Mariana de Jesus e José Agostinho — reafirmam as ligações familiares e procuram sugerir que ali se estabelecia uma família autêntica, ainda que não sagrada pelos laços oficiais do matrimônio. Vimos que as irmãs do desembargador se chamavam Ana Quitéria, Maria Margarida, Rita Isabel, Helena Leocádia e Francisca Joaquina;[102] ele próprio recebera o mesmo nome do pai e do avô, e Maria de São José era o nome de sua mãe. O pai de Chica chamava-se Antônio Caetano, a mãe, Maria e sua provável irmã, Rita.

Os santos tinham presença marcante na tradição popular portuguesa; acreditava-se que faziam parte da família e muitos lhes consagravam uma devoção intimista.[103] O sargento-mor João Fernandes de Oliveira afirma em seu testamento ser devoto de são João Batista, de santa Ana, da Virgem Maria, de santa Rita, de são Francisco de Paula, de são Joaquim e de santo Antônio.[104] Por sua vez, o desembargador adicionou o nome São José — como o de sua mãe, bem como de tias freiras e do santo de devoção de seu avô — ao de algumas das nove filhas.[105]

Todos os filhos de Chica foram batizados na igreja de Santo Antônio, a matriz do Tejuco, situada no largo central, junto à rua Direita. O batizado, sacramento que marca a entrada da criança na religião católica, deveria ser preferencialmente realizado até o oitavo dia após o nascimento. Como todas as cerimônias públicas da época, tratava-se de um momento em que se exibia o lugar que cada um ocupava na sociedade, segundo a pompa da cerimônia e a estirpe dos convivas presentes.

Enrolada em mantas novas e vistosas, como a "mantilha de batizar, de damasco, com três barras de prata [...] e uns ramalhetes de batizar" sequestrados pela Inquisição do mercador Belquior Mendes Correia, na Bahia,[106] a criança era imersa pelo celebrante na pia batismal; em seguida os padrinhos a tocavam e eram advertidos pelo pároco de que, por serem "fiadores para com Deus pela perseverança do batizado na fé [...] por serem seus pais espirituais, têm obrigação de lhes ensinar a doutrina cristã e os bons costumes".[107] Mas a função do padrinho não era apenas espiritual: o compadrio era mais um meio pelo qual se estabeleciam ou reafirmavam alianças sociais, as quais, como as firmadas entre o sargento-mor João Fernandes e o governador Gomes Freire de Andrade, eram importantes quando se enfrentavam momentos de dificuldade.

Durante o terceiro contrato dos diamantes, arrematado por Felisberto Caldeira Brant e seu sócio Alberto Luís Pereira, o batizado dos filhos de um e outro claramente se constituiu em pretexto para que ambos se unissem a figuras de peso das Minas Gerais. Ana e Teresa, filhas de Alberto, batizadas no Tejuco respectivamente em 1750 e em 1752, foram apadrinhadas por Gomes Freire de Andrade,[108] que, contudo, não compareceu, tendo enviado uma procuração para a celebração do sacramento; já no batizado de Teresa, uma das filhas de Felisberto, o governador, mais uma vez escolhido como padrinho, esteve presente na cerimônia.[109] Mais tarde, durante as disputas entre os sócios do contrato e o intendente Sancho de Andrade e Lanções, Gomes Freire de Andrade foi aliado fiel: ao posicionar-se favoravelmente aos contratadores, retribuiu as demonstrações de amizade explicitadas no compadrio. Em 1752, quando se retirou para o Sul, o ex-governador deixou seu irmão José Antônio Freire de Andrade como interino e, tomando o partido de Caldeira Brant, o preveniu para ter cuidado com o intendente, "um ministro muito mal conceituado no ministério".[110]

Os registros de batismo do Tejuco demonstram que o amistoso relacionamento foi duradouro e prevaleceu até mesmo após a morte dos envolvidos. Fato curioso para a moral contemporânea, o padrinho escolhido para o batizado de Francisca de Paula foi Manuel Pires Sardinha. O antigo proprietário de Chica tinha sido procurador do segundo contrato dos diamantes, era fiador do sargento-mor João Fernandes de Oliveira, em quem evidentemente despertava confiança e a cujo círculo de amizades pertencia;[111] logo, os laços acarretados pelo compadrio selaram os compromissos recíprocos inerentes a essa relação.[112] Mais uma vez demonstrando essa amizade, em 1756, Chica e o médico foram padrinhos de Rosa, filha da escrava Maria parda com o cirurgião-barbeiro José Gomes Ferreira.[113] É certo que Chica herdou bens do seu ex-proprietário, pois, de acordo com o inventário do sargento-mor José da Silva de Oliveira, em 1796 ela foi instada a pagar 28 856 mil-réis de dívidas que Manuel Pires Sardinha havia contraído com ele, dos quais há registro do pagamento de 3 mil-réis.[114]

Na análise dos nomes dos escolhidos para batizar os filhos de Chica da Silva e João Fernandes nota-se a ausência de autoridades representativas tanto da administração da capitania como do Distrito — a escolha do intendente dos diamantes, por exemplo, era expediente de que os contratadores comumente lançavam mão para garantir as benesses da mais importante autoridade portuguesa local. Do pequeno João foram padrinhos José da Silva de Oliveira e sua esposa Ana Joaquina Rosa, amigos de longa data do pai do desembargador. O próprio sargento-mor João Fernandes de Oliveira fora o padrinho do casamento desse casal[115] bem como do batizado de José,[116] seu filho, demonstrando que, como era prática comum, as ligações pessoais se estendiam aos negócios.

De modo a assegurar os vínculos familiares, o primo paterno Ventura Fernandes de Oliveira, estabelecido em Vila Rica, foi o escolhido para batizar Joaquim. O coronel José Velho Barreto, fazendeiro e negociante por grosso no Tejuco, apadrinhou Rita.[117] Os demais eram militares locais de baixa patente: o sargento-mor Antônio Araújo de Freitas batizou Antônio Caetano, cujo nome ao mesmo tempo homenageava a ele e ao pai de Chica,[118] e o capitão Luís Lopes da Costa foi padrinho de Ana, Helena e Luísa (desta última foi madrinha dona Mariana Lemes de Assunção). Por fim, os capitães Francisco Malheiros e Luís de Mendonça Cabral apadrinharam Mariana.[119]

Enquanto a escolha dos nomes se ancorava no passado e nas tradições familiares, os registros de batismo apontam para o futuro e demonstram os laços que o compadrio honrava e que o casal estabelecia em vida na sociedade do arraial, os quais seriam invocados sempre que necessário, pois criavam obrigações recíprocas. Por um lado, essas ligações comprovam que o relacionamento ilícito de Chica e João Fernandes era aceito pela sociedade local, mas por outro indicam que o desembargador não podia fazer uso das cerimônias familiares para estabelecer relações que extrapolassem o arraial nem para criar conexões com autoridades importantes da capitania e da sociedade mineradora, especialmente com o governador. Revelam ainda as formas paradoxais pelas quais esta família, como muitas outras, se inseriram no seio da elite da sociedade mineradora ao longo dos séculos XVIII e XIX.

5. Senhora do Tejuco

Nem Santa Ifigênia,
toda em festa acesa,
brilha mais que a negra
na sua riqueza.

A CASA E A RUA

Em 1754, já livre e com o sobrenome Silva incorporado ao seu nome, Chica era proprietária de casa e escravos. Segundo o documento de registro de batizados do arraial, o nascimento do filho de sua escrava Ana, em dezembro daquele ano, ocorreu em sua casa.[1] Durante o processo de habilitação de Simão Pires Sardinha à Ordem de Cristo, as testemunhas que depuseram em Lisboa afirmaram que a mãe do pleiteante era pessoa importante, que vivia na "maior ostentação, e senhora de uma grossa casa",[2] "à lei da nobreza e com muita riqueza".

A casa de Chica da Silva, visitada "pelas primeiras pessoas, assim do governo, como das justiças da terra",[3] ficava na rua da Ópera,[4] hoje conhecida como Lalau Pires, onde viviam lado a lado livres e libertos, brancos e negros, diluindo as fronteiras hierárquicas pelas quais a sociedade mineradora tentava se regrar. A rua foi assim chamada porque nela fora construída uma casa de óperas, a mais antiga das Minas Gerais.[5] Em 1774, Chica da Silva tinha como vizinhos João Antônio Maria Versiane e João Machado Pena, guarda-livros e escrevente da Real Extração dos Diamantes. O primeiro, branco, casado, vivia de aluguel, porém mais tarde comprou duas casas na rua Direita, junto da praça da matriz. Em seu testamento, além desses imóveis, foram arrolados uma chácara e uma casa com telhas no Bananal, oito escravos e inúmeros bens móveis de valor como ouro, pedras, louças e significativa quantidade de dinheiro a receber da Real Extração dos Diamantes.[6] Na rua da Ópera vivia também Antônia Xavier — ex-escrava de Manuel Pires Sardinha, como Chica —, a negra Ana Maria de Jesus, o alfaiate crioulo Vicente Ferreira e o carpinteiro Antônio Pinto Guimarães.[7]

Não resta dúvida de que a casa pertencia a Chica, e não ao desembargador. Entre outros documentos, no censo de domicílios do Tejuco realizado em 1774 ela foi registrada como a proprietária do imóvel, e nele vivia na época, na companhia de um filho.[8]

Além de Chica da Silva, outras ex-escravas eram proprietárias de imóvel urbano no Tejuco. No capítulo 1, em que abordamos o contexto socioeconômico da Demarcação Diamantina, falamos sobre o censo por domicílios de 1774, em que se registrou o total de 510 residências, das quais 229 eram chefiadas por mulheres livres ou forras.[9] Entre os 282 homens chefes de família, apenas 89 eram negros, ou seja, 31,5%; entre as mulheres contudo a situação se invertia: do total acima mencionado, 197 eram de cor, o equivalente a 86%. Das 32 mulheres brancas nessa condição, nove eram viúvas, estando portanto à frente da administração familiar devido à morte do esposo; uma delas, Ana Perpétua Marcelina da Fonseca, assumira a chefia da casa porque seu marido, o médico José Luís de Figueiredo, acusado de extraviar diamantes, fora expulso da Demarcação Diamantina.[10]

O que se destaca na análise do perfil dos chefes de domicílio do Tejuco é a proximidade numérica de homens brancos (193 indivíduos, 37,7%) e negras forras (197 mulheres, 38,5%), fator que revela a paradoxal ascensão econômica e de status destas.[11]

A distribuição dos imóveis de brancos, negros e mestiços não era homogênea. Os primeiros constituíam maioria nas ruas Direita, Quitanda, na qual se concentravam os comerciantes, Cavalhada Nova e Amparo, mais centrais. Não obstante, viviam na rua Direita, a principal do arraial, Maria Carvalha e Josefa Maria de Freitas, pretas, Inês Maria de Azevedo e Mariana Pereira, pardas,[12] e ainda Teresa Feliz, também negra, proprietária de uma casa coberta de telhas.[13]

O sobrado de madeira e adobe em que vivia Chica da Silva era uma construção sólida, ampla e arejada, constituída de dois pavimentos e quintal, com o corpo principal formando um quadrado com divisões de pau a pique. Todo pintado de branco, era coberto de telhas, com balcões, janelas e marcos coloridos. Três janelas de gelosia e uma porta que conduzia ao vestíbulo compunham a fachada externa do primeiro andar, que funcionava como área de serviço e abrigo para a escravaria. Do vestíbulo no térreo, uma escada dava acesso à parte superior, onde se localizavam os aposentos principais.

No segundo andar, havia uma ampla sala com quatro portas com balcões voltados para o exterior, trazendo a iluminação e a ventilação que vinha de fora. Em uma das extremidades, uma porta conduzia à varanda, na fachada lateral, o que permitia que o cômodo fosse igualmente arejado e recebesse luz natural sem que fosse necessário as portas abalconadas estarem abertas. A varanda era coberta por delicada treliça, de influência mourisca, que escondia e protegia o interior; resguardava-se assim a intimidade familiar e ao mesmo tempo garantia-se conforto aos ambientes sociais.[14] Os cômodos mais íntimos davam para uma varanda na parte de trás, aberta e voltada para um pátio ajardinado, com entrada independente.[15]

Em 1784, o local em que o imóvel fora erguido ainda era uma das bordas do retículo central urbano do arraial. Numa planta do

Tejuco confeccionada nessa época, veem-se a casa de Chica, seus jardins e um pomar de árvores frutíferas ao fundo. O verde dos jardins da aldeia contrastava com os tons sombrios do relvado verde-musgo e dos rochedos pardo-escuros que circundavam a construção.[16] No pomar cultivavam-se laranjeiras, bananeiras, pessegueiros, jabuticabeiras, figueiras e marmeleiros, com cujas frutas se complementava a dieta dos moradores, principalmente na forma de doces. Na horta encontravam-se em profusão pés de couve, alface, chicória, batata e ervas medicinais. No jardim, disposto em simetria, plantava-se sobretudo cravo.[17] As florações se intercalavam: em agosto, predominavam as violetas; em setembro, as anêmonas, e de outubro a novembro, os botões-de-ouro, a saudade, a margarida e o amor-perfeito. Cultivava-se até mesmo o aspargo, de modo que suas folhagens se misturassem aos ramalhetes de flores, que, após colhidos, enfeitavam as mesas da casa.[18]

A residência contava com uma capela própria, consagrada a santa Quitéria, onde mais tarde se casaram duas filhas de Chica. Privilégio raro no arraial, somente Bernardo da Fonseca Lobo, que recebeu da Coroa o título de descobridor oficial dos diamantes, e Maria de Sousa da Encarnação, negra da Costa da Mina, possuíam oratórios particulares. A capela foi destruída, restando apenas o portal; acredita-se que o altar-mor, hoje desaparecido, tenha sido transferido para a igreja de Nossa Senhora das Dores, em Gouveia.[19] Em 1774, o encarregado de celebrar os ofícios era o padre Manuel da Costa Dantas.[20]

Santa Quitéria era uma das santas de devoção do sargento-mor João Fernandes de Oliveira e, conforme o costume da época, deu esse nome a uma das filhas, Ana Quitéria de São José. O desembargador e Chica da Silva professaram a mesma devoção: erigiram no arraial a capela em sua consagração e deram seu nome a três filhas — Quitéria Rita, Ana Quitéria e Rita Quitéria. Santa Quitéria viveu no território correspondente a Portugal quando se deu a expansão do Império Romano. Converteu-se ao catolicismo contra a vontade dos pais e, visitada por um anjo, fez a promessa de tornar-se esposa do Senhor e guardar sua virgindade. Germano, a quem fora prometida em casamento, perseguiu-a em seu retiro de oração e contemplação e, diante de sua recusa em concretizar a união, martirizou-a. No século VIII, vários milagres foram atribuídos a Quitéria, que passou a ser venerada.[21] No frontão de azulejos que decorava o solar da família Fernandes de Oliveira em Lisboa, a santa foi representada com a palma de uma mão, símbolo de seu martírio.

O interior do sobrado da rua da Ópera deve ter sido mobiliado como as demais moradias do Tejuco. Embora não se conheça a lista dos bens móveis de Chica, algumas informações a respeito dos gostos e dos utensílios com que se adornavam as casas na época podem ser encontradas nos testamentos e inventários de seus descendentes e nos de outros moradores do arraial. Os móveis em geral não eram muitos e adquiridos mais em face da sua necessidade prática do que pelo efeito decorativo que causavam. Havia mesas de diversos tamanhos, algumas com gavetas; cadeiras, bancos e tamboretes de couro ou lona; caixas, baús, frasqueiras e mais raramente armários, onde se guardavam roupas e outros objetos de uso pessoal.

Velas dispostas em candeeiros iluminavam o interior das residências. Havia camas feitas de jacarandá, ornamentadas com dossel e cortinado, nas quais se dormia sobre colchão de cabelo, bem como aquelas com catre simples, ou mesmo as de lona, chamadas de cama-de-vento. Em algumas poucas casas, usavam-se "espreguiceiros", "canoas de banho", espelhos, cômodas com gavetas, canapés e estantes para acomodar livros.[22] O capitão João Azevedo Pereira, morador da rua do Rosário, possuía várias mesas com tamboretes, um catre com cortinado de chita e uma cortina de porta.[23] Em 1797, o coronel Paulo José Velho, importante figura local e padrinho de Rita, filha de Chica, era proprietário de dez escravos e de seleta biblioteca. Em seu inventário foram arroladas cinco mesas, das quais uma de jantar, de jacarandá, seis tamboretes cobertos de sola, doze cadeiras, um guarda-roupa, um catre grande de jacarandá, estantes e um armário.[24]

Na sede da fazenda do Buriti, propriedade de João Fernandes localizada nas proximidades do arraial de São Gonçalo do Rio Preto e do Rio Vermelho, havia três catres de couro, um espreguiceiro, uma cama de jacarandá torneada, cadeiras e mochos,[25] também de jacarandá, três mesas e seis tamboretes torneados e cobertos de couro. Curiosamente, no rol de bens existentes na fazenda faz-se menção a "óculos de ver ao longe", uma das novidades trazidas da Europa.[26] Igualmente simples era o mobiliário de outra de suas fazendas, a do Pé do Morro, na Demarcação Diamantina, próxima da fazenda do Buriti, composto de uma cama de dossel, com colcha de seda, três cobertas de chita e três colchões de cabelo, quatro mesas com gavetas, uma caixa de vidros dourados, um guarda-louças e um guarda-roupa.[27] Quando Ana Quitéria herdou a casa de Chica na confluência da rua do Bonfim, havia um leito e uma mesa de jacarandá torneada, oito cadeiras de encosto, outras três cobertas de sola, uma cômoda de madeira branca, um espreguiceiro de madeira coberto de couro e caixas do mesmo material para guardar objetos. Provavelmente alguns desses utensílios foram herdados de sua mãe.[28]

A negra Jacinta de Siqueira, da Vila do Príncipe, assim como as forras — caso de Chica da Silva —, seguiam os padrões da elite do arraial no que se refere ao mobiliário de suas moradas. Na casa de Jacinta, por exemplo, havia um bufete,[29] três caixas grandes, um armário, uma mesa de jantar, um catre liso e um de jacarandá torneado com cortinado e uma colcha de seda, bem como lençóis e fronhas de linho.[30] No Tejuco, a parda Antônia de Oliveira Silva tinha um catre branco de madeira com cortinas de chita, três mesas, um baú, uma caixa de madeira e cinco tamboretes de couro.[31]

Quanto aos utensílios que eram utilizados à mesa de Chica e dos tejucanos ou que as adornavam eram bem mais sofisticados do que os poucos móveis distribuídos pelos cômodos. Com frequência as refeições eram servidas em louças inglesas e da Índia, azuis, brancas ou esmaltadas; talheres de latão, ouro, prata ou vidro; garrafas e copos de vidro ou cristal; bandejas de cobre ou madeira; cafeteiras e chaleiras. Havia também pratos de estanho, pó de pedra, ou folha; caldeirinhas, sopeiras e salvas[32] de prata.

Filipe José Correia Lacerda, falecido em 1794, deixou 22 pratos da Índia, sete tigelas e pratos de louça, pratos de estanho, sete talheres de prata e outro conjunto de talheres com vidros.[33] Manuel Pires de Figueiredo possuía dezoito colheres de mesa, garfos e facas de ferro, onze colheres de chá, uma frasqueira com outro jogo de doze colheres, garfos e facas, além de grande quantidade de louça inglesa e de Macau.[34] Os móveis do padre João de Freitas Sampaio eram poucos e rústicos. O clérigo possuía uma cama-de-vento com coberta, dezessete tamboretes, um faqueiro com seis talheres de prata, além de dois pares de colheres de latão e um sortimento de louça de seu uso.[35]

No fim do século XVIII o hábito de comer com as mãos ainda era corrente — formavam-se pequenos bolos com os alimentos —, mas a frequência com que os talheres são relacionados nos inventários, muitas vezes seguidos da expressão "de seu uso", demonstra que os modos à mesa se refinavam e a elite já utilizava garfos, colheres e facas durante as refeições. Na fazenda do Buriti havia um faqueiro, um copo, uma salva toda em prata, além de uma sopeira de louça da Índia e pratos.[36] Na propriedade do Pé do Morro foram inventariados dois castiçais de prata, pratos de estanho e um grande sortimento de louça de pedra branca, com acabamento dourado, sugerindo uma produção de cerâmica interna à capitania.[37]

Uma das netas de Chica herdou a louça da Índia e uma caixa com vidros dourados que pertencera a sua mãe, e talvez à avó.[38]

O refinamento à mesa não se deu exclusivamente com a população branca. Não poucas mulheres de cor possuíam objetos finos, como talheres e salvas de prata, louça fina, copos e garrafas de cristal. As mesas e as camas das forras do Tejuco e arredores eram adornadas não só com tecidos mais simples, como a chita, mas também com peças de linho e seda. Por isso, o ferro de engomar era utensílio doméstico essencial, e seu uso é registrado em diversas casas do arraial, especialmente na de mulheres livres e forras, que com ele prestavam serviços. A parda Bernardina Maria da Conceição tinha nove pratos de estanho, dois da Índia, duas colheres, dois garfos e uma faca de prata, bem como talheres diversos de latão, além de um catre torneado.[39] Outra parda, Antônia de Oliveira e Silva, adornava sua mesa com colheres, garfos e uma resfriadeira,[40] todos de prata,[41] e Inês Fernandes Neves, crioula, com as três toalhas que possuía.[42]

As cozinhas eram equipadas com inúmeros utensílios, alguns com empregos bastante específicos. Havia chocolateiras, bacias para pão de ló, tachos de tipos e tamanhos variados, quase sempre de cobre ou latão, em que se preparavam pães e sobremesas, e ainda fôrmas para assar farinha, trempes,[43] pilões, espetos, grelhas, almofarizes com tigelas de metal para triturar grãos, escumadeiras, caldeirões, caçambas e até alambique. Muitos desses apetrechos guarneciam as fazendas de João Fernandes: constam nos inventários tachos de cobre de vários tamanhos, caldeirões, almofarizes, bacias, escumadeiras, candeeiros de latão e chocolateiras.[44] Jacinta de Siqueira refinava o paladar de seus convivas com pão de ló e o fino chocolate derretido em sua própria chocolateira. O licor e os sucos eram servidos em garrafas e copos de cristal; à mesa, coberta com toalhas de renda e linho ou bretanha e guardanapos do mesmo material, viam-se garfos e colheres de prata, bem como louças da Índia.[45]

Os inventários locais também fornecem uma ideia dos alimentos que abasteciam a mesa dos moradores do Tejuco no fim do século XVIII. Entre julho de 1793 e outubro de 1796, Ana Perpétua Marcelina da Fonseca, então viúva de José Luís de Figueiredo, anotou meticulosamente o que consumia em sua casa, para acerto com os inventariantes do finado marido.[46] A carne bovina constituía a base da alimentação local, e itens como toucinho e miúdos foram frequentes nas refeições. Igualmente presentes estavam o fubá, o milho, a farinha de milho, o feijão, açúcar, sal, queijo e arroz e, em menor quantidade, hortaliças, vinagre, azeite doce, manteiga do Reino e carne-seca. Chá, amêndoas e marmelada foram consumidos parcamente, o que decerto não reflete a presença desses produtos nas residências mais abastadas do arraial, pois se tratava de uma viúva procurando conter os gastos para demonstrar aos testamenteiros do marido que era capaz de gerenciar a casa. Pelo mesmo motivo provavelmente, apesar de possuir uma chocolateira, apetrecho comum no arraial, Ana Perpétua não comprou chocolate durante o período. Para as ocasiões especiais, guardavam-se pães e frango para os doentes, e para os dias sagrados e de penitência, peixe e bacalhau. Os escravos se alimentavam de cabeças de animais e de fato, que consiste nos intestinos de animais abatidos, misturados ao angu de fubá e acompanhados por cachaça. O azeite comum era utilizado nas lamparinas de latão ou cobre, as quais, nos dias de festa, iluminavam as fachadas das casas.[47]

Imagens de ouro e prata e oratórios eram objetos indispensáveis, indicativos não apenas da cultura material e das posses dos proprietários, como também de suas devoções. Algumas forras possuíam pequenos oratórios portáteis caros e sofisticados, outras contentavam-se com os mais simples, de ferro, latão ou vidro. A santa a quem consagravam maior devoção era Nossa Senhora da Conceição, a mesma que mais tarde estampou o teto do altar-mor da igreja de São Francisco de Assis do Tejuco e o frontão de azulejos da casa que a família Fernandes de Oliveira edificou em Lisboa. Bernardina Maria da Conceição e Joana de Carvalho penduraram em correntes imagens dessa santa lavradas em ouro; Josefa da Costa da Visitação, por sua vez, possuía, além da imagem de Nossa Senhora da Conceição, a do Menino Jesus, do mesmo metal.[48] A de Maria de Azevedo, devota da mesma santa, apresentava-se na forma de "uma lâmina de vidro".[49] Em seu oratório, Rita Vieira de Matos abrigava uma imagem e um crucifixo de latão.[50] A casa de Jacinta de Siqueira guardava cinco oratórios, com as imagens de Cristo, de Nossa Senhora das Mercês, de santa Ana com seu resplendor de ouro, de Nossa Senhora com uma coroa dourada, e, por fim, de santo Antônio encimado por uma coroa de prata.[51] Na fazenda do Buriti, havia uma imagem de Nossa Senhora das Dores, uma cruz de Jerusalém marchetada, um quadro de são Gonçalo em vidro, um de Nosso Senhor ao pé da cruz e um painel do Santo Sudário.[52]

Numa sociedade hierarquizada como a do Tejuco, todos os sinais exteriores anunciavam a posição que cada um ocupava. Por essa razão as forras preocupavam-se em vestir-se com luxo, tanto para comparecer nas cerimônias como para sair às ruas do arraial, pois a vida transcorria aos olhos de todos e o espaço público fornecia a oportunidade de afirmação do papel social que cabia a cada um desempenhar. O conde de Galveias, governador das Minas desde 1732, escandalizara-se com a atitude dessas mulheres que, no Tejuco, se atreviam, "irreverentes[,] a entrar na casa de Deus com vestidos ricos e pomposos e totalmente alheios e impróprios de suas condições".[53] O que incomodava o governador é que, ao se apropriarem das roupas e adereços antes exclusivos das senhoras brancas, as negras e mulatas forras provocavam inversão na ordem social.

De tempos em tempos, o rei editava novas regulamentações a respeito dos tecidos e adornos de que cada classe social podia se utilizar. Havia leis que tinham como objetivo refrear o exagero no vestir-se, como a Legislação Pragmática de 1748, mas raramente eram obedecidas.[54] Em 1749, dom João V permitiu que os ocupantes de cargos superiores ao de oficial de alferes

> [tragam] galão de ouro, ou prata no chapéu e botões lisos dourados, ou prateados nos vestidos e que, nos arreios dos seus cavalos, possam usar de metal dourado, ou prateado com muita moderação e nos xairéis e bolsas dos coldres, de um galão de ouro, ou prata, posto pela borda, sem desenho.[55]

As missas dominicais eram o principal espaço de sociabilização do arraial, onde todos viam e eram vistos. Em 1777, o padre José Justino de Oliveira Godim, em visita pastoral ao Tejuco, repreendeu os moradores pelo

> pouco respeito e a irreverência com que muitas pessoas se portam na casa do Senhor, onde se deve estar com o mais profundo silêncio e acatamento, estando todos distraídos com conversações [ilícitas, escandalosas], ao mesmo passo que se estão celebrando os mais sagrados mistérios de nossa redenção.[56]

O espetáculo tinha início quando Chica e as outras mulheres do Tejuco, livres ou libertas, vestidas com luxo e pompa, assentadas em cadeirinhas,[57] dirigiam-se para as igrejas acompanhadas de um séquito de escravos. Cabia aos proprietários facilitar o acesso dos negros aos sacramentos católicos, mas quando compareciam aos ofícios carregando a esposa de seu senhor também tornavam pública a posição que este ocupava. Não se tratava de privilégio exclusivo de Chica, mas de um comportamento disseminado por toda a região, como queixava-se o governador, para quem as mulheres de cor "não se contenta[va]m de andar com cadeiras e serpentinas acompanhadas de escravos" para ir aos templos.[58] Uma carta pastoral editada em 1726 pelo bispo dom frei José Fialho, em

Olinda, denunciava a indecência com que certas mulheres entravam nas igrejas, em serpentinas ou redes, trajando roupas diabólicas e profanas.[59]

Chica tinha o mesmo cuidado que as forras tomavam ao vestir-se, o que pode ser demonstrado pelos bens arrolados em seus inventários. Guarda-roupas e caixas de madeira estavam repletos de vestidos, anáguas, capas, sapatos, vestes, fivelas, saias de panos finos e coloridos, pentes. O comerciante Francisco da Cruz, após algum tempo nas Minas Gerais, fez inúmeras observações acerca das particularidades do mercado local. Sobre a cor dos tecidos, por exemplo, afirmou que "sempre sejam mais da verde e das azuis que das outras".[60] A razão, explicou, é que grande parte da mercadoria era vendida a negros e escravos, que preferiam as cores fortes às claras.

De modo geral, Chica ostentava um vestuário rico e colorido, que incluía meias brancas e anáguas da mesma cor, para dar volume, e sapatos de seda ornados com fivelas de prata ou pedras coloridas. A saia, de cetim ou de outros tecidos, era sempre de cores vibrantes, listadas ou floridas. Para combinar, blusas de chamalote ou algodão em tons de verde, vermelho ou branco. Os acessórios eram variados: chapéu de copa alta, brincos de ouro com pedras preciosas e brilhantes, colares e patuás para proteção, nas mãos um leque de plumas brancas, que deixou para a Santa Casa de Misericórdia do arraial.[61] A fim de proteger-se da névoa e do frio matinal, usava capa dourada ou colorida, que conferia ao conjunto um ar distinto e imponente.

Inventários de outras mulheres forras dão bem a ideia de como elas e Chica se vestiam. A crioula Inês Fernandes Neves podia ir à missa dominical no Tejuco vestida com toda a pompa. Em seu guarda-roupa encontravam-se duas saias de cetim, uma veste de chamalote, um chapéu de copa alta, duas capas, uma de baeta bordada e outra de droguete, e dois pares de sapatos de seda, adornados com fivelas de prata. Possuía várias gargantilhas de ouro, e em um de seus cordões, a imagem, do mesmo material, de Nossa Senhora da Conceição; seus brincos eram de diamantes, assim como o laço com que se enfeitava.[62] A negra Rita Vieira Matos usava uma capa dourada sobre uma saia de droguete e uma anágua com babados. Na cabeça, chapéu de Braga, e meias nas pernas. Completava o conjunto brincos de ouro, um anel de prata e diversas pedras.[63] Outra negra, Maria de Azevedo, vestia-se sobre uma saia de seda capa de cetim azul; Ana da Encarnação Amorim, também negra, além de uma única saia de chita, tinha uma anágua de babados, um chapéu de Braga, uma capa escarlate, um par de brincos e um cordão de ouro.[64]

Joias e peças de ouro e prata eram símbolos exteriores de riqueza, e as mulheres as ostentavam no colo, na cintura e nos cabelos. As negras costumavam enrolar diversas correntes de ouro no pescoço e nos quadris, e nelas dependuravam contas de ouro, pedras e balangandãs.[65] Eram comuns os laços com brilhantes, cordões e pequenos oratórios de ouro, brincos de pedras e imagens de santos dependuradas em cordões. Bernardina Maria da Conceição listou entre seus pertences uma imagem de ouro de Nossa Senhora da Conceição, dois cordões de ouro, dois brincos e um laço de diamantes, contas de ouro enfiadas, além de um laço e um brinco de ouro que entregara a um padre para vender.[66] A negra Josefa da Costa da Visitação possuía um cordão, contas, botões e uma conceição[67] em ouro, bem como um brinco de diamantes.[68] O padre Antonil inconformava-se com o fato de que muito do ouro que se extraía nas Minas ficava imobilizado "em cordões, arrecadas e outros brincos, dos quais se veem hoje carregadas as mulatas de mau viver e as negras, muito mais que as senhoras".[69] Chica, em 1773, chegou a dar como esmola para a Irmandade do Rosário, de que era irmã, um par de brincos de ouro.[70] Também Teresa Feliz deixou um laço de ouro, seu bem mais valioso, para a mesma irmandade.[71]

Rita Quitéria, filha de Chica, possuía várias joias, algumas provavelmente herdadas da mãe. Entre elas, um laço e brincos de prata com pedras amarelas e alguns diamantes pequenos, dois pares de brincos com pedras roxas, duas flores de prata com pedras roxas e amarelas, quatro pares de botões de prata dourada com círculos de pedras vermelhas, uma fivela de prata com pedras brancas, duas pulseiras de prata com ramos de ouro, cravados com pedras brancas, e um par de fivelas de prata para usar nos sapatos.[72] Na fazenda do Buriti ainda restavam, em 1833, uma medalha encastoada em ouro, com cruz de crisólito;[73] pedras de topázio carmim com uma flor de crisólito por cima, encastoadas em prata; uma medalha menor encastoada em ouro francês; um par de botões velhos de pedra branca encastoados em prata e mais dois botões de massa bastante antigos com figuras brancas no centro encastoados em metal dourado.[74]

Além das joias de ouro e diamantes, muitas forras guardavam objetos de coral e outras pedras, consideradas amuletos na tradição africana.[75] Bernardina Maria da Conceição[76] era dona de uma bola de âmbar e de treze contas de corais entre as quais se alternavam contas de ouro, como era costume entre os africanos,[77] e Antônia de Oliveira Silva, de dois anéis com pedra itatiaia.[78] Chica da Silva certamente portava sua penca com figas, contas, bolas de coral e, no pescoço, o patuá protetor, pois assim o desenhista Carlos Julião retratou as mulheres de cor em sua visita à região diamantina.[79]

Talheres, acessórios, objetos de prata e joias significavam investimento, e seu preço era calculado de acordo com o peso em ouro lavrado e os quilates das gemas. Utilizados em penhoras, criaram nas Minas Gerais um sistema informal de crédito. Ana Maria de Freitas, negra, proprietária de duas casas no Tejuco e de algumas joias, constitui um bom exemplo de como esses artefatos podiam ser eficientes formas de capitalização, pois todas as que possuía — catorze botões, ouro lavrado, um par de brincos e um laço — estavam empenhadas, e com elas obteve catorze oitavas de ouro.[80]

Segundo Joaquim Felício dos Santos, Chica andava com a cabeça rapada, coberta por uma cabeleira em cachos.[81] Porém, nos inventários de mulheres do Tejuco, forras ou livres, esse item não foi arrolado, mas entre os homens havia alguns que tinham perucas, como José Pedro de Azevedo, João Vieira Martins e Martinho Alves Chaves; a do segundo era velha e a do terceiro, guardada em um caixão,[82] indicando tratar-se no arraial de adereço eminentemente masculino. Quando o comerciante Francisco da Cruz chegou às Minas Gerais, vendeu facilmente várias cabeleiras que trouxera do Reino, tendo restado uma muito grande e uma muito clara.[83]

Em casa, Chica trajava-se com mais simplicidade. Em geral as mulheres vestiam um macaquinho de chita, como os das negras Maria Martins Castanheira, Rita Vieira de Matos e Ana Maria da Encarnação,[84] ou saias do mesmo tecido, como as duas arroladas no inventário de Bernardina Maria da Conceição.[85] Vários viajantes estrangeiros que visitaram o Brasil no século XIX registraram seu espanto ante a diferença das vestimentas femininas no espaço doméstico, caracterizadas pela informalidade e conforto, e as que usavam para sair à rua ou comparecer às cerimônias públicas, marcadas pelo excesso e ostentação.[86]

A beleza das mulheres brasileiras em seus anos de juventude, quer fossem brancas, mulatas ou negras, extasiava os portugueses recém-chegados, entretanto a vida sedentária e o excesso de filhos rapidamente sugavam-lhes a formosura e roubavam-lhes a cor da face. As descrições que os viajantes europeus daquele século fizeram das brasileiras certamente se aproximam da aparência de Chica da Silva após o nascimento de treze filhos num espaço de quinze anos, ainda que tenha vivido como uma senhora, isto é, afastada de qualquer tipo de atividade manual.

> Notou, porém, mrs. Kindersley que as brasileiras envelheciam depressa; seu rosto tornava-se logo de um amarelo doentio. Resultado, decerto, dos muitos filhos que lhes davam os maridos; da vida mo-

rosa, banzeira, moleirona, dentro de casa; do fato de só saírem de rede e debaixo de pesados tapetes de cor.[87]

Durante sua estada no Rio de Janeiro, John Luccock observou que as moças atingiam a maturidade por volta dos dezoito anos; depois ficavam gordas, moles, pálidas e com papadas.[88] Muitos se espantavam com a morosidade com que as senhoras se moviam; acostumadas a passar longas horas sentadas em esteiras no chão, em tudo servidas pelas escravas, algumas chegavam a apresentar deformidades nos quadris.[89]

Como Chica da Silva, outras forras reuniram entre as paredes de suas casas objetos que permitiram sua inserção na sociedade branca. A posse da cultura material — representada pelos móveis, a indumentária, as joias, os utensílios de cama e mesa próprios da cultura europeia — fez com que essas mulheres imitassem o comportamento, a forma de vestir-se e adornar-se das senhoras da elite portuguesa. Dessa forma distanciavam-se cada vez mais do mundo da senzala onde nasceram.

PLANTEL DE ESCRAVOS

Dona Francisca da Silva de Oliveira, como muitas vezes Chica foi chamada nos documentos oficiais do Tejuco,[90] era proprietária não só da casa no arraial, mas também de um número significativo de escravos. Tal comportamento, apesar de estranho ao olhar contemporâneo, era comum a toda a população de cor alforriada que conseguia reunir um capital. Tratava-se de um mecanismo essencial para sua inserção no mundo dos livres, onde reinava o desprezo pelo trabalho, pelo viver das próprias mãos. Imersos numa sociedade em que os espaços privados eram restritos e a vida transcorria publicamente, os forros aceitavam os valores dos brancos, buscando viver como eles. Para Chica, e para qualquer outra ex-escrava, era importante demonstrar ser dona de "grossa casa", o que implicava a posse de "copiosa escravatura, vivendo à luz da nobreza".[91]

Hoje, a compra de escravos por ex-escravas pode nos parecer inconcebível, sobretudo porque, por serem em sua maioria africanas, guardavam na memória a vida livre em seu continente de origem, o horror nos navios tumbeiros, a separação das famílias e a venda como peças nos portos brasileiros —; tratava-se portanto de mulheres que haviam sofrido duramente os horrores decorrentes da escravidão. No entanto, uma vez inseridas na sociedade dos homens livres, e sem possibilidade de retorno, a única maneira de diminuir a desclassificação social e o estigma que sua origem lhes conferia era dispor dos mesmos mecanismos de sobrevivência e promoção dos brancos. O primeiro deles era a compra de um escravo, o que permitia que se afastassem do mundo do trabalho. As mulheres forras que registraram testamento no Tejuco durante o século XVIII tinham nos seus escravos não só o principal meio de acúmulo de pecúlio, como igualmente de afirmação social.[92]

Josefa Dias, negra da Costa da Mina, mãe de duas cativas, utilizou suas economias para comprar uma escrava de nome Quitéria em vez de libertar pelo menos uma delas. Curiosamente, o proprietário de suas filhas era Antônio Fernandes de Oliveira, filho de Chica da Silva.[93] A leitura do testamento de Inês Fernandes Neves nos revela que, entre várias gerações de forros, perpetuava-se a posse de escravos. Crioula, proprietária de quatro escravos, Inês registrou nesse documento que seus pais, João Frutuoso e Joana Fernandes Neves, ambos negros minas, foram cativos de um pardo e de sua esposa, também negra mina.[94] A mãe de Chica, Maria da Costa, originária da Costa da Mina, pertencera a outro negro forro mina.

Inventários e testamentos são as grandes fontes de informação que possibilitam avaliar o plantel dos senhores escravistas. O desaparecimento do testamento de Chica da Silva do Arquivo do Fórum do Serro não impediu a avaliação, aproximada, do número de escravos de que era proprietária.[95] Entre 1754 e 1804, vários deles foram registrados em livros de batizados, óbitos, casamentos e das irmandades, depositados no Arquivo Eclesiástico da Arquidiocese de Diamantina. A despeito das lacunas que a documentação impõe, é possível ter ideia de quantos escravos era dona, suas ocupações, arranjos familiares e sociais, bem como das oscilações numéricas que o plantel sofreu ao longo dos anos.

Chica permitiu que seus escravos recebessem todos os sacramentos cristãos, como o batismo, o casamento, a extrema-unção, além de enterro em solo sagrado e participação nas irmandades locais de negros e mulatos. Na sociedade escravista da América portuguesa, entre as obrigações de um bom senhor cristão estava garantir o acesso dos cativos aos sacramentos religiosos, e a Igreja procurava punir aqueles que deixassem de batizá-los, que os impedissem de ir à missa, ou lhes negassem a extrema-unção, e, em consequência, a salvação de suas almas.[96] Chica da Silva foi proprietária convencional, pois converter os escravos à fé católica era mecanismo de aculturação, acomodamento ao cativeiro e à cultura branca portuguesa.

O batismo se constituía em marco de inserção na nova religião, à qual os escravos eram convertidos à força. Era também o rito de entrada em uma nova vida, quando aqueles trazidos adultos da África, simbolicamente, abandonavam o antigo nome e escolhiam outro, cristão. Alguns dos escravos de Chica da Silva foram batizados adultos, como José, que recebeu o sacramento em 1757, e Manuel, no ano seguinte.[97] Nesses casos, a legislação canônica exigia que os próprios escravos dessem o consentimento.[98] Os filhos de suas escravas, nascidos em sua casa, como Sotério, filho de Ana mina, Francisca, filha de Catarina, e Margarida, filha de Severina da Costa, foram batizados ainda recém-nascidos.[99]

Alguns deles constituíram família, o que era ideal para os proprietários, pois assim os escravos se adaptavam mais rapidamente ao cativeiro, fugiam com menos frequência e forneciam novas crias ao plantel. Casaram-se no mesmo dia, na matriz do arraial, seus escravos Joaquim pardo e Gertrudes crioula, José mina e Joana mina, Francisco mina e Ana mina,[100] que tiveram dois filhos, Sotério e Antônio.[101] Também casaram-se Joaquim mina e Clara Maria[102], e Antônio pardo e Faustina cabra, cuja celebração foi realizada e testemunhada por Cipriano Pires Sardinha, na presença de Domingos Fernandes de Oliveira[103] e Rita crioula e Antônio crioulo.[104]

A taxa de mortalidade entre os escravos, especialmente as crianças e os empregados na mineração, era bastante alta. O *Manual do fazendeiro ou tratado doméstico sobre as enfermidades* prevenia os senhores de que muitas escravas "mal nasce a criança, [...] dão-lhes algumas vezes, poucos dias depois deles nascerem, alimentos grosseiros, tirados de sua própria comida", o que era a causa de muitas mortes.[105] Após pouco tempo de resguardo, as escravas retornavam ao trabalho e levavam os bebês em cangalhas amarradas às costas, expondo-os às intempéries e ao contágio de doenças.

Além dos perigos ligados ao nascimento, as crianças eram as mais suscetíveis a epidemias, que sempre se espalhavam com mais facilidade entre os escravos de um mesmo plantel, que compartilhavam os espaços exíguos e insalubres das senzalas, geralmente situadas no subsolo das residências, com pouca ou nenhuma iluminação, higiene e ventilação. Provavelmente um desses surtos ceifou a vida de vários escravos de Chica, sobretudo os de pouca idade, em dois anos consecutivos. Ao que parece, a primeira vítima foi José maqui, escravo adulto, enterrado em março de 1778,[106] seguido de Manuel, filho de Antônia; Agostinho, filho de Maria benguela; Bernardina, filha de Antônio e Rita crioulos. No ano seguinte, talvez vítimas do mesmo mal, foram enterrados Vicente, filho de Bárbara mina, e Maria, filha de Rosa mina.[107] Na ocasião, também faleceram os escravos adultos José mina e Domingos sabaru.[108] Em contraste, com o mal aparentemente sobre controle, no ano de 1782, morreu apenas Maria, filha de sua escrava Ana Gomes.[109] No biênio 1786-7, porém, houve nova concentração de mortes entre seus escravos: Chica pagou à igreja de Santo Antônio por 24 cativos de sua propriedade enterrados no cemitério da capela naquele ano.[110]

Muitos de seus escravos eram alugados ao contrato dos diamantes, mas não foi possível saber com exatidão quantos. Como os trabalhos de mineração exigiam pelo menos seiscentos deles, sem contar os que substituíam os doentes ou mortos, era necessário alugá-los dos senhores locais. Cabia aos contratadores escolher os proprietários e o número de escravos que cada um podia alugar e certamente Chica aproveitou-se do poder de João Fernandes para garantir renda segura e elevada. Depois de 1771, quando os diamantes foram monopolizados pela Coroa, Chica continuou a alugar trabalhadores à Real Extração dos Diamantes, apesar de alguns terem sido sequestrados, acusados de contrabandear diamantes.[111] Durante a vigência da Real Extração, o intendente dos diamantes é que estabelecia as regras — nem sempre obedecidas —, escolhia os agraciados e limitava o número de escravos que cada um podia alugar à companhia.[112]

Os escravos empregados na mineração em geral morriam por afogamento ou por acidentes que ocorriam nos trabalhos de exploração, realizados no leito dos rios, que tinham seus cursos desviados, exigindo complicados sistemas de contenção de barrancos e encostas. Os mineradores morriam na própria lavra, quase sempre antes de receber os sacramentos necessários à elevação da alma. Foi o que aconteceu com João tapa, escravo de Chica que morreu no serviço da Barca,[113] e com um cativo de João Marques de Carvalho, que, "em 1º de novembro de 1753, faleceu da vida presente no serviço do contrato". Apesar de não ter sido anotado no registro que acompanhou o corpo se ele se confessou e recebeu os devidos sacramentos, por ter vindo "da grupiara onde havia capelão", o qual deveria ter assistido o escravo em seus momentos finais, decidiu-se que ele poderia ser enterrado no adro da igreja de Santo Antônio.[114] Os que trabalhavam dentro dos rios, sob péssimas condições, sempre molhados e inadequadamente vestidos, estavam expostos a vários tipos de doenças e morriam mais lentamente. No tratado de medicina prático intitulado *Erário mineral*, publicado em 1732, Luís Gomes Ferreira escreveu que os que mais sofriam achaques eram

> os pretos, porque uns habitam dentro da água, como são os mineiros, que mineram nas partes baixas e veios dela, [...], lá trabalham, lá comem e lá dormem muitas vezes, e como estes, quando trabalham, andam banhados em suor, com os pés sempre em terra fria, pedras ou água; e, quando descansam, ou comem, se lhes constipam os poros, e se resfriam de tal modo que daí se lhes originam várias enfermidades perigosas, como são pleurises, apertadíssimos estupores, paralisias, convulsões, peripneumonias e outras muitas doenças.[115]

No arraial do Tejuco, os escravos que trabalhavam nos serviços diamantinos eram atendidos no Hospital do Contrato, assim chamado porque, no período que antecedeu o monopólio da Coroa sobre a exploração, os encargos do hospital e do médico cabiam aos contratadores.[116] Em outubro de 1753, "morreu, confessado e ungido no hospital, [...] Pedro Angola[,] alugado na Companhia, escravo de Eugênia Maria".[117] Como ele, vários escravos de Chica morreram após terem sido internados naquele hospital. Em 1762, ali faleceu seu escravo João sabaru,[118] e em 1764, João congo.[119] Nenhum deles morreu inesperadamente, pois consta nos respectivos registros de óbito que foram assistidos em seus últimos momentos por um sacerdote e que receberam todos os sacramentos.

Não foi possível identificar, nos registros de escravos de Chica da Silva, a especialização em ofícios, já que informações desse tipo eram anotadas mais frequentemente em inventários de bens, feitos após a morte, e, no caso dela, o documento não foi localizado. Em seu plantel, o desembargador João Fernandes contava com Antônio *pedreiro*[120] e Bernardo *barbeiro*,[121] que trabalhavam na fazenda do Pé do Morro e foram herdados por seus filhos. Em 1782, no registro de enterro de José mina, de propriedade de Chica, há uma anotação de que se tratava de um escravo *ladino*.[122] Isso significa que, além de dominar o português, executava com desenvoltura algum ofício, e, adaptado ao cativeiro, ajudava os recém-chegados a enfrentar a nova vida. No comércio interno de cativos, os ladinos eram valorizados e atingiam as melhores cotações, em oposição aos *boçais*, os recém-chegados, dentre os quais se encontravam aqueles que resistiam ao processo de aculturação e jamais aprendiam a falar a língua local.

Apesar de não ter sido possível localizar os registros, Chica da Silva devia possuir *escravos de ganho*, pois estes eram fonte de renda inestimável e viviam com razoável liberdade nas ruas dos centros urbanos, apregoando serviços e mercadorias. As escravas de Maria de Sousa da Encarnação lavavam roupa para fora; Jacinta de Siqueira era proprietária de alguns que lavravam ouro. Quando morreu em 1811,[123] a negra Ana da Glória dos Santos tinha jornais a receber de um escravo alugado a Florência da Cunha havia um ano e três meses.[124] Entre os trastes de Inês Fernandes Neves havia uma trombeta, e entre os de Rita Vieira de Matos, um martelo de carpinteiro e um ferro de engomar, provavelmente usados pelos seus negros na prática de algum ofício. Os trombeteiros, por exemplo, eram utilizados em todas as festas religiosas patrocinadas pelas irmandades locais, e por sua atuação recebiam em média de meia a duas oitavas de ouro. Tratava-se de um ofício bastante lucrativo para os senhores, visto que as diversas irmandades do Tejuco realizavam anualmente várias festas — semana santa, quarta-feira de Cinzas, *Te Deum*, Senhor dos Passos, *Corpus Christi* —, além de ofícios de defuntos e missas cantadas.[125]

Como o desembargador possuía várias fazendas na capitania, algumas próximas ao Tejuco, Chica pôde empregar parte de seus escravos na pecuária e na agricultura, provavelmente alugando-os a João Fernandes e, na sua ausência, a seus filhos e filhas. Na fazenda do Pé do Morro, localizada dentro da Demarcação Diamantina, nos arredores do arraial do Rio Vermelho, foram enterrados vários escravos de sua propriedade que ali trabalhavam. Em 1778, faleceram um menino, cujo nome o capelão esqueceu de anotar, filho natural de Maria cabra,[126] e uma escrava de nome não declarado, ambos enterrados no cemitério da própria fazenda.[127] Dois anos depois morreram as crianças Agostinho, Maximo e Procópio e um adulto cujo nome também não foi anotado.[128]

Os registros de óbito, batizado, casamento e filiação às irmandades no Tejuco, referentes à segunda metade do século XVIII, revelam que Chica da Silva havia sido proprietária ao longo de sua vida de pelo menos 104 cativos — plantel numeroso para os padrões mineiros —; treze haviam morrido em tenra idade, diminuindo o total para 91. Foi possível tomar conhecimento do sexo de 58 deles: 24 mulheres e 34 homens. Como era comum na região, os homens constituíam a maioria, pois eram empregados nos serviços de mineração.

Em relação à origem de seus escravos adultos, a maioria era proveniente da África. As terríveis condições do cativeiro e de trabalho mantinham as taxas de mortalidade altíssimas, o que tornava recorrente a necessidade de importar novos braços por meio do tráfico externo. É conhecida a origem de 33 deles: havia 21 africanos, e doze brasileiros, dos quais cinco eram mulatos ou pardos, quatro eram cabras e três, crioulos. Os africanos pertenciam a diferentes etnias ou nações — mina, timbu, xambá, angola, congo, sabaru, tapa, maqui.[129] Essa mistura era estratégica para os senhores, que assim dificultavam o reconhecimento de identidades comuns nos plantéis, que consistiam na base das alianças por intermédio das quais se organizavam fugas e revoltas. Para Chica, todos eram iguais: a cor da pele ou o local de nascimento não fez com que favorecesse os brasileiros em detrimento dos africanos, por exemplo.

Para termos ideia da dimensão dos bens de Chica da Silva, torna-se necessário compará-los com os de outras figuras da região. Entre 1787 e 1822, o auge da economia diamantífera, e consequentemente um período que possibilitou a formação de grandes fortunas, foram levantados 66 inventários, dos quais 42 eram de senhores. Dentre os inventariados, 16,7% não eram proprietários de escravos, 33,3% possuíam até três e apenas 6,1% do total tinha em seu plantel mais de vinte cativos.[130] Os funcionários da Real Extração dos Diamantes, donos dos plantéis mais numerosos, tinham o privilégio de alugar um número maior e fixo de escravos para os trabalhos de mineração. O brigadeiro Manuel Pires de Figueiredo era proprietário de 48 escravos;[131] Filipe José Correia de Lacerda, administrador-geral dos diamantes, de trinta.[132] O sargento-mor José da Silva de Oliveira, que ocupou importantes cargos na administração diamantina, como o de primeiro caixa da Real Extração, possuía 21,[133] assim como o médico Luís José de Figueiredo.[134] No entanto, no caso desses inventários, é conhecido apenas o total de escravos de que os mencionados eram proprietários no momento de sua morte, e não o que possuíram durante toda a vida.

Assim como Chica da Silva, a negra forra Jacinta de Siqueira enfrentou algumas oscilações numéricas no seu plantel de escravos. Ela fez questão de registrar em testamento os que havia dado em vida às filhas, netas e bisnetas, para que pudessem ser computados na partilha, igualando os ganhos após a sua morte. Somando os 27 escravos de que era dona na hora de sua morte com os que legou às suas descendentes, o plantel de Jacinta de Siqueira atingiu o montante de 62 cativos,[135] significativo para a sociedade mineradora. Para a filha Bernarda, destinou vinte, dos quais dez já haviam morrido, três foram dados como dote e um resgatado do penhor. Cada uma das outras três filhas ganhou três escravos, pelo menos dois como dote de casamento. As netas e a bisneta receberam um ou dois mulatinhos cada. Os cativos com que presenteou suas descendentes foram importantes para garantir-lhes renda e para permitir que se posicionassem melhor no mercado de matrimônios da vila. Efetivamente, todas se casaram com homens brancos.

Os escravos de Chica da Silva e João Fernandes foram herdados por seus filhos e filhas. Apesar da diferença significativa entre os plantéis de cada um, todos se esforçaram a fim de manter a posse de seus cativos. Quando faleceu, Rita Quitéria era proprietária de 35 escravos, a maioria dos quais trabalhadores na fazenda do Pé do Morro. Os mais idosos, como João Coelho, João Barundó, Joaquim mina, Manuel crioulo, Lourenço carapina, Miguel cafuzo, Ana mina e Feliz mina, com cerca de setenta anos de idade,[136] possivelmente foram herdados dos pais. Havia alguns que desempenhavam ofícios específicos, como o alfaiate Aleixo pardo, o sapateiro Dosidério mulato, o cabeleireiro Damaso cabra e o carapina Lourenço. As mulheres em geral trabalhavam na lavoura, na tecelagem de algodão e na confecção de roupas, que eram produzidas em teares, como a costureira Claudina parda, de 22 anos de idade em 1808.[137]

Francisca de Paula era senhora de 43 cativos empregados na fazenda do Buriti.[138] Apenas Francisca crioula, o sapateiro Manuel pardo, Manuel crioulo, Reginaldo crioulo e Antônio rebolo, provavelmente herdados dos pais, estavam perto dos setenta anos de idade. A maior parte de seus cativos era jovem, com onze crianças crioulas e uma parda com menos de sete anos, o equivalente a 25% do total. Em contraste, na fazenda do Pé do Morro, havia apenas três crianças, duas meninas e um menino. Rita Quitéria morreu em 1808 e Francisca de Paula em 1839; talvez a diferença na idade dos escravos de uma e outra possa ser explicada pela mudança de comportamento dos proprietários mineiros ante o progressivo declínio do tráfico negreiro; para compensar as taxas de mortalidade, promovia-se o aumento do número de nascimentos.[139] Prova da decadência do tráfico é que somente uma das escravas de Francisca de Paula, de nome Francisca, era originária da África — todos os demais cativos adultos haviam nascido no Brasil.[140]

À luz da documentação consultada, não obstante as lacunas existentes e o fato de não ser conhecido o conteúdo do testamento de Chica da Silva, não se sustenta a figura de redentora dos escravos, como muitas vezes romantizou a historiografia; na verdade, foi encontrada uma única referência clara de concessão de alforria, à Francisca, filha de sua escrava Catarina,[141] libertada na pia batismal, cujo nome nitidamente remete à sua proprietária. Retribuiu assim os serviços prestados por sua escrava, entre eles o aleitamento dos filhos que teve com João Fernandes, mas mantinha a posse da mãe, de modo a não perder o capital aplicado em sua aquisição. Ao mesmo tempo, colocava a descendência livre de seus escravos na sua esfera de proteção e favor.

Como era frequente entre os proprietários mineiros, inclusive as 23 mulheres de cor forras da região cujos testamentos foram preservados, buscava-se a todo custo manter o patrimônio acumulado nos plantéis de escravos. Eram alforriadas algumas crianças nascidas de escravas de confiança da casa, em geral no momento do batismo, por vezes como concessão dos padrinhos. A maioria dos escravos adultos contudo tinha que comprar a própria alforria valendo-se do processo de coartação. Alguns poucos eram libertados gratuitamente em retribuição aos serviços prestados e à fidelidade comprovada durante os anos de cativeiro.[142]

Em 1778, faleceu, confessada somente por ser quase repentina a sua morte, Maria Fernandes de Oliveira, preta forra, sepultada na capela dos forros.[143] Seu sobrenome é referência evidente a Chica ou a João Fernandes: provavelmente tratava-se de escrava alforriada de um dos plantéis. No ano da morte de Maria Fernandes, Chica ainda vivia no Tejuco, mas o contratador já partira para o Reino, ainda que de longe administrasse os bens que aqui deixara, dentre os quais os escravos eram os mais valiosos. Porém, o registro não permite concluir se a alforria foi concedida por seu dono ou adquirida pela própria escrava — o segundo mecanismo é o mais provável.

Outras referências dispersas foram encontradas sobre ex-escravos de Chica da Silva, entretanto somente depois de sua morte. Tal documentação tampouco esclarece como se deu o acesso à alforria. Em 1797, um ano após Chica ter morrido, Tomásia da Silva de Oliveira Fernandes, cabra, que pertencia a seu espólio e que foi herdada por seus filhos, entrou para a Irmandade das Mercês ainda na condição de escrava da casa, mas pouco depois alcançou a condição de forra.[144] Durante o cativeiro, Tomásia havia se casado com Antônio pardo, também pertencente a Chica, e com ele teve Valeriano, que faleceu ainda pequeno.[145] Outra ex-escrava de Chica entrou para a mesma irmandade naquele ano de 1797: Gertrudes[146] crioula, que fora casada com Joaquim pardo, escravo de Chica. Tiveram uma filha, que recebeu o nome da mãe e que também faleceu em tenra idade.[147] Uma vez forra, passou a chamar-se Gertrudes Maria de Jesus de São José, pois no fim do século XVIII já se tornara prática comum os alforriados assumirem o sobrenome dos ex-proprietários — vale lembrar que São José era o sobrenome de todas as filhas de Chica da Silva. O mesmo ocorreu com os ex-cativos Donata Fernandes de Oliveira, cabra,[148] e Davi Fernandes de Oliveira, pardo, que se filiou à Irmandade das Mercês.[149]

A trajetória de Tomásia cabra e a de Gertrudes crioula são semelhantes e encerram várias considerações. Ambas casaram-se com escravos do mesmo plantel, tiveram filhos que morreram logo após o nascimento e provavelmente foram amas de leite para as crianças de Chica, que deve ter sido grata por seus serviços e lealdade. A data em que se filiaram à Irmandade das Mercês, um ano após a morte da ex-proprietária, é significativa: seguindo o padrão da época, o mais provável é que as alforrias das duas escravas da casa tenham sido determinadas por Chica em seu testamento e cumpridas por seus filhos, que possivelmente respeitaram as condições impostas pela mãe, como a prestação de algum serviço aos herdeiros ou o pagamento de uma soma em um período posterior, quando ambas já estivessem em liberdade.

Suas filhas foram igualmente parcimoniosas nas alforrias que concederam. Francisca de Paula, por exemplo, libertou em testamento apenas quatro escravos, Joana mina, Joaquina parda, Fabiana e Inácio cabras,[150] sem requerer nenhum tipo de compensação em espécie ou em trabalho. Ana Quitéria deixou para a sobrinha Antônia Vicência uma escrava de nome Serafina, filha de Policena parda, também de sua propriedade, e libertou Joaquim pardo, sem exigência de retribuição.[151] Já Mariana de Jesus, para alforrir sua escrava Leonor mina, exigiu, como era usual, uma contrapartida, tendo recebido em troca "um moleque por nome Antônio, nação benguela, muito a meu contento".[152]

As 23 forras que viveram no Tejuco na mesma época que Chica da Silva seguiram o padrão de comportamento de concessão de alforrias adotado pela população livre e branca. A gratidão a escravas fiéis foi demonstrada por várias delas: libertar um cativo tornou-se a maneira com que retribuir os serviços prestados em vida e de permitir que eles pudessem penetrar no mundo dos livres. Conceder a liberdade também era um modo de praticar a caridade com os mais pobres, mecanismo importante de salvação da alma e que deveria ser afirmado na hora da morte. Inês de Santa Luzia, mulata, solteira, deixou toda a roupa de seu uso para Marina de Santa Luzia, sua escrava, "por me ter servido e acompanhado fielmente até agora".[153] Inês Fernandes Neves coartou dois dos quatro escravos que possuía, um deles, João angola, "por ser já idoso e me ter servido com lealdade".[154] Jacinta de Siqueira libertou sua escrava Ângela mina, "pelos bons serviços que me tem rendido, e me ter servido bem, e ter me dado suas crias".[155] Maria de Azevedo, negra benguela, solteira, determinou que seus testamenteiros passassem carta de alforria a sua escrava Maria, "pelos bons serviços que me tem feito e boa companhia que comigo tem estado".[156]

Tanto para Chica da Silva e seus descendentes como para as forras do Tejuco, o principal meio de sustento eram os serviços que prestavam seus escravos, conforme os dados fornecidos pelo censo de domicílios de 1774.[157] Mais da metade dos homens de cor chefes de domicílio possuía um ofício e continuava a exercê-lo, porém, entre as mulheres, apenas Joana Gertrudes, estalajadeira, permaneceu em atividade, utilizando-se de sua casa na rua do Amparo. O fato de a quase totalidade das mulheres forras, incluindo Chica, não exercer um ofício indica que conseguiram concretizar o que almejavam: afastaram-se do mundo do trabalho, como os brancos que tentavam imitar em sua busca de afirmação social.

6. A vida no arraial

Mas os homens e as mulheres
vivem neste desvario...
Não há febre como a febre
que corta o Serro do Frio...

REDES DE SOCIABILIDADE

Em 24 de novembro de 1753, logo após ter chegado ao Tejuco, o desembargador João Fernandes compareceu pela primeira vez a uma cerimônia de batismo, como padrinho de Angélica, filha legítima de José de Araújo Guimarães e Inês Maria da Conceição, ambos brancos.[1] Começava assim a estabelecer, pelas relações de compadrio, as conexões necessárias com a elite local.

O jovem desembargador deveria impressionar os moradores e impor o respeito que exigiam sua presença e o importante cargo de contratador de diamantes que iria ocupar. Trajava-se como a elite branca do arraial, à moda europeia. A primeira peça do ritual em que o vestir-se consistia era a ceroula, seguida da camisa branca de linho com babados, de calção ou calça e meias finas de seda. Por cima, usava-se uma casaca de droguete preta, vermelha ou azul, ou um fraque de baeta, veludo ou seda. Por fim, um casacão ou capote com mangas, quase enrolado sobre o corpo. Os adereços eram variados: pescocinho;[2] no bolso, lenço de seda com babados, outro azul para o tabaco; cabeleira, chapéu com presilha e pluma; a cruz da Ordem de Cristo pendurada ao pescoço, sapatos com fivelas de prata ou ouro, bengala de tartaruga com castão de ouro ou prata e anéis de pedras preciosas. Na algibeira, faca e espadachim com cabos de prata, além das pistolas.[3]

Conforme a ocasião, ele podia se vestir com o hábito da Ordem de Cristo, com o hábito e a capa da Ordem Terceira do Carmo, de que era membro, ou com a beca de juiz do fisco das Minas Gerais, o que realçava ainda mais sua importância perante os demais moradores.[4]

Circular pela cidade era um ato estudado, sempre com o propósito de impressionar os passantes e informar o prestígio que se desfrutava. Demonstrando sua autoridade, o desembargador saía à rua em cadeirinhas carregadas por escravos ou montado em um cavalo com sela de veludo ou carmesim, bordada, como as que possuía o médico Luís José de Figueiredo.[5]

As cerimônias públicas, sobretudo a missa aos domingos, eram oportunidades ímpares para tornar pública a posição ocupada na sociedade do arraial. Havia o cuidado não só com a vestimenta, mas também com o local que lhes era destinado nos eventos. Sentar-se nas primeiras fileiras do templo, bem como à mesa de autoridade de alta patente, estar na área principal de uma procissão religiosa, eram sinais evidentes de distinção. Como contratador e desembargador do Tribunal da Relação do Porto, João Fernandes gozava de vários privilégios e deferências nas solenidades públicas realizadas no arraial. Em 1763, fizeram-lhe "mercê do lugar de juiz do fisco das Minas Gerais, [com] mercê de que possa vestir a beca".[6] Desse ano em diante, adquiriu o direito de se sentar no primeiro banco em qualquer cerimônia,[7] não só no Tejuco, como na capitania, local mais próximo do governador.[8]

1. A região do Distrito Diamantino impressionou os viajantes pela força da natureza agreste. No caminho entre o Tejuco e a Vila do Príncipe avista-se a serra do Espinhaço com o pico do Itambé.

2. A planta do Tejuco de 1784 mostra o arraial cercado de jardins e pomares; os edifícios principais e a disposição das ruas dão uma feição quadrangular, concentrada e reticular ao arraial.

3. A melhor vista do Tejuco era reservada aos viajantes que chegavam pelo alto da serra de São Francisco (ao fundo), de onde se descortinava todo o arraial serpenteando a encosta oposta.

4. Através de um pequeno rego, as águas do córrego Tejuco abasteciam o centro do povoado, onde foi construído um chafariz.

5. *O arraial parecia um pequeno presépio, com suas construções simples, em taipa e pedra, como a igreja de Nossa Senhora do Carmo, cuja torre se vê à direita.*

6. *O Tejuco começou com um ajuntamento de casas que, dispostas desajeitadamente encosta acima, foram constituindo o entorno da primeira rua do futuro núcleo urbano, conhecida como Burgalhau.*

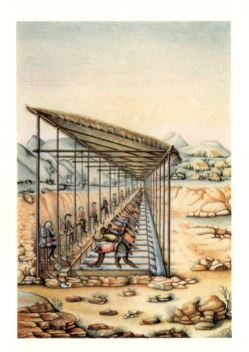

7. Os diamantes eram encontrados mais facilmente no aluvião dos rios. Quando este se esgotava, passava-se à exploração das margens, ou grupiaras.

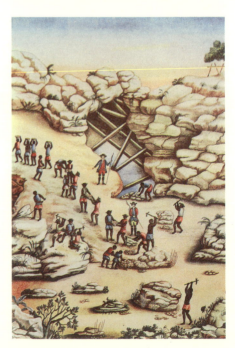

8. As técnicas empregadas na lavagem do cascalho para extração de diamantes eram o mais simples possível: utilizava-se principalmente a bateia e dava-se preferência ao período das secas.

9. *O arraial do Milho Verde era composto de palhoças em torno da pequena igreja dedicada a Nossa Senhora dos Prazeres, na qual Chica da Silva e sua mãe foram batizadas.*

10 e 11. *Os espaços de mobilidade das escravas não se restringiam ao interior da casa; elas também transitavam no arraial e nos serviços diamantinos. Saíam quase sempre descalças, com trajes variados e coloridos.*

12 e 13. *Ostentando um alegre altar-mor pintado de azul, com flores brancas decorando as colunas, a pequena capela de Nossa Senhora da Conceição ficava na fazenda da Vargem, de João Fernandes de Oliveira, misto de propriedade rural e mineral, próxima ao pico do Itacolomi, nas cercanias de Mariana.*

14. *O batizado de João Fernandes de Oliveira foi realizado nesta pia batismal, instalada na capela de Nossa Senhora da Conceição desde o século XVIII.*

15. *A viagem pelo Caminho Novo (entre Minas e Rio de Janeiro) era longa e arriscada, e as florestas, de um verde carregado, eram cortadas por rios encachoeirados.*

16. O Rio de Janeiro oferecia um espetáculo grandioso aos que chegavam. Espraiando-se por entre os morros na Baía de Guanabara, a cidade era a segunda aglomeração urbana do Brasil, muito maior do que as acanhadas vilas mineiras.

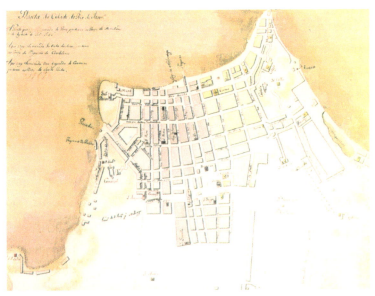

17. No Rio de Janeiro, os moradores dividiam seu tempo entre Deus e os negócios. Como podemos ver nesta planta do Ministério da Defesa, até 1767 não existia a muralha de proteção no fundo do espaço urbano.

18. O inglês John Gabriel Stedman registrou a forte impressão que lhe deixou a visão da escrava Joanna, a única mestiça que ele teve oportunidade de ver no Suriname.

19. O amor não era condição necessária ao casamento. A paixão tinha seu espaço no amor ilícito, nas relações consensuais. O desenho de Carlos Julião retrata uma cena romântica: um soldado do Regimento de Infantaria de Moura despedindo-se de uma moça.

20. *As mulheres trajavam vestidos, anáguas, capas, sapatos, vestes, fivelas e saias de panos finos e coloridos. As forras se apropriavam de roupas e adereços antes exclusivos das senhoras.*

21. *A beleza das escravas da Costa Mina, negras de pele mais clara e corpo esguio, era constantemente louvada pelos europeus.*

22. No Tejuco, Rita Angélica da Costa pediu ajuda a Nosso Senhor do Matosinho; depois de oito dias de parto, com a criança já morta no ventre, deu finalmente à luz. O ex-voto, de 1781, diz: "Milagre que fez o Senhor do Matozinho a Rita Angélica da Costa, estando de parto com a criança morta no ventre oito dias a 14 de dezembro e botou a 22 do mesmo mês em o ano de 1781".

23. Em Diamantina, a casa de Chica da Silva ficava na rua da Ópera, hoje conhecida como rua Lalau Pires. O sobrado em madeira e adobe era uma construção sólida, ampla e arejada.

24. No segundo andar da casa de Chica, havia uma ampla sala com quatro portas; a varanda, cercada de treliça, deixava entrar luz e aragem.

25. As mulheres forras se vestiam com luxo: usavam pencas com figas, contas, bolas de corais e patuás.

26. A elite masculina do arraial se vestia à moda europeia: ostentava uniforme e adereços militares da unidade a que pertencia, como era o caso da cavalaria.

27 e 28. *A antiga igreja matriz de Santo Antônio do Tejuco, construída em taipa, foi destruída por volta de 1940. As irmandades levantavam altares laterais, dedicados ao culto de seu santo padroeiro. Da antiga igreja sobrou apenas o altar dedicado a Santo Antônio.*

29. *A igreja de Nossa Senhora do Rosário, no Tejuco, reunia os negros e mulatos. Os trabalhos de douramento dos altares e de pintura do teto da capela principal foram feitos pelo guarda-mor José Soares de Araújo.*

30. *No século XVIII, a administração do Tejuco ficava sediada na Casa do Contrato, na rua do Contrato; a casa depois foi chamada de Intendência, e hoje abriga a sede do Bispado de Diamantina.*

31. *As obras da igreja das Mercês, no Tejuco, na rua de mesmo nome, começaram em 1778. A irmandade abrigava os pardos e mestiços do arraial.*

32. *Para a festa do Rosário, comemorada anualmente, eram escolhidos um rei congo, eleito como imperador do Divino, e uma rainha ginga.*

33. Durante seu relacionamento com João Fernandes, Chica da Silva teve acesso a alguma educação, o que lhe permitiu aprender a assinar seu nome.

34. A construção da igreja de Nossa Senhora do Carmo do Tejuco, que abriga a Irmandade do Carmo, consagrada a São Francisco de Paula, foi patrocinada pelo contratador dos diamantes João Fernandes de Oliveira.

35. Edificada na rua do Contrato a igreja se destaca pela colocação da torre nos fundos do edifício. O guarda-mor José Soares de Araújo realizou vários trabalhos de douramento e pintura no interior da igreja.

36. *Na praça matriz ficava a casa do padre Rolim, que hoje abriga o Museu do Diamante da cidade de Diamantina.*

37. *Próximo a São Gonçalo do Rio Preto, cuja igreja matriz aparece na foto, ficava a fazenda Buritis, de João Fernandes de Oliveira.*

38. *Descendentes de Chica da Silva e João Fernandes de Oliveira são hoje proprietários da fazenda Canto das Águas, localizada nas proximidades de São Gonçalo do Rio Preto.*

39. *Próximas à localidade de Rio Vermelho ficavam as fazendas do Pé-do-Morro e Buritis, de propriedade de João Fernandes de Oliveira, que depois foram herdadas pelos descendentes.*

40. Em 1762, foi criada a Irmandade de São Francisco, que construiu a igreja dedicada a Nossa Senhora da Conceição, a leste do centro do Tejuco, direção para onde se expandia o arraial.

41 e 42. *No forro da igreja de Nossa Senhora da Conceição, a Virgem foi retratada entre nuvens e anjos, em pintura do guarda-mor José Soares de Araújo. No altar-mor, foi colocada a imagem de São Francisco de Assis, no alto do trono. Chica da Silva foi enterrada nesta igreja.*

43 e 44. O recolhimento de Macaúbas, onde estudaram as filhas de Chica da Silva, era um misto de convento e educandário destinado às meninas da elite mineira no século XVIII. Abaixo, a capela dedicada a Nossa Senhora das Dores, construída por João Fernandes de Oliveira.

45 e 46. *João Fernandes pagou pela construção de uma nova ala (para que suas filhas tivessem celas com maior comodidade), de um mirante de treliças (acima), e de uma pequena casa (abaixo), onde ele e Chica se hospedavam nas estadas prolongadas.*

47 e 48. *João Fernandes de Oliveira estudou no Seminário de São Patrício, em Lisboa, na paróquia de São Mamede. O seminário foi fundado pelos irlandeses em 1593 e ocupava o antigo palácio do vice-rei dom Garcia de Noronha, adquirido para abrigar o convento sob direção dos jesuítas.*

49. *Nos dias de domingo, como era de costume, os senhores saíam com a família e os escravos em fila para assistir à missa.*

50. *A cerimônia de sagração de um cavaleiro à Ordem de Cristo atingia o ápice no convento de Tomar, sede da Ordem.*
Na foto, a janela do convento, típica do estilo manuelino.

51. *Os cavaleiros da Ordem de Cristo tinham direito a vestir o hábito, o manto branco e a ostentar o escapulário e, no peito, a cruz da Ordem, símbolos públicos de sua distinção.*

52. *Na Universidade de Coimbra, João Fernandes de Oliveira frequentou o curso de Cânones, que não só o habilitava ao exercício do direito canônico e do civil como lhe conferia a honra e o prestígio necessários para notabilizar a si e a seus descendentes.*

53. *Todos os ritos importantes da vida universitária ocorriam na Grande Sala da universidade, como o encerramento dos estudos universitários de João Fernandes de Oliveira. Na foto, o Marquês de Pombal é recepcionado na universidade.*

54. *Depois do terremoto de 1755, o sargento-mor João Fernandes de Oliveira começou a edificar uma suntuosa residência na rua de Buenos Aires, no bairro da Lapa, em Lisboa.*

55. *A casa da Lapa era magnífica. Da fachada anterior, contavam-se, no primeiro piso, duas portas e nove janelas e, no segundo, onze janelas com suas sacadas de ferro batido.*

56. *Na parte posterior da casa da Lapa, hoje totalmente reformada, o terreno retangular descia suavemente pela encosta, e era adornado por magníficos jardins e fontes.*

57 e 58. *Nos azulejos da escadaria que conduzia ao segundo andar da casa da Lapa, as imagens de índios com arco e flecha, de palmeiras e de figuras orientais lembravam o Brasil e a Índia.*

59. *Um dos detalhes da casa da Lapa que demonstrava o poderio da família Fernandes de Oliveira foi a construção de um túnel exclusivo para a captação de água.*

60. *Na fachada de trás da casa da Lapa, protegendo os moradores, foi estampado um medalhão de azulejo com as principais devoções familiares de João Fernandes de Oliveira.*

Estar junto do principal representante do rei na região, além de evocar proximidade com o poder, era símbolo exterior de dignificação. Por isso, tais posições eram alvo de acirradas disputas. Em 1725, quando o então governador dom Lourenço de Almeida teve que determinar quem deveria sentar-se à mesa com ele, achou por bem delegar a decisão ao rei, pois o secretário de governo se queixava de que tinha direito de estar "junto à capela-mor, da parte esquerda defronte do governador, [...] imediatamente após o tenente-general".[9]

Enquanto esteve no Tejuco, o desembargador João Fernandes foi padrinho de casamento de filhos da elite branca, bem como de batismo de crianças legítimas, de crianças abandonadas, de adultos e de crianças forras, em sua maioria nascidas de uniões ilegítimas. Com essas ações, garantia a caridade para com os pobres e a deferência para com os iguais, colocando-os sob sua influência por meio da gratidão.[10] Os laços de compadrio — um dos mecanismos de sociabilidade da época — criavam redes de clientelismo e dependência entre diferentes segmentos sociais. Estratégia eficaz, inseria não só o afilhado como seus pais na órbita de alguém mais poderoso, cuja proteção era invocada nas horas de necessidade. O compadre tornava-se alguém próximo, mas igualmente alguém a quem se devia respeito.

As palavras que o pequeno comerciante Francisco da Cruz, que na época se estabelecia em Sabará, escreveu ao homem de negócio Francisco Pinheiro, em Portugal, dão ideia da importância das relações baseadas no compadrio. Agradecendo às cartas que o patrão escrevera aos poderosos locais abonando-o, acrescentou que corria a notícia de que ele, Francisco da Cruz, "tinha parentesco com a pessoa de vm", o que considerava não ser de todo mentira, "pois sabemos que não há parente mais chegado que são compadres" e saberiam "estes senhores que nesta terra tinha quem obrasse algumas finezas por mim".[11]

Em 1754, pela primeira vez, o desembargador foi padrinho de um casamento, ao lado do sargento-mor José da Silva de Oliveira, velho amigo de seu pai, em cerimônia realizada na igreja matriz de Santo Antônio. Os nubentes eram Manuel da Fonseca e Maria de Oliveira Costa, ambos brancos. O jovem contratador, recém-chegado, foi assim apresentado à sociedade local, acompanhado de um dos homens mais importantes do arraial.[12]

Vários casamentos entre a elite branca do Tejuco foram apadrinhados por João Fernandes: em 1755, casaram-se João da Costa Marques e Maria Mendes de Azevedo; em 1756, José Francisco da Silva e Gertrude Pereira do Sacramento, além de José Ferreira e Joana Caetana de Oliveira. Em 1759, testemunhou o matrimônio de Tomás Pereira Cabral e, no ano seguinte, ao lado do intendente dos diamantes Francisco José Pinto de Mendonça, foi padrinho de Vieira da Fonseca, que se casava com Laureana Maria Vieira. Estrategicamente, o casal escolhera os dois homens mais poderosos da região para abençoá-los em sua nova vida.[13]

Em 20 de abril de 1766, às dez horas da manhã, realizou-se a união de Manuel de Soto Gouveia e Inácia da Silva de Oliveira, cerimônia da qual João Fernandes não só era padrinho, como também anfitrião, pois a celebração se deu na ermida que edificara na chácara da Palha, de sua propriedade, nos arredores do Tejuco. Essa foi a primeira vez que a chácara foi utilizada para esse fim, o que sugere que a construção fora concluída havia pouco tempo.[14] Vários casamentos, ritos de reconhecimento social, realizaram-se nessa propriedade, no trecho entre a capela e o jardim. Em 1768, casaram-se Romão de Oliveira Jacome com Ana Maria de Todos os Santos, tendo o desembargador como testemunha,[15] e Manuel Lopes Falcão com Ana Maria da Conceição.[16]

Nessas ocasiões, estavam sempre presentes, além do intendente dos diamantes, as pessoas mais distintas do arraial.[17]

A capela da chácara da Palha também abrigou o enlace de alguns escravos de Chica. Ao ceder o local para as cerimônias, o casal demonstrava benevolência para com seus cativos e contribuía para a difusão do catolicismo e das instituições familiares europeias, desempenhando o papel de senhores fiéis e bons cristãos. Em 1768, lá se casaram Antônio e Rita crioulos, e em 1769, Cláudio com Maria e Francisco pardo com Ana cabra, cativos dela.[18]

Como o contratador, Chica da Silva apadrinhou diversas crianças e casais no Tejuco. Porém, a lista de afilhados nos indica que sua condição de parda e forra foi determinante para limitar sua escolha como madrinha de crianças de status igual ou inferior ao seu.[19] Quando ainda era escrava, no ano de 1749, ao lado do sargento-mor Antônio de Araújo Freitas, foi madrinha de Ana, inocente, filha de Rita, escrava de Antônio Vieira Balverde.[20] Já livre, com Manuel Jacome Soeiro, batizou Miguel, filho legítimo de Manuel Liam e dona Joana Antônia, ambos brancos, moradores no distrito de Gouveia.[21] Após esse evento, diferentemente de João Fernandes, os que a chamaram de modo geral não estavam entre a elite branca do arraial — em geral eram escravos ou forros. Apesar disso, e de ter enfrentado mais obstáculos ao tentar colocar-se como igual entre os brancos do Tejuco, Francisca da Silva de Oliveira estava em posição superior à de suas comadres e compadres, para os quais era privilégio tê-la como madrinha de seus filhos. De qualquer modo, seu exemplo evidencia o papel do compadrio naquela sociedade: os padrinhos sempre eram pessoas mais poderosas, pertencentes a uma camada superior, que poderiam oferecer proteção em momentos de dificuldade. Também manifesta a dificuldade de reunir dois padrinhos de boa condição para os filhos de escravos e crianças ilegítimas. Os batizados no Tejuco seguiam os padrões observados na Bahia, onde era maior a chance de crianças legítimas, ainda que de cor, terem tanto padrinhos quanto madrinhas, porque não era obrigatório ter os dois, e serem ambos de status mais elevado que o delas.[22]

Em 1756, Francisca da Silva de Oliveira, acompanhada de Manuel Caetano dos Santos, apadrinhou Maria, filha legítima de Inácia Maria de Jesus, preta forra.[23] Sucederam-se outros no mesmo ano: com Manuel Pereira da Cunha, batizou Francisca parda, assim chamada em sua homenagem, filha da escrava Inácia; com Manuel Vieira da Fonseca, foi madrinha de Vicente, filho de Bernarda Lopes e pai desconhecido.[24] Nos anos seguintes, batizou Maria, filha ilegítima de Teodora Maria da Concepção, mulher branca, solteira,[25] e Joana, filha de Rosa Maria, crioula forra.[26] Em 1760, foi madrinha de Vitória, filha legítima do pardo Roberto Antônio da Cruz e de sua mulher Severina da Silva.[27]

Tais cerimônias indicam que Chica circulava com desenvoltura entre a sociedade local, fato igualmente comprovado pelos homens escolhidos para acompanhá-la em grande parte dos batizados: brancos, alguns militares, mas sempre nomes reconhecidamente importantes no arraial, como Manuel Jacome Soeiro, Manuel Vieira da Fonseca Heitor de Sá e José Antônio Ferreira de Melo.[28]

Em maio de 1762, por exemplo, com o desembargador José Pinto de Mendonça, à época intendente dos diamantes, dona Francisca da Silva de Oliveira, como registrou o notário, foi madrinha de Maria, filha legítima de um casal de brancos, Luís Antônio da Silva e Micaela Arcângela da Silva. De resguardo devido ao nascimento de sua filha Ana, Chica não pôde comparecer à cerimônia, tendo sido representada pelo capitão Francisco Malheiro de Araújo.[29] Embora João Fernandes não tenha apadrinhado nenhum cativo, Chica foi madrinha dos filhos de vários escravos, porém nenhum deles pertencia a seu plantel, como era o costume entre os proprietários no Brasil. O compadrio não era utilizado para reforçar os laços entre senhor e escravos; era, ao contrário, considerado incompatível com essa relação, que se assentava na autoridade e não na camaradagem.[30]

Em 1756, Chica foi madrinha de Francisca parda, filha de Inácia parda, cativa de Giraldo de Melo dos Santos. Poucos anos depois, batizou Antônio, filho legítimo da escrava Inácia de Melo, na companhia de Heitor de Sá, homem branco.[31] Já os filhos de Chica e João Fernandes foram padrinhos de alguns cativos do plantel de seus pais, prática recorrente no arraial e que pode ser exemplificada pelo batismo, por Francisca de Paula, primogênita de Chica, de Margarida, filha de Severina da Costa, escrava de sua mãe.[32]

Por outro lado, houve situações em que a escolha dos padrinhos se deu em face do afeto e dos laços de amizade estabelecidos durante os tempos de escravidão. A relação entre Chica da Silva e Maria parda, escrava e concubina do cirurgião José Gomes Ferreira, foi exemplar nesse sentido. Em 1756, Francisca da Silva de Oliveira, já companheira do desembargador, foi a madrinha de Rosa, primeira filha desse casal.[33] Dois anos depois, foram padrinhos de Maria, filha de Rita parda, escrava de Chica, Simão Pires Sardinha e Maria Gomes[34] (tratava-se de Maria parda, ainda companheira de José Gomes, cujo sobrenome adotou), a qual, no ano seguinte, deu à luz Matilde, batizada por João Fernandes,[35] e, em 1764, à Francisca, que recebeu o nome de sua madrinha Chica da Silva.[36]

Também foi honrada na vida livre a amizade desenvolvida durante o cativeiro com a ex-escrava Francisca Pires, mãe de Cipriano, meio-irmão de Simão Pires Sardinha. Sua filha Bárbara foi batizada por Chica da Silva, e Helena, nascida em 1762 e, como a irmã, filha de pai desconhecido, por João Fernandes e a filha Rita Quitéria.[37] Chica foi madrinha ao lado de João Fernandes somente em 1760, no batizado de João, filho da forra Severina crioula, na igreja matriz de Santo Antônio.[38] Por não serem casados, e a Igreja condenar o concubinato, raramente compareciam juntos a essas cerimônias religiosas. Mas o fato de Chica continuar a ser convidada para participar dessas celebrações como madrinha, mesmo depois da volta de João Fernandes ao Reino, demonstra que a sociedade reconhecia o papel por ela ocupado, independentemente da presença de seu companheiro.

De 1759 em diante, o contratador passou a ir a muitas dessas cerimônias na companhia de sua filha mais velha, Francisca de Paula, então com cinco anos de idade. Juntos apadrinharam, naquele mesmo ano, Maria, enjeitada, e Francisco, filho de Páscoa Maria da Costa.[39] Em 1760, batizaram Maria, filha de Joana Roiz, também crioula, e de pai desconhecido.[40] Para a Igreja, a presença em seus templos de pai e filhos, ainda que nascidos de união ilegítima, era menos comprometedora. Por essa razão, Simão, Francisca de Paula, João, José Agostinho e Rita Quitéria desde cedo participaram das cerimônias de batismo como padrinhos, apesar de não terem, nessas ocasiões, catorze anos, a idade mínima exigida pelas leis canônicas. Em 1757, Simão e Francisca de Paula foram padrinhos de Jacinta, filha de Escolástica, escrava de Ventura Carneiro.[41] Em 1764, com sete anos de idade, Rita Quitéria foi madrinha de Maria, filha de Inácia Pereira, parda forra.[42] Dessa forma, aprendiam a importância dos ritos católicos, a caridade para com os mais pobres e os escravos, a necessidade de proteger os brancos da elite e o lugar que deveriam ocupar na sociedade local, mostrando-se ao mesmo tempo bons cristãos e súditos do Império.

Os laços que João Fernandes firmara, dos quais Chica da Silva como sua consorte desfrutava, incluíam a elite branca do arraial. Os poderosos retribuíam em serviços a proteção e os favores concedidos pelo contratador de diamantes, ao qual, em nome da gratidão, estavam permanentemente ligados.[43] Nos processos de *genere*, por meio dos quais os filhos bastardos de Chica buscavam alcançar alguma honraria, importantes figuras do arraial demonstraram publicamente em seus depoimentos fidelidade ao contratador, evidenciada pelas meias verdades que foram ditas durante os testemunhos, com as quais se consolidaram versões sobre a vida de Simão Pires Sardinha e seus ascendentes maternos que foram fundamentais para que alcançasse a graça solicitada, por meio do qual seria possível apagar definitivamente as condições desfavoráveis de seu nascimento.

Entre os depoentes arregimentados no Tejuco estavam o capitão Luís de Mendonça Cabral, cavaleiro professo da Ordem de Cristo e escrivão da Intendência dos Diamantes; o capitão-mor Francisco Malheiros de Araújo, também membro daquela Ordem e que vivia da mineração; o cirurgião José Gomes Ferreira; o sargento-mor Antônio de Araújo de Freitas; o capitão Luís Lopes da Costa, que vivia de negócios no arraial, o sargento-mor Manuel Batista Landim, que após o retorno de João Fernandes ao Reino se tornará tutor de seus filhos menores; além dos sacerdotes Manuel Álvares Ferreira, José Ribeiro Aldonço, José Marques Ribeiro e Simão Pacheco, vigário da igreja matriz de Santo Antônio.[44]

A grandeza e a importância de João Fernandes deveriam ser continuamente demonstradas. Para que fosse honrado e respeitado pela sociedade, não bastava fazer parte do círculo dos poderosos. Mecanismo essencial para o engrandecimento, a caridade para com os mais pobres não era apenas um ato cristão, uma obrigação dos ricos — era também uma das formas de sociabilidade da época. Praticada sob a aparência de liberalidade, de ato desprendido, era na verdade estratégia sutil para angariar prestígio. Baseava-se em regras sociais informais, que definiam que o ato deveria ser sempre público, dirigido aos de grau socialmente inferior, com o propósito de encerrá-los numa dívida permanente.[45] A concessão material, sempre retribuída por um ganho moral, era uma maneira de realçar a magnificência e o poderio do ofertante.[46] Esperava-se que o agraciado retribuísse a caridade de que fora objeto sujeitando-se permanentemente àquele que a praticara, ou executando para ele pequenos serviços. Encerrado em uma cadeia inextinguível de compensações, deveria demonstrá-las publicamente, mesmo que na hora da morte.[47]

Pedro Álvares de Araújo, sargento-mor na Vila do Príncipe, foi exemplo das redes clientelares que João Fernandes estabeleceu na demarcação, pois registrou em seu testamento que vivera principalmente do aluguel de escravos para os contratos diamantinos, dos quais ainda havia valores a receber, benefício que dependera da boa vontade do contratador. Apesar de ser proprietário de "umas terras de planta e minerar", não construíra riqueza em espécie e sobrevivera de empréstimos concedidos pelo desembargador. Como João Fernandes estava morto quando Pedro Álvares redigiu o testamento, seus herdeiros deveriam receber em pagamento cem oitavas de ouro retiradas do espólio dele.[48]

Os doentes eram igualmente objeto de caridade. Constava entre as obrigações dos contratos diamantinos a manutenção de um hospital, destinado sobretudo aos negros que trabalhavam na mineração, que sofriam muitos acidentes e padeciam de vários males. Na época de João Fernandes, um dos médicos do Hospital, José Antônio Mendes, foi autor de um tratado de medicina intitulado *Governo de mineiros...* Em seu livro, o médico descreve a cura de doentes de cancros, entre eles vários pobres do Tejuco, "que pelo amor de Deus mandava curar o desembargador João Fernandes de Oliveira, que alguns sararam com grande admiração do mesmo, que os via quando os mandava aceitar, e quando eles lhe iam render as graças já sãos".[49] Com o ritual de visitar os doentes que mandava curar gratuitamente, e de fazê-los render graças após terem sido curados, o desembargador tornava públicas sua grandeza e magnificência para com os desfavorecidos.

A proteção às crianças enjeitadas, também chamadas de "expostas", uma vez que eram abandonadas na rua, consistia em outra forma de manifestação pública de caridade.[50] Em geral, essas crianças, deixadas à porta de algum morador, acabavam sendo criadas ou batizadas por eles. O sargento-mor José da Silva de Oliveira criou uma menina chamada Dalila, deixada em frente à sua casa.[51] Em 1753, dona Ana Joaquina Rosa, sua esposa, foi madrinha de Eduarda, abandonada no mesmo lugar.[52] Poucos meses depois, foi a vez de João Fernandes demonstrar sua piedade para com a sorte dessas crianças, quando apadrinhou Rosa, exposta na casa de Pedro de Oliveira.[53] Em 1759, ele e sua filha Francisca de Paula foram padrinhos de Maria enjeitada.[54]

Como seu pai, o desembargador João Fernandes arranjou para seus familiares ocupações nos negócios do arraial. O capitão Domingos Fernandes de Oliveira, que trabalhou como feitor do contrato dos diamantes nos serviços do rio Manso,[55] alcançou a patente de capitão[56] e ocupou vários cargos de prestígio no Tejuco, como irmão da Mesa da Irmandade do Santíssimo.[57]

O espírito caridoso do contratador mais uma vez manifestou-se no arraial, junto aos poderosos locais, com o apadrinhamento da construção da igreja de Nossa Senhora do Carmo. No compromisso em que Sua Majestade dona Maria I confirmou o estabelecimento da irmandade, em 1788, o escrivão anotou que "a capela que presentemente possuem por doação dela fez o desembargador João Fernandes de Oliveira, edificada pelo mesmo com licença do ordinário da respectiva diocese".[58] Além disso, deixou para a irmandade duas moradas de casas no arraial, situadas nos fundos de outra casa que ficava em frente à capela da Ordem.[59]

Apesar de João Fernandes ter afirmado com aparente desprendimento que ele, "como seu pai, por gênio e religião, não só amavam os mais pobres, mas despendiam com larga no serviço da Igreja",[60] a caridade, virtude apenas dos grandes, tinha como função tornar públicos esses seus atos. Espelhando sua condição menos favorecida mas, ainda assim, superior à de muitos outros no arraial, Chica também manifestou publicamente sua caridade, embora não com a mesma frequência que o desembargador. Em 1787, por exemplo, muitos anos depois de ele ter deixado o Tejuco, pagou à Irmandade do Santíssimo o enterro de um indigente cativo no cemitério da Ordem.[61] À mesma época, mãe zelosa, financiou o sepultamento, na igreja de Santo Antônio do Tejuco, nas tumbas pertencentes àquela irmandade, de dois cativos um de sua filha Francisca de Paula e outro de Luísa.[62]

A caridade era capaz de desafiar até mesmo a morte ao perpetuar a memória do ofertante e, por extensão, a de seus descendentes no mundo dos vivos. Em 1786, seu filho Antônio Caetano, em nome do desembargador, que falecera no Reino havia sete anos, pagou pelo enterro de um indigente na igreja de Santo Antônio.[63]

IRMANDADES

No arraial do Tejuco, como em toda a capitania, a construção das igrejas, a devoção aos santos, a organização de cultos e ritos católicos eram responsabilidades das irmandades que reuniam os leigos, tendo em vista que as ordens religiosas haviam sido proibidas de lá se instalar. Pertencer a uma irmandade era essencial para a organização e a identificação dos homens nos núcleos urbanos que iam se constituindo, já que a religião católica era fundamental da vida cotidiana. Por isso, não eram exclusivas dos brancos; agregavam também negros e mulatos e tornaram-se reflexos das estratificações raciais e sociais que então existiam.[64]

Na sociedade das Minas Gerais era quase impossível não participar dessas irmandades. Eram locais para o exercício dos ritos católicos — batismo, casamento, extrema-unção e enterro —, já que as tumbas, localizadas dentro das igrejas, pertenciam e eram administradas por elas. Entre as garantias oferecidas aos irmãos estava o recebimento de uma série de sufrágios na hora da morte.

Consistiam em ritos de passagem, como a celebração de missas, gastos com o funeral, o direito de ser enterrado trajando o hábito, com os quais a salvação da alma estaria assegurada — essenciais portanto no contexto das crenças religiosas da época.[65]

As irmandades eram levantadas por meio da invocação ao culto de algum santo, para o qual erigiam altares no interior das igrejas. Como refletiam a organização social e racial da época, uma diferenciação estabeleceu-se entre as que predominaram nas Minas Gerais durante a primeira e a segunda metade do século XVIII, devido a maior complexidade e estratificação da sociedade que lá se formou no último período. No início, as irmandades de brancos eram as mais numerosas, sobretudo as do Santíssimo, que congregavam as pessoas mais ilustres dos arraiais. Aos poucos porém surgiram as irmandades de negros, como as de Nossa Senhora do Rosário[66] e as de são Benedito ou santa Ifigênia.

Mecanismos de exteriorização do lugar social a ser ocupado por cada um, as irmandades deveriam ser o retrato da sociedade hierárquica do século XVIII. Em Sabará, por exemplo, independentemente da quantidade de propriedades de que eram donas, as mulheres de cor pertenciam apenas às irmandades de negros e mulatos, sintoma da dificuldade de sua inserção social no mundo livre, monopolizado pelos brancos.[67] Na sociedade das Minas, por sua vez, marcada pela miscigenação, essa regra nem sempre era observada. No Tejuco, ao contrário do que aconteceu no Rio de Janeiro, em Salvador e em Sabará, os forros e seus descendentes se filiaram às não tão exclusivas irmandades de brancos, o que nos permite concluir que, no Distrito Diamantino, as mulheres de cor encontraram oportunidades mais efetivas de reinserção social.

João Fernandes, Chica da Silva e seus filhos foram membros das principais irmandades do Tejuco, local privilegiado de reconhecimento social, nas quais chegaram a ocupar cargos de direção. Estiveram presentes em quase todas, fossem de brancos, mulatos ou negros. No entanto, a participação de Chica e de sua descendência mulata em irmandades que deveriam congregar somente brancos não foi fato isolado, tampouco constituiu um privilégio. Várias forras transitaram pelas irmandades no Tejuco, sem encontrar resistência da sociedade. A presença dessas mulheres em várias mesas diretoras conferiu dignificação e proteção às irmandades, com destaque para aquelas que dirigiram durante a segunda metade do século XVIII a Irmandade do Rosário dos Pretos.[68]

No Tejuco, construiu-se a princípio uma igreja dedicada a santo Antônio que, tornou-se a matriz, quando o arraial cresceu nos seus arredores. A antiga igreja, construída em taipa, não existe mais. Já em ruínas em 1822,[69] foi demolida por volta de 1940. As irmandades levantaram altares laterais ao longo do corpo central da igreja, dedicados ao culto dos respectivos santos padroeiros. Lá estavam o Senhor dos Passos, a Senhora do Terço,[70] o Santíssimo Sacramento[71] e são Miguel e Almas.

Tanto o contratador como Chica da Silva e seus descendentes tiveram livre trânsito nas diversas irmandades de brancos, especialmente a do Santíssimo, São Miguel e Almas, Nossa Senhora do Carmo do Tejuco e da Vila do Príncipe, São Francisco e Terra Santa. Chica ingressou na maioria delas depois do retorno de João Fernandes ao Reino e no período que sucedeu à morte dele. Por conseguinte, sua inserção e a de sua descendência entre a elite do arraial não foram tão somente decorrência da presença do desembargador — ela efetivamente conseguiu, pelo menos em parte, a ascensão social que almejara para si e para os seus.

A Irmandade do Santíssimo tinha como "objeto essencial [...] promover, quanto lhe for possível, a reverência, a devoção, e o culto de Nosso Senhor Jesus Cristo sacramentado".[72] Nos anos iniciais da colonização, o culto do santíssimo deveria congregar a elite branca em todos os arraiais mineiros, mas a mistura das raças fez com que muitos mulatos se tornassem afiliados, contrariando diretamente os estatutos e demonstrando que a sociedade não se regulava, nem se comportava, segundo os estritos limites das regras escritas. Aprovado para a Irmandade do Santíssimo do Tejuco por dona Maria I, em seu parágrafo nono o estatuto determinava que, para nela ingressar, "ter-se-á, contudo, cuidado em que as pessoas que se aceitarem sejam pessoas honradas e de aprovados costumes". Esses dizeres genéricos excluíam não só os de mau procedimento, como principalmente os de origem "suspeita" — ou seja, mulatos e bastardos. Por isso, os irmãos eram proibidos de acompanhar o enterro daqueles que, "havendo contraído infâmia pelo seu procedimento, tendo pardas, e seus filhos".[73]

Anualmente, os irmãos elegiam os administradores da irmandade que iriam formar a mesa diretora, composta de um provedor — cargo mais importante da entidade —, um tesoureiro, um escrivão, um procurador e um andador, além de 24 irmãos. Segundo o Compromisso da Irmandade do Santíssimo Sacramento,

> o cargo do provedor é o mais nobre, e o mais honrado da irmandade; por isso para ele devem ser propostas pessoas beneméritas, de capacidade, inteligência, e sãs intenções. As suas obrigações consistem em fazer que estes estatutos se observem fielmente, que haja uma exata economia nas despesas da irmandade, e na conservação, aumento, e arrecadação dos seus bens; em prover as ocorrências ordinárias e convocar a Mesa para as extraordinárias; em manter a harmonia, e paz entre os irmãos; e em solicitar finalmente todo o bem da irmandade.[74]

No ano de 1759, Manuel Pires Sardinha foi nomeado provedor, e João Fernandes de Oliveira, um dos irmãos da mesa.[75] Durante sua estada no Tejuco, o desembargador teve efetiva participação na confraria: no biênio 1765-6 ocupou o cargo de escrivão, em 1768 o de provedor, e, em 1770, fez parte da mesa diretora.[76]

Essa irmandade comemorava a festa de *Corpus Christi* "expondo-se o Sacramento no trono, celebrando-se missa cantada com sermão, e saindo a procissão pelas ruas mais públicas deste arraial".[77] Durante a procissão, o ponto alto do evento, as pessoas mais importantes do arraial, congregadas na irmandade, desfilavam para Deus e para o restante da comunidade, reafirmando sua posição social e seu prestígio. Havia uma ordem a seguir na disposição dos ilustres na procissão, distinguindo uns em detrimento de outros: o provedor precedia o desfile; os irmãos mais importantes e que tivessem exercido cargos na entidade, como era o caso de Manuel Pires Sardinha e de João Fernandes de Oliveira, eram convidados a carregar as varas do pálio que cobria a imagem do Santíssimo.[78] Quando havia receita, comemorava-se no mesmo estilo a semana santa.

Como irmã do Santíssimo Sacramento, Chica tinha o privilégio de ser enterrada, assim como seus escravos, nas sepulturas da irmandade, na igreja de Santo Antônio. Os ocupantes de cargos de direção podiam ser sepultados no altar, os demais irmãos, no corpo da igreja, e seus escravos eram enterrados no adro.[79]

No livro da fabriqueira da igreja matriz de Santo Antônio do Tejuco, que administrava as tumbas pertencentes à Irmandade do Santíssimo Sacramento, foram registradas várias contribuições de Chica destinadas ao pagamento do enterro de escravos tanto de sua propriedade como os de suas filhas. Entre 1764 e 1784, ali foram sepultados João sabaru, João congo, Miguel angola, José maqui, José mina, Domingos sabaru, Antônio xambá, José sabaru, João mina, Francisco rebolo, Matias, Manuel [maçangum], além de outros cujos nomes não foram identificados e de crianças de suas escravas.[80] Também os filhos e filhas de Chica foram membros dessa irmandade. O primeiro a filiar-se foi Simão Pires Sardinha,[81] seguido de Antônio,[82] que foi escrivão em 1799,[83] João, que fez parte da mesa diretora em 1795,[84] Francisca de Paula e Luísa.[85]

Dona Francisca da Silva de Oliveira, como era tratada em respeito à sua distinção, filiou-se em outubro de 1766 à Irmandade da Terra Santa, ou Bula da Santa Cruzada, para a qual fez contribuições até um ano antes de sua morte.[86] Agremiação antiga e tradicional em Portugal, pertencer às suas fileiras era sinal de prestígio. Apesar de não possuir um templo no arraial, recolhia entre os irmãos doações para a causa que defendia — libertar os lugares santos da Palestina das mãos dos infiéis. Além de Chica, foram irmãos da entidade Antônio, Luísa e Ana, que tomou assento quando se encontrava em Macaúbas como interna.[87] Já morando no Reino, em 1800, Simão Pires Sardinha, como tesoureiro-mor da Bula, tinha o privilégio de nomear procuradores em todas as capitanias do Brasil para recolher os donativos. Durante sua gestão, Ventura Fernandes de Oliveira, primo de seu padrasto, ocupou o cargo em Vila Rica.[88]

Outra irmandade bastante conhecida nos arraiais mineiros na primeira metade do século XVIII foi a de São Miguel e Almas,[89] cujo culto estava ligado à crença desse santo como o protetor das almas do purgatório, aquele que as guardava e encaminhava. Sempre invocado na hora da morte, várias missas eram deixadas em sua intenção. No Tejuco, como a irmandade também não construiu igreja própria, durante todo o século XVIII, fez uso de um altar dentro da matriz de Santo Antônio. João Fernandes de Oliveira era irmão da Irmandade de São Miguel das Almas, pois em 1756 assinou a filiação de Rosa Pereira à agremiação.[90] Chica pode ter sido irmã da entidade, porém não se pode comprovar sua filiação, visto que as páginas do livro que antecedem o registro de seus filhos, nas quais provavelmente se encontraria o seu nome, foram arrancadas. Simão Pires Sardinha filiou-se em 1762,[91] e João em 1769.[92] Francisca de Paula, Rita Quitéria, Antônio Caetano, Ana Quitéria, Antonia e Mariana, entraram todos em 1791.[93] Maria também pertencia a essa ordem, mas não se conhece a data de sua filiação.[94]

O crescimento do Tejuco, a consequente estratificação da sociedade, que se tornava mais complexa, o enriquecimento das irmandades e o aumento do número de membros levaram-nas a edificar os próprios templos. A igreja do Rosário, situada no largo de mesmo nome, inicialmente congregou todos os negros e mulatos do arraial. Construída a partir de 1731 como uma pequena capela, ao longo do século sofreu inúmeras reformas, tendo sido ampliada em 1771. O douramento dos altares e a pintura do teto da capela principal foram feitos, entre 1779 e 1802, pelo guarda-mor José Soares de Araújo, na época tesoureiro da irmandade e o artista local mais conhecido. A pintura, em tons de sépia e cinza azulado, retratou a Virgem do Rosário rodeada de anjos e nuvens. Nos altares, instalaram-se imagens dos santos padroeiros dos negros — Elesbão, Benedito, Antônio Catagerona e Nossa Senhora do Rosário.[95]

Entretanto, os brancos também participavam da Irmandade do Rosário,[96] bem como de outras que reuniam mulatos e negros. Nesse caso, não era o elo de identificação que os atraíam, e sim o prestígio que os agraciados com essa honra adquiriam. Pessoas importantes na comunidade eram convidadas a ocupar cargos de direção, porque, acreditava-se, assim as irmandades estariam protegidas, pois os irmãos mais poderosos emprestavam dinheiro para a realização de obras e festividades.

Todos os anos a Irmandade do Rosário elegia um rei, uma rainha, um tesoureiro, um escrivão e os irmãos que iriam compor a mesa, além de quatro juízes e quatro juízas por devoção à Nossa Senhora do Rosário, são Benedito, santo Antônio e santo Elesbão.[97] O rei e a rainha eram escolhidos geralmente entre os de cor, mas os demais cargos, a não ser que se tratasse de negros e mulatos forros que haviam enriquecido, com frequência eram preenchidos por brancos. Em 1749, por exemplo, o sargento-mor João Fernandes de Oliveira foi juiz por devoção nessa entidade.[98] Seu filho também se filiou ao Rosário, em cujos registros constam o pagamento de sua anuidade até fevereiro de 1773, quase três anos após sua partida.[99] Em 1793, foi registrado no livro de receitas e despesas da Irmandade do Rosário a quitação de um montante devido ao desembargador, provavelmente referente a empréstimos concedidos; mas como este falecera em 1779, o valor foi pago a seus herdeiros.[100]

Chica da Silva e outras mulheres forras notadamente patrocinaram a Irmandade do Rosário e lá exerceram alguns cargos diretivos, forma pela qual se diferenciaram dos demais filiados, sobretudo dos escravos. A participação de Chica nas mesas diretoras dessa entidade — atuou como juíza em duas ocasiões, entre 1772-3 e 1788-9,[101] biênio em que também foi irmã da mesa[102] — se deu após a partida de João Fernandes, fato que demonstra seu papel na comunidade e o reconhecimento que esta lhe dispensava.

Maria Martins Castanheira, negra de Benguela, casada com o negro Francisco Pereira Lima, foi juíza duas vezes.[103] Para o biênio de 1754-5, Francisca Pires, mãe de Cipriano Pires Sardinha, foi eleita irmã da mesa em homenagem a são Francisco.[104] Em 1763, Francisca da Silva de Oliveira ofertou um par de brincos de ouro como esmola ao Rosário.[105]

Seus filhos também se filiaram a essa irmandade e lá exerceram alguns cargos. A mais velha, Francisca de Paula, filiou-se em 1788 e, em 1793, quando contribuiu com uma joia como esmola,[106] foi irmã da mesa. Nesse mesmo ano, Quitéria ofereceu uma esmola por meio da qual adquiriu o direito de carregar uma das varas do pálio que cobria a imagem de Nossa Senhora durante a procissão.[107] No biênio 1783-4, foram irmãos da mesa João e José Agostinho, que já havia desempenhado a mesma função em 1780.[108] João foi novamente dirigente entre 1787-8; entre 1793-4, foi juiz de são Benedito.[109] Antônio ocupou um lugar na mesa em 1795, e Ana foi juíza de são Benedito em 1801.[110]

Para os festejos do Rosário, comemorados anualmente, eram escolhidos um rei congo e uma rainha ginga, o primeiro eleito como imperador do Divino.[111] A celebração compunha-se de ofícios religiosos e do congado, ou reinado, que consistia em uma representação da luta entre a monarquia negra e os brancos, além de danças, como a marujada, o catopê, caboclos etc.[112] Durante os dias de festa, o imperador exerce verdadeiro poder sobre seus "súditos", chegando a libertar os presos do arraial, o que não raro escandalizava as autoridades metropolitanas.[113] Em 1771, o pároco de Mariana Leonardo de Azevedo Castro contou que, no Tejuco,

> é costume este e todos os anos, mandar soltar a quem quer o rei, fazendo lá outros mil desatinos[;] são venerados lá como verdadeiros reis e legitimamente lhes fazem até os homens brancos genuflexão quando eles passam. Fazem-lhes trono levantado com dossel, onde, sentados com coroa e cetro, despacham petições, dão audiência a brancos e pretos e a todos despacham".[114]

Em 1756, desentendimentos entre escravos e forros geraram a necessidade de representação exclusiva para os mulatos e pardos libertos, que buscavam distinguir-se e ascender socialmente, resultando no surgimento de novas irmandades para congregá-los. No Tejuco, edificaram a igreja do Amparo e tinham um altar em homenagem a Nosso Senhor dos Passos na capela do Bonfim. Em 1771, reuniram-se na Irmandade de Nossa Senhora das Mercês, dando início, alguns anos mais tarde, à construção de igreja própria. Em agosto daquele ano, a Irmandade do Rosário não mais consentiu a presença da Irmandade das Mercês em sua igreja, onde faziam uso de um altar, pois seus irmãos tinham já "igreja ou capela e altar onde colocarem a mesma irmandade, sendo certo lançarem feito esta separação indecorosamente, com palavras menos decentes, dizendo ser esta uma irmandade de negros de que se queriam separar".[115] As obras da igreja das Mercês, na rua de mesmo nome, foram iniciadas em 1778 e se estenderam até o início do século seguinte. Em 1784, no domingo de Páscoa, dia da ressurreição, a imagem da padroeira, também retratada no teto cercada de anjos, foi colocada no altar da capela-mor, em cujo interior a irmandade passou a se reunir.[116]

Chica era membro da Irmandade das Mercês,[117] e lá atuou como juíza nos anos de 1770[118] e 1774, quando pagou seis oitavas de ouro por sua entrada e assinou o livro de registros.[119] Logo após a sua morte, foram rezadas na igreja quarenta missas em intenção de sua alma,[120] e outras dez no ano seguinte.[121]

Simão Pires Sardinha, Francisca de Paula,[122] José Agostinho,[123] Rita Quitéria,[124] Antônio Caetano, Ana Quitéria,[125] Helena,[126] Maria,[127] Antônia[128] e uma sua protegida Luciana Perpétua[129] eram irmãos das Mercês e por diversas vezes cargos importantes da entidade foram ocupados pelos familiares de Chica. Rita Quitéria foi irmã da mesa em duas ocasiões,[130] assim como Luciana Perpétua de Oliveira, que ocupou assento em 1778.[131] Francisca de Paula foi eleita para o mesmo cargo em 1791, e Maria, em 1804.[132] Em 1790 e 1801, a primogênita de Chica exerceu a função de juíza da entidade;[133] em 1788, foi a vez de Antônia,[134] em 1798, de Luciana Perpétua[135] e, em 1811, de Rita Quitéria,[136] todas em devoção à Nossa Senhora das Mercês e tratadas por donas nos registros da irmandade. Em 1803, três filhos de Chica ocupavam simultaneamente cargos dirigentes: Maria era juíza de Nossa Senhora das Mercês, Antônio, juiz em devoção de santa Ifigênia e Francisca de Paula, irmã da mesa.[137]

Também as escravas de Chica participaram dessa irmandade. Em 1789, foi registrada a entrada de Laureana, preta de nação mina, a respeito da qual chamam a atenção dois fatos: ela foi nomeada Laureana da Silva de Oliveira, isto é, adquiriu o sobrenome de sua proprietária, e foi capaz de assinar o documento de forma firme e segura, demonstrando ser alfabetizada.[138] Outras escravas suas, Tomásia e Donata Fernandes de Oliveira, cabras, filiaram-se em 1797 e 1804, respectivamente.[139] Como Chica falecera em 1796, elas foram registradas como propriedades de seu espólio. Gertrudes Maria de Jesus de São José, crioula, e o pardo Davi Fernandes de Oliveira, ex-escravos de Chica, eram igualmente membros das Mercês.[140]

A Irmandade do Amparo começou a funcionar em 1756, mas a construção de sua capela data da década de 1770. A pintura do teto da nave retratava o Divino Espírito Santo e os diversos altares foram decorados com as imagens das protetoras dos pardos — Nossa Senhora do Amparo, Nossa Senhora do Rosário, Nossa Senhora do Parto, santa Ana, santa Bárbara, santa Luzia e santa Rita.[141] A única filha de Chica da Silva que participou dessa irmandade foi Maria.[142]

Na segunda metade do século XVIII, também surgiram diferenças entre os homens brancos das Minas Gerais, que provocaram a proliferação das irmandades que os representavam e a construção de igrejas próprias. No Tejuco, os mais ricos congregaram-se nas irmandades em devoção a são Francisco de Assis e a Nossa Senhora do Carmo.

A Irmandade do Carmo do Tejuco surgiu em 1758, ano em que os irmãos levantaram um altar na igreja matriz. Em 1760, com o patrocínio de João Fernandes de Oliveira, iniciaram-se as obras para a edificação de uma igreja consagrada a são Francisco de Paula, de quem o desembargador e seu pai eram devotos e cuja imagem fora estampada no solar que possuíam em Lisboa.[143] No local escolhido, na rua do Contrato, já havia uma pequena capela dedicada a esse santo, que continuou a ser cultuado pela irmandade.

Arquitetonicamente, a igreja destacou-se das demais do arraial por causa da torre erguida nos fundos do edifício. O guarda-mor José Soares de Araújo executou vários trabalhos de douramento e pintura no seu interior. No teto da nave central, por exemplo, numa pintura em perspectiva, retratou o profeta Elias sendo arrebatado aos céus em um carro de fogo.[144] Em 1765, quando os trabalhos de alvenaria foram encerrados, João Fernandes doou para a irmandade a igreja, "a qual fabricou a suas custas".[145] No ato da doação, João Fernandes estabeleceu como condição que a cada sábado fosse rezada uma missa em intenção de sua alma, mesmo depois de sua morte.[146]

O desembargador tomou o hábito da Ordem Terceira do Carmo em cerimônia realizada em abril de 1764, ainda na igreja matriz.[147] No ano seguinte, em pomposa procissão, as imagens de são Francisco de Paula, de Nossa Senhora do Carmo e do Santíssimo Coração foram transladadas para a nova capela da irmandade.[148] Em 1766, mais uma festa foi organizada pela congregação para receber as imagens de santo Elias, santa Teresa, Nosso Senhor Morto e Nossa Senhora da Soledade, adquiridas em Portugal.[149]

Não há indícios na documentação da irmandade de disputas entre o desembargador e outros membros a respeito do local da construção da igreja, como afirma Joaquim Felício dos Santos em seu livro.[150] Ao contrário, como demonstração da gratidão dos irmãos por ter patrocinado a construção da igreja, João Fernandes foi eleito o primeiro prior, cargo mais importante da entidade, o qual exerceu até 1767.[151] Em 1798 e 1799, muitos anos depois de sua morte, em retribuição aos favores prestados, a irmandade mandava rezar missas póstumas em sua homenagem, conforme suas disposições testamentárias.[152]

A Irmandade do Carmo,[153] nos anos iniciais após sua fundação, era a mais elitista do arraial. Na lista dos filiados há o registro de uma Francisca da Silva, contudo, como o nome não está completo, não podemos afirmar tratar-se de Chica da Silva.[154] No entanto, é certo que ela pertenceu à Irmandade de Nossa Senhora do Carmo da Vila do Príncipe.[155] Bastante seletiva a princípio, depois de alguns anos a Irmandade do Carmo do Tejuco passou a aceitar pessoas de cor livres, libertas e até mesmo cativas. Só no ano de 1782, a ela filiaram-se cinco escravos e quatro crioulas.[156] Duas escravas de Chica, Tomásia e Laureana, já na condição de forras, entraram para a irmandade em 1805.[157]

Os filhos de Chica, seguindo os passos do pai, tiveram participação ativa na Ordem Terceira do Carmo. A irmandade abrigou Francisca de Paula,[158] João,[159] Quitéria,[160] Antônia,[161] Mariana,[162] Ana,[163] Rita, Maria,[164] Luísa[165] e Helena.[166] Antônio foi secretário da mesa em 1777, 1781 e 1788,[167] anos em que assinou as atas respectivas.[168]

Em 1762, foi criada a Irmandade de São Francisco que, quatro anos depois, deu início à edificação de uma igreja dedicada a Nossa Senhora da Conceição, na direção leste do centro, para onde se expandia o arraial. Localizada na esquina da rua do Macau, no alto de uma escadaria de pedra, uma única torre fora erguida na frente do edifício. No alto do trono, na capela-mor, via-se a imagem de são Francisco de Assis; no forro, a Virgem padroeira da igreja foi retratada entre nuvens e anjos, mais uma vez em pintura de José Soares de Araújo. Apesar de pretender agregar somente irmãos brancos, Chica,[169] como o desembargador,[170] Antônio Caetano,[171] Francisca de Paula[172] e Ana Quitéria[173] pertenceram à irmandade. Em 1782, Maria, também filiada,[174] concedeu uma esmola para o douramento da igreja no Tejuco.[175]

Chica não era exceção no Tejuco. Outras forras tiveram ampla participação tanto nas irmandades de negros e mulatos como naquelas que pretendiam congregar tão somente os brancos da elite do arraial. Em 1766, Antônia de Oliveira Silva, parda, era irmã das Almas e da Terra Santa no Tejuco. Na Bahia, onde nascera, era irmã do Carmo e de São Francisco e, nos conventos dessas ordens, em Salvador, deixou esmolas para a celebração de duzentas missas em intenção de sua alma.[176] No final do século XVIII, a crioula Rita Pais Gouveia era irmã das Almas[177] e, no início do século seguinte, em 1815, a negra Ana da Encarnação Amorim era irmã do Rosário, das Mercês e de São Francisco de Assis,[178] revelando o trânsito social que a condição de forra lhes permitiu.

A negra Jacinta de Siqueira procurou reafirmar na morte a posição que conquistara em vida e torná-la pública durante seu enterro. Seu corpo deveria ser amortalhado com o hábito de são Francisco, enterrado na igreja matriz da Vila do Príncipe e acompanhado da Irmandade das Almas, que, nos arraiais mineiros, reunia a elite local na primeira metade do século, e de Nossa Senhora do Rosário, das quais era irmã, com a celebração de uma missa de corpo presente.[179] Os sinais exteriores de honra tinham a pretensão de mostrar que ela conseguira se retirar do mundo da desclassificação que a cor e a condição de escrava haviam lhe impingido.

Chica da Silva frequentava com assiduidade as missas, "concorrendo com muitas esmolas e com o que pode para obras pias e [o] culto divino"; "assistia com demonstrações de cristã-velha a todas as festas, procissões e atos pios e de devoção".[180] Sobre ela, o padre José Ribeiro Aldonço declarou o que "sabe da sua observância, [...] assistindo a todas as funções com devoção e com demonstrações de boa cristã".[181] Na educação religiosa de seus filhos, orientava-os para que fossem à missa, ajudassem na celebração dos ritos, apadrinhassem os recém-nascidos, especialmente os filhos de escravas, participassem das irmandades, seguissem as festas e procissões e concedessem esmolas. O capitão Luís Lopes da Costa afirma ter conhecido Simão Pires Sardinha muito bem, e que se tratava de jovem que, sob inspiração da mãe e da avó era

> aplicado e acertado com muito bom procedimento, vivendo sempre com temor de Deus e bons costumes [...], concorrendo com muitas esmolas para a fábrica da igreja e [...] para todo o culto divino, com especial zelo e devoção, o que sabe ele pelo ver e presenciar, em razão de ter ele recebido algumas esmolas em ocasiões em que ele testemunha tem sido oficial por várias vezes em algumas irmandades.[182]

Segundo o padre Aldonço, as crianças apresentavam bom comportamento, "proveniente da boa educação que sua mãe lhe[s] dá e tem dado com recato e singular doutrina".[183]

Chica seguiu à risca os modelos cristãos de devoção e transmitiu aos filhos ensinamentos sobre os atos essenciais dessa fé, indispensáveis para a elevação da alma ao paraíso após a morte. Mas seus motivos não eram estritamente religiosos: tornar pública sua aceitação sem restrições do catolicismo foi o modo pelo qual ela e seus descendentes alcançaram bom trânsito social no seio da elite branca e católica do arraial.

7. Minas de esplendor

> *Ai, que rios caudalosos,*
> *e que montanhas tão altas!*
> *[...]*
> *Ai, que chicotes tão duros,*
> *E que capelas douradas!*
> *Ai, que modos tão altivos,*
> *E que decisões tão falsas...*

MECENAS

Em 1753, quando Chica da Silva e Francisca Pires compareceram perante a mesa da visitação no Tejuco para assinarem o termo de culpa do crime de concubinato com Manuel Pires Sardinha, "por não saberem escrever, assinou a seu rogo o reverendo visitador".[1] Chica, como era comum entre os escravos espalhados pelo Brasil, era analfabeta. No entanto, durante seu relacionamento com João Fernandes de Oliveira, teve acesso a uma cultura refinada. Em pouco tempo, já era senhora, "ocupando-se no serviço de sua casa, vivendo de seus escravos".[2] O desembargador era um homem culto, educado em Coimbra, possuidor de apurado gosto musical e teatral. Chica passou a frequentar saraus, peças de teatro e apresentações musicais promovidas por ele, sobretudo de óperas, estilo preferido na época. Também recebeu alguma educação formal, que lhe conferiu ao menos a capacidade de assinar seu nome e permitiu distanciar-se de seu passado de escrava e analfabeta.

Em vários termos de entrada ou saída de suas filhas do convento de Macaúba, lê-se esta anotação: "Assinou ela [Francisca da Silva de Oliveira], dita mãe da recolhida",[3] prova indiscutível de que possuía essa habilidade. Também assinou, em 1774, numa grafia insegura, como seria de esperar, o termo de entrada na Irmandade de Nossa Senhora das Mercês de forma abreviada: "Fran^{ca}. da S. de Olivr^{a}.".[4] Entre seus pertences constava uma escrivaninha portátil em laca, com motivos orientais, utilizada para escrita e leitura.[5]

Ao lado de João Fernandes, promoveu a cultura local. Enquanto frequentou como estudante o seminário de São Patrício, o futuro desembargador aprendeu a apreciar o teatro, parte central da pedagogia inaciana. A chácara da Palha, propriedade que deixou para seu filho mais velho após retornar a Lisboa,[6] serviu de palco, segundo Joaquim Felício dos Santos, para bailes e peças de teatro. No caminho para Itambé, na confluência dos rios Grande e Piruruca, a chácara possuía uma capela e uma sala espaçosa onde teriam sido representadas peças de época como *Porfiar amando*, *Xiquinha por amor de Deus*, *Os encantos de Medeia* e *O anfitrião*.[7] Geralmente de tom jocoso, as chamadas óperas, estilo que mesclava texto e música cantada, eram experiências que visavam divertir e extasiar os assistentes com a riqueza dos trajes e com a harmonia dos instrumentos e vozes.

As peças *Porfiar amando* e *O anfitrião* foram apresentadas em Santo Amaro da Purificação na Bahia em 1760, durante as festas em comemoração pelo casamento da futura rainha dona Maria I.[8] A partir das descrições das mesmas podemos ter ideia dos espetáculos que Chica e João Fernandes patrocinavam no Tejuco para seleta plateia. A primeira, financiada pelos mercadores da cidade, era acompanhada por atores e "músicos [...] custosamente vestidos à trágica e, nas árias, que cantavam ao som de acordes instrumentos, elevavam os sentidos do numeroso concurso".[9] Nessa representação baiana, o diretor do espetáculo Gregório de Sousa e Gouveia acrescentou uma introdução que constava de um poema que elogiava a figura dos príncipes, declamado por quatro figuras que representavam o ar, a terra, a água e o fogo. Também compôs dois bailes e um sainete para a peça, mas não se conhecem o enredo e o texto.

O anfitrião foi encenada pelos alunos do padre João Pinheiro de Lemos e "nesta ópera, tiveram os olhos muito que ver no precioso dos vestidos e na excelente perspectiva dos bastidores, e os ouvidos muito com que se recrear na propriedade das vozes, na harmonia das árias e consonância dos instrumentos".[10] Tanto esse texto teatral como *Os encantos de Medeia* são de autoria de Antônio José da Silva, o judeu,[11] e foram apresentadas pela primeira vez no Teatro Público do Bairro Alto, entre 1733 e 1738, pela companhia do espanhol Antônio Rodrigues.[12] Nascido no Rio de Janeiro, Antônio da Silva foi queimado no auto de fé de 1739, em Lisboa, sob a acusação de herege judaizante.[13] Suas óperas jocosas, conforme o gosto da época, alcançaram grande sucesso na capital portuguesa e de lá, em pequenos livros, foram divulgadas e representadas pelo império.

Ambas são adaptações das histórias da mitologia grega, com heróis como protagonistas e casos de amor trágico como tema. Em *Os encantos de Medeia*, Jasão viaja ao reino de Colchos em busca do velocino de ouro. Lá conhece Medeia, a filha do rei Etas, que se apaixona por ele e o ajuda a roubar o velocino. Porém, enganada e abandonada por Jasão, move contra a nau *Argos* uma grande tempestade, que a faz retroceder para Colchos. O rei, ofendido com a atitude dela, casa Jasão com sua sobrinha Creusa, dando-lhe seu próprio reino. Medeia, desesperada, desaparece no ar.[14]

O anfitrião ou Júpiter e Alcmena trata da paixão de Júpiter, marido da deusa Juno, por Alcmena, mulher de Anfitrião. Aproveitando-se da ausência deste, Júpiter assume sua forma e, com a ajuda de Mercúrio, seduz a amada. De volta a Tebas, Anfitrião e Alcmena, por vingança da deusa Juno, são presos e condenados à morte, mas são inocentados e livram-se do sacrifício. Do pecaminoso encontro entre Júpiter e Alcmena nasce o fortíssimo Hércules, nunca vencido.[15]

A encenação desses libretos na chácara da Palha revela que o arraial acompanhava os sucessos teatrais do Reino, e, portanto, havia trânsito cultural fértil e constante. Eram espetáculos que exigiam o domínio da arte cênica, mas não só: contavam com a participação de conjuntos musicais e de coro, o figurino era composto de trajes variados e elegantes, e muitas vezes espetáculos de pirotecnia e outros divertimentos encerravam as apresentações.

João Fernandes e Chica da Silva também promoviam saraus de música, ao que parece de boa qualidade. Antônio da Mota e Magalhães, escrivão da Junta da Fazenda Real em Vila Rica, saudoso dos concertos promovidos pelo desembargador, tentou imitá-lo organizando uma banda de músicos escravos, a exemplo da que tinha visto no Tejuco na banda de mulatos organizada pelo contratador. Contou que "à noite mando tocar os murzelos que são sete, e não muito maus porque são sofríveis, duas trompas, duas flautas, duas rabecas e um rabecão". Entretanto, como queria diversidade, pediu a João Fernandes que mandasse algumas partituras, "que as há de ter gostosas". Queixava-se de que gostaria de ter cantores como os que ouvira na banda do amigo, mas "só um quer sê-lo, porém negros de nação nunca podem dar gosto, o que é bom para alguns crioulos e mulatos".[16]

As modinhas, invenção brasileira, eram as músicas mais tocadas nos saraus. Suas letras, em que se percebia o erotismo subjacente, evocavam amores impossíveis, muitas vezes entre os senhores brancos e as escravas negras e mulatas.[17] Era difícil resistir ao clima de sensualidade que tomava conta dos ouvintes. A música "roubava o coração, antes que se tivesse tempo de se proteger contra sua malévola influência; você se via bebendo leite e admitindo o veneno da volúpia no mais recôndito esconderijo de sua existência".[18] Uma delas, lembrando o caso da ex-escrava com o contratador branco e de outros tantos casais mistos espalhados pelos arraiais mineiros, dizia:

> *Meu branquinho feitiçeiro,*
> *Doce ioiô meu irmão,*
> *Adoro teu cativeiro,*
> *Branquinho de coração.*
> *Pois tu chamas de irmãzinha*
> *A tua pobre negrinha*
> *Que estremece de prazer.*[19]

Segundo Joaquim Felício dos Santos, a chácara era um local refinado, onde foram plantadas espécies exóticas, árvores transplantadas da Europa, com cascatas e fontes artificiais que corriam entre cristais e conchas. O gosto pela construção de jardins fechados teve início no período renascentista. Com alamedas, bancos, flores e árvores, era lugar propício para encontros, fossem amorosos, sociais ou religiosos.[20] Os jardins que a chácara abrigava parecem ter sido cenário para sociabilidades de todos os tipos — um espaço de congraçamento e não de reclusão, inclusive o casamento de membros da elite local. Ao mesmo tempo, era local de distinção, pois poucos na sociedade do arraial tinham condições de subsidiar a construção de algo semelhante, e ali Chica podia deixar o mundo no qual nascera e desfrutar do mundo dos brancos.

Com seus perfumes e odores, forma de natureza superior ao agreste que dominava a paisagem que circundava o arraial, o jardim confirmava para os convivas a importância dos anfitriões, que deveria ser celebrada nos atos do cotidiano daquela sociedade. As espécies europeias transplantadas faziam do terreno lugar de rememoração, de invocação do Reino e seus códigos de conduta. O pomar, muito bem cuidado,[21] era composto de árvores de frutas nativas, como mangueiras, bananeiras e jabuticabeiras, além de muitas "árvores de espinho"[22] que dominavam a vegetação da região.[23] No quintal, cultivavam-se também flores e legumes.[24]

Mas, como a sociedade colonial, a imagem que o jardim com suas cerimônias refletia era sempre um pouco desfocada e fugidia. A natureza invertia a ordem das coisas, pois as espécies — como os homens — tinham que se adaptar às condições locais. Diferentemente de Portugal, no Tejuco os pessegueiros, as pereiras, macieiras e ameixeiras perdiam as folhas no mês de setembro apenas em parte.[25] Da mesma forma, no jardim, apesar de se repetirem os gestos e os ritos da elite branca que espelhavam a sociedade mineira, o centro era ocupado por uma mestiça, que tinha nascido escrava.

MACAÚBAS

A educação doméstica a que Chica da Silva teve acesso como ex-escrava alforriada, elevada a uma nova condição pelo concubinato com um homem branco, português, foi bastante diferente da que procurou dar aos filhos. A possibilidade de inseri-los socialmente em patamar muito superior ao seu levou-a a optar pela formação mais refinada existente nas Minas à época.

Os meninos a princípio estudaram no Tejuco, com os curas e professores locais. Mais tarde seguiram para o Reino, e lá se encontraram com João Fernandes, mas não foi possível identificar com exatidão as universidades que cursaram.[26] Sabe-se ao certo que Simão Pires Sardinha frequentara primeiro a "escola, aprendendo a ler e escrever, e depois continuou [...] o estudo da gramática", "ocupando-se sempre em estudar e aprender a língua latina";[27] graduou-se em Artes em Portugal,[28] e tornou-se naturalista e era sábio e ilustrado.[29]

Suas nove filhas foram internadas no Recolhimento de Nossa Senhora da Conceição de Monte Alegre de Macaúbas, o melhor educandário da capitania, onde teriam a garantia de uma vida devota e honrada.[30]

Misto de convento e educandário, Macaúbas era destinado às filhas da elite mineira, mas também abrigou viúvas e mulheres casadas que ali buscavam proteção, refúgio e paz,[31] e algumas internadas à força pelos maridos como punição por adultério.[32] Era um dos raros locais nas Minas Gerais onde as mulheres podiam ter acesso à educação formal, pois as famílias de modo geral preocupavam-se com a educação masculina.[33] Era crônica a falta de mulheres na colônia, principalmente brancas, e, naquela região, de povoamento recente e voltado à exploração do ouro e do diamante, a situação era mais grave. O número de homens era muito superior, e a predominância de negras e mulatas diminuía a oferta de jovens casadoiras e dificultava o estabelecimento de relações estáveis legalizadas pelo matrimônio católico. A Coroa se viu obrigada a limitar o ingresso de mulheres nos recolhimentos e até mesmo a proibir sua instalação na capitania;[34] por isso, Macaúbas funcionou mais ou menos informalmente ao longo de quase todo o século XVIII, apesar de supervisionado pelo bispado do Rio de Janeiro.

À época existia um recolhimento em Minas Novas, dedicado a santa Ana, muito mais próximo do Tejuco, chamado Casa das Lágrimas,[35] edificado na propriedade rural de uma das recolhidas e conhecido por sua pobreza. Contudo, para que as filhas pudessem receber educação esmerada, Chica preferiu que se deslocassem até as cercanias de Jaboticatubas, na comarca de Sabará, onde Macaúbas fora construído, perto do rio das Velhas, a meio caminho entre o Tejuco e Vila Rica.

O prédio de arquitetura sóbria se elevava num estreito vale entre as montanhas, sobre um outeiro. Imponente, cercado de palmeiras e macaúbas, que deram o nome à instituição, encontrava-se ao mesmo tempo integrado à paisagem circundante e dela isolado, dando a impressão de paz e quietude, estados necessários à elevação do espírito. No andar térreo frontal, no meio da fachada externa, ficava a capela, centro da vida espiritual do recolhimento. Seguiam-se dois corpos laterais, com janelas de vidro, algumas fechadas com venezianas. Internamente, o edifício, voltado para um pátio ajardinado, abrigava galerias onde ficavam as celas das recolhidas.[36] Um mirante coberto de treliça permitia que as internas olhassem o exterior sem serem vistas, a exemplo dos muxarabis que compunham as construções civis do Tejuco.[37]

Oferecer educação esmerada para as mulheres significava, sobretudo, prepará-las para uma vida virtuosa. Os muros do recolhimento deveriam funcionar como barreira intransponível para a vida mundana que grassava no exterior. Puras, intocadas e instruídas, aquelas mulheres estariam aptas a escolher entre a vida religiosa ou o casamento honrado. Macaúbas, situado em recanto aprazível, mas distante e retirado, era o local ideal para que as filhas de Chica se preparassem a fim de ocupar seus lugares na elite do arraial.

Prioritariamente, ao internar as filhas naquele convento, Chica da Silva pretendia que recebessem educação formal, virtuosa e de qualidade, e entre elas somente Francisca de Paula, Helena, Rita Quitéria, Ana Quitéria e Antônia professaram os votos e tornaram-se freiras.[38] Mesmo assim, as quatro primeiras abandonaram o hábito para se casar. Em Macaúbas, seguiam-se as regras dos franciscanos concepcionistas,[39] segundo as quais a educação devia basear-se nos valores cristãos e consistir em uma ruptura em relação ao mundo externo. Reclusas, vivendo em uma simples cela individual, as internas deviam prontamente abandonar os valores a que estavam habituadas em casa. O tempo do recolhimento era devotado a Deus e o ambiente, parecendo suspenso entre a terra e o céu, propiciava a formação de almas cristãs caridosas e puras.

Assim que entravam no recolhimento, eram obrigadas a adotar padrões de comportamento que demarcavam o início de uma nova vida. Num ritual de passagem, abandonavam o nome, as roupas e os antigos modos. Escolhido um novo nome, passavam a ostentar o hábito de Nossa Senhora da Conceição, padroeira do estabelecimento, composto de vestes brancas e manto azul. Comportavam-se com humildade; os gestos deviam ser contidos e, em voz baixa, falar "só o que for preciso e necessário, e sempre com modéstia".[40] Todas as filhas de Chica assumiram nesse momento o nome São José, o mesmo da avó paterna e santo pelo qual ela tinha devoção — são José era o padroeiro da igreja, protetor dos lares cristãos, de uma fé inabalável. Algumas delas continuaram a usá-lo após deixarem a instituição. A seu nome, Helena agregou "Leocádia da Cruz"; já Francisca de Paula[41] e Mariana anexaram "de Jesus".[42]

O dia a dia no recolhimento era marcado pelos exercícios espirituais, que preenchiam as horas, moldavam e elevavam o espírito, pois "a prática da oração mental dissolve com acerto as dúvidas das recolhidas e [...] as moverá eficazmente a caminharem com fervor no caminho da perfeição".[43] O quarto capítulo dos estatutos de Macaúbas pregava a virtude da pobreza, assim como fizeram Cristo e os apóstolos, exortando as internas "a que desapeguem o seu coração das cousas temporais empregando-se unicamente nas eternas, deixando os bens do mundo, ou muitos, ou poucos, deixando também o afeto e o desejo de ter e adquirir [...] e se empreguem com mais fervor em amar a Deus, que é o fim porque deixaram o mundo".[44] Exigia-se estrita obediência às normas, nas quais residiam a virtude e a santidade, valores que deveriam ser continuamente buscados.

A rígida disciplina reinante tinha como objetivo esculpir a alma e o corpo segundo os princípios cristãos. Porém, enorme distância separava o ideal da prática, os estatutos da realidade. Nas primeiras décadas do século XVIII, por exemplo, os capelães Manuel Pinheiro de Oliveira, João da Costa e Antônio Álvares Pugas acabaram nos cárceres da Inquisição acusados do crime de solicitação,[45] isto é, de tentar seduzir as recolhidas utilizando-se da intimidade criada no momento da confissão. O processo revelou um convento completamente fora dos padrões de moralidade esperados, em que as jovens segredavam entre si as propostas indecentes recebidas no confessionário, entre "tocamentos ilícitos, [e] palavras torpes".[46]

Em 1741, uma devassa em Macaúbas revelou a desordem que reinava. A madre regente, que deveria ser a primeira a guardar e preservar as rígidas normas internas, foi acusada de não atender às enfermas e de não realizar vistorias noturnas nas celas. Havia internas que partilhavam a mesma cama, sugerindo um ambiente libertino e não casto como o idealizado. A situação era agravada pela falta de confessionário, o que aumentava a proximidade com os confessores.[47] Nos anos que se seguiram a essa devassa, várias denúncias de internas queixando-se das investidas desses padres chegaram ao Tribunal do Santo Ofício.[48] A última, ocorrida em 1763, antecedeu em apenas quatro anos a entrada das filhas mais velhas de Chica na instituição. Naquela ocasião, três jovens denunciaram o padre Custódio Bernardo Fernandes de requisitar-lhes "abraços e boquinhos, peitos para acariciar e ligas para guardar de lembrança, chamando as recolhidas para encontros furtivos em seu quarto".[49]

Encontrar confessor adequado "para lhes ministrar o presto espiritual" foi sempre um desafio às recolhidas de Macaúbas. Em 1783, a madre regente tentava influenciar a escolha do pároco e se insurgia contra o padre José Lopes da Cruz, que tinha sido habilitado pelo vigário de Roça Grande, paróquia à qual estavam submetidas, para dar-lhes o sacramento.[50]

A rotina do convento tinha como meta evitar o tempo ocioso, senhor dos vícios e da perversão. Além dos exercícios espirituais, da oração, da penitência, da prática do coro e da confissão, as internas deviam se dedicar às tarefas manuais, com que preencheriam o tempo restante. Mas até 1743 os cursos se limitavam às "primeiras letras, doutrina cristã e trabalhos de agulha e cantochão".[51] Ao contrário do que previam os estatutos, o mundo exterior penetrava pelos muros da clausura e se reproduzia internamente. Era permitido levar escravos para dentro do convento — pois as senhoras sentiam aversão a qualquer forma de trabalho manual, considerado degradante —, prática que pervertia a ordem reinante e tornava mundano um ambiente que visava à edificação dos espíritos e à elevação das almas. Em 1749, o recolhimento contava com setenta recolhidas, servidas por catorze escravas.[52] No início do século XIX, em 1806, a opulência de Macaúbas era evidente: havia 86 recolhidas e estudantes, e 185 escravos, ocupados principalmente na mineração e na agricultura, mas também no atendimento às internas.[53]

Esses desregramentos não tinham lugar somente em Macaúbas. Na Bahia, o convento do Desterro era conhecido pela ociosidade em que viviam as internas, a riqueza com que se vestiam e o numerário de que dispunham, já que não raro emprestavam dinheiro a juros no mercado financeiro de Salvador.[54] Era igualmente renomado pelos romances ilícitos de suas freiras lascivas,[55] que foram satirizadas nos poemas de Gregório de Matos:

Madre Abadessa, sacristã, porteiras
Discretas do Mosteiro e mais canalha
Que estando já metidas na baralha
Quereis inda sugar como terceiras
Soberas anciãs lascivas freiras.[56]

Apesar do ambiente interno de Macaúbas nunca ter sido tão desorganizado quanto o do convento do Desterro, Chica aproveitou-se da informalidade da instituição para entrar e sair a seu bel-prazer; assim, visitava as filhas quando queria e levava-lhes alimentos especiais, como frango para as enfermas e outros quitutes.[57] Do lado de fora, João Fernandes mandou edificar uma pequena casa, na qual os dois se instalavam em estadas prolongadas, como em setembro e outubro de 1770, quando o desembargador lá ficou por vários dias.[58] Também pagou pela construção de uma nova ala, para que suas filhas ficassem em celas com maior comodidade, bem como pelo mirante de treliças e a capela dedicada a Nossa Senhora das Dores.[59] O altar-mor, em tons de azul-celeste com colunas enfeitadas com flores primaveris, lembrava o da capela de Nossa Senhora da Conceição, erguido na fazenda da Vargem, próximo a Mariana, outra propriedade de João Fernandes, herdada do pai.

Em 1767, Francisca da Silva de Oliveira recolheu em Macaúbas as filhas mais velhas. Francisca de Paula estava com doze anos, Rita Quitéria com dez e Ana Quitéria com cinco,[60] idades em que por costume se internavam a maioria das meninas.[61] Elas levaram para a clausura três escravas pardas e mais um casal que ficou de fora para servi-las no que fosse necessário. Para seu sustento, contaram com mais de 60 mil réis por ano, valor que João Fernandes pagou adiantado no primeiro ano.[62] Em 1768, em visita às filhas, o contratador fez pessoalmente o pagamento do dote de 900 mil-réis, em barra, para que cada uma recebesse os votos, com o desconto de 300 mil-réis por filha em razão dos donativos que ele fizera à instituição.[63]

Nesse mesmo ano, Helena, então com cinco anos de idade, entrou para Macaúbas e, como as demais recolhidas, tomou o hábito de Nossa Senhora da Conceição.[64] Com ela seguiam Francisca Romana da Conceição, filha de Ventura Fernandes de Oliveira, e Maria Teresa de Jesus, filha de Antônio Martins Guerra, que tiveram seus dotes, de 900 mil-réis e 4 mil cruzados, pagos por João Fernandes.[65] Em nome do contratador, ainda em 1768, Chica pagou 900 mil-réis de dote para Luciana Perpétua do Amor de Jesus, que também levou para se recolher.[66] Segundo Leila Algranti, trata-se de uma sobrinha de Chica, parda, filha natural de alguém importante no arraial. No início do século XIX, quando redigiu seu testamento, Francisca de Paula chama Ana Angélica, filha de Luciana e de Tomás Francisco de Aquino, de sobrinha.[67] Não é improvável que ela tenha sido abandonada na porta da casa do contratador e de Chica da Silva, e criada como filha por eles. Em 1774, do recolhimento, já como irmã professa, Luciana filiou-se à Irmandade da Terra Santa, no arraial,[68] embora mais tarde tenha deixado Macaúbas com as demais filhas do casal.[69] Quatro anos mais tarde, era irmã da mesa diretora da Irmandade das Mercês do Tejuco[70] e, em 1798, como juíza, pagou o dote e abonou a entrada de sua filha Ana Angélica Fernandes de Oliveira na mesma agremiação.[71] No ano de 1806, quando a Irmandade da Terra Santa realizou um cadastro de filiados no Tejuco, foi registrado que ela já havia falecido.[72]

A renda de Macaúbas provinha basicamente das anuidades pagas pelas internas, dos dotes das que professavam os votos, do trabalho dos escravos da instituição e das doações dos habitantes das Minas Gerais, cujas esmolas eram recolhidas pelos ermitões que o convento era autorizado a fazer circular.[73] A Lei de Mão Morta, que proibia instituições religiosas de ter bens de raiz, foi um inconveniente para o recebimento de doações sob a forma de sesmarias.[74] Diversas madres superioras fizeram solicitações junto à Coroa para que exceções fossem abertas e elas pudessem ao menos legalizar a doação das terras sobre as quais se assentava o convento e outras terras em torno, usadas para garantir o abastecimento das internas.[75]

Apesar das instalações de Macaúbas serem mais adequadas que as do recolhimento de Minas Novas, o estado em que se encontravam as celas não devia ser dos melhores e várias doenças eram contraídas devido a essa precariedade. No recolhimento do Vale das Lágrimas, várias internas, "por conta da habitação naquele lugar[,] adquiriram muitas e graves moléstias que hoje padecem sem remédio". O médico designado para cuidar das enfermas revelou que a saúde das recolhidas se agravava "pela mental natureza de que são dotadas [as mulheres]".[76] Em Macaúbas, as filhas de Chica padeceram de inúmeras moléstias, que a mãe procurava mitigar levando-lhes alimentação reforçada e, em casos de piora, conseguindo licenças para que fossem se tratar em casa. Em 1776, então recolhida, Rita Quitéria voltou para casa vitimada por "moléstia grave" para se tratar por seis meses,[77] "com umas feridas pela garganta e nariz, que lhe sobrevieram há sete meses, do que não se pode comodamente curar".[78] Em 1780, também já estavam recolhidas em Macaúbas Luísa, Maria e Quitéria.[79] Foi um ano decisivo no destino de todas as filhas de Chica naquele convento. Como João Fernandes morrera no final de 1779, algumas providências se fizeram necessárias quanto ao futuro das meninas. Quase todas voltaram ao Tejuco em definitivo, apesar de não haver evidências de grandes dificuldades econômicas. Antes de partir, João Fernandes nomeara um tutor para as crianças, a própria Chica possuía bens deixados por ele e os procuradores que o representavam no Brasil cuidavam da administração de seu patrimônio. O desembargador deixou em testamento um terço de seu legado para ser dividido entre doze dos treze filhos; todos receberam escravos e imóveis, mas a finalização do inventário certamente se arrastou por vários anos.

Provavelmente, Chica da Silva achou melhor prepará-las para o casamento que manter os gastos com aquelas que efetivamente não tinham pendor para a vida monástica, ou simplesmente quis que as filhas voltassem para seu convívio. Leila Algranti inferiu que as reformas implementadas pelo frei Domingos da Encarnação Pontevel, que proibiram a livre entrada na casa, com vistas a promover sua moralização, podem ter levado Chica a retirá-las de Macaúbas.[80] Não se pode negar o peso dessas mudanças, mas com certeza foram decisivas a ausência do amparo e da vontade paterna, além da necessidade de dar um encaminhamento à vida de suas filhas. Como a permanência no recolhimento estava condicionada ao pagamento de dotes, na petição enviada à madre regente, Chica declara que Luísa, Maria e Quitéria lá "entraram tão somente para aprenderem os primeiros rudimentos e os da virtude que se pratica[m] louvavelmente no dito recolhimento e como nunca se resolveu a que estas persistissem perpetuamente lhes não aprontou dote".[81] Seu pedido foi abonado pelo tutor que João Fernandes nomeara para cuidar das filhas em sua ausência, o sargento-mor Manuel Batista Landim.[82]

Com efeito, em resposta aos pedidos de Chica, em 1781 Francisca de Paula, doente na época, foi autorizada a passar um ano em sua casa tratando-se, "dentro do qual se obriga a voltar para esse recolhimento [...] e se obrigava a andar de hábito, como irmã recolhida, e em tudo observar as determinações".[83] Na mesma ocasião, Ana Quitéria, também enferma, foi entregue aos cuidados da mãe, "não obstante ter o recolhimento muitos bens, [e] estar pronto para lhe assistir com todo o necessário para sua cura" e a jovem já ter professado os votos.[84] Saíram em seguida as três filhas mais novas,[85] e Helena e Rita Quitéria, já irmãs recolhidas, desistiram do hábito e voltaram ao convívio da mãe, a primeira acometida de moléstia grave.[86] Nesse mesmo ano, Antônia foi recolhida "de sua livre vontade",[87] evidência de que Chica continuava a prezar a instituição, a despeito das reformas de Pontevel. Em 1806, ela ainda estava em Macaúbas e tinha a seu serviço a escrava Edvirges, crioula, emprestada de sua irmã Maria.[88]

Benfeitor do recolhimento, como vimos João Fernandes contribuiu para ampliar suas instalações, a fim de que melhor tratamento fosse oferecido a suas filhas. Com efeito, devido à construção das celas que abrigaram algumas das jovens e de outras melhorias que patrocinou, foi-lhe concedido abatimento no valor das anuidades correspondentes.[89] Mais tarde, quando Quitéria foi internar suas filhas Mariana Vicência e Maria dos Prazeres, também não lhe cobraram o pagamento de dote; ao contrário, foi ela quem deu recibo de quitação de uma dívida que o recolhimento tinha com seu pai pelas "celas feitas pelo dito desembargador, ficando obrigado a assistir as mesmas duas recolhidas". Ambas as jovens tomaram o hábito, tendo a segunda falecido em Macaúbas no ano de 1832.[90]

A vida das filhas de Chica esteve permanentemente ligada ao convento. Muitas voltaram para o interior de seus muros, em busca de refúgio em momentos de aflição e na velhice. A partir de 1786, Quitéria[91] recolheu-se novamente, e ali faleceu provavelmente em 1855.[92] Da mesma forma, apesar de casadas, Ana Quitéria e Mariana de Jesus também retornaram, assim como Francisca de Paula, após ter ficado viúva.[93]

Espelhando o mundo ao seu redor, o recolhimento de Macaúbas serviu de abrigo não só para as filhas da elite branca mineira, como para as nascidas das relações consensuais com mulheres de cor. Para as filhas de Chica, e de outras mulheres que viveram naquele século XVIII, tais instituições eram locais de oração e contemplação, mas também de acesso à educação, de garantia da preservação da honra e de preparação para o casamento. Foi dessa maneira que Chica procurou abrir novas formas de inserção para suas filhas na sociedade da época, paradoxalmente nem sempre alcançada.

8. Separação

> *Ai, que sonhos tão felizes...*
> *Que vidas tão desgraçadas!*
> *E lá seguiu para a Corte*
> *O dono do Serro do Frio.*

A CASA NA LAPA

Após arrematar o quarto contrato dos diamantes, o pai, o sargento-mor João Fernandes de Oliveira, estabeleceu-se no Reino e, por intermédio da amizade que zelosamente tecera nas Minas Gerais com o governador Gomes Freire de Andrade, passou a frequentar os mais altos estratos da Corte e a compartilhar a confiança do poderoso Sebastião José de Carvalho e Melo, então conde de Oeiras e futuro marquês de Pombal. Enquanto isso, o filho, o desembargador, cuidadosamente educado no Reino, estabeleceu-se no Tejuco a fim de administrar os contratos diamantinos.

A estratégia da família Fernandes de Oliveira foi expediente comum entre os homens de negócio. Como no Império Português as relações de poder tinham caráter privado, para a efetivação e o sucesso dos empreendimentos era preciso manter um relacionamento cotidiano e íntimo com os poderosos, acima de tudo com o próprio rei. As relações de negócio, assentadas nas mesmas premissas, misturavam-se com as familiares, visto que era comum diversos membros de uma família ocuparem posições diferentes em uma empresa. Geralmente, um ou dois cuidavam dos negócios, enquanto outro tratava de frequentar a Corte, angariando favores, concessões, privilégios.

Comportamento semelhante foi observado em algumas das mais importantes corporações/famílias de negócio portuguesas do século XVIII, como os Pinto de Miranda e os Pinheiro. A primeira era produtora de vinhos e exportava esse e outros produtos para o Brasil. Um dos irmãos, Baltazar, permaneceu em Portugal como elo com a Corte, e ali chegou a ser nomeado administrador da Companhia Vinícola do Alto Douro, criada por Pombal para organizar a produção e o comércio do vinho do Porto. Os irmãos por sua vez instalaram-se no Brasil: Antônio no Rio de Janeiro em 1739 e João em Vila Rica.[1] Outro grande homem de negócio português na primeira metade desse século foi Francisco Pinheiro, que desfrutava certa intimidade com o rei dom João V, para o qual chegou a pedir favores diretamente, visitando-o no castelo de Mafra. Tal abordagem era necessária à boa condução dos seus negócios. Foi assim que obteve cargos para seus agentes espalhados pelo Império, muitos deles membros da própria família, como o irmão Antônio Pinheiro Neto, que se estabeleceu no Rio de Janeiro e depois em Minas Gerais, e o cunhado e compadre Francisco da Cruz, que foi para Sabará.[2]

Quando o sargento-mor João Fernandes de Oliveira retornou a Portugal, em agosto de 1751, grandes transformações políticas se desenrolavam e outras estavam a caminho. No ano anterior, morrera o poderoso monarca dom João V, e seu filho dom José I subira ao trono. Inicialmente, o novo rei instalou um gabinete, para o qual nomeou três secretários de Estado: Pedro da Mota e Silva, secretário do Interior; Diogo de Mendonça Corte Real, secretário da Marinha e Ultramar; e Sebastião José de Carvalho e

Melo, secretário da Guerra e de Assuntos Estrangeiros.[3] Com o tempo, Sebastião José de Carvalho e Melo, o futuro marquês de Pombal, ganhou a confiança do rei; eliminou os concorrentes e se tornou o braço direito de dom José, coordenando e centralizando toda a política do Reino.

Em Lisboa, o sargento-mor João Fernandes de Oliveira foi viver em uma casa localizada junto à Horta Seca, em frente à residência do conde de Vila Nova.[4] Mais tarde adquiriu um solar na rua do Guarda-mor,[5] na freguesia de Santos Velho,[6] e para lá se mudou. E, como os milhares de moradores da cidade, foi surpreendido pelo violento terremoto que arrasou a capital em 1º de novembro de 1755, sábado, feriado de Todos os Santos.[7] O dia estava claro, com céu azul e, pouco depois das nove da manhã, quando os tremores começaram, os moradores se dirigiam para as igrejas ou nelas já se aglomeravam para assistir às missas em comemoração à data.[8] Encurralados nos templos ou nas vielas estreitas, muitos morreram esmagados sob a massa de escombros em que a outrora fulgurante cidade se transformou em minutos. Vários tremores se seguiram e um terrível incêndio destruiu as construções que haviam resistido aos primeiros abalos. A imagem era aterradora, "o trabalho de mil anos destruído em dois minutos". "Lisboa tinha sido arrasada, queimada e convertida em cinzas: Lisboa caíra sobre Lisboa."[9]

O sargento-mor e sua esposa Isabel sobreviveram incólumes, e a casa em que viviam não sofreu danos muito sérios. Mas, por precaução, eles se instalaram em barracas levantadas nos jardins, como todos os moradores da cidade, inclusive a família real.[10] A fim de se recuperar dos ferimentos sofridos e de uma doença no fígado, foi se hospedar na residência dos Fernandes de Oliveira o paulista Pedro Taques de Almeida Paes Leme, que permaneceu dois anos na casa dos amigos. Para agradecer a proteção divina, o casal passou todo o ano de 1756 em peregrinação a Santiago de Compostela; antes, porém, percorreu a província do Minho, pois o sargento-

-mor desejava rever as paisagens da infância, visitou as filhas enclausuradas no convento da Madre de Deus de Monchique, no Porto, oferecendo esmolas aos pobres encontrados no caminho.[11]

A experiência foi traumática para os sobreviventes, e muitos deles, para agradecer ou rogar proteção para si e para a família, fizeram promessas aos santos de devoção. Numa das igrejas da cidade, Teresa de Jesus Perpétua Corte Real invocou a proteção de Nossa Senhora da Luz, cuja imagem se encontrava exposta em um altar. Ela e o marido sobreviveram à tragédia e, mais tarde, mudaram-se para o Tejuco, onde ele assumiu um posto na Intendência dos Diamantes. Teresa levou consigo a imagem da santa milagreira e, em pagamento à sua promessa, edificou na cidade uma igreja consagrada à Virgem da Luz, com recolhimento anexo para órfãs, que recebiam dote em dinheiro, enxoval completo e faqueiro de prata quando se casavam.[12]

Em virtude do terremoto, Lisboa passou por transformações e ampliações urbanísticas fundamentais. Enquanto o marquês de Pombal esforçava-se por reconstruir a parte baixa e central da cidade, as famílias abastadas, em busca de novos terrenos para se estabelecer, acabaram por ocupar espaços mais arejados e salubres, longe dos escombros, como o bairro da Lapa, onde a elite burguesa ascendente construiu belas mansões.

Entre inúmeras consequências, o terremoto provocou a redistribuição da riqueza na cidade. De um lado, dilapidou o patrimônio de muitas famílias nobres que viram suas propriedades e tesouros destruídos;[13] por outro, propiciou a contínua ascensão da classe mercantil que possuía negócios além-mar. Efetivamente, as riquezas do Brasil, o ouro em especial, foram as grandes responsáveis pela recuperação da metrópole. A colônia ultramarina contribuiu, além dos dez anos a princípio estabelecidos, com o "subsídio voluntário", imposto instituído por Pombal para a reconstrução de Lisboa. Acima de tudo, os grandes homens de negócio ligados ao ministro Pombal, como poderosos financistas, capitalizaram o Reino, emprestando a juros para o Estado e a nobreza em dificuldades e se aliando ao primeiro com vistas a patrocinar a reconstrução da cidade baixa. Assim procedeu o contratador dos diamantes, que chegou a emprestar dinheiro para o próprio Pombal[14] e adquiriu, na baixa "pombalina", uma faixa de terreno onde edificou um quarteirão de casas nobres, na rua Augusta, no que viria a ser a área mais valorizada da capital.[15]

Dois anos após o terremoto, já de volta de Santiago de Compostela, João Fernandes e Isabel decidiram construir uma nova casa que espelhasse mais apropriadamente o poderio e o patrimônio do contratador enriquecido. Escolheu para esse propósito o aprazível sítio de Buenos Aires, no bairro da Lapa, de posição privilegiada, no alto do Tejo, onde se podiam desfrutar a bela vista e a brisa que subia do rio.[16] Encontrou um terreno junto à cruz da rua de Buenos Aires[17] e, em agosto de 1757, o sargento-mor subenfiteuticou de Fernando de Sousa Coutinho Castelo Branco e Meneses, conde do Redondo e cavaleiro da Ordem de Santiago,

> [pela] quantia de 6 mil-réis, um pedaço da mesma terra para poder edificar casas que têm de largura na frontaria para o Norte 170 palmos e a mesma também no fundo do terreno do Sul e de comprimento na parte do nascente 785 palmos e por parte do poente têm de comprimento 705 palmos.[18]

Na escritura, João Fernandes se comprometeu a erguer a casa no prazo de dois anos, pois do contrário teria que devolver o terreno.

Nos anos que se seguiram, o casal se concentrou em construir uma mansão suntuosa, e, para esse fim, não poupou gastos. O marquês de Pombal testemunhou que foi necessário limitar os saques que o sargento-mor fazia ao cofre em que eram depositados os rendimentos do contrato, despendidos sem controle "para alguns empregos de bens de raiz; pela dissipação de todos os seus bens".[19]

Era uma construção magnífica, um imponente sobrado de dois andares, mais uma mansarda sob o telhado, que ocupava um quarteirão inteiro da estreita rua de Buenos Aires. De aparência externa majestosa, seguia o estilo em voga na arquitetura civil lisboeta — simples, retilínea e simétrica, mas com um toque da arquitetura mineira. Nos fundos, a inclinação do terreno retangular permitiu a construção de uma cave sob os outros pavimentos. A fachada do primeiro piso do edifício, que era todo simétrico, era composta de duas portas, uma principal e outra de serviço, e nove janelas, que correspondiam, no segundo piso, a onze janelas emolduradas por um frontão de estuque ondulado — como as janelas do Tejuco[20] —, com sacadas de ferro batido. Como era o costume, o primeiro andar, que contava com onze cômodos incluindo a entrada, era ocupado pela parte funcional da casa: loja, cozinha calçada de pedra preta, estrebaria.[21]

A parte nobre da casa ficava no segundo piso, subdividido em nove cômodos.[22] Uma ampla escadaria de dois lances conduzia ao segundo piso. Mais tarde, quando o desembargador apoderou-se da casa, mandou adorná-la com painéis de azulejos — produzidos na fábrica do Rato, em Lisboa[23] — que expressavam a estreita associação da trajetória pessoal dos contratadores com seus negócios nas Minas Gerais: nela dispôs imagens de índios manejando arco e flecha, bem como palmeiras e figuras orientais, representações de sua ligação com o Brasil e a Índia, regiões produtoras dos preciosos diamantes. A sala a que se tinha acesso por essas escadas possuía quatro sacadas e, com vista para o jardim de trás, destinava-se à recepção de ilustres visitantes.[24] Sucediam-se outras salas, com lareiras e tetos enfeitados com delicados estuques, e os aposentos íntimos da família, todos de frente para a rua. Já no terceiro pavimento, na mansarda, alojavam-se os empregados e os escravos que se encontravam de serviço na casa.

A magnífica vista que se descortinava dos fundos do sobrado era privilégio guardado para seletos visitantes. De um balcão, descendo por uma escadaria que abrigava uma fonte de águas cristalinas, o terreno retangular descia em suave declínio pela encosta, por onde se espraiavam jardins esplendorosos com "excelente pomar até de frutas do Brasil",[25] como jabuticabeiras, melancieiras e maracujazeiros, avistando-se ao fundo o rio Tejo. Sobre a paisagem que se avistava do bairro da Lapa, escreveu um inglês que "parece-me extraordinário que alguém possa contemplar a majestade do Tejo [...] e não ser impressionado pela grandeza do quadro".[26]

Num jogo de espelhos, o jardim da Lapa rememorava o Brasil e dignificava o proprietário ante seus convivas, pois plantar e manter um jardim tropical era dispendioso e complicado. Tratava-se de demonstração de poder e fortuna, já que nos palácios dos reis portugueses, especialmente o de Belém, havia viveiros com pássaros e plantas brasileiros, algumas delas recolhidas no Tejuco.[27] Apreciavam-se "particularmente as plantas tropicais que produzissem belas e cheirosas flores".[28] Os trabalhos de semeadura e manutenção demandavam o serviço de um jardineiro com larga experiência no Brasil — deve ter nascido daí o relacionamento entre o desembargador João Fernandes de Oliveira e Baltazar Gonçalves de Carvalho, oficial de jardineiro que vivera na colônia e que, no Reino, cuidava dos jardins reais.[29]

Na fachada de trás do piso superior, para proteger os moradores, foi estampado um medalhão de azulejo com as principais devoções familiares, expressas em testamento pelo sargento-mor e às quais o desembargador honrara na escolha do nome de seus filhos e filhas. No centro, em meio a uma profusão de anjos, via-se o cálice do Santíssimo Sacramento, encimado pela Santíssima Trindade. Abaixo, dominando o medalhão, a figura de Nossa Senhora da

Conceição, padroeira do Reino e devoção importante nas Minas Gerais. Em Mariana, a imagem dessa santa fora abrigada na capela a ela dedicada que o sargento-mor edificara em sua fazenda da Vargem; no Tejuco, o teto da nave da igreja de São Francisco de Assis ostentava a mesma figura. A representação que o contratador mandou confeccionar em azulejo assemelhava-se à figura meio mulata que estava acostumado a ver nos templos mineiros. A santa adornava a casa, protegia-a e garantia que o mal jamais prevaleceria sobre os que nela depositassem sua confiança.

Nos painéis laterais, dispunham-se os santos e as santas de particular devoção de João Fernandes de Oliveira: de um lado, são Francisco de Paula, monge peregrino; a Virgem Maria; e santa Rita de Cássia, patrona das causas impossíveis. Do outro, santo Antônio de Pádua, monge franciscano, patrono de Lisboa, carregando o menino Jesus numa mão e uma cruz na outra; são José, protetor dos lares e santo de devoção de Maria de São José, sua primeira esposa; e santa Quitéria, com uma cruz e uma palma nas mãos, como lembrança de seu martírio.[30] Na parte de baixo do frontão, lia-se, em latim: "Santo Deus, santos fortes, santos imortais, tem piedade de nós".[31]

Um dos detalhes que demonstrava a superioridade da família Fernandes de Oliveira foi a construção de um túnel exclusivo para a captação de água. No século XVIII, uma luta surda opunha ricos e pobres nas ruas de Lisboa: a luta pelas escassas provisões de água. A crônica falta d'água na cidade só foi solucionada no final desse século, com a construção de um aqueduto por dona Maria I. A tensão decorrente da disputa pela água pode ser exemplificada pelo terrível crime de que Pombal foi acusado por seus opositores, a saber, a construção de uma captação secreta e exclusiva de água para sua nova casa, ligada diretamente à fonte que mandara edificar em frente ao imóvel, cuja localização em si já era um privilégio. A existência de um túnel de centenas de metros, para abastecer o solar da rua de Buenos Aires e regar seu pomar tropical, mostrava a dimensão do poder que detinham os contratadores dos diamantes.[32]

O velho sargento-mor João Fernandes e sua esposa tinham ao seu serviço, além dos escravos que trouxeram do Brasil, o criado-grave João José, espécie de mordomo, cujo ordenado era de 2440 réis, e Antônio José, que ganhava cerca da décima parte. Em 1766, contratou João Bolieiro, que seguia na boleia da carruagem da casa,[33] e Luís Galego e Domingos Caseiro, que os serviram por apenas um ano. Em 1767, foram incorporados ao plantel de empregados da casa, por apenas oitocentos réis, João Moço, Vicente Moço e Luís Moço.[34] O casal vivia luxuosamente: circulava pela cidade em carruagens elegantes e, no interior do sobrado, cercou-se de objetos de decoração escolhidos com cuidado, como enfeites de prata e de ouro, móveis finos, alfaias e tapeçarias.[35] Isabel vestia-se com apreço para impressionar os visitantes e usava joias delicadas, "como um adereço de diamantes [...] e muitas e preciosas peças para adorno".[36] "Pacificamente dormindo com indolência",[37] João Fernandes e Isabel gastavam seu tempo demonstrando na Corte a fortuna e a autoridade que o contratador adquirira, fortuna e autoridade de que a imponente casa era símbolo perante a sociedade portuguesa.

O CONTRATO DIAMANTINO

Os negócios do pai entrelaçaram-se permanentemente com os do filho. Das Minas Gerais, o desembargador enviava todo ano os abundantes rendimentos proporcionados pela exploração diamantina, com os quais o sargento-mor vivia como um nobre no Reino. A intimidade com os poderosos era vital para o êxito dos interesses financeiros dos contratadores. Assim, o velho tratou de estabelecer relações importantes, como as que mantinha com Sebastião José de Carvalho e Melo. Há indícios de que eram estreitas as conexões entre João Fernandes e o secretário de Estado. Num intercâmbio de favores, em 1770, durante as negociações da renovação do sexto contrato dos diamantes, o sargento-mor concedeu ao ainda conde de Oeiras "oito contos de réis, que são 20 mil cruzados, para se acabarem as casas sitas junto à igreja da freguesia arruinada de São Paulo, desta Corte", que o futuro marquês herdara do irmão, o cardeal Paulo de Carvalho e Mendonça.[38]

O bom desempenho do filho nos negócios no Tejuco foi salientado em várias ocasiões, mas era com evidente exagero que o desembargador reclamava de sofrer no Brasil "o fruto de asperíssimos desterros, copiosos suores e incessantes fadigas".[39] Ao assumir a função de contratador no arraial, João Fernandes organizou a exploração diamantina e fez crescerem tanto seus lucros como os do rei, pois "possuía inteligência e probidade que requer um negócio de tanta importância".[40] Assim, ao lado de seu pai, tornou-se elemento de confiança de Sebastião José de Carvalho e Melo. Pai e filho foram negociantes que ascenderam na sociedade portuguesa no período em que Pombal esteve à frente da administração, em que buscou reunir os interesses do Reino com os da emergente classe mercantil.[41]

No centro das ações pombalinas estava o desenvolvimento de uma classe mercantil, que acabou por se enriquecer e enobrecer por meio de concessões da Ordem de Cristo e da designação de cargos administrativos. No caso do Brasil, "Pombal utilizou o sistema de contratos para concentrar a riqueza nas mãos de uma nova classe",[42] da qual os dois Fernandes de Oliveira são exemplos clássicos.

A presença do desembargador na condução dos negócios no Tejuco está diretamente ligada à evolução e ao êxito da produção de diamantes que o arraial conheceu. Pouco depois de sua chegada, o novo contratador tomou o lugar do antigo representante José Álvares Maciel, afastado do posto sob a acusação de má administração. No primeiro relatório que apresentou aos acionistas,

João Fernandes de Oliveira salienta o sucesso decorrente de sua atuação e os lucros que se avolumavam:

> Não se pode duvidar, porque consta dos livros das entradas assim da casa do contrato, como dos administradores, que os serviços do Jequitinhonha foram utilíssimos, ricos e de considerável interesse para o atual contrato, que presentemente se acha com grande lucro, segundo o cálculo que tenho feito das despesas e dos diamantes que se acham extraídos e remetidos aos caixas da cidade de Lisboa.[43]

Após sua partida para Lisboa em 1770, a produção de diamantes decresceu vertiginosamente (ver Quadro 2), sobretudo a partir do final do segundo semestre de 1770 e durante todo o ano de 1771, apesar de a administração do contrato ter ficado sob o encargo de um de seus homens de confiança, o administrador-geral Caetano José de Sousa.[44] Pelo volume de riqueza que gerava, João Fernandes não poderia ser, aos olhos da Coroa, apenas um notório contrabandista. Na verdade, os interesses privados e públicos envolvidos na produção diamantina se completavam e davam origem a benefícios mútuos. Como bem percebeu Pombal, o desembargador era

QUADRO 2 — PRODUÇÃO OFICIAL DE DIAMANTES (1765-71)

ANO	QUILATES
1765	84 862
1766	91 382
1767	70 942
1768	74 450
1769	76 689
1770	55 414
1771	35 369

Fonte: Arquivo Nacional da Torre do Tombo. Núcleos extraídos do Conselho da Fazenda. Junta de direção-geral dos diamantes. Livro 3, p. 6 v.

peça fundamental no intricado jogo de relações que uniam os grandes homens de negócio e a Coroa.

O sistema de contrato, com efeito, opunha os interesses dos contratadores, únicos a ter o direito de exploração das lavras, aos da população local, que se via privada do acesso à riqueza dos ribeiros diamantinos. Os moradores podiam contornar essa dificuldade mediante a obtenção do direito de explorar os rios que se comprovassem exclusivamente auríferos, do aluguel de seus escravos para os contratadores, ou da extração ilegal de diamantes na região demarcada.

A Coroa atendeu a vários pedidos para que alguns rios locais fossem desimpedidos e as lavras auríferas, distribuídas.[45] Regularmente, os moradores faziam entrar na Administração-geral dos Diamantes montantes de ouro para serem quintados. Em 31 de dezembro de 1771, Francisco Gomes, preto forro, ali registrou dezesseis oitavas, três quartos e quatro vinténs de ouro.[46] No ano de 1793, o médico Luís José de Figueiredo morreu no Tejuco e deixou três lavras auríferas para sua esposa, "uma lavra velha de viúva com duas lavras, [...] outra no córrego Água da Sé [...] e uma terra de lavra de minerar".[47]

Era significativo o número de escravos alugados pelos contratadores para as atividades pesadas da exploração diamantina. Nos livros de óbitos do Tejuco e adjacências aparecem seguidos registros de mortes de escravos alugados pela companhia arrematante, quase sempre decorrentes de acidentes no local de trabalho. Em 1753, entre outros, morreram "apressadamente[,] no Ribeirão do Inferno, Manuel angola, escravo de Francisco Afonso do Rego", e "Antônio sabaru, alugado na companhia e escravo de João Homem, do Rio de Janeiro".[48]

João Fernandes lutou como pôde para que a exploração ilegal das preciosas gemas fosse severamente reprimida. Nos primeiros tempos, contou com o apoio do intendente dos diamantes Tomás

Robi de Barros Barreto, que, tão logo assumiu o posto, abriu devassas e tomou providências com vistas a impedir essa prática, em especial contra os negros quilombolas que infestavam a demarcação.[49] Nos anos seguintes, os governadores o auxiliaram ao ordenar o sequestro dos bens de devedores do contrato, ao comunicar-lhe a descoberta de novos sítios de mineração, bem como ao garantir a boa observância da exploração, ao cobrir prontamente as necessidades financeiras crescentes e ao enviar soldados para o patrulhamento do continente dos diamantes.[50] Em troca, o contratador se colocava como súdito fiel, capaz de executar os ditames e as vontades do rei. Quando a Coroa decidiu renovar por mais dez anos o subsídio voluntário, João Fernandes foi instado a convencer os camaristas da Vila do Príncipe da inevitabilidade do confisco.[51]

Logo, o desembargador percebeu que os interesses dos moradores eram contrários aos seus. Felisberto Caldeira Brant, o contratador anterior, caíra nas graças da população local por ter custeado o aluguel de 1500 a 2 mil escravos, além dos seiscentos permitidos pelo contrato. Durante sua administração, a sonegação atingiu o montante de trinta vezes o total legalmente explorado. Porém, o caderno de registro dos aluguéis caiu nas mãos das autoridades e constituiu prova contundente contra o ex-contratador, já encarcerado.[52]

A importância de João Fernandes para o bom desempenho de um negócio que era fundamental para o Reino não significa que ele não tenha auferido lucros — alguns ilícitos — na extração. Benefícios individuais e descontrole administrativo eram características inerentes à máquina administrativa portuguesa que faziam parte do ônus de manter privada a origem do poder.

O expediente de que João Fernandes de Oliveira lançou mão para resolver o conflito de interesses pelo acesso às ricas lavras diamantinas não deixou tantas provas quanto as do descuidado Caldeira Brant.

[Mandava os] negros da sua facção comprar os próprios diamantes que de dia lhe furtavam, com a segurança de não serem descobertos os ladrões, e houve semana em que empregou mais de mil oitavas na compra da sua própria fazenda. Daqui nascia o negro fazer mais diligência para furtar o seu senhor de dia o que havia de lhe vender à noite, sem risco de ser castigado, e o branco julgar imputável o delito de contrabando, pois via ao contratador ocupado no seu mesmo exercício, fazendo por essa causa o tráfico comum, nos mais por vício, e no contrato por necessidade.[53]

Em pelo menos um caso, foram encontrados indícios de que João Fernandes comprara diamantes ilegalmente extraídos por terceiros. Em 1770, o conde de Valadares deu ciência a Sebastião José de Carvalho e Melo, ainda conde de Oeiras, da devassa que instaurara para averiguar o descaminho de um vultoso diamante de vários quilates e tentar recuperá-lo. De acordo com os fatos apurados, o contratador tentara adquirir a enorme gema, que estava nas mãos de Manuel Pacheco Ferreira, meirinho da Fazenda Real em Vila Rica. Este procurara Antônio da Mota Magalhães, escrivão da Junta da Fazenda Real em Vila Rica, que por sua vez escreveu ao desembargador no Tejuco, propondo intermediar o negócio.

João Fernandes estava de viagem marcada para Macaúbas, onde visitaria as filhas recolhidas, e, de lá, resolveu ir até Vila Rica para examinar a pedra e fechar o negócio. Contudo, suas cartas foram apreendidas pelas autoridades e, na devassa aberta para apurar o incidente, resolveu-se pela prisão de Manuel Pacheco Ferreira e Antônio da Mota Magalhães, assim com pela suspensão de seus cargos. Mas em nenhum momento João Fernandes foi acusado de ter cometido algum delito. Foi chamado apenas para depor como perito para avaliar a preciosidade da pedra, que atestou ser um simples cristal. Nos autos dessa devassa, ou nas cartas do conde de Valadares, o comportamento de João Fernandes não foi considerado suspeito, pois teria agido em defesa dos seus interesses e dos da Coroa. A versão que prevaleceu é que entrara em contato com o vendedor para averiguar se estava sendo roubado por terceiros em negócio do qual deveria ter o monopólio.[54]

A análise da relação entre os contratadores e as diversas autoridades no Brasil e em Portugal revelou confiança entre as partes, sem indícios de indisposição nos anos que antecederam o fim do monopólio régio, decretado em 1771 e instalado a partir de 1772. Veremos a seguir que foram contingências na vida privada de João Fernandes que o levaram de volta a Lisboa; ele não foi suspenso do contrato sob a acusação de contrabando, nem chamado por Pombal a se recolher no Reino ou obrigado a pagar indenizações pesadas aos cofres públicos.[55] Como o marquês não podia mais contar com seu homem de confiança no Tejuco, prevaleceu a tendência, já manifestada em outras áreas, de o Estado retomar o controle sobre as riquezas do Reino, e foi em face disso que se decretou o monopólio.

Desde 1768, João Fernandes obteve resposta positiva para sua solicitação de nomear Caetano José de Sousa como seu representante na administração do contrato diamantino.[56] Tudo indica que tal pedido se devia ao desejo de viajar ao Reino para ajudar o pai nas negociações relativas à renovação do sexto contrato diamantino, em vigor desde 1762, e cujo prazo seria estendido por mais quatro anos a partir de 1770.[57] Além disso, pai e filho se desentendiam por causa dos saques que o sargento-mor fazia nos cofres do contrato para custear a construção da casa da Lapa e manter o elevado padrão de vida que ele e Isabel usufruíam em Lisboa.[58] Quanto a isso, o desembargador obteve autorização de dom José I para que as quantias retiradas pelo pai fossem limitadas e dependessem da aprovação de caixas responsáveis em Lisboa.[59] No início do ano seguinte, João Fernandes foi informado pelo conde de Valadares de que o rei concedera licença "para que possa recolher a esta Corte na primeira ocasião que lhe ofereça",[60] mas permaneceu no Tejuco e as negociações foram conduzidas pelo velho sargento-mor.

Nessa mesma época, o desembargador João Fernandes se queixava ao conde de Oeiras dos limites que Valadares, então governador das Minas, impunha às retiradas de dinheiro que ele podia fazer junto à Provedoria da Real Fazenda com vistas a financiar os custos da exploração diamantina[61] que, desde 1765, atingiam o montante de 500 mil cruzados anuais.[62] O conde de Oeiras, tomando o partido do desembargador, ordenou que o governador verificasse as somas emprestadas e atendesse às solicitações do contratador, pois, caso contrário, havia a possibilidade de a produção diamantina decrescer.[63] Valadares, seguindo ordens provindas do Reino, determinou que o provedor da Fazenda Real das Minas efetuasse um levantamento dos saques realizados pelo contratador entre 1753 e 1769.[64] Os dados apontaram que, desde que o novo governador tomara posse, dois anos antes, em agosto de 1768, os valores foram reduzidos a menos da metade. Ele se justificou com a alegação de que "é pela razão de eu ter satisfeito as dívidas que meus antecessores deixaram de satisfazer, esperando ainda assistir o dito pela Provedoria com o resto que lhe deve deste ano".[65]

Nos anos de 1769 e 1770, Valadares esteve efetivamente preocupado com o contrabando de diamantes no Tejuco e nas redondezas, mas João Fernandes não era o suspeito. Tanto o contratador como a Coroa eram considerados as partes lesadas nos descaminhos de moradores, garimpeiros e quilombolas. Na ocasião, o governador, o contratador e o intendente dos diamantes juntaram suas forças contra o garimpo ilegal, especialmente em torno da serra de Santo Antônio do Itucambirussu, perto de Minas Novas, de onde chegavam notícias da descoberta de diamantes.[66]

Durante 1769, o comandante José Luís Saião, encarregado pelo governador de verificar o que se passava na serra, enviou diversos relatórios em que informava ter encontrado lavras em atividade e ranchos estabelecidos, o que denunciava os descaminhos de diamantes feitos pelos moradores locais. As investigações do comandante levaram Valadares a instaurar uma devassa, que identificou como culpados o sargento-mor José de Abreu Guimarães Mota, Manuel Roiz de Araújo e o pardo Jerônimo. Em novembro do ano seguinte, Valadares comunicou a Sebastião José de Carvalho e Melo o resultado do processo e informou que designara João Fernandes de Oliveira e seu administrador Caetano José de Sousa para aferir as riquezas da serra, missão de extrema confiança. O relatório dos dois apontou a existência de depósitos de diamantes, ouro e outras pedras preciosas.[67] Ao fim da devassa, os diamantes apreendidos com José de Abreu Guimarães foram entregues ao desembargador para que os depositasse no cofre do contrato, uma vez que pertenciam a ele e à Coroa.[68]

João Fernandes frequentava o palácio do governo em Vila Rica, onde convivia com o círculo de íntimos do conde de Valadares, em cuja corte tinha vários amigos. Em duas cartas que Antônio da Mota Magalhães lhe escreveu sobre as negociações em torno da compra do suposto diamante de extração ilegal, ele conta que os amigos do palácio estavam saudosos e mandavam lembranças.[69]

A correspondência que o governador trocou com o contratador durante 1770, ao contrário de revelar animosidade, mostra confiança, e não fornece indícios de que o contrato estivesse prestes a ser revogado ou que o desembargador seria encarcerado como suspeito. No começo desse ano, Valadares informou a João Fernandes que recebera sua petição a respeito da abertura de novos rios para a exploração dos diamantes.[70] Em outubro, comunicou a Francisco Pinto de Mendonça, intendente dos diamantes, que o parecer da Coroa fora favorável quanto a "entregar a João Fernandes e seu filho, contratadores, o direito de lavrar os rios Pardo Pequeno e Grande", o que deveria ser executado imediatamente.[71] O desembargador havia afirmado que Sua Majestade o achara "tão capaz de continuar e finalizar os negócios de sua casa, que, sendo o principal deles o contrato da extração dos diamantes", já o fizera assinar em 11 de setembro de 1770 documento por meio do qual prorrogava sua representação, "pois se dignou ordenar se continuasse o rendimento do dito contrato e a sociedade dele com o suplicante [o desembargador João Fernandes]".[72] Não se tratava de pura retórica, já que outros documentos fazem menção à renovação.[73]

As cartas trocadas entre o marquês do Lavradio, vice-rei do Brasil, e Caetano José de Sousa, administrador do contrato, são igualmente marcadas por demonstrações de amizade e até de camaradagem. Em agosto de 1770, o primeiro cumprimentou o segundo não só pela iniciativa de estabelecer um correio entre o Tejuco e o Rio de Janeiro, como também por não ter se esquecido de pedir seu arbítrio e autorização na matéria, pela "utilidade que poderá ter no estabelecimento desta espécie de correios tão precisos, e quanto a mim indispensáveis, para mais facilidade do comércio".[74]

A frota que chegou ao Rio de Janeiro em meados de outubro de 1770[75] trouxe a notícia da morte do velho João Fernandes de Oliveira no dia 8 de setembro.[76] Como presságio das mudanças irreversíveis que tal acontecimento anunciava, parte da frota quase fora a pique em 4 de outubro, quando enfrentou durante todo o dia um violento temporal próximo à ilha da Madeira.[77]

O sargento-mor passara seu último mês de vida preso ao leito, depois de ter sofrido um ataque que deixou praticamente paralisado o lado esquerdo do corpo. Revezaram-se em sua cabeceira os carmelitas descalços do convento dos Remédios, em particular o frei Francisco da Visitação,[78] que lhe prestaram socorro espiritual; o padre Nuno Henriques Dorta, pároco do bairro da Lapa, que lhe ministrou os sacramentos finais, e os médicos que tentavam minorar os efeitos da devastadora convulsão.[79] Apesar do sofrimento, manteve a lucidez até o fim, e, confortado e consolado pelos frades, morreu tranquilamente, tendo sido sepultado no convento de Nossa Senhora de Jesus.[80]

Poucos dias antes da morte do velho contratador, Isabel Pires Monteiro, sua segunda esposa, o induziu a alterar o testamento, de modo a conceder a ela o direito à metade de seus bens, e não apenas ao valor correspondente à avaliação realizada no pacto pré-nupcial. Conseguiu ainda que ele assinasse uma escritura mediante a qual lhe restituía a soma despendida com o dote e o casamento de seu neto. Como o sargento-mor estava impossibilitado de escrever, "por se achar com grande tremor nos braços", e sua esposa era analfabeta, assinou a seu rogo o dr. José Pires Monteiro de Oliveira, primo de Isabel.[81]

Em 24 de setembro daquele ano o desembargador, acompanhado de Chica da Silva, deixara o Tejuco para visitar as filhas no recolhimento. Chica ficou em Macaúbas e ele rumou para Vila Rica a fim de resolver os negócios referentes ao extravio do suposto diamante.[82] Ali, alcançou-o a carta com a notícia da morte de seu pai, e João Fernandes decidiu retornar o mais rápido possível ao Reino para lutar pela anulação do novo testamento, que feria mortalmente seus interesses. A arrematação dos contratos em parceria tornou os interesses econômicos de pai e filho indissociavelmente atados. Nos últimos anos, o desembargador contribuíra de modo significativo para o enriquecimento do sargento-mor e via na sua herança o meio de ser recompensado pelo êxito dos contratos diamantinos que primeiro administrara e dos quais, mais tarde, participara como sócio, entre 1753 e 1770.[83]

Sem demora, João Fernandes tratou de "organizar os negócios de sua casa" para poder viajar.[84] Em 12 de novembro, já tendo retornado de Macaúbas, Chica redigiu seu testamento, registrado na Vila do Príncipe, mas que infelizmente foi perdido.[85]

Como previa que uma estada prolongada o aguardava em Lisboa — na verdade, temia jamais retornar —, as despedidas foram inevitáveis. Deixando Chica para sempre no Tejuco, com o pequeno José em seus braços, ou prestes a nascer, João Fernandes partiu em direção a Vila Rica, onde ultimaria os preparativos legais para a viagem ao Reino. Em 28 de novembro, naquela comarca, na presença do tabelião Patrício Pereira da Cunha, o desembargador registrou seu testamento,[86] dispondo seus bens entre os treze filhos naturais que tivera com Chica. Na ocasião, designou o sargento-mor Manuel Batista Landim como tutor dos menores.[87]

Não constituía prática usual nomear tutor para descendentes ilegítimos. Quando o casal era legalmente reconhecido, no caso de a mulher falecer, o marido automaticamente assumia a tutela dos filhos menores e passava a administrar a herança, mas o inverso não ocorria. A esposa tinha que encaminhar petição requerendo sua nomeação como tutora dos próprios filhos e, dependendo do espólio em questão, a requisição devia ser feita diretamente ao rei.[88] As mulheres solteiras com prole ilegítima não passavam por essas provações — senhoras de suas casas e de seu patrimônio, geriam os negócios e os filhos. Ao designarem um tutor para seus filhos, Chica da Silva e João Fernandes procuraram comportar-se como se fossem legalmente casados, mais uma vez imitando os hábitos da elite.

Enquanto o desembargador finalizava os preparativos para a viagem, o conde de Valadares e Caetano José de Sousa escreviam ao vice-rei no Rio de Janeiro instando que a frota se demorasse além dos setenta dias costumeiros. O primeiro argumentava não ter conseguido aprontar as remessas de dinheiro, e o segundo, a partida anual de diamantes. Ambos pretendiam ganhar tempo para que o desembargador tomasse a frota que deveria deixar o Rio de Janeiro em fins de dezembro. Em 21 de novembro, o vice-rei escreveu em resposta que não se preocupassem, pois atrasaria a partida até meados de janeiro.[89]

De Vila Rica, o desembargador dirigiu-se o mais rápido que pôde para o Rio de Janeiro, cruzando pela última vez a serra do Mar.

E, como já se encontrava na cidade desde o dia 6 de dezembro, "esperando as horas" da saída da frota que o conduziria de volta ao Reino,[90] a partida das naus não precisou ser retardada. O vice-rei tratou de tranquilizar o conde de Valadares, seu primo, e o administrador Caetano José de Sousa, seu "amigo do coração", para que não ficassem apreensivos, já que outra nau deveria partir em janeiro e nela "poder[iam] fazer a remessa de diamantes".[91] Afinal, resolvidos os negócios particulares do enriquecido contratador, os do Estado podiam esperar um pouco mais.

Em 24 de dezembro, "no dia em que completa[va] os setenta improrrogáveis dias", a nau de guerra *Nossa Senhora de Belém*, comandada por Bernardo Ramires Esquivel, deixou o porto, levando, além do ansioso desembargador,[92] passageiros como o ouvidor de Goiás e o irmão do caixa do contrato dos diamantes.[93] A esquadra fez uma escala na Bahia, e lá subiram a bordo dois outros desembargadores do Tribunal da Relação da Bahia cujas gestões haviam terminado.[94] Enquanto esteve no porto, a embarcação sofreu alguns reparos a pedido do capitão e foi carregada de madeiras da terra.[95] Embora estivesse superlotada, o marquês de Lavradio obrigou Esquivel a levar João Fernandes,[96] visto que as naus de guerra eram mais confortáveis do que os pesados navios mercantes, afora que os viajantes podiam dispor dos favores do comandante.[97] Em seguida, escreveu a Valadares para notificá-lo da partida do desembargador, que "creio leva uma boa viagem", apesar do excesso de passageiros, os quais, "contudo como são bastantes, sempre julgo lhe farão utilidade".[98] Finalmente, a esquadra deixou as costas brasileiras em 29 de janeiro.[99]

Portanto, esse foi o motivo que precipitou a partida de João Fernandes de Oliveira para Lisboa. A decretação do monopólio régio dos diamantes e a criação da Real Extração não eram retaliações à sua atuação como contratador. Tampouco são verdadeiras as informações que dão conta de uma viagem do conde de Valadares ao

Tejuco com o propósito de devassar secretamente os desmandos do desembargador e dos embustes do governador para prejudicá-lo. Não há uma única referência em toda a documentação de que Valadares tenha tido alguma participação ou influência na decisão da Coroa de assumir a exploração dos diamantes, tomada muito posteriormente à chegada de João Fernandes ao Reino. Tais informações são igualmente desabonadas pelo comportamento do marquês de Lavradio e do conde de Valadares durante os preparativos da partida do filho do sargento-mor para Lisboa: tanto um como o outro foram atenciosos e prestativos.[100]

Não há nada na trajetória política do governador de Minas Gerais que possa levantar dúvidas sobre sua honra. Alguns historiadores imputaram-lhe a suspeita de ter chantageado João Fernandes; ele teria recebido vultuoso suborno em troca de não denunciar o desembargador à Coroa, o que acabaria por fazer de qualquer forma. Dom José Luís de Meneses Abranches Castelo Branco e Noronha era o sexto conde de Valadares,[101] membro de uma família pertencente à alta nobreza portuguesa, e, "apesar de sua pouca idade, sendo menor de 25 anos quando tomou posse do bastão, soube fazer respeitar a autoridade, perseguindo os malfeitores".[102] Nomeado governador antes de completar 26 anos, foi a primeira designação de importância que o conde teve e única no além-mar. De volta ao Reino em 1774, como retribuição pelos serviços que prestou à Coroa, desfrutou de uma longa carreira de gentil-homem na Corte real.[103]

As datas também confirmam que a decisão de monopolizar os diamantes fora motivada pelo fato de Pombal não poder mais contar com João Fernandes no Brasil, retido em Portugal devido aos litígios da herança. Seu retorno ao Reino deu-se no início de 1771, e o monopólio régio só foi decretado em agosto daquele ano, alguns meses mais tarde, quando já era certo que a permanência do desembargador em Lisboa iria se prolongar. O término do sexto contrato não ocorreu no final de 1770, como seria de esperar caso tivesse sido extinto; estendeu-se até dezembro do ano seguinte. Somente em janeiro de 1772 entrou em vigor o monopólio régio, que determinava a constituição da Real Extração dos Diamantes, dando tempo ao administrador encarregado por João Fernandes de organizar as contas e fechar o ano. Essa decisão permitiu que as lavras fossem exploradas ainda sob seu contrato durante as secas do ano de 1771, ou seja, no inverno, entre maio e setembro, período em que a extração era facilitada porque as águas baixavam e possibilitavam melhor acesso ao leito dos rios.

Em julho de 1771, dom José I justificou sua resolução de dar por encerrado o contrato no final daquele ano declarando que

> porquanto pelo falecimento de João Fernandes de Oliveira, contratador que foi da Real Extração dos diamantes das minas do Brasil[,] findou o arrendamento por ele celebrado. Devendo, por isto, parar o giro do mesmo contrato para a liquidação das contas entre ele e os seus sócios, e contar-se para este efeito o tempo do mesmo contrato na conformidade de os outros da Minha Real Fazenda. Sou servido declarar findo o atual arrendamento do sobredito contratador falecido e a sociedade dele por acabada no último de dezembro próximo futuro, [...] o atual administrador-geral Caetano José de Sousa será conservado no arraial do Tejuco enquanto se julgar que cumpre bem suas obrigações de que se acha encarregado.[104]

Não há indicativos de suspeita de contrabando ou de irregularidades, e Caetano José de Sousa, homem de confiança do desembargador, continuou a representar o contrato no Tejuco até o fechamento total de suas contas alguns anos mais tarde. Quando se iniciou a exploração subsidiada pela Real Extração, foi designado funcionário da Intendência dos Diamantes, e lá permaneceu até 1773.[105]

Quando a notícia da decretação do monopólio régio chegou ao Brasil, circularam boatos de que Caetano José de Sousa era dado à prática do contrabando, e não João Fernandes, que não se encontrava no Tejuco desde o ano anterior. Em 23 de setembro de 1771, o vice-rei marquês de Lavradio escreveu ao amigo administrador com a intenção de tranquilizá-lo. Afirmou que não havia suspeitas sobre sua conduta, nem segundas intenções na medida administrativa, pois "pela reforma a método novo que VM^{ce}. procurava dar [servia] para maiores utilidades dos interesses de El-Rei, meu Senhor".[106] Confortou-o dizendo que,

> assim como me não admirou o rumor que houve nesta capitania, de que a estas chegaram também, [...] calúnias e imposturas com que quiseram denegrir as disposições de um vassalo que só se emprega com fidelidade, honra e desinteresse. [...] A aquelas imposturas e desconsolações estão sujeitos todos os que, afastando-se do caminho mal trilhado, procuram caminhar só pelo da verdade e da honra. [...] Eu, que tenho já passado por algumas destas borrascas, devo ter voto na matéria como experimentado.[107]

Em dezembro de 1771, preocupado com a situação no Tejuco, embora contasse com o apoio do contratador e de seu representante no Brasil, o conde de Valadares enviou secretamente o alferes Francisco José de Aguilar para que fizesse um giro pela demarcação, a fim de verificar o cumprimento de suas ordens pelo novo intendente no intuito de impedir o contrabando. No entanto, advertiu-o de que deveria "dar auxílio e as quantias e não se intrometer com as disposições do contratador. Antes procurará que não haja parcialidades e lhe prestará tudo o que por ele for pedido, fazendo com que todos se conservem em paz com o sobredito, dando-me de tudo o que perturbem a boa harmonia parte".[108] O preâmbulo da lei por meio da qual o monopólio régio foi decretado justificava a decisão em face da "ciência certa dos intoleráveis abusos que se praticavam, a maneira desordenada por que se lavrava o terreno e esgotavam as correntes, e o número de escravos que sob fraudulentos pretextos se introduziam para extrair diamantes".[109] Trata-se de um trecho da carta que Pombal anexou à cópia do Regimento Diamantino e enviou em 12 de julho 1771 para o novo intendente dos diamantes no Tejuco, o desembargador Francisco José Pinto de Mendonça. A despeito de não se fazerem acusações claras aos últimos contratadores — tão somente se constata a ocorrência de abusos, os quais, acreditava-se, seriam evitados pelo monopólio régio —, é bastante provável que essa missiva tenha dado início aos boatos na capitania. Dizia o texto do marquês de Pombal, em que se percebe a intenção de acentuar o rigor com que o novo método deveria ser implementado:

> Os abusos necessariamente introduzidos nesta administração enquanto correu por conta de particulares e o mau sistema do estabelecimento deste contrato fizeram urgente a necessidade desta reforma, visto a impossibilidade de subsistir nos termos em que se achava, e fez também a autoridade régia [para poder] evitar as desordens, coibir os abusos e fazer conter a todos no limite do que é permitido.[110]

Na política pombalina constantemente os assuntos estratégicos do Reino eram postos nas mãos de figuras da confiança e do círculo de amizade do ministro Pombal, responsável pela promoção de uma elite mercantil que enobreceu.[111] A ausência de uma peça vital na condução do contrato dos diamantes, como era o caso dos dois João Fernandes de Oliveira, somente podia ser sanada com a decretação do monopólio régio, consoante as pretensões de a Coroa retomar o controle sobre as riquezas do Império. Nesse caso, a solução se apresentou não como culminância de um projeto pombalino de longo prazo, e sim como reação inevitável a uma circunstância específica e de difícil resolução.[112] Na falta dos valiosos contratadores, era preferível entregar os negócios do Reino a administradores públicos, que, afinal, estavam sendo preparados para esse fim.[113]

9. Disputas

Uns, ali, nas rudes catas,
a apodrecerem nos rios,
e outros, ao longe, com os lucros
dessas minas de martírio.

O MORGADO DO GRIJÓ

Como era o costume, o desembargador João Fernandes de Oliveira embarcou para o Reino acompanhado de seus escravos pessoais, que deveriam servi-lo na viagem e diminuir seu desconforto. Deixou para trás as pedras do Tejuco, que jamais iria rever. Ficaram as serras e os ribeiros e, da amurada do navio, despediu-se do calor tropical, das frescas manhãs e das encaloradas tardes brasileiras com suas sestas preguiçosas. Assim que chegou a Lisboa, instalou-se confortavelmente na casa da Lapa que seu pai construíra. Durante sua estada, providenciou algumas melhorias na construção,[1] como a colocação de azulejos na escada principal, retratando cenas brasileiras.

Era servido no solar pelos escravos, seis criados que desempenhavam ofícios variados e outros de sua confiança pessoal, alguns dos quais trouxera do Brasil. Em 1776, estavam sob seu serviço um criado-grave, um boleiro, um criado de traseira, um cozinheiro e um comprador.² Chamavam-se José Gomes Dias, Luís José de Sousa e Manuel do Nascimento; Maurício Pedro de Araújo, o criado-grave, e o comprador Bartolomeu Vaz Lourenço, o empregado mais antigo.³ Ao todo, a casa deveria contar com cerca de vinte empregados, entre trabalhadores livres e escravos,⁴ sendo seis criadas de sua estrita confiança e serviço pessoal.⁵

Chica da Silva continuou a viver na casa da rua da Ópera, e responsabilizou-se pelo futuro das filhas e de José Agostinho, que, ainda pequeno, vivia em sua companhia.⁶ Os filhos mais velhos, João, Joaquim e Antônio Caetano, seguiram para Lisboa para encontrar-se com o pai, assim como Simão Pires Sardinha. Mais tarde, José Agostinho também foi para lá.⁷

Logo após sua chegada, João Fernandes solicitou diretamente ao rei que não permitisse uma demanda judicial em torno da herança de seu pai, pois "não deve o suplicante recorrer aos meios judiciais, nem estes se fazem precisos em uma matéria que de plano pode ser decidida"; acreditava ele que tais delongas trariam "irreparável prejuízo ao suplicante, e aos comerciantes interessados nos grandes contratos da sua casa".⁸ Temia que uma longa permanência no Reino o impedisse de continuar à frente do contrato dos diamantes. Segundo suas palavras, ele era, legitimamente, o "único herdeiro do dito seu pai, e tão capaz de continuar e finalizar os negócios de sua casa, que sendo o principal deles, o contrato da extração dos diamantes".⁹

João Fernandes tinha pressa na resolução da pendência. Conclamava sempre os interesses régios nos negócios de sua casa, e, confiando na "régia e paternal proteção", instou que tudo fosse encaminhado "camariamente ou do modo que Sua Majestade for servido, se a madrasta deve ou não ser meeira dos bens do casal".¹⁰ Porém, já iam distantes os tempos em que a justiça régia se fazia de forma tão direta, sem o intermédio das instituições jurídicas que, pelo menos em tese, deveriam prover decisões menos personalistas à luz da legislação em vigor.

Quando o contratador chegou ao Reino, o ministro Sebastião José de Carvalho e Melo atingia o auge do poder — em 1769 o rei lhe conferira o título de marquês de Pombal.[11] João Fernandes sabia que gozava do favor e do reconhecimento do marquês e do próprio rei, pois "o senhor rei dom José dorme em paz, prezando em João Fernandes de Oliveira um vassalo honrado e útil, houve de lhe nomear aquela administração".[12] Com efeito, nas disputas entre o desembargador e a viúva Isabel Pires Monteiro, Pombal claramente protegeu o primeiro, por meio de nos decretos reais sempre favoráveis aos interesses do contratador.

Antes mesmo de aportar em Lisboa, seus procuradores na Corte entraram com uma petição para que todas as cobranças contra a casa do sargento-mor fossem suspensas até a sua chegada. Sua Majestade, em atendimento ao pedido, ordenou em decreto promulgado em 11 de setembro de 1770 que,

> sendo-me presentes os grandes embaraços em que se acha a casa de João Fernandes de Oliveira, contratador que foi da extração dos diamantes proximamente falecido, pelos diversos interesses que devem separar-se entre seus herdeiros e sócios, faltando na mesma casa pessoa apta para remover os ditos embaraços. Constando-me ao mesmo tempo estar próximo a recolher-se a esta corte o dr. João Fernandes de Oliveira, filho e sócio do sobredito. Atendendo as grandes desordens que a este casal as partes nele interessadas e todos os mais dependentes das suas cobranças e ajustes de contas se haviam de seguir se fossem perturbadas com pleitos judiciais e pertenções dependentes de meios ordinários e das delongas que neles fazem inevitáveis[,] sou servido obstar por hora todo e qualquer procedimento judicial contra a mesma casa até a chegada do referi-

do herdeiro e sócio[,] conservando-se esta no estado em que presentemente se acha.[13]

O privilégio, inicialmente concedido pelo período de três anos, foi renovado sucessivamente em 1772[14] e em 1775.[15] A proteção do rei mais uma vez se manifestou na concessão de "privilégio de foro e rito sumário na decisão judicial", o que deveria acelerar o processo, apesar dos embargos que a madrasta tentava impetrar. Contudo, o sistema de contratos foi extinto, e substituído pelo monopólio régio, já que João Fernandes continuou preso ao Reino em face das delongas da questão em juízo.[16]

A defesa da madrasta era consistente: os médicos que acompanharam o moribundo e os padres que lhe ministraram os últimos sacramentos atestaram em uníssono sua sanidade mental até os momentos finais e a capacidade para alterar seu testamento de livre vontade. João Fernandes não teve opção, vendo-se obrigado a permanecer em Portugal, na tentativa de mover influências a fim de não perder a ação. Conseguiu que o desembargador Fernando José da Cunha Pereira, que fazia parte do círculo de amizades do marquês de Pombal, fosse indicado como juiz do inventário dos bens do sargento-mor.[17]

Em todos os lances da disputa que opôs o desembargador à viúva de seu pai, o marquês de Pombal exagerou na retórica e acentuou as virtudes do primeiro em detrimento do inábil sargento-mor, que, estimulado pela ganância da esposa, teria passado seus últimos anos na Corte dissipando os bens da família, com gastos excessivos, principalmente na edificação da nova casa. Pombal chegou a redigir um atestado em que afirmava que o sargento-mor se encontrava incapacitado de administrar seu patrimônio, "manifestando-se cada vez mais inábil, até cair no deplorável estado de não poder fazer ato ou negociação alguma". Declarou que era "notória [a] insuficiência do dito [sargento-mor] João Fernandes de

Oliveira para dirigir e governar um negócio de tanta importância", em referência ao contrato diamantino.[18]

O poderoso ministro detratava o antigo amigo e aliado em nome dos interesses familiares, naquele momento centrados na figura do filho. O documento não passava de um artifício de retórica para reforçar o argumento do desembargador de que seu pai estava inapto para tomar decisão de tamanha amplitude. Apesar de Pombal alegar que o sargento-mor dava, despendia e emprestava "sem acordo, ou advertência",[19] ele mesmo se valera de empréstimos tomados ao velho contratador nos últimos dias de vida. Se as afirmações do marquês fossem verdadeiras, tampouco esse ato, praticado como retribuição aos favores prestados pelo ministro à casa do contratador, deveria ter tido validade.

A despeito das evidências de o sargento-mor encontrar-se em sã consciência nos dias que precederam sua morte, em janeiro de 1773 a sentença do Tribunal da Relação, conclamando a Lei da Boa Razão, foi favorável a João Fernandes, determinando "não dever ela [Isabel] ser meeira nos bens do dito casal de seu marido, nem nos adquiridos, devendo só ser inteirada do seu dote".[20] Foi crucial o atestado de incapacidade emitido por Pombal, pois "por ser de um ministro de Estado e secretário dos Negócios do Reino tem indubitável fé", mesmo que contrariasse todos os reunidos pela madrasta, assinados pelos religiosos e médicos que foram testemunhas oculares do que havia de fato se passado.[21]

Segundo a viúva, a amizade que Pombal nutria pelo sargento-mor, e que era extensiva ao filho, foi decisiva para a vitória do desembargador no processo, devida à "opulência de seu enteado e à proteção dos ministros de Estado".[22] Fazia menção a vários favores trocados entre os enriquecidos contratadores de diamantes com o ministro, sua esposa, a marquesa de Pombal, seus irmãos e outros poderosos da Corte.

Dessas acusações, defendeu-se João Fernandes como pôde, dando a entender que se tratava de interesses comerciais que visavam somente ao lucro, e não ao estabelecimento de cadeias clientelares, sempre invocadas nos momentos de necessidade.[23] Em relação aos empréstimos em dinheiro que fizera ao marquês e a seu tio, o chanceler Paulo de Carvalho,[24] alegou que, apesar da amizade que lhes devotava, tudo era negócio, "era lucro sem risco". Afirmou João Fernandes que "dura condição seria a de um ministro se não pudesse vender, comprar, dar ou tomar emprestado, sem ofensa da sua honra e da justiça, por si e por seus parentes".[25]

Utilizou-se de argumento semelhante para justificar a compra da Quinta da Portela a Francisco Xavier de Mendonça Furtado, irmão do marquês de Pombal, "avaliada por peritos e assegurada por um vendedor tão abonado".[26] Também a suspeita que Isabel levantou contra a lisura do relator do processo foi refutada pelo desembargador, segundo o qual, poucos meses antes, o mesmo juiz proferira sentença contrária ao "exmo. dom José de Menezes[,] tão estreitamente ligado com o marquês de Pombal".[27]

Assim que tomou conhecimento da sentença, Isabel Pires Monteiro refugiou-se na casa do neto Luís de Sousa.[28] João Fernandes acusou-a de ter se apoderado "de todas as joias inventariadas, brincos e adereços, de 11 mil e tantos cruzados, prata, ouro e tapeçaria".[29] Dois meses mais tarde, embora seu paradeiro fosse desconhecido, a madrasta entrou com pedido de embargo sobre a sentença[30] e João Fernandes se viu mais uma vez preso ao Reino, enredado nas teias de um novo processo. Irado, descobriu seu esconderijo e, novamente recorrendo aos préstimos do Pombal, conseguiu um despacho para trancafiá-la no recolhimento de Nossa Senhora dos Poderes da Vialonga, nas proximidades de Lisboa.[31]

De posse de um bilhete escrito pelo marquês, o juiz do crime do bairro de Santa Catarina chegou sem aviso, na madrugada do dia 3 de outubro de 1773, à Quinta da Sapataria, propriedade de seu neto, onde ela se refugiara. Desprevenida e arrancada do leito, vestida precariamente, acompanhada de sua escrava de quarto, Isabel foi entregue à madre superiora do recolhimento, sóror Maria Antônia Xavier. Às cinco horas da manhã, foi recolhida à clausura sem nada mais de seu, apenas a escrava para lhe servir.

A localidade de Vialonga, ao norte da capital, próxima ao Tejo, ficava na confluência de duas estradas que ligavam Lisboa ao Norte de Portugal. O convento dos Poderes, fundado por dom Brites de Castelo Branco, era regido pelas clarissas e funcionava desde 1561 na Quinta de Santa Maria.[32] Ali, durante três anos, Isabel Pires Monteiro viveu da caridade das freiras, apesar da promessa de que João Fernandes lhe mandaria uma mesada para seu sustento, como ordenado na sentença do processo. Insistente, a madre superiora escreveu três bilhetes ao marquês de Pombal, relatando a situação precária da recolhida. Porém, foi somente após 1776 que João Fernandes passou a contribuir com 30 mil réis mensais.[33] Justificou-se dizendo que não agira movido por maldade, mas por entender que não havia necessidade de sustentá-la, visto que a madrasta fugira levando consigo o cofre onde estavam guardados o dinheiro e as joias da família, algumas das quais jamais foram restituídas, e que, durante o casamento com seu pai, desviara grandes somas de dinheiro para seus familiares; portanto, como retribuição, ela devia ser mantida por eles.[34]

Por temer perder o processo, e contando com o apoio de Pombal, João Fernandes conseguiu novamente intervir na nomeação do desembargador responsável pela decisão em segunda instância. Como continuava bem-visto pelos poderosos, em especial pelo marquês, foi prontamente atendido. Em 1774, o dr. José Luis França foi designado "novo ministro para o inventário dos bens de seu pai".[35]

No ano de 1775, o desembargador caiu doente, "com moléstia perigosa".[36] Temeroso de ver seus bens dissipados — pois as disputas com a madrasta prosseguiam —, resolveu dar novo destino ao patrimônio da família e imortalizar o poder que detinha, por meio da constituição de um morgado. Dessa forma, poderia dar continuidade ao processo de notabilização dos Fernandes de Oliveira, iniciado pelo sargento-mor, e tentar apagar a origem desonrosa dos filhos que tivera com Chica. O desembargador olhava para longe; suas determinações sobre os bens que possuía apontavam para o futuro e dispunham suas vontades sobre sua descendência. Nos derradeiros dias de vida, sentindo a proximidade da morte, redigiu um aditivo com características mais piedosas como era usual, pois os últimos atos de caridade eram determinantes para o destino da alma. Os testamentos costumavam ser um acerto com o passado, com aqueles para os quais se ficara devendo em vida, e as preocupações futuras voltavam-se para o além, buscando assegurar o bom destino da alma.

Regulamentado por diversas cláusulas, o morgado consistia em um compromisso assumido entre o instituidor e o rei. Tratava-se de um pagamento "[a]os bons serviços que fizeram aos reis nossos predecessores, pelos quais mereceram deles serem honrados e acrescentados",[37] uma retribuição aos súditos leais e honrados, entendida sempre como concessão real, regida pelas leis portuguesas: eis por que "Sua majestade fidelíssima, por efeito de sua real grandeza e benignidade, fora servido conceder a ele, desembargador João Fernandes de Oliveira, as faculdades e licenças necessárias para fazer esta instituição de morgado na forma da Régia Provisão".[38]

Assim preservavam-se seu nome e seus feitos, para sempre imortalizados nos sucessores varões, sob o beneplácito da Coroa. Com o morgado, criava-se um vínculo entre seus bens, que não podiam ser divididos ou alienados, e que, com a morte do possuidor, eram transmitidos para o filho primogênito. No preâmbulo do documento que instituía o morgado do Grijó, João Fernandes declara objetivar "o estabelecimento de uma Casa, que[,] conservando perene memória dos avantajados benefícios e honras que ele devia ao dito Senhor [rei], se distinguissem seus sucessores no zelo e devoção do real serviço".[39] Segundo as *Ordenações filipinas*, que regiam tais atos, a instituição era prerrogativa dos poderosos e caracterizava-se pelo desejo do fundador de conservar e aumentar seu nome, ao definir que "a intenção dos grandes e fidalgos, e pessoas nobres dos nossos reinos e senhorios, que instituem morgados [...], é para conservação e memória de seu nome e acrescentamento de seus estados, casas e nobreza".[40]

O morgadio assentava-se no domínio de bens fundiários, que passavam então a ser regulamentados e vinculados, pois "a terra era fonte de rendimento e de prestígio social".[41] Para estabelecer sua casa na forma de um morgado, os homens de negócio, como era o caso do contratador dos diamantes, cuja riqueza era oriunda do setor mercantil, eram obrigados a imobilizar parte significativa do patrimônio acumulado em bens de raiz. No entanto, a maior parte das propriedades rurais de João Fernandes encontrava-se no Brasil, e continuava embaraçada na disputa com Isabel Pires Monteiro. Por essa razão, assim que chegou ao Reino começou a adquirir imóveis. Sua primeira aquisição foi a Quinta do Grijó, sequestrada dos monges agostinianos pelo Estado.[42] A propriedade, pela qual pagou 36 contos de réis, foi escolhida como sede do morgado, chamado então de "morgado do Grijó", título adotado pelos descendentes masculinos do desembargador como sobrenome.[43] Localizada em Vila Nova de Gaia, distrito do Porto, no Norte de Portugal, a quinta abrigava um convento e uma igreja, construídos na primeira metade do século XVI. Além da Quinta da Portela, no caminho de Sacavém, que, como vimos, foi comprada ao irmão de Pombal, adquiriu a Enxara do Bispo, com sete casas anexas, na comarca de Leiria.[44]

Pela escritura, João Fernandes de Oliveira "instituía, ordenava e fazia [...] morgado perpétuo, ordinário e regular, de todos os bens de raiz, móveis e de outra qualquer espécie, que por sua morte lhe ficarem livres".[45] Os negócios diamantinos o enriqueceram, e permitiram que acumulasse vasto patrimônio distribuído pelas Minas Gerais, o Rio de Janeiro e em Portugal; ele, "passando aos Estados da América, no ano de 1753, empregara a sua louvável indústria em adquirir um decente patrimônio pelo comércio, com o qual estabelecera a sua casa".[46]

Na capitania, era proprietário de uma casa em Vila Rica e de outra em Pitangui, onde também possuía uma roça na Ponte Alta, além de treze fazendas de criação de gado e cavalos espalhadas pela região, a saber: Santa Rita no Paraná, Riacho das Areias, Jenipapo, São Domingos, Povoação e Paracatu (estas duas no rio São Francisco), Jequitaí, Rio Formoso, Santo Tomás, Santo Estêvão, Santa Clara, Ilha e Formiga. Algumas dessas fazendas integravam seu patrimônio devido à incorporação dos bens de Isabel Pires Monteiro aos da família Fernandes de Oliveira como decorrência da união legal com o sargento-mor.[47]

Também faziam parte dos bens do desembargador a chácara da Palha, no limite urbano do arraial do Tejuco, e a fazenda de Santa Bárbara, próxima ao rio Curamataí, que combinava plantações e criação de gado, cavalos e jumentos, onde fora erguida uma "casa de vivenda térrea, coberta de telha, um engenho de moer cana, com bois, coberto de telha, [...] uma casa de moinho coberta de telha, [...] bom rego de água". De tão extensa, dividia-se em dois retiros — Cavagaldura e São Miguel —, e em ambas havia currais de pau a pique.[48]

No Rio de Janeiro, era proprietário de umas "casas *nobres*", menção provável à casa que pertencera aos avós, no largo do Rosário. Afora as quintas que adquirira no Reino, possuía, na capital lisboeta, um quarteirão de casas na rua Augusta, endereço nobre na baixa pombalina, com 22 janelas de frente e onze para a rua da Sapataria; ainda, a casa que o pai edificara na rua Buenos Aires, no bairro da Lapa; uma no fim da rua da Bela Vista; duas defronte ao convento da Estrela, e outra, menor, na rua do Guarda-Mor.[49] Só em dinheiro, deixou cerca de 96 mil cruzados, recolhidos no cofre dos resíduos, os quais, segundo determinara, deveriam ser investidos em empréstimos a juros em favor de seus herdeiros.[50] A fortuna do sargento-mor, sem contar a que o filho construíra, era calculada em cerca de 2 milhões de cruzados, valor que o tornava o homem mais rico de Portugal à época.[51]

As fazendas do Buriti e do Pé do Morro, ambas no Serro do Frio, próximas dos arraiais de São Gonçalo do Rio Preto e Rio Vermelho, na Demarcação Diamantina, foram doadas *post mortem* aos filhos, em testamento registrado em Vila Rica antes de sua partida.[52] Na primeira, distante catorze léguas do Tejuco, havia algumas casas de vivenda assobradadas, cobertas de telhas, com curral, dois moinhos, dois monjolos de pilão, um engenho de moer cana e dois paióis. Lá se plantavam milho e feijão, e criavam-se ovelhas, gado, porcos e jumentos. Havia ainda teares e uma fábrica de cardoar e fiar algodões, onde se produziam tecidos e roupas prontas, como vestidos de renda.[53] A fazenda do Pé do Morro abrigava uma pequena criação de cavalos e gado e lá plantavam-se milho, mandioca, cana, feijão e mamona, da qual se extraía azeite. Entre seu maquinário se contavam dois engenhos, um de bois e outro para moer mandioca.[54]

A característica estruturante do morgadio era a linhagem. Não se tratava somente de regulamentar o destino e a administração dos bens terrenos: ao perenizar os feitos dos antepassados, criava uma cadeia de compromissos entre as gerações e impunha uma série de condutas aos sucessores. A estrita obediência a essas normas era o fator que condicionava a manutenção da posse dos bens e a chefia do clã.[55] Segundo João Fernandes, sua intenção era "andarem seus filhos e descendentes, conforme as cláusulas das instituições, que fazem e ordenam", o que comprova que seguia tais preceitos com firmeza.[56]

Numa sociedade hierárquica e estamental, a estirpe do indivíduo, e de sua família em decorrência, tinha papel fundamental na definição do lugar que ocuparia na sociedade, e a fortuna do desembargador o situava entre os grandes do Reino, mas não a sua genealogia nem a de seus descentes, a qual era preciso ocultar ou ser redimida.[57] Dessa forma, eram transmitidos às gerações não só os estigmas — a ilegitimidade, por exemplo —, como também a nobreza e a memória de atos grandiosos. Decidido o destino de suas propriedades, João Fernandes passou a ditar suas vontades sobre os sucessores da casa. Determinou que se colocassem sob o serviço de Sua Majestade, e para esse fim deixou vinculados dois terços de seu patrimônio vinculados ao morgado para os herdeiros sucessivos, o que era "renda muito suficiente para serem educados e tratados como homens de bem"; esperava ainda que sua iniciativa servisse "igualmente de perpétuo despertador de suas obrigações".[58]

Exigiu que fossem fiéis às leis de Deus e obedientes à Igreja Católica, assim como "ao substituto de Deus na terra, o rei e senhor natural desta monarquia, [...] aos quais devem amar e temer, que são os dois polos em que se devem juntar a nobreza e a felicidade das famílias". Exortou-os a serem estimados, condição que alcançariam se lançassem mão da afabilidade e da honradez, servindo e beneficiando tantos quanto fosse possível e buscando a amizade com os poderosos.[59] Não se esqueceu de mencionar as importantes cadeias de clientelismo que, no Império Português, uniam e hierarquizavam o rei e o menor dos súditos, e das quais tanto o pai como o filho sabiamente se valeram para o engrandecimento de sua casa.

Ainda, procurou diminuir os estigmas de mulatismo e ilegitimidade que imputara aos seus descendentes, advertindo-os de que buscassem "casamentos sempre melhores, e acrescentando, como honestamente puderem, as rendas da casa".[60] Em um aditivo, determinou que seus sucessores não se casassem livremente até a idade de trinta anos, salvo quando houvesse consentimento judicial do pai, mãe, avós ou tutores.[61]

Instituiu como sucessor um filho ou filha legítimos que porventura viesse a ter. Caso não os tivesse, o herdeiro imediato seria o filho mais velho, natural, João Fernandes de Oliveira Grijó, legitimado com o beneplácito de dom José I,[62] e, na sequência, os filhos legítimos deste. Na sua ausência, o beneficiado seria Antônio Caetano, o terceiro filho homem natural, depois os primos paternos, o tenente-coronel Ventura Fernandes de Oliveira e José Dias de Oliveira, e o primo materno Pedro da Silva Pimentel, sucedidos pelos descendentes legítimos.[63]

Embora os demais filhos naturais não tenham se tornado herdeiros do morgado, o desembargador destinou-lhes um terço de todos seus rendimentos para dividirem entre si enquanto fossem vivos. Exceção feita a José Agostinho, a quem reservou uma verba anual de quatrocentos réis para servir como pároco na capela do mosteiro do Grijó. Para as cinco irmãs, ainda vivas e encerradas no convento de Monchique, no Porto, legou 30 mil-réis por ano.

O único encargo que estabeleceu perpetuamente foi a concessão de uma esmola anual de um centésimo dos rendimentos do morgado para uma causa pia, como "um dote para casamento de uma donzela, seja ou não seja órfã, [...] ou em esmola em favor de algum preso, [...] ou a redenção de cativos".[64]

Instituída sua vontade, imortalizado seu nome, o desembargador passou os últimos anos de vida organizando os negócios de sua casa, tentando receber a herança de seu pai e preparando os filhos para a sucessão. Padecia de uma moléstia fatal e estava ciente de que a morte se avizinhava. Do balcão da casa da Lapa, avistava o movimento dos barcos que entravam no estuário do rio Tejo, depois de cortarem os mares que o separavam das Minas de sua glória, as "minas de todo delírio".[65]

A ERA MARIANA

A morte de dom José I, em 1777, e a ascensão de sua filha dona Maria I acarretaram transformações inquietantes no Reino, as quais refletiram na casa de João Fernandes, em particular nos planos de imortalidade que ele pacientemente traçara para seu nome e seus bens. Os reveses que o antigo contratador enfrentou nos anos iniciais do reinado da jovem rainha foram demonstração certeira de que ele sempre contara com a proteção especial do marquês de Pombal, e por extensão do próprio monarca, expressa pelas diversas decisões régias que lhe foram favoráveis nas disputas com a madrasta.

Com dona Maria I, a política do Reino sofreu inversões — conhecidas como *Viradeira* —, e os protegidos de Pombal se viram ameaçados. Na esteira das reformas instituídas, João Fernandes viu sua sorte mudar em 1778, quando Isabel Pires Monteiro, a viúva do pai, conseguiu enviar uma petição à rainha em que descrevia a desdita que atravessava. Afirmou viver trancafiada no recolhimento, pelos desmandos de Pombal, na dependência da caridade das freiras, pois o desembargador não honrara o pagamento das mesadas anuais que lhe eram devidas.[66]

A petição era resultado das investidas da madrasta em busca de sua parte na herança do marido. Aproveitando-se da oscilação política, da prisão de Pombal e da perseguição aos seus antigos aliados, Isabel conseguiu sensibilizar a rainha e iniciar novas demandas judiciais pela partilha dos bens do sargento-mor.[67]

Em 21 de dezembro de 1779, muito doente,[68] João Fernandes faleceu em sua casa no sítio de Buenos Aires. Decerto seu estado se agravara pelos dissabores da era mariana e pelas perseguições aos partidários de Pombal. Sepultado no convento de Nossa Senhora de Jesus, próximo à sepultura de seu pai, o registro de seu enterro foi breve.[69] A moléstia deixara-o tão enfraquecido que não teve forças para assinar um último adendo a seu inventário, redigido três dias antes do falecimento.[70] Vários anos depois, em 1795, a Irmandade do Santíssimo Sacramento do Tejuco ainda celebrava quatro missas em intenção de sua alma, a pedido da mesa diretora, como pagamento pelos serviços prestados à entidade.[71]

O desembargador redigiu um testamento e dois complementos. O primeiro foi registrado em Vila Rica, em novembro de 1770, nos dias que antecederam seu iminente retorno ao Reino, e aprovado na Corte em 1774. Em 1775 estabeleceu o morgado do Grijó e dispôs suas preocupações com o destino que seria dado a seus bens.[72] O primeiro aditamento, efetuado dois anos mais tarde, no qual descrevia com minúcia parcela significativa do patrimônio acumulado, revestia-se de um caráter nitidamente econômico.[73] A última modificação, feita às pressas na hora da morte, revelou o cristão temeroso do destino que aguardava sua alma e adquiriu feição típica da época. Todas pias suas disposições finais determinavam as seguintes esmolas:

> Às suas irmãs religiosas; às seis criadas que em diversos misteres o serviram e acompanharam; ao recolhimento da Lapa; à Irmandade do Santíssimo Sacramento da mesma freguesia; ao frei Antônio das Angústias, religioso da Terceira Ordem da Penitência; a uma viúva e cinco filhos da mesma; órfãos e menores de catorze anos; a duas donzelas para seus dotes.[74]

Insatisfeito com a perda do patrimônio que o pai destinara à caridade, o principal herdeiro, João Fernandes de Oliveira Grijó, recorreu à Casa de Suplicação para impugnar o último testamento do pai. Seu ato escandalizou o padre Nuno Henriques Dorta, testamenteiro do falecido e encarregado de concretizar suas deliberações finais, justamente aquelas que serviam à remissão dos pecados e à bem-aventurança dos pobres. Segundo o padre,

> a idade daquele mancebo ou a sua inconsideração, o não deixavam contemplar os deveres da gratidão, porque aproveitando-se da extraordinária complacência do pai, para tal disposição e da régia beneficência para se constituir morgado e senhor de tão grossa herança, impugnava, atropelava e infamava as disposições do pai, que eram a favor de outros.[75]

Cinco anos depois, após várias apelações, o testamento permanecia inconcluso, pois o primogênito de João Fernandes impetrava recursos que impediam a finalização das contas e o encerramento do processo.[76]

Com a ascensão de dona Maria I, os herdeiros do antes poderoso contratador sofreram vários reveses. Em 1780, atendendo às súplicas dos monges agostinianos, a rainha ordenou

> que por bem se restitua à Congregação dos Cônegos Regrantes de Santo Agostinho o mosteiro de São Salvador do Grijó, na comarca da Feira, bispado do Porto, com todas as suas pertenças na mesma forma que foi vendido ao desembargador João Fernandes de Oliveira, restituindo-se também a seu filho e sucessor João Fernandes de Oliveira Grijó 36 contos de réis porque seu pai o comprou sendo esta quantia, [...] quando por esta recíproca restituição desfeita a sobredita venda é como se nunca se houvesse celebrado, e as fazendas e bens do dito mosteiro restituídos ao estado em que se achavam em poder dos sobreditos cônegos regrantes para ser outra vez povoado pelos religiosos.[77]

A decisão régia constituiu duro golpe ao morgado do Grijó, que, destituído da sede rural, perdia a razão de ser. Com a restituição do mosteiro aos religiosos, em 1783, utilizando o dinheiro pertencente ao vínculo, João Fernandes Grijó comprou a "quinta chamada Casal Novo, sita no Requengo do Gradil, comarca de Torres Vedras", que viria se tornar a nova sede do morgado.[78] Na mesma ocasião, adquiriu outra propriedade, a Mata do Requengo. Alguns anos depois, requereu para si "todos os privilégios, isenções, bulas e comissões concedidas aos moradores de Requengo do Gradil, como também outros quaisquer privilégios em benefício das capelas do sr. rei dom Afonso IV".[79]

A morte do desembargador e o fim da era pombalina, com as mudanças decorrentes na Corte, deram forças a Isabel Pires Monteiro, que continuou a litigar seus herdeiros, representados pelo filho mais velho, e não mediu esforços para que o processo de disputa da herança do sargento-mor chegasse a termo. Isabel deixou o convento por ordem de dona Maria I e mudou-se para Lisboa, onde viveu em casas alugadas.[80] Ainda corria, em segunda instância, sua apelação, e a divulgação da sentença se delongava devido ao poder do contratador e à morosidade da justiça. Do outro lado, Grijó dava continuidade à política do pai de protelar ao máximo a decisão, uma vez que não mais contava com o beneplácito régio para manobrar a justiça a seu favor.

Com a morte do desembargador João Fernandes de Oliveira, sua herança foi anexada ao processo de disputa dos bens do sargento-mor e os dois passaram a correr juntos. Grijó, nomeado administrador da herança do pai e do avô, entrou na posse dos bens.[81] Em 1783, Isabel interpôs um recurso para a nomeação de um novo juiz, visto que o titular havia falecido em 1779, razão pela qual o processo estava parado.[82] A nomeação do desembargador José Fernando Nunes, em 1785, tampouco lhe foi favorável, tendo em vista que era partidário de Grijó,[83] mas a viúva conseguiu que ele fosse declarado suspeito.[84] A seu pedido, foi indicado Marcelino Xavier da Fonseca Pinto, mas a situação não mudou.[85] Isabel teve que recorrer à Coroa, alegando que "se entregou a provisão da mesma nomeação a João Fernandes [Grijó], que é a parte contra a suplicante, e porque o suplicado a não tem dado execução até o presente, cuja demora prejudica a suplicante".[86] No mesmo ano, foi a vez de Grijó tentar influenciar a escolha do juiz encarregado da disputa, alegando que o processo continuava parado em virtude do estado de saúde do juiz titular. Foi atendido pela rainha, que designou para o caso o desembargador José Antônio Pinto Boto, mas, como este também faleceu, Isabel conseguiu que fosse substituído por Antônio Álvares do Vale.[87]

O jogo de forças entre os dois contendores começou a se definir com a morte de Isabel, por apoplexia, em 12 de novembro de 1788.[88] Enquanto foi possível, Grijó adiou qualquer decisão, aproveitando-se de ser o administrador do espólio do pai e do avô, e, de fato, mas não de direito, se encontrava no usufruto dos bens. Em 1793, as investidas de dona Caetana Maria Brandão, filha de Isabel Pires Monteiro, que pedia a conclusão do inventário da mãe, fizeram com que João Fernandes Grijó requeresse a finalização da disputa em torno da herança do avô. A rainha ordenou que o processo fosse finalmente concluído, tendo a sentença sido favorável a Grijó, e foi iniciada a meação dos bens entre os herdeiros do desembargador.[89]

No início de 1794, as notícias chegaram ao Tejuco, e os herdeiros ainda vivos registraram procurações na Vila do Príncipe para receber a parte que lhes cabia na herança do pai e do avô.[90] Ana Quitéria nomeou um procurador para litigar contra o irmão e questionar o montante que ele pretendia lhe pagar.[91] Antônio Caetano escolheu o meio-irmão Simão Pires Sardinha como procurador na Corte para demandar ações cíveis e criminais em seu nome.[92] As disputas pela herança azedaram as relações entre os descendentes que viviam no Tejuco e o filho mais velho. Separados pelo Atlântico, os filhos de Chica da Silva e do poderoso contratador começavam a travar uma longa batalha pelo espólio de seu pai.

10. Destinos

A Fortuna é sempre cega,
e vária, a sorte dos homens.

DONA DO SERRO DO FRIO

Tudo indica que o relacionamento entre Chica da Silva e João Fernandes só não foi totalmente convencional porque a sociedade hierárquica daquele período impedia a legalização de matrimônio entre pessoas de origens e condições tão desiguais. Embora tenha sido omitida do morgado e dos testamentos do desembargador, Chica sempre esteve presente nos seus pensamentos após o retorno a Portugal, zelo que se manifestou no cuidado que dispensou aos filhos, os quais procurou encaminhar da melhor forma possível. Disposto a introduzir seus varões na Corte, o desembargador sabia que era necessário esconder suas origens, consideradas ilegítimas e indignas pelos contemporâneos. Para isso, era preciso apagar da memória sua relação com a ex-escrava e ocultá-la para as gerações futuras, como comprovou Simão Pires Sardinha no processo de habilitação à Ordem de Cristo. Omitir a existência de Chica em seus legados não era sinal de esquecimento ou ingratidão:

ao buscar dignificar os filhos perante a sociedade elitista do Reino, João Fernandes estava, mesmo à distância, cuidando indiretamente de Chica, a quem deixara no Tejuco bens consideráveis.

Dona Francisca da Silva de Oliveira morreu em sua casa, no arraial do Tejuco, no dia 16 de fevereiro de 1796. Estava acompanhada do pároco, que lhe ministrou a extrema-unção, perdoando seus pecados e consolando-a na agonia.[1] Não era mais uma escrava parda sem nada de seu; era senhora de "grossa casa", possuidora de bens imóveis e de numerosos escravos. O reconhecimento social que alcançara foi demonstrado em seu sepultamento: Chica foi enterrada na tumba número 16, no corpo da igreja da Irmandade de São Francisco de Assis, que teoricamente congregava apenas a elite branca local, merecedora do privilégio de dispor de todos os ritos e sacramentos funerários que distinguiam os irmãos.[2]

Cercada de toda a pompa a que ela tinha direito como irmã do Santíssimo, de São Francisco de Assis, das Almas, da Terra Santa, das Mercês e do Rosário, a cerimônia constou de um ofício de corpo presente, no qual sua alma foi encomendada diante de todos os sacerdotes do arraial, paramentados com sobrepeliz e estola roxa. Ao fim do ofício, dobraram os sinos e no mesmo dia, ainda sob a luz do sol, seu corpo foi levado em procissão à sepultura acompanhado pelos irmãos das irmandades de que fazia parte e pelos párocos, que carregavam velas acesas.[3] No mês seguinte à sua morte, devem ter sido rezadas 24 missas em intenção de sua alma, na matriz de Santo Antônio, direito que adquirira ao filiar-se à Irmandade do Santíssimo Sacramento.[4] Nesse mesmo ano de 1796, foram rezadas quarenta missas por sua alma na igreja das Mercês, em cumprimento a suas disposições testamentárias.[5]

Em meados do século XIX, os corpos sepultados no interior da igreja de São Francisco de Assis foram transferidos para sepulturas edificadas do lado de fora do templo, dispostas verticalmente, chamadas carneiros.[6] A reforma visava adaptar a construção às novas concepções sanitárias implementadas. Os restos de Chica da Silva e de João Lopes Cardoso, ambos sepultados na tumba número 16, seguiram para o carneiro número 24.[7] Era já então conhecida no arraial pelo apelido de Chica e como a "dona" da chácara da Palha. Essa forma de chamamento revela intimidade e comprova a inclusão que a ex-escrava alcançou na sociedade diamantinense durante sua vida, perpetuada pela numerosa descendência.

DESCENDÊNCIA

Ao longo de sua vida, Chica da Silva e João Fernandes procuraram oferecer aos filhos a melhor inserção social. Os rapazes foram para o Reino se encontrar com o pai, que ali tentou prepará-los para sucedê-lo. Chica se ocupou principalmente da educação das meninas, que ficaram sob sua responsabilidade no Tejuco. Com o retorno do contratador para Portugal, em 1770, ela teve que contar consigo mesma e buscar mecanismos próprios de manutenção do status que alcançara no arraial, a exemplo do que faziam as outras mulheres forras do lugar.

O destino de seus filhos foi paradoxal. Houve ocasiões em que a fortuna que herdaram, assim como a importância do pai e dos ascendentes paternos foram determinantes. Noutras porém, a cor que herdaram da mãe e sua condição de ex-escrava constituíram um peso em suas vidas. Por mais fluida que parecesse ser, a sociedade em que viviam ainda valorizava a situação de nascimento, estigma que era transferido por diversas gerações.

Acima de tudo, sua trajetória revela a tentativa de *branqueamento* como forma de se inserirem mais favoravelmente na sociedade preconceituosa que se instituía no Brasil e que, longe de ser uma democracia racial, apresentava mecanismos de exclusão baseados na cor, na raça e na condição de nascimento. No morgado de Grijó, João Fernandes de Oliveira conseguiu que dom José I legitimasse todos os seus filhos, mas o mulatismo e a origem escrava da mãe foram barreiras mais difíceis de serem transpostas ou esquecidas.

João Fernandes de Oliveira Grijó, o primogênito masculino, foi nomeado o principal herdeiro do desembargador. Recebeu dois terços de toda a fortuna que o pai reunira no morgado do Grijó,[8] tornando-se, por direito, administrador de quantias consideráveis depositadas no cofre do Juízo dos Órfãos e Ausentes em Lisboa,[9] que eram emprestadas a juros.[10] A morte do pai em Lisboa, no ano de 1779, levou-o de volta ao Tejuco, certamente como portador da notícia à mãe e com a tarefa de organizar os assuntos da casa.[11] Lá foi pego de surpresa pelo alvará de 1780 passado por dona Maria I, que restituiu o mosteiro de Grijó aos agostinianos.[12]

Por algum tempo, permaneceu no Tejuco, onde ocupou alguns cargos nas irmandades locais, mas foi forçado a voltar ao Reino quando Isabel Pires Monteiro retomou o processo de disputa pela herança do sargento-mor. Estabeleceu-se definitivamente na casa da Lapa e passava temporadas nas propriedades rurais que compunham o morgado.

Em Lisboa, casou-se, aos 28 anos, com dona Ana Maria da Silva Fernandes de Oliveira, natural de Guimarães, com quem teve João Germano e Lourenço João.[13] Como seu pai tinha por meta dar prosseguimento ao processo de notabilização da família, as cláusulas do morgado do Grijó retiravam da sucessão os filhos naturais, e impediam o livre casamento dos herdeiros sucessivos até os trinta anos. Instava-os a "cuidar em que vá em aumento a sua descendência, buscando casamentos sempre melhores".[14] Não foi esse no entanto o caso da escolhida por João Fernandes de Oliveira Grijó: como seu tutor se opusera ao seu casamento, ele recorreu à dona Maria I para honrar os compromissos com a amada, filha de lavradores.[15] Pela análise do processo, conclui-se que a jovem estava grávida, pois ele suplicava à rainha permissão para "remir com o casamento a honra e a reputação que lhe fez perder".[16]

A rainha concedeu-lhe a faculdade de casar-se com quem quisesse, sem que com isso perdesse o direito à sucessão. As determinações do morgado eram "diretamente ofensivas dos públicos interesses do meu real Estado, que consentindo na multiplicação dos matrimônios não podem alterar-se pelos meus vassalos nas suas particulares disposições, por serem próprios da minha régia e privativa competência".[17]

Outro argumento de que Grijó se valeu para convencer a rainha a conceder-lhe a autorização para o casamento revela a posição paradoxal dos herdeiros de João Fernandes em face da cor que herdaram da mãe. Queixou-se o suplicante de que era quase impossível cumprir a regra segundo a qual ele deveria encontrar esposa de condição superior à sua; o preconceito ao mulatismo era tal que não seria fácil "achar entre a nobreza quem lhe dê uma filha e o chame de genro". Apesar de sua riqueza ser notória, jamais recebera proposta de casamento. Acreditava que as famílias dos grandes preferiam "sustentar suas filhas com medíocre decência [a] consentir que entre nas suas famílias uma nódoa tão patente aos olhos de todos".[18] O padre Nuno Henriques Dorta, encarregado de cumprir as vontades testamentárias do desembargador, evidenciou o preconceito corrente na época, ao lembrar que o herdeiro era filho natural do desembargador e nascido de uma "mulher preta".[19]

Durante sua vida, o filho do desembargador administrou os bens do morgado, sobretudo o dinheiro depositado nos cofres do Juízo dos Órfãos e Ausentes para empréstimo a juros, recursos de que várias pessoas no Reino se valeram, inclusive famílias nobres em dificuldades.[20] O marquês de Penalva pediu emprestados 25 mil cruzados, porque desde a morte do marquês de Alegrete, seu pai, achava-se endividado e não queria "faltar às obrigações de sua casa e numerosa família".[21] O desembargador Antônio de Campos Figueiredo Melo solicitou 6 mil cruzados para reformar uma quinta cujas casas estavam arruinadas desde o terremoto de 1755.[22] Dom Rodrigo de Noronha contraiu uma dívida com João Fernandes para poder cobrir os custos do casamento de seu filho, Francisco Xavier da Costa e Noronha, sucessor imediato da Casa de Pancas, com dona Mariana da Arrábida.[23]

Alguns hipotecavam imóveis como garantia para os empréstimos. Esse foi o caso do padre João Antônio da Siqueira, que deixou sua fazenda;[24] de Luís Francisco Paliarte e sua mulher Luciana Joaquina, que hipotecaram a Quinta das Manteigas,[25] e do visconde de Asseca, que conseguiu 24 mil cruzados, a juros de 5%, quantia indispensável para a realização de seu casamento.[26] Já o desembargador João Gualberto Pinto de Morais Sarmento deixou como caução o ofício de escrivão da Mesa do Sal, de que era proprietário, a fim de levantar o dinheiro necessário para a viagem até Sabará, onde iria assumir o posto de ouvidor da comarca.[27]

João Grijó morreu por volta de 1821. Seu filho mais velho, João Germano, tornou-se seu sucessor no morgado. Como ainda era menor de idade, nomeou como procuradores no Brasil o alferes Bento Dias Chaves, marido da tia Rita Quitéria, Bento Dias de Moura e o tio José Agostinho Fernandes de Oliveira.[28] O filho mais novo, Lourenço João, seguindo os passos do avô desembargador, graduou-se em Leis, em Coimbra.[29] Aos 23 anos, habilitou-se ao Desembargo do Paço para a carreira jurídica,[30] e veio a assumir o posto de juiz de segunda instância de um tribunal comercial na capital portuguesa.[31] Solteiro, residia no Colégio dos Nobres, fundado por Pombal com o propósito de preparar a nobreza do Reino para a administração do Império.[32]

Joaquim José, o segundo filho homem, estabeleceu-se no Brasil, onde recebeu a patente de coronel da cavalaria de Minas Gerais. Pouco se sabe sobre ele, mas em 1840 ainda estava vivo e residia em Vila Rica.[33]

Depois da morte do desembargador, *Antônio Caetano* estabeleceu-se no Reino como homem de negócio, e lá administrava o morgado durante a ausência do irmão mais velho, que havia retornado ao Brasil.[34] Em 1781, provavelmente para refugiar-se da política adversa na Corte, também voltou para o Tejuco, onde recebeu a patente de alferes,[35] de sargento-mor e finalmente de capitão de milícias de Minas Gerais.[36] Dez anos depois, residia no arraial de Paraúna. Ocupou vários cargos dirigentes nas confrarias do Tejuco, sobretudo na Irmandade de Nossa Senhora do Carmo, cuja igreja fora patrocinada por seu pai. Em 1794, nomeou procuradores no Brasil e em Portugal com vistas a demandar ações cíveis para receber o que lhe cabia da herança do desembargador e do avô sargento-mor.[37]

Esse filho de Chica desempenhou funções diversas na administração local. Entre 1786 e 1821, atuou como administrador do serviço da ponte de São Gonçalo.[38] Em 1800, até 1803, foi escrivão do contencioso do arraial, sob instrução direta do príncipe regente dom João.[39] Como o ofício pertencia vitaliciamente ao chefe de esquadra Diogo José Paiva, Antônio Caetano considerou seus ganhos insuficientes. Em 1805, requereu a serventia vitalícia do cargo de escrivão do Juízo dos Órfãos e Ausentes da Vila do Príncipe.[40]

Dessa data em diante, seguir os rastros de Antônio Caetano torna-se tarefa difícil. A documentação existente oferece chances mínimas de averiguação em virtude da quantidade elevada de homônimos ou nomes incompletos.

José Agostinho não se ordenou padre como desejava seu pai. No morgado, o pai concedeu-lhe uma côngrua[41] no valor de 400 mil-réis anuais para seu sustento, devendo ficar à frente da capela do mosteiro do Grijó.[42] A devolução da propriedade aos monges agostinianos deve ter pesado em sua decisão de desistir da carreira eclesiástica. Quando seu pai morreu, José Agostinho, como os demais irmãos, encontrava-se no Reino, mas em 1781 regressou ao

Tejuco com Antônio Caetano. Estabeleceu-se definitivamente no arraial, onde também recebeu a patente de capitão de milícias de Minas Gerais.[43]

Em 1788, José Agostinho pediu ao governador que mandasse conter Manuel Ferreira Pinto, casado com sua irmã Luísa, por causa das desordens que causava no Tejuco.[44] O cunhado, importante figura local que chegou a ocupar o posto de guarda-mor, deixou de herança duas casas, 49 escravos, gado, objetos de ouro e prata.[45]

Em 1795, filiou-se à Irmandade de Nossa Senhora das Mercês do Tejuco, que reunia os pardos.[46] Em 1800, Bernardo José de Lorena, governador de Minas Gerais, nomeou-o escrivão da Ouvidoria da Vila do Príncipe, em atendimento a uma solicitação direta do príncipe regente, que por sua vez respondia a um pedido pessoal de Simão Pires Sardinha, tido em alta conta por dom João.[47] Cinco anos mais tarde, José Agostinho pediu que o posto lhe fosse concedido vitaliciamente, em retribuição ao meio-irmão Simão e a seu pai, "que foi um vassalo de muito préstimo e que merecia muita atenção pelos relevantes serviços que fez e do que ainda há memória".[48] O Conselho Ultramarino, contudo, ao emitir parecer sobre o assunto, foi contrário ao interesse do solicitante, com a alegação de que ele não era apto para o cargo, e de que não possuía ascendentes "de maior influência no Brasil", o que "foi, era e seria fatal ao serviço de Vossa Alteza Real, e até fazia perder o conceito e a crença dos povos a respeito da autoridade que deviam ter os oficiais públicos".[49]

José Agostinho morreu no Tejuco poucos anos depois, em dezembro de 1808. A morte o alcançou de forma tão repentina que não foi possível buscar um padre para ministrar-lhe os sacramentos adequados. Seu corpo foi encomendado e enterrado na capela do Amparo no arraial.[50]

Simão Pires Sardinha teve todo o apoio do padrasto para iniciar seu processo de dignificação. Em 1768, quando estava com dezessete anos, e ainda vivia no Tejuco sob a proteção da mãe e do desembargador, habilitou-se à carreira eclesiástica. Na ocasião recebeu as quatro ordens menores, que permitiam que ajudasse nos ofícios religiosos, e comprometeu-se em viver em estado clerical.[51] Argumentou que havia falta de párocos na região, razão pela qual requereu o hábito, a fim de que pudesse celebrar missas nas capelas locais. Entretanto, não chegou a se ordenar, desistindo da carreira eclesiástica ao acompanhar o padrasto a Portugal.

Ainda no Tejuco, aprendeu as primeiras letras e latim, pré-requisitos para a carreira eclesiástica ou os estudos superiores, meios pelos quais se conseguia acesso aos cargos administrativos e às honras nobiliárquicas. Concluiu seus estudos em Lisboa,[52] graduando-se em Artes.[53] Em Portugal, tornou-se sargento-mor das ordenanças das Minas Novas, em Minas Gerais.[54] Adquiriu um hábito de Cristo, e chegou a ser juiz comissário dessa Ordem;[55] além disso, recebeu diversas tenças anuais como almoxarife do Reino.[56] Em 1784, voltou para o Brasil na comitiva do novo governador Luís da Cunha Meneses, por quem tinha grande admiração.[57] Este lhe confiou o estudo do primeiro achado fóssil na região, descoberto na fazenda do padre José Lopes, em Prados, por ser o sargento-mor "um dos mais hábeis naturalistas e mineralógicos que, presentemente, há nesta capitania".[58]

Como outros ilustrados da época, Simão Pires Sardinha era sócio correspondente da Real Academia de Ciências de Lisboa.[59] Em agosto de 1785, enviou ao governador "a análise ou relação que fez do estado e circunstâncias físicas em que achou os referidos ossos do dito esqueleto". Luís Cunha Meneses juntou o relatório a alguns ossos e os enviou para o Reino.[60] O colossal esqueleto media 56 palmos de comprimento e 46 palmos de altura. Os escravos que mineravam o local começaram a quebrá-lo com alavancas e enxadas, pensando tratar-se das raízes de uma árvore. Apesar da destruição dos ossos, "que não deixavam ver a que parte do corpo de animal pertencem", restaram dois dentes que permitiram ao sábio concluir que "não são de animal conhecido no Brasil, pode ser que sejam de algum animal que, pelas revoluções do tempo, se tenha perdido a sua espécie". Espantou-se, porém, com a descoberta de cabelos, sem dúvida pertencentes a seres humanos. Com a análise dos dentes e do tamanho dos ossos, deduziu tratar-se de um gigante.[61]

Em 1786, o governador lhe confiou outra missão delicada: a prisão do ex-intendente dos diamantes José Antônio de Meireles, apelidado pela população do Tejuco de "Cabeça de Ferro". O intendente partira rumo ao Rio de Janeiro, onde iria aguardar o embarque para o Reino. Interceptado perto de Matias Barbosa, já próximo à divisa entre as duas capitanias, todo o ouro que carregava foi sequestrado, sob a alegação de que pertencia à Junta da Real Fazenda, mas por fim ele não foi preso, por ordem do mesmo governador.[62] Assim que Meireles chegou ao Rio de Janeiro abriu uma devassa contra Simão Pires Sardinha, que estava no comando da operação.[63] Em sua defesa, o sargento-mor alegou que sempre fora "exato observador das leis, grato e civil com o povo, sem que alguém se queixasse dele, particular ou judicialmente, nem cometeu nenhum crime".[64]

Em 1788, quando Luís da Cunha Meneses voltou para o Reino, Simão estabeleceu-se na capital brasileira, onde ficou por um ano e um mês. Passou a frequentar a Sociedade Literária, que reunia ilustrados inconformistas, alguns deles insatisfeitos com a situação de dependência do Brasil em relação a Portugal.[65] Envolveu-se na Inconfidência Mineira, mas sua participação não foi de todo esclarecida. Sabe-se que foi procurado por Tiradentes em sua casa no Rio de Janeiro para traduzir a *Compilação das leis constitutivas das colônias inglesas, confederadas sob a denominação de Estados Unidos da América Setentrional*. Foi Simão que mandou avisar o alferes de que estava sob vigia e que sua prisão era iminente.[66]

Sob o abrigo do vice-rei Luís de Vasconcelos, retirou-se para Portugal em agosto de 1789. Ali, somente em 1790 foi inquirido — como testemunha, e não como réu — sobre a participação no levante mineiro. Não é verdade que utilizou a proteção direta do padrasto João Fernandes para escapar, tendo em vista que este estava morto havia mais de dez anos. Seu argumento baseou-se na impressão que tivera de Tiradentes: achara-o louco, por isso lhe dera ouvidos, mas não atenção. Justificou sua retirada apressada para Lisboa com a afirmação de que fora tratar de assuntos familiares, respondendo ao chamado do meio-irmão João Fernandes de Oliveira Grijó, que residia na Corte.[67]

Sábio e ilustrado, Simão Pires Sardinha buscou minimizar seu envolvimento na Inconfidência Mineira, mas não perdeu o contato com os rebeldes da conjura. Já estabelecido em Portugal, comprava livros e os enviava para José Vieira Couto, médico e naturalista no Tejuco, também suspeito de ter participado do movimento, que os revendia. O conteúdo de tais obras demonstra que permanecia partidário de ideias nem um pouco ortodoxas, pois "intentavam fazer capacidade de que não havia inferno, porque quando a criatura morre vai passear a alma nos campos lísios".[68] De Portugal, conseguiu a patente de tenente-coronel de milícias da Cavalaria de Bambuí, em Minas Gerais,[69] e foi tesoureiro da Bula da Santa Cruzada para o Brasil, nomeando Ventura Fernandes Rodrigues o administrador da entidade em Vila Rica. Em 1803, coberto de nobreza, com pouco mais de cinquenta anos, ainda se encontrava no Reino.[70] A seu respeito, disse que "tratou-se sempre a lei da nobreza [...] e sempre se comunicou com as pessoas principais de Minas, do Rio de Janeiro e até da Corte".[71] Gozava de prestígio junto ao príncipe regente dom João e dele fez uso para conseguir cargos administrativos para os meios-irmãos que haviam permanecido no Brasil.

Quanto ao futuro das filhas, Chica preocupou-se em garantir-lhes bons casamentos. O matrimônio ou o recolhimento eram as únicas formas honradas de vida que as mulheres podiam almejar. As que não permaneceram em Macaúbas como freiras retornaram para o convívio da mãe. Embora fossem mulatas, muitas se casaram com jovens portugueses. A herança recebida do seu pai certamente proporcionou-lhes um dote razoável, condição essencial para conseguir um consorte de melhor condição. Mas alguns reveses no destino dessas mulheres revelam as dificuldades de inserção dos descendentes de libertos na sociedade mineradora: algumas tiveram filhos naturais, outras jamais legitimaram suas relações e, em alguns momentos, só encontraram refúgio e proteção no interior da clausura.

Francisca de Paula permaneceu muitos anos no recolhimento de Macaúbas; vestiu o hábito de freira, mas desistiu da vida monástica. Em 12 de agosto de 1796, na ermida de Santa Quitéria do Tejuco, na casa de sua mãe, uniu-se a José Pereira da Silva e Sousa, filho legítimo de Custódio José Pereira e Maria da Silva de Jesus, natural do Porto.[72] Casava-se aos 41 anos de idade e desse matrimônio não deixou filhos.[73] Em 1808, era proprietária de uma casa no arraial situada no beco que conduzia ao cemitério, com frente para o rio São Francisco, ao lado do sobrado de Martinho Alves Chaves.[74] Herdou do pai parte da fazenda do Buriti, onde cultivava cana, mandioca, milho e feijão e criava animais. Morreu em 6 de julho de 1839, na fazenda do Pé do Morro, onde residia havia algum tempo. Deixou dinheiro para que se fizesse um rico frontal de ouro, dedicado ao Santíssimo Sacramento, no altar-mor da matriz de São Gonçalo do Rio Preto, além de duzentas missas para as almas de seus pais.[75] Foi enterrada na ermida da fazenda, num ofício de corpo presente ministrado pelo vigário João Floriano do Santos Correia e Sá.[76]

A trajetória de *Rita Quitéria* foi exemplar no que se refere à inserção paradoxal das mulheres de cor e suas descendentes na sociedade. Para espelhar o poderio de seu pai e a ascensão social de sua mãe, casou-se com o alferes Bento Dias Chaves, português, natural de Braga, com quem vivera consensualmente. Em 1799, chegou a ser presa pelo crime de concubinato na cadeia do arraial de Conceição do Mato Dentro, por ordem da mesa da Visita Episcopal, e ali ficou mais de um ano.[77] Tiveram dois filhos naturais, João e Manuel,[78] este falecido ainda criança, em data anterior ao casamento dos pais, e enterrado na capela de Nossa Senhora das Mercês.[79] Depois do matrimônio, Rita Quitéria teve uma filha chamada Frutuosa Batista de Oliveira, que se tornou sua única herdeira, visto que os irmãos mais velhos já haviam morrido quando do falecimento da mãe. O alferes por sua vez também era pai de Bernardina, Bento e Rodrigo, filhos naturais com outras mulheres. Um deles, Bento Afonso Dias, foi nomeado representante por João Fernandes de Oliveira Grijó para gerir os bens do morgado no Brasil.

O casal tinha um negócio de fazenda seca no arraial do Tejuco, uma casa na cidade, na rua do Bonfim, herdada da mãe, e parte da fazenda do Pé do Morro, deixada como herança aos filhos pelo desembargador João Fernandes. Nessa propriedade, localizada entre os rios Jequitinhonha e Araçuaí, havia uma morada de casas, um engenho de moer cana, uma ermida e diversos paióis, além de 35 escravos. A fazenda produzia algodão e beneficiava o produto, transformando-o em tecido rústico e em roupas; para isso contavam com dois teares de tecer fustão e gangas,[80] um tear de tecer fatos, uma fábrica de cardar e fiar o algodão e três rodas de fiar. Cultivavam milho, feijão e cana e criavam porcos, ovelhas, cavalos, bestas muares, vacas e novilhos.[81]

Rita Quitéria morreu em 1808, e pela intenção de sua alma foram rezadas três missas na igreja das Mercês, onde era irmã.[82] Foi enterrada na matriz de Santo Antônio, privilégio concedido aos filiados à Irmandade do Santíssimo Sacramento.[83] Deixou 35 escravos, empregados nos serviços domésticos da fazenda, e mais alguns no arraial, como um cabeleireiro. Frutuosa tinha apenas onze anos na época, e o alferes tornou-se seu tutor.[84] No entanto, o inventário arrastou-se durante anos porque o negócio de fazenda seca estava atolado em dívidas, já que o casal comprara mercadorias de grandes comerciantes no Rio de Janeiro e fizera empréstimos junto ao morgado de Grijó. Bento Dias Chaves negociou prazos com o Juízo dos Órfãos e Ausentes para pagar suas dívidas, alegando que os bens que possuía como meeiro eram inferiores aos débitos. Nesse período, correu pela capitania em busca de pequenos negócios, tanto "no Registro Velho, junto à Vila de Barbacena, como na Jaguara, comarca de Sabará".[85] Finalmente, foi para Vila Rica, "por ordem do governo desta capitania, a fim de pôr a trabalhar as máquinas filatórias, [...] uma máquina tão interessante e de aprovação de Sua Majestade".[86] A máquina, com a qual se cardava algodão, utilizava a força motriz de mulas, o que era um avanço tecnológico considerável.[87] Bento Dias trouxera a tecnologia de Portugal e instalara um sistema experimental na fazenda da Jaguara, em Sabará.[88] Viúvo, teve mais uma filha natural, que batizou como Antônia Vicência e que foi criada pela meia-tia Ana Quitéria.[89]

Para cuidar da educação de Frutuosa enquanto o pai procurava ganhar a vida, Ana Quitéria mudou-se com ela para a fazenda do Buriti. Em 1823, em cerimônia realizada na ermida do Pé do Morro, a jovem casou-se com o tenente Feliciano Atanásio dos Santos.[90] Logo depois do enlace, o tenente começou a pleitear o encerramento do inventário de Rita Quitéria, ainda pendente, de modo a tomar posse dos bens da esposa que recebera como dote.

Frutuosa foi também nomeada a principal herdeira de sua tia Francisca de Paula, juntamente com dois meninos aos quais a tia se afeiçoara e que criava em sua casa, Antônio Caetano Fernandes de Oliveira e Luís Pereira da Silva; como este era menor, houve a necessidade de designar um tutor, papel que coube a Feliciano Atanásio.[91] Como seu sogro fizera com os bens de Rita, o tenente procurou adiar ao máximo a partilha dos bens de Francisca de Paula, e justificava-se alegando gastos com a criação dos meninos. Finalmente, Antônio e Luís conseguiram que ele fosse destituído da tutela, com o argumento de que viviam na indigência.

As relações entre Frutuosa e Feliciano se deterioraram e o casal acabou se divorciando. Nessa época, a Igreja Católica permitia a dissolução do casamento se comprovado o concubinato público, notório e escandaloso de uma das partes, com ameaça para o patrimônio familiar. O divórcio separava os corpos e os bens do casal, mas não invalidava o vínculo matrimonial, concedido por Deus. Isso significa que os divorciados não podiam mais casar-se perante a Igreja. O divórcio foi autorizado em Mariana, em 20 de janeiro de 1853, pelo arcipreste da catedral, o pároco Francisco Rodrigues de Paula, juiz das justificações de *genere* e dispensas matrimoniais.[92] Frutuosa requereu a separação alegando ter se comportado "com toda a honestidade e inteira fidelidade, cumprindo exatamente os deveres de consorte e mãe de família e tratando ao seu com todo o amor e carinho, e que este, pelo contrário, mostrando indiferença à autora, tem a ela indiferença e antipatia, bem como desprezando os deveres conjugais tem vivido constantemente em pública e escandalosa mancebia com Tomásia Dias Chaves, com quem tem tido vários filhos". Frutuosa e seu filho Joaquim[93] foram expulsos de casa, onde o tenente passou a viver em companhia da amante e dos filhos naturais.[94] Algum tempo depois, Feliciano mudou-se para o Paraná.

Frutuosa morreu em 1873, na fazenda do Buriti, e deixou cinco filhos e dois netos. Seu testamento não faz referência a Joaquim, provavelmente já falecido na época.[95] Ela só tinha esse filho quando se separou de Feliciano Atanásio, o que sugere que, após o divórcio, ela teve outro relacionamento, do qual nasceram Antônio Augusto dos Santos, José Amador dos Santos, que se tornaria padre, Rita

Umbelina de Gouveia, Franklin Amador dos Santos e Felicíssimo Pereira dos Santos, que faleceu antes da mãe, deixando Mariano Pereira dos Santos e Genoína Pereira dos Santos, de doze e treze anos respectivamente.[96]

Em fevereiro de 1807, *Ana Quitéria* casou-se com João Barbosa, cunhado de sua irmã Mariana,[97] na ermida da fazenda do Pé do Morro.[98] Foram padrinhos o alferes Bento Dias Chaves, seu cunhado, e José Pereira de Sousa. O casal não teve filhos, mas criou Antônia Vicência, filha natural do esposo de Rita Quitéria.[99] Segundo os registros da Irmandade das Mercês, Ana Quitéria faleceu na fazenda do Pé do Morro em janeiro de 1846,[100] tendo sido enterrada, envolta no hábito de Nossa Senhora da Conceição, na capela do arraial de São Gonçalo do Rio Preto.[101] Deixou cem missas em intenção de sua alma e cinquenta para as de Chica e João Fernandes.

Pouco se sabe sobre *Helena*. Quando retornou de Macaúbas, em 1781, achava-se vitimada por uma moléstia grave, à qual provavelmente não resistiu.[102] Sabe-se que, no início do século XIX, já estava morta[103] e, em 1815, foram rezadas três missas em intenção de sua alma na Irmandade das Mercês.[104]

Luísa casou-se com Manuel Ferreira Pinto, mas não deixou descendência. Pouco se sabe sobre essa filha de Chica; no Tejuco, era proprietária, com o marido, de duas casas próximas à capela do Amparo, das quais uma lhes servia de residência.[105] Certamente não viviam bem, já que em 1788 José Agostinho teve que pedir ao governador que contivesse Manuel nas desordens que causava. Em 1779, o escravo de Luísa, Joaquim Moçambique, foi sepultado na capela do Rosário;[106] no ano seguinte, Chica fez um pagamento em nome dela à Irmandade do Santíssimo pelo enterro de outro escravo de sua propriedade.[107] Quando Manuel Ferreira Pinto morreu, em 1817, com mais de setenta anos, já era viúvo.[108] Em seu inventário declarou possuir "uma fazenda de engenho de moer cana, com todos seus pertences, benfeitorias e escravos", frutos de seu trabalho. Entre seus bens deixou 49 escravos, vários móveis, roupas de cama, talheres e outros objetos de pratas, imagens e oratórios de santos, louça da Índia, além de um par de brincos e um laço de ouro, que deviam ter pertencido à Luísa.[109]

Maria afirmou que "nunca fui casada e sempre vivi no estado de solteira e nele tive uma filha por nome de Maria, que foi exposta em casa de minha irmã dona Ana Quitéria", que a criou.[110] Em 1804, a certidão de batismo foi reformada, e a menina foi registrada como sua filha natural e do tenente Agostinho José, com quem manteve uma longa relação, apesar de não terem se casado.[111] Maria faleceu em 4 de setembro de 1806, com quarenta anos, durante o parto de outra criança. Conforme determinação testamentária, no dia seguinte seu corpo, acompanhado pelos membros das irmandades das Almas, Amparo e Mercês, de que era irmã,[112] foi enterrado na igreja da Irmandade de São Francisco de Assis,[113] vestida com o hábito de são Francisco.[114] Em 24 de abril do mesmo ano foram rezadas missas na igreja das Mercês em intenção de sua alma, que, como vimos, era prerrogativa dos filiados à irmandade.[115] Declarou que possuía 25 escravos, computados nesse total Francisco angola, que havia fugido, e Edvirges crioula, emprestada a sua irmã Antônia, interna no convento de Macaúbas.[116] Maria vivia no Tejuco, na casa de Chica, da qual herdara uma parte, assim como os irmãos e irmãs. Na fazenda do Pé do Morro, onde criava gado e cavalo, havia alguns móveis da casa que lhe pertenciam, e "algumas peças de ouro, prata e pedras preciosas", que herdara da mãe.[117] Também lhe cabiam, como a seus irmãos, terças partes do rendimento de Grijó, jamais pagas pelo irmão mais velho, encarregado da administração do morgado, fato a respeito do qual ela continuamente se queixava.[118]

Sua filha Maria Joaquina herdou todos os seus bens, entre eles uma escrava de nome Catarina mina, que foi enterrada na igreja das Mercês.[119] Maria Joaquina casou-se com o sargento-mor Agostinho Gomes de Oliveira e teve dois filhos, Antônio de Oliveira Costa e Antônio Augusto de Oliveira Costa.[120]

Em 25 de agosto de 1796, *Mariana* casou-se com o alferes José Barbosa da Fonseca, natural do bispado do Porto, filho legítimo de João Barbosa da Fonseca e Maria Josefa da Fonseca. Testemunhou o enlace o intendente João Inácio do Amaral Silveira, fato que revela que Chica era capaz de estabelecer relações com as figuras locais mais distintas, apesar da ausência de João Fernandes, que já havia partido para o Reino. Em 1806, morreu no Tejuco um filho de Mariana recém-nascido, chamado Luís: consta no livro de óbito o registro de que a morte foi causada por "malino",[121] nome popular de uma doença infecciosa fulminante, que provocava febres altas e não respondia à medicação,[122] como o tifo.[123] Mariana de Jesus voltou alguns anos mais tarde para Macaúbas — não se sabe ao certo o porquê, talvez tenha ficado viúva.[124] Não foi possível precisar a data de sua morte, nem o local, talvez ocorrida no próprio recolhimento, mas sobreviveram-lhe um filho, João Fernandes de Oliveira Fonseca, e duas filhas, Francisca Joaquina de Oliveira Fonseca e Maria de São José de Oliveira Fonseca.[125] A primeira casou-se com Jacinto Rodrigues Costa e a segunda, com o alferes Joaquim Quintiliano dos Santos.[126] Em 1846, então grávida, Maria era mãe de duas meninas, Mariana e Feliciana.[127]

Quitéria Rita amancebou-se com o padre Rolim, com o qual teve cinco filhos, José da Silva de Oliveira Rolim Jr., Tadeu José da Silva de Oliveira Rolim, Domingos José Augusto, Mariana Vicência da Silva de Oliveira e Maria dos Prazeres da Silva de Oliveira.[128] O padre Rolim era filho de José da Silva de Oliveira, velho amigo do sargento-mor João Fernandes de Oliveira. Em 1789, quando foi preso por seu envolvimento na Inconfidência Mineira, Rolim, feio e de estatura mediana, tinha cerca de 35 anos de idade.[129] Em seu rosto comprido havia uma cicatriz na face direita; o nariz era um pouco arrebitado; a boca, grande e comprida, com dentes encavalados; seus olhos eram pardos, o cabelo, castanho e a barba, grisalha.[130] Uma das testemunhas afirmou durante a devassa que se seguiu ao levante que o padre havia deflorado Quitéria e a obrigado a se casar com outro homem branco,[131] porém tal registro de casamento não foi encontrado no Tejuco. Acusado do crime de inconfidência, Rolim ficou preso por doze anos em um convento em Lisboa, e retornou ao Brasil somente por volta de 1803. Pouco antes de ele envolver-se no movimento, parece que o relacionamento chegou ao fim. Em 1786, Quitéria abrigou-se em Macaúbas com suas filhas. Já no interior do convento, filiou-se à irmandade do Carmo do Tejuco.[132]

Mariana Vicência e Maria dos Prazeres professaram os votos em Macaúbas e se tornaram freiras.[133] José Rolim Jr. morreu cedo, em 1821, e foi enterrado na igreja de São Francisco.[134] Quitéria faleceu provavelmente em 1855 dentro do recolhimento, onde passou 68 dos 88 anos de sua existência.[135] O padre Rolim faleceu em 21 de setembro de 1835, com pouco mais de oitenta anos de idade; foi sepultado no dia seguinte na igreja de Nossa Senhora do Carmo.[136] Tadeu José morreu antes do pai e deixou um filho, Antônio José da Silva.[137]

Maria dos Prazeres morreu em Macaúbas em 1832. Já Mariana Vicência abandonou os votos e casou-se com Floriano Martins Pereira, de quem acabou por se divorciar. Na separação de bens que se seguiu, Floriano ficou com Jacinta e Tomásia, escravas que ela herdara da mãe Quitéria, já falecida. Mariana Vicência estabeleceu-se em Lagoa Santa, onde tinha uma roça, e lá morreu em 1859.[138] Em uma de suas viagens, o bispo de Mariana Joaquim Silvério de Sousa passou por suas terras e espantou-se com a pobreza em que ela vivia.[139] Entretanto, Mariana deixou em testamento um conto, trezentos e oitenta e quatro mil réis depositados na cidade de Ouro Preto, quantia herdada de seus pais.[140]

Em 1806, *Antônia* ainda estudava em Macaúbas, e lá professou votos, contando apenas com a escrava Edvirges para servi-la. No

Tejuco, continuou senhora de alguns escravos, como a crioula Josefa Maria Fernandes de Oliveira e João Antônio Fernandes de Oliveira, mina, que entraram para a Irmandade das Mercês.[141] Foi a única das filhas de Chica da Silva e João Fernandes de Oliveira que permaneceu todo o tempo no recolhimento de Macaúbas, e ali morreu sem que se conheça a data exata de sua morte.

Muitos anos depois da morte de Chica, entre 1835 e 1840, os herdeiros que viviam no Tejuco deram início a um processo com vistas a desvincular os bens do morgado do Grijó ainda existentes no Brasil e deles tomar posse. A legislação vigente após a independência permitia que os descendentes brasileiros se apoderassem das propriedades de portugueses mortos ou desaparecidos havia pelo menos dez anos. Os descendentes de Chica alegaram não ter notícias de João Germano havia mais de onze anos. Tudo indicava que ele morrera na guerra civil que esfacelara o Reino entre os partidários de dom Miguel e os que apoiavam dom Pedro e sua filha Maria da Glória.[142] Os bens em questão eram a fazenda de Santa Bárbara, situada no retiro do Curral Grande, a fazenda do Ribeirão da Areia, em Curamataí, e a chácara da Palha, nos arredores do Tejuco. Os herdeiros acusavam Bento Dias de Moura, o então administrador do morgado nomeado por João Germano, de estar dissipando o que não lhe pertencia.[143]

A perda do patrimônio do outrora poderoso desembargador contrariou um dos objetivos principais da instituição do morgado de Grijó — sua preservação num vínculo indissolúvel. Apesar dos esforços de João Fernandes, os herdeiros teimosamente opunham-se a suas determinações e lutavam por fatias de seu espólio. Emblematicamente, a chácara da Palha, que no passado abrigara em seus exóticos jardins a sociedade local, naquele momento se desfazia em ruínas. Na época, a propriedade já era chamada pela população de "chácara da Chica",[144] e lamentavam-se os herdeiros de que o administrador, aos poucos, desmontava a construção e se desfazia do madeirame, como as taperas do portão, vendidas em 1839.[145]

Se o morgado do Grijó não foi capaz de perenizar o nome de seu instituidor e de seus feitos passados, o tempo certamente perpetuou a memória da parda Chica da Silva e de sua relação com o poderoso contratador dos diamantes. Seu corpo foi esquecido nos carneiros da igreja de São Francisco, mas o que a distingue das inúmeras mulheres de cor que povoaram as ruas do Tejuco setecentista e cuja lembrança se dissolveu nos anos e séculos que se passaram é que sua trajetória permanece viva e imortalizada no mito da "Chica que manda".

11. Chica que manda

> *Gira a noite, gira,*
> *dourada ciranda*
> *da Chica da Silva,*
> *da Chica-que-manda.*

MEMÓRIA HISTÓRICA

Em 1853, o advogado diamantinense Joaquim Felício dos Santos foi nomeado procurador na partilha amigável dos bens do tenente Feliciano Atanásio dos Santos e de Frutuosa Batista de Oliveira, em virtude do divórcio do casal.[1] Frutuosa era neta de Francisca da Silva de Oliveira e Feliciano Atanásio, tio do advogado.[2] Sete anos depois, os herdeiros de Chica ainda vivos designaram-no representante na ação de posse dos bens do desembargador João Fernandes de Oliveira existentes no Brasil.[3]

Esses processos lhe forneceram material inusitado para compor sua crônica colonial, pois nas horas vagas Joaquim Felício escrevia uma história da região, publicada em capítulos, entre 1862 e 1864, no jornal local *O Jequitinhonha*. Afinal, tratava-se dos descendentes de uma escrava, herdeiros de vasto patrimônio, que incluía fazendas, plantel escravista significativo, além de imóveis urbanos e bens móveis. Conhecedor dos autos que compunham o processo de disputa dos bens dos herdeiros do contratador dos diamantes, o advogado transcreveu em suas crônicas o testamento, no qual João Fernandes arrola criteriosamente as extensas propriedades imóveis em Portugal, no Rio de Janeiro e em Minas Gerais.

Nas páginas d'*O Jequitinhonha*, depois reunidas nas *Memórias do Distrito Diamantino*, publicadas como livro em 1868, a escrava Chica da Silva deixou as brumas, onde o passado da região se apagava e se confundia, e apareceu pela primeira vez como personagem histórica.[4] A construção que fez esse autor da história do Distrito Diamantino imortalizou-se para muito além das páginas de seu livro, recheadas de heróis e de vilões aprisionados no eterno jogo da dominação metropolitana e da resistência colonial.

Chica da Silva foi a única mulher do século XVIII elevada, por Joaquim Felício, à categoria de personagem histórica. Todos os homens — fossem libertos ou escravos — nascidos na *terra brasilis* figuraram nas *Memórias* como mártires no panteão dos heróis nacionais. Com Chica no entanto não aconteceu o mesmo. Homem do século XIX, o autor reconstruiu a personagem conforme a visão que predominava em sua época, e fez projeções de suas impressões no século anterior. Baseou-se em cenas de seu cotidiano social, em que a mulher e a família deviam regrar-se pela moral cristã e onde imperavam os preconceitos contra ex-escravos, mulheres de cor e uniões consensuais.

Desde o século XIII, a Igreja Católica se esforçava por instituir a família monogâmica, unida pelos laços sagrados do matrimônio. Era um processo que se fazia à custa da normatização dos comportamentos e da repressão, com muitas idas e vindas. Sua consolidação em terras brasileiras se deu muito tardiamente, por volta da segunda metade do século XIX, após a transferência da Corte portuguesa para o Brasil. Nos Setecentos, em especial nas Minas Gerais, a população estava longe de se enquadrar nos restritos esquemas de moral que a Igreja pretendia implementar, razão pela qual proliferaram formas heterodoxas de organização familiar, em que se sobressaíam o concubinato e as relações temporárias. Também o papel da mulher foi mais dinâmico do que o ideal de mulher recatada e devotada ao lar que se procurava imprimir.[5]

Não é de espantar, pois, que Joaquim Silvério dos Reis, em depoimento concedido na ilha das Cobras para a formação da culpa dos envolvidos na Inconfidência Mineira, tenha se referido a ela com respeito, ao contar que o padre Rolim deflorara uma de suas filhas. Chamou-a pelo nome completo, sem dar maior peso à condição de ex-escrava ou à sua cor; na verdade, considerou as atitudes do padre um insulto à honra das duas mulheres.[6]

Nem mesmo no alvorecer do século XIX os viajantes que percorreram a região dos diamantes e sobre ela escreveram, como Auguste de Saint-Hilare, Spix e Martius, entre outros, deram algum destaque à existência de Chica da Silva, a ex-escrava que se tornou companheira do contratador dos diamantes.[7] Constam em seus livros registros dos relatos dos moradores locais, do que eles consideravam parte de sua história — e a vida de Chica, similar à de um sem-número de negras forras que viveram em concubinato com homens brancos, decerto não era peculiar nem pitoresca.

Somente em meados daquele século, quando se assistia à consolidação da família patriarcal nas Minas Gerais, a existência de uma Chica da Silva passou a ser digna de registro. Para os homens da época, as escravas eram sensuais e licenciosas, mulheres com as quais era impossível manter laços afetivos estáveis. Com a publicação das *Memórias do Distrito Diamantino*, Chica da Silva passou a encarnar o estereótipo da mulher negra e escrava — e, apesar de negativa, assim nasceu sua lenda. Membro da elite branca preconceituosa do século XIX, o autor era incapaz de compreender a atração que exercem as mulheres de cor. Joaquim Felício a descreveu como uma mulata de baixo nascimento, de feições grosseiras, alta, corpulenta, trazia a cabeça rapada e coberta com uma cabeleira anelada em cachos pendentes, como então se usava; não possuía graças, não possuía beleza, não possuía espírito, não tivera educação, enfim não possuía atrativo algum que pudesse justificar uma forte paixão.[8]

No livro, João Fernandes de Oliveira é acusado de ter se tornado um pequeno soberano, que oprimia a população do Tejuco para satisfazer os caprichos da amante. Para ela construiu uma maravilhosa chácara, cercada de jardins paradisíacos, e obrigou a elite local a se curvar à escrava opressora e dominadora, que se vestia ricamente e tinha tudo o que o dinheiro e o poder podiam comprar.[9]

Vários foram os equívocos que se imortalizaram sobre a figura de Chica. Segundo aquele autor, Chica era escrava de José da Silva de Oliveira, talvez seu próprio pai, de quem teria herdado o sobrenome. Tratava-se do pai do padre Rolim, o que a tornava meia-irmã do famoso inconfidente. Antes de amancebar-se com o desembargador, Chica teria tido dois filhos com Manuel Pires Sardinha, Simão e Cipriano. Mandava no arraial, e do poderoso João Fernandes fazia escravo de seus desejos. Era dona de uma casa com capela e de um sítio dos sonhos — a chácara da Palha, onde peças de teatro eram representadas e bandas de música tocavam. Nele, o contratador mandara construir um lago no qual instalara um navio, pois desejava desfrutar as delícias de um mar fictício, em pleno sertão das Gerais. Na igreja, acompanhada sempre de um séquito de doze mulatas pomposamente vestidas, sempre lhe reservavam o melhor lugar.

João Fernandes seria um déspota, a desafiar as autoridades metropolitanas e a subjugar a elite local. Joaquim Felício dos Santos cita como exemplo de seu poderio cego os eventos que acompanharam a construção da igreja do Carmo. O contratador determinara onde o templo seria edificado e, contrariando o desejo dos demais membros da irmandade, escolhera um lugar periférico, apertado, apenas porque ficava perto de sua casa. Como protesto, a maioria dos irmãos recusou-se a cooperar, e ele assumiu os gastos sozinho. À medida que se tornava mais rico, a ganância também crescia; ele passou a desrespeitar as normas do contrato, utilizando muito mais escravos do que o permitido, e a explorar número superior de riachos, fatos que teriam despertado a ira do célebre ministro de Estado português, o marquês de Pombal.

Para o autor das *Memórias do Distrito Diamantino*, a situação no Tejuco estava tão fora de controle e eram tais o poder e os desmandos do contratador que Pombal ordenou ao conde de Valadares, governador da capitania, que se dirigisse ao Tejuco. Sua incumbência era ordenar o pronto retorno de João Fernandes ao Reino, para que se apresentasse ao marquês; caso ele opusesse resistência, o conde fora autorizado a usar a força e prendê-lo. O desembargador teria empregado alguns artifícios para ganhar tempo, por isso recebeu o governador como um rei, encheu-o de presentes, hospedou-o na chácara de Chica e, por fim, tentou suborná-lo pagando suas dívidas. Contudo, após algum tempo de indecisão, no qual parecia estar sob sua graça, Valadares apresentou as ordens provenientes da metrópole, acatadas pelo contratador. João Fernandes embarcou para Portugal, preso, e nunca mais pôde retornar. Após indenizar o Erário Régio com o pagamento de 11 milhões de cruzados, reuniu todos os seus bens e instituiu o morgado do Grijó, deixando seus bens para o filho mais velho, também João Fernandes de Oliveira. Tratava-se de riqueza considerável, e, assegurada sua descendência, teria morrido em 1799 (vinte anos depois da data em que o contratador efetivamente veio a falecer).[10]

A historiografia que sucedeu Joaquim Felício dos Santos pouco mudou a imagem de Chica: apenas acrescentou as caracterizações de perdulária, bruxa, ou megera. Em 1896, Joaquim Silvério de Sousa, bispo de Mariana, publicou o livro *Sítios e persona-*

gens históricos de Minas Gerais,[11] no qual revela que o apelido de Chica era "Quemanda", pela ascendência que tinha sobre o contratador, por mandar e desmandar na casa e com ele desfrutar o imenso patrimônio. Afirmou, sem simpatia, que João Fernandes não fora um benfeitor do recolhimento de Macaúbas como se acreditava, mas que contribuíra somente com o correspondente aos pagamentos que devia efetuar pela entrada de suas filhas na instituição. O bispo, em viagem a Macaúbas, cruzara com umas terras que, apesar de aparentemente férteis, estavam arruinadas. Curioso, perguntara quem era o dono. Informaram-lhe que a propriedade pertencia a Mariana Vicência, que, roubada pelo marido, terminara os dias na miséria, como mendiga, o que o impressionou bastante. Mais tarde, ficou sabendo que era neta de Chica da Silva e de João Fernandes, o que o levou a concluir que toda a fortuna acumulada havia se perdido, sem alcançar a terceira geração, provavelmente como castigo divino pela falta de caridade e pelo comportamento transgressor às regras morais da Igreja Católica. Mariana Vicência carregava o estigma de ser filha natural de um clérigo, dado que o cuidadoso bispo tratou de ocultar, embora intimamente devesse acreditar que esse fato contribuíra para a infeliz sina da neta de Chica.

No ano seguinte, Xavier da Veiga terminou suas *Efemérides mineiras*, publicadas em vários números das *Revistas do Arquivo Público Mineiro* e posteriormente reunidas em livro.[12] Nelas, Chica foi citada em duas ocasiões: em 1º de janeiro de 1740, em breve notícia, quando informa o estabelecimento dos contratos diamantinos, o autor retoma a obra de Joaquim Felício dos Santos, e sugere que a história da vida de João Fernandes e Chica da Silva parecia "página das *Mil e uma noites*".[13] Já para o dia 12 de novembro de 1770, fez referência à confecção do testamento de Chica e, em texto extenso, transcreve as impressões antes demonstradas por

Joaquim Felício e Joaquim Silvério de Sousa, inclusive citando-os textualmente.[14]

No século xx, Chica já era um mito. Fazia parte do conjunto dos raros indivíduos do século xviii que se tornaram personagens históricas, a despeito de não pertencer à elite branca portuguesa. Além de parda e ex-escrava, era mulher. E por meio dessas exceções era compreendida. Em Diamantina, tornou-se lendária, alvo de inúmeras histórias que embalavam os sonhos e os pesadelos noturnos das crianças.

Em 1924, na segunda edição das *Memórias*, Nazaré Meneses, autora das notas explicativas aditadas ao volume, iniciou uma polêmica sobre a aparência de Chica. Reabilitou a mulata, acreditando que ela "seria boçal, mas nunca odienta e asquerosa [...]. Caso contrário, não teria inspirado ao desembargador João Fernandes de Oliveira, moço nababo, nobre, galanteador, paixão tão ardente e duradoura".[15] Sem nenhuma base empírica — aliás, como quase tudo o que se disse sobre Chica —, uma mulher reabilitava a figura da escrava, pois o amor romântico então em voga só podia ser compreendido como atração física, baseada nos atributos físicos dos amantes.

Em 1940, o médico diamantinense Juscelino Kubitschek foi eleito prefeito de Belo Horizonte; em 1950, continuou sua carreira política como governador de Minas Gerais e, poucos anos depois, como presidente da República. Sua ascensão meteórica chamou a atenção sobre sua cidade natal, e, ao mesmo tempo, Diamantina se tornou polo comercial e de prestação de serviços para o Nordeste do estado. O turismo se desenvolveu, transformando-se em um segmento importante, e o patrimônio histórico mineiro constituía-se num de seus bens mais preciosos. O Instituto do Patrimônio Histórico e Artístico Nacional (Iphan) elegia e definia os lugares da memória do país. Carlos Drummond de Andrade, poeta modernista mineiro que, durante muitos anos, foi funcionário do órgão, refletindo acerca da constituição da memória nos espaços urbanos das Gerais escreveu sobre Vila Rica que "as casas ainda restam, os amores não".[16]

Em Diamantina, a casa onde viveu Chica da Silva, no arraial do Tejuco, foi tombada em 1950, década em que a ex-escrava começou a chamar novamente a atenção e a rechear os livros de história de autores locais, que procuravam povoar os antigos becos e vielas com as personagens dos Setecentos. A elite intelectual da cidade, tendo como parâmetro a obra de Joaquim Felício dos Santos, reconstruía seus mitos e os tornava conhecidos, utilizando para isso a memória oral da cidade, embora promovendo sua releitura à luz dos novos valores.

Em 1945, outro diamantinense, Aires da Mata Machado Filho publicou o livro *Arraial do Tejuco, cidade Diamantina*.[17] O volume é iniciado com um resumo da história local, em que se acentuam o picaresco, o inédito, o inusitado, e concluído com a descrição dos principais monumentos coloniais da arquitetura civil e religiosa. Trata-se de um guia histórico e turístico bem ao gosto da época, que preenche o interesse do público de visitantes, ávido por referências pertencentes ao passado para sustentar o Brasil moderno que surgia.

Como as demais personagens históricas da cidade, a figura de Chica da Silva relacionava-se sempre a uma edificação, local de visita turística, a rememorar sua existência e sua presença. O guia dá destaque à casa em que vivera, na confluência das ruas Lalau Pires e do Bonfim, com capela anexa, bem como à chácara da Palha, nos arredores da cidade, construída para ela. Devido à inexistência de pesquisa sobre documentação específica acerca do tema, para atestar quem eram os verdadeiros donos dos imóveis no século XVIII, Aires da Mata Machado Filho apela para a "antiga tradição, a presunção quase certa, [...] essa convicção geral"[18] — ou seja, para a memória da cidade, repositório das lembranças de que aquela era a casa onde a escrava vivera com o contratador.

Para esse autor, a casa não era propriedade de Chica da Silva, mas sim do contratador. Esperava ele que a descoberta do inventário de João Fernandes, em Lisboa, confirmasse tratar-se mesmo de morada do desembargador. Enquanto Joaquim Felício alega que Chica ocupava na igreja sempre os melhores lugares, Machado Filho, ao contrário, afirma que a construção de uma capela anexa à casa teria se dado devido à impossibilidade de a ex-escrava frequentar a igreja do Carmo, templo em que a elite branca assistia à missa.[19] Sobre a chácara da Palha, o autor foi mais enfático. Baseado nos escritos do autor das *Memórias* e do cônego Joaquim Silvério de Sousa, Aires Machado fala de um castelo feudal de esplendor asiático, com tetos dourados, mas que servira de palco para "dramas trágicos e desumanas sevícias de bárbara crueldade, que a pena tem por melhor não referir".[20] Chica da Silva ainda carregava os estigmas do século XIX, era um mito negativo, mas que continuava a atrair turistas.

Foi com Soter Couto, autor dos *Vultos e fatos de Diamantina*, livro escrito em 1954, que começou a se consolidar uma imagem positiva de Chica.[21] Couto exalta-lhe a beleza — a única maneira de explicar seus romances —, primeiro com Manuel Pires Sardinha e depois com o rico contratador. Seus luxos, até então considerados excessos e esbanjamentos, foram interpretados como refinamento, semelhante ao "cunho aristocrático das grandes cortes", pois teria incentivado o teatro e a formação de bandas de música.[22]

Incapaz de livrar-se da imagem de Chica como megera, bruxa e caprichosa, Soter Couto divide sua personalidade, visto que era mulher de "boas e más qualidades". Aos portugueses devotava ódio imenso, o que justificaria a lenda, já presente no relato de Joaquim Felício, de que teria colocado alguns reinóis recém-chegados para trabalhar como escravos nas lavras. Isso se daria porque, "correndo-lhe nas veias o sangue africano, tratava-os mal, vingando neles o tormento que era infligido aos seus irmãos caçados e acorrentados para serem vendidos como animais noutras terras". O discurso foi invertido, e Chica tornava-se assim a primeira heroína da nascente nacionalidade brasileira, redentora da sua raça. Finalmente, o mito completava seu primeiro ciclo, se modernizava, adequando-se aos valores de meados do século xx, mas também se desdobrava e se sofisticava, assumindo complexidade psicológica. Só nesse novo contexto uma mulher podia deixar de desempenhar papel secundário; até então a ascendência sobre o parceiro tinha de ser velada, indireta e, sobretudo, desleal, tendo em vista que se fundamentava no sexo. Personagem ativa, construtora do próprio destino, Chica da Silva foi a primeira mulher brasileira a reinar num sistema de verdadeiro matriarcado, tornando "esse um dos períodos áureos de nossa terra".[23]

José Teixeira Neves, responsável pelas notas da terceira edição das *Memórias do Distrito Diamantino*, de 1956, discorda das afirmações de Nazaré Meneses e de Soter Couto e volta a insistir na feiura de Chica da Silva. Lembra que a ex-escrava morreu em 1796, portanto, "32 anos antes do nascimento" de Joaquim Felício dos Santos, que provavelmente se baseou em depoimentos de pessoas que a conheceram em vida, por isso seria o mais indicado para falar sobre a verdadeira aparência de Chica.[24] Teixeira Neves esqueceu-se, porém, de que inúmeros filtros culturais separavam aquele autor dos homens do século anterior. O conceito de beleza, os motivos que levavam um homem a se sentir atraído por uma mulher, as razões que aproximavam os sexos, não eram mais as mesmas. Além disso, perto de sua morte, certamente Chica não teria a mesma aparência de quando conhecera o jovem contratador.

Quase todas as afirmativas de Joaquim Felício dos Santos sobre Chica da Silva são ratificadas por José Teixeira Neves, que afirma terem os dados que deram origem àquele livro sido transmitidos pela tradição oral da família do advogado e de antigos moradores de Diamantina por ele entrevistados, como uma suposta neta de Chica, a centenária Inês Vicência da Silva, que, a despeito da idade, era mulher totalmente lúcida.[25] Teixeira Neves garante a autenticidade dos fatos relativos à perseguição que João Fernandes sofrera de Pombal, devido ao contrabando de diamantes, pois "sabemos por tradição e testemunho de pessoas respeitáveis e fidedignas, que tivemos o trabalho de consultar, que os ouviram dos contemporâneos de João Fernandes, que os conheceram e foram testemunhas oculares". Para reforçar seu argumento, revela ser tudo atestado por um "velho desse tempo que confirma o que levamos dito".[26] Para ele, a memória oral, que se mantinha como fonte principal de informações, se contrapunha ao discurso histórico, do qual mantinha prudente desconfiança, uma vez que, segundo ele, na *História geral do Brasil*, Francisco Varnhagen equivocadamente enfatiza o zelo e a probidade do conde de Valadares, qualidades que a tradição oral da cidade contradizia.[27]

Valendo-se igualmente do estilo de roteiro histórico-turístico, Lúcia Machado de Almeida publicou *Passeio a Diamantina* em 1960, dedicado à memória de Juscelino Kubitschek de Oliveira, "que revelou ao mundo um Brasil desconhecido".[28] Logo na introdução, a autora deixa claro o papel que a cidade e seu passado ocupam no imaginário da época:

> Seja bem-vindo à terra do diamante, amigo! Logo ao chegar, repare que, aqui e ali, emergem blocos de pedra [...]. Quando se abrirem os poros de sua sensibilidade, você perceberá qualquer coisa de imponderável no ar, como se algo do que outrora sucedeu nestas paragens as houvesse marcado para sempre: zunido de chicotes rasgando carnes negras de escravos rebeldes... Suspiros abafados de casais apaixonados... Suspiros de intrigas e traições...[29]

As ruas eram testemunhas silenciosas das andanças da ex-escrava parda de perigosa feminilidade, coberta de diamantes, acompanhada de seu séquito de mestiças, consoante as descrições de Joaquim Felício. João Fernandes fora seduzido pelas artes demoníacas de Chica da Silva, mulher decerto bela e de personalidade forte e magnética. As histórias que conta a autora sobre Chica, ouvidas durante uma viagem a Diamantina, faziam tremer as pedras do Tejuco, e suas maldades não tinham limites: por exemplo, ela mandara arrancar os dentes de uma escrava.[30] Lúcia Machado de Almeida transforma essa visita em experiência inesquecível, digna de ser registrada em um livro, quase um romance.

Essa autora foi a primeira a preocupar-se em pesquisar documentos que confirmassem as afirmações de Joaquim Felício dos Santos. Nas notas de rodapé, Lúcia Machado de Almeida incorpora dados coletados por Rodrigues Lapa, que realizara pesquisa, em 1946, na documentação avulsa sobre Minas Gerais no Arquivo Ultramarino de Lisboa. Do esforço desse historiador vieram à tona alguns documentos que davam conta do destino de Simão Pires Sardinha. O que se sabe é que, após receber um título de nobreza, o filho mais velho de Chica retornou ao Brasil integrando a comitiva do governador Luís da Cunha Meneses. Mas a efemeridade do gesto, a não continuidade de uma pesquisa sistemática e de rigor científico, impediram que a iniciativa resultasse em alguma contribuição efetiva para desnudar o mito que se construíra. Além de citar os documentos obtidos por Rodrigues Lapa, a autora, orientada pelo cônego Raimundo Trindade, então diretor do Museu da Inconfidência de Ouro Preto, consultou o processo de ordenação de Cipriano Pires Sardinha, que, acreditava-se, seria o segundo filho de Chica. Percebeu a inconsistência das informações, pois o nome que constava no processo como mãe do jovem padre era Francisca Pires. Sem chegar a uma conclusão, apenas se perguntou se Francisca

Pires seria Chica da Silva. Contudo, deixou o mistério para ser desvendado por historiadores.[31]

Na publicação dos *Autos de devassa da Inconfidência Mineira*, os historiadores e organizadores Tarquínio de Oliveira e Herculano Mathias incluíram várias notas explicativas, e em algumas delas fazem menção a Chica da Silva e a seus descendentes porque Simão Pires Sardinha se envolvera nos planos sediciosos.[32]

Tarquínio de Oliveira, que redigiu a maioria das notas e especificamente aquelas sobre Chica da Silva, fundamentou-se na historiografia existente, baseada, como vimos, nos escritos de Joaquim Felício, e em documentos coletados nos arquivos durante pesquisa realizada para complementar a documentação dos *Autos da devassa*. Registra o historiador que uma das filhas de Chica se tornara companheira do padre Rolim, com quem tivera cinco filhos. Durante a prisão desse inconfidente, Quitéria Rita permaneceu com os filhos no recolhimento de Macaúbas, onde havia estudado ao lado das irmãs. Segundo pesquisa por ele efetuada em Macaúbas, Chica assinou os documentos de entrada das filhas na instituição e possuía bela letra. Tarquínio conjeturou se a ex-escrava também não teria estudado ali. A análise do processo de habilitação à Ordem de Cristo de Simão Pires Sardinha revela que Chica da Silva, filha do capitão Antônio Caetano de Sá e da mulata Maria da Costa, tinha apenas um quarto de sangue africano.[33] Afirma ainda que o desembargador João Fernandes teria deixado três filhos naturais no Reino, um dos quais seu homônimo, e após chegar a Minas Gerais, tendo se apaixonado por Chica, pediu sua alforria ao pai do padre Rolim, José da Silva de Oliveira, seu proprietário. O historiador corrobora a tese de que Chica era irmã de criação do religioso, vindo a ser posteriormente sua sogra.[34]

A historiografia sedimentava a visão de Chica da Silva como única. A escravidão encerrara as negras no universo da desclassificação, então a ideia que se tinha é que viviam reclusas nas senzalas, parindo filhos ilegítimos, muitos deles mulatos. Chica distinguia-se do destino traçado para as mulheres de sua raça; personagem inédita, era impossível não despertar nos cronistas sentimentos contraditórios: bruxa, sedutora, perdulária, megera, mas também redentora e libertadora de seu povo.

A DIFUSÃO DO MITO

Até meados do século xx, uma abordagem mais histórica vinha dominando as obras que tinham Chica da Silva como tema. Apesar de os autores se basearem principalmente nas fontes orais, sem tecer as críticas necessárias, ou filtrar os registros da memória, estavam limitados pelo respeito à tradição. A maioria das informações foi fornecida por Joaquim Felício dos Santos e, não obstante as interpretações se mostrem divergentes, esse autor se tornou por fim fonte única dos fatos.

A literatura sobre Chica da Silva rompeu os limites que atavam as interpretações históricas, movidas pelo apego aos fatos, àquilo que é empiricamente verificável. A liberdade de reconstrução da realidade preencheu as lacunas da história com a imaginação, recurso estilístico próprio do romance, e agregou outras qualidades ao mito. Tornavam-se cada vez menos nítidas as fronteiras a separar fato e ficção, pois o substrato histórico, que apoiava o enredo, embaraçava o leitor despreparado, incapaz de destrançar as teias em que história e imaginação se confundiam. A confusão se agravava porque inexistia uma pesquisa histórica consistente sobre essa mulher e os Setecentos mineiros, período em que ela viveu.

Em 1953, depois de uma viagem a Minas Gerais que lhe deixou impressões profundas, Cecília Meireles escreveu o *Romanceiro da Inconfidência*.[35] As personagens da história da região dos diamantes ganharam vida em seus versos delicados, enredados em tramas intricadas:

> *Agora são tempos de ouro.*
> *Os de sangue vêm depois.*
> *Vêm algemas, vêm sentenças,*
> *Vêm cordas e cadafalsos.*[36]

O que conduzia o *Romanceiro* e guiava a memória era o espírito modernista — dominante na década de 1950 — de compreensão do espaço urbano setecentista mineiro à luz das personagens que o povoavam. O longo poema, dividido em poemas menores, numerados, trata dos grandes temas da história colonial mineira, com ênfase na Inconfidência de 1789. Os de número XIII a XIX contam a história do contratador dos diamantes e de sua escrava Chica da Silva e também neste caso as páginas de Joaquim Felício inspiraram a pena de Cecília Meireles.[37] Chica era uma personagem sedutora, que fazia suas as vontades do amante. Seu tempo, um tempo de riqueza, terminaria em sofrimento, como a história de Minas Gerais, escrita em sangue e lágrimas.

> Romance XIV ou
> DA CHICA DA SILVA
>
> *Que andor se atavia*
> *naquela varanda?*
> *É a Chica da Silva:*
> *é a Chica que manda!*
>
> *Cara cor da noite*
> *olhos cor de estrela.*
> *Vem gente de longe*
> *para conhecê-la.*

(Por baixo da cabeleira,
tinha a cabeça rapada
e até dizem que era feia)
[…]
Contemplai, branquinhas,
na sua varanda,
a Chica da Silva,
a Chica-que-manda!

Em 1959, Antônio Callado transpôs a personagem para o teatro, na peça *O tesouro de Chica da Silva*.[38] O enredo centra-se na visita do conde de Valadares, então governador das Minas Gerais, que, a mando do marquês de Pombal, pretendia investigar as desordens do contrato, constituindo ameaça ao mundo de luxo e riqueza em que vivia o casal. Callado acentua a inteligência e as artimanhas da Chica-que-manda, em oposição a um João Fernandes "manso e timorato", incapaz de impedir a concretização do plano ameaçador do conde. Nesse texto, não foram os presentes oferecidos pelo contratador que libertaram os dois amantes da ruína, mas sim a astúcia de Chica, que elabora um plano maquiavélico a fim de enredar o governador. O filho bastardo de Valadares, caído de amores pela ex-escrava e por ela induzido, mata o chefe da guarda; assim, em troca de proteção ao rapaz, o pai silencia. Valadares afirma que Chica da Silva era uma bruxa, que a todos enfeitiça.

Chica que manda,[39] romance de Agripa de Vasconcelos escrito em 1966, tornou-se a principal fonte de informações sobre Chica da Silva. Nos seis romances que compõem as *Sagas do país das Gerais*, o romancista e sócio do Instituto Histórico de Minas Gerais (IHGM) procura realçar a história do estado e de seus principais habitantes. Ancorado em fatos reais, preenche as lacunas existentes com a imaginação, o que mais uma vez torna indistintas as fronteiras entre fato e ficção.

No romance de Agripa, Chica era prisioneira de um ciúme que corroía as entranhas — conforme há haviam apontado Cecília Meireles e Lúcia Machado de Almeida. Era, ao mesmo tempo, personagem capaz de extremas demonstrações de bondade, geralmente dirigidas aos escravos e naturais da terra, e de profundo ódio, para com as autoridades portuguesas e os eventuais alvos de suas desconfianças. Tratava enfermos desenganados, sem poupar custos, mas atirava no poço o rebento de um suposto romance extraconjugal do contratador. Mulher indomável, representava o espírito de rebeldia dos colonos e da raça negra.

Em 1971, o romancista diamantinense Paulo Amador lançou mão da ficção literária para imprimir novas qualidades à Chica, afastando-a dos estereótipos extremos em que a inseriram: ou boçal ou devoradora de homens. Em *Rei branco, rainha negra*,[40] o padre Rolim é transformado em narrador da história, a figura responsável por reabilitar a personagem, a quem teria conhecido intimamente. Chica da Silva foi intelectualizada e tornou-se mulher sensível, protetora dos escravos e das artes. Rolim teria se tornado inconfidente devido à influência por ela exercida, ao incutir-lhe ideias de liberdade e igualdade. O relacionamento com João Fernandes é pintado com as cores do amor romântico, sem os contornos eróticos mais tarde delineados pelo cinema. O pretenso acesso de Paulo Amador a um manuscrito cuja autoria atribuía ao padre Rolim, citado por Joaquim Felício, é que teria servido de fonte para o relato; buscava-se dessa maneira conferir veracidade à história e mais uma vez fundir realidade e ficção.

Em artigo posterior, o autor de *Rei branco, rainha negra* revela ter imprimido tais características à personagem e à trama por ser partidário do ponto de vista segundo o qual a história do Brasil teria sido construída pelo povo. Em seu romance, Chica da Silva representaria o povo brasileiro, até então ausente dos livros de história. Mulher, negra, pobre, inteligente, corajosa e extraordinária, assumiu a responsabilidade por seu destino e assim ajudou a fundar um novo Brasil.[41]

João Felício dos Santos escreveu, em 1976, Xica da Silva,[42] romance que retomou o roteiro que serviu de inspiração para o filme de Cacá Diegues realizado no mesmo ano. Esse autor reatualiza o mito, e atribui-lhe características sensuais, tão ao gosto da década de 1970, quando a revolução sexual liberta a mulher dos estereótipos que a mantinham presa à imagem de recato e confinamento do lar. Paradoxalmente, foi o sobrinho-neto de Joaquim Felício dos Santos que imprimiu as características sensuais aos quais o mito de Xica — com X mesmo — permanecerá eternamente atado. A transformação radical da personagem foi justificada com o argumento da falta de documentos históricos sobre o assunto, e somente a sensualidade da mulher mestiça poderia servir como fio narrativo desta "louca aventura de poder e amor, vivida no meio das pedras e da selva brasileira do século XVIII".[43]

O cinema[44] democratizou o mito e o tamanho da tela foi proporcional às dimensões que ele alcançou tanto no Brasil como no exterior. O filme modificou a grafia do nome — transformando-o em Xica da Silva —, e fez com que a figura da ex-escrava se mantivesse eternamente associada à sensualidade e à beleza. Rompeu definitivamente a imagem grotesca que Joaquim Felício compusera e que a historiografia, como tributária da memória oral, jamais contestara. Por não estar vinculado a essa tradição, e tendo como missão conquistar o espectador, o cinema, ao enfatizar a sensualidade da mulher negra, construiu um mito que se ajustava ao imaginário coletivo da época.

O movimento do Cinema Novo do qual Cacá Diegues participava tinha como interesses o povo brasileiro e sua história, mas reivindicava o direito da liberdade de expressão para contá-la. Para esse diretor, era importante compreender e resgatar a tradição afro-americana na nossa sociedade contemporânea e, buscando concretizar esse objetivo, transformou em película a história de dois ícones da presença africana no Brasil: Chica da Silva e Zumbi dos Palmares. Essa releitura pretendia oferecer uma visão crítica ao espectador, sobretudo no tocante às relações entre os portugueses e a elite brasileira de um lado e os escravos e marginalizados de outro.[45]

A sexualidade e a energia radiante de Chica compunham o retrato de uma cultura africana rica e complexa, enquanto os costumes e as personagens brancos se mostravam toscos, frios, quase ridículos.[46] Dessa forma, minava-se o estereótipo da dominação dos negros pelos brancos na cultura brasileira e apresentava-se um quadro alternativo dessa relação. No filme, a redenção é alcançada por meio de Xica da Silva: ao colocar a sexualidade a seu favor, ela inverte o mecanismo por meio do qual os homens brancos garantiram a dominação sobre sua raça, ao utilizar as mulheres de cor para satisfazer seu apetite sexual.[47]

Nas cenas finais retrata-se o ocaso do poderio de Chica, cuja existência se devia unicamente à presença do dominador branco, representado pelo contratador dos diamantes. Se o poder alcançado pela atrevida escrava desafiava a ordem reinante, ele se circunscrevia aos limites impostos por essa mesma ordem. No entanto, ainda que privada de sua antiga glória, ela acreditava que sua força jamais morreria, pois tinha como alicerce o interesse que a sexualidade negra despertava na sociedade brasileira.[48]

Por fim, mais recentemente, o mito de Chica se popularizou e se massificou com a versão para a televisão em novela realizada pela Rede Manchete, em 1997.[49] O custo da democratização do mito foi sua total perversão. Os limites do erótico e do mau gosto foram ultrapassados, sem nenhum compromisso com a realidade do século XVIII, que tem sido revelada na sua multiplicidade e complexidade pela pesquisa histórica. O enredo confuso, adaptado às ondulações dos índices de audiência, incorporou desde a italiana Cicciolina, ícone pornô contemporâneo, até o transporte do drama renascentista de Romeu e Julieta para as serras das Gerais, com direito a venenos, intrigas e mortos-vivos. As graves distorções históricas desvirtuaram uma das grandes habilidades, senão o objetivo, dos programas televisivos — ensinar o grande público e ao mesmo tempo proporcionar diversão.

Se o discurso histórico se baseou-se em uma Chica metafórica, o romance, o cinema e a televisão somente criaram novos estereótipos. Nada se fez para levantar o véu que encobre a sua figura e que a imobilizou no mito. Continuava desconhecida a Francisca da Silva de Oliveira, mulher de carne e osso, ex-escrava que percorreu as ruas e vielas do arraial do Tejuco setecentista, que participou do ciclo do diamante, período importante da história brasileira, que enriqueceu, adquiriu propriedades, escravos, bens de raiz, e que educou catorze filhos.

Para além da trajetória individual de Chica da Silva, sua história lança luz sobre as formas como as relações entre as raças se constituíram no espaço geográfico das Minas Gerais. Sob o manto de uma pretensa democracia racial, sutil e veladamente, a sociedade mestiça procurava se branquear e escondia a fria exclusão social e racial, simbolizando o que se passava no Brasil.

Este livro realiza essa reconstrução à luz do tempo em que Chica da Silva viveu, e não sob a perspectiva do presente. Assim como as outras forras da época, ela alcançou sua alforria, amou, teve filhos, educou-os, buscou ascender socialmente com vistas a diminuir a marca que a condição de parda e forra impunha para ela mesma e para os seus descendentes. Inserção que se comprovou paradoxal, foi porém a única maneira que mulheres como Chica encontraram para retomar o controle sobre suas vidas. Todas acumularam bens, transitaram entre as irmandades que se constituíram, independentemente da cor dos membros que essas entidades pretendiam congregar, foram senhoras de escravos, imitaram padrões de comportamento da elite — foi assim que se integraram à sociedade branca, à procura de reconhecimento e aceitação.

Abreviaturas

1. ARQUIVOS E BIBLIOTECAS

AAPAH	Arquivo e Acervo Particular Assis Horta
ACO	Arquivo da Casa dos Ottoni
ACS	Arquivo da Casa Setecentista
AEAD	Arquivo Eclesiástico da Arquidiocese de Diamantina
AEAM	Arquivo Eclesiástico da Arquidiocese de Mariana
AFS	Arquivo do Fórum do Serro
AIP	Arquivo da Igreja do Pilar
AHCMM	Arquivo Histórico da Câmara Municipal de Mariana
AHTCL	Arquivo Histórico do Tribunal de Contas de Lisboa
AHU	Arquivo Histórico Ultramarino
AMU	Arquivo de Marinha e Ultramar
AN	Arquivo Nacional
ANTT	Arquivo Nacional da Torre do Tombo
APM	Arquivo Público Mineiro
ARM	Arquivo do Recolhimento de Macaúbas
AUC	Arquivo da Universidade de Coimbra
BAT	Biblioteca Antônio Torres
BNL	Biblioteca Nacional de Lisboa
FBN	Fundação Biblioteca Nacional — Rio de Janeiro

INSC	Igreja de Nossa Senhora do Carmo — Diamantina
Iphan/BH	Arquivo do Instituto do Patrimônio Histórico e Artístico Nacional/Belo Horizonte
Iphan/RJ	Arquivo do Instituto do Patrimônio Histórico e Artístico Nacional/Rio de Janeiro
MO/CBG	Museu do Ouro/Casa Borba Gato

2. FUNDOS

AHU/MAMG	Manuscritos Avulsos de Minas Gerais. Fundo do Arquivo Histórico Ultramarino
APM/SC	Seção Colonial. Fundo do Arquivo Público Mineiro
HSJ/TFP	Testamentaria de Francisco Pinheiro. Fundo do Hospital São José

Notas

APRESENTAÇÃO [PP. 17-25]

1. BAT. Arquivo Particular de Antônio Torres. Caixa 7.
2. ANTT. Real Mesa Censória. *Gazeta de Lisboa*. Caixa 465, nº 39. Quinta-feira, 2 de novembro de 1752, pp. 562-3.
3. Lúcia Machado de ALMEIDA. *Passeio a Diamantina*. 1960, pp. 88-9.
4. Luiz MOTT. *Rosa Egipcíaca, uma santa africana no Brasil*. 1993, p. 70.
5. BAT. Arquivo Particular de Antônio Torres. Caixa 7.
6. Em 1917, foi realizado um grandioso trabalho de restauração, principalmente no subsolo da igreja, que se encontrava em fase de deslizamento, com exposição dos pilares. Os corpos ali sepultados foram então transferidos para carneiros construídos no exterior da igreja. Arquivo do Iphan/BH. Pasta da Igreja de São Francisco de Assis de Diamantina.
7. Interpretação dada por Valdina Oliveira Pinto, conhecedora da religião banta.
8. Joaquim Felício dos SANTOS. *Memórias do Distrito Diamantino*. 1868.
9 "Il m'a fallu me demander s'il était possible d'approcher un Saint Louis qu'on pourrait dire 'vrai', vraiment historique, à travers les sources." Jacques LE GOFF. *Saint Louis*. 1996, p. 17.
10. Pierre BORDIEU. "L'illusion biographique". *Actes de La Recherche*. 1986, pp. 69-72.

11. *Macbeth*, de William SHAKESPEARE. Apud: Pierre BORDIEU, op. cit., p. 69.
12. Michel VOVELLE. "De la biographie à l'étude de cas". *Problèmes et méthodes de la biographie*. 1985, p. 191.
13. Giovanni LEVI. "Les usages de la biographie", *Annales*, 1989, pp. 1325-35.
14. Idem, ibidem.
15. Jorge Luis BORGES. *Esse ofício do verso*. 2000, p. 62.
16. Kathleen J. HIGGINS. *Licentious liberty*. 1999.
17 A. J. R. RUSSELL-WOOD. "Preconditions and precipitants of the independence movement in Portuguese America". In: *From colony to nation: essays on the independence of Brasil*. 1975, p. 11. Do mesmo autor, ver *The black man in slavery and freedom in colonial Brazil*, 1982.
18. Emília Viotti COSTA. "The myth of racial democracy". In: *Myths and histories*. 1985. Este mito, formulado por Gilberto Freyre, encontra um de seus expoentes mais recentes em Darcy Ribeiro.
19. Kathleen J. HIGGINS, op. cit., pp. 9-10.
20. Idem, ibidem, p. 112.
21. Destaco aqui os trabalhos de Luciano Raposo Figueiredo, Mary del Priore, Eduardo França Paiva, Kathleen Higgins, Maria Beatriz Nizza da Silva e Sheila Castro Faria, entre outros, citados na bibliografia que complementa esta edição.
22. Cecília MEIRELES. *Romanceiro da Inconfidência*. 1965, p. 51.

1. TERRA DE ESTRELAS [PP. 27-46]

1. Eric. J. HOBSBAWM. *A era das revoluções (1789-1848)*. 1979.
2. Arthur BERRY. *A short history of astronomy*. 1961, p. 225.
3. Idem, ibidem, pp. 251, 252 e 255.
4. Jacome RATTON. *Recordações de Jacome Ratton sobre ocorrências do seu tempo em Portugal*. 1992, p. 145.
5. J. M. PEREIRA DA SILVA. "História da fundação do Império Brasileiro". In: Joaquim Felício dos SANTOS. *Memórias do Distrito Diamantino*, 1976, p. 50.
6. HSJ/TFP. Carta 166, maço 29, fls. 257, 258, 259, 271. In: Luís LISANTI FILHO. *Negócios coloniais*. 1973.
7. José Vieira COUTO. "Memória sobre as minas da capitania de Minas Gerais: suas descrições, ensaios e domicílios próprios à maneira de itinerário". *Revista do Arquivo Público Mineiro*, vol. 10, 1905, p. 57.
8. Idem. *Memória sobre a capitania de Minas Gerais, seu território, clima e produções metálicas*. 1994, p. 54.
9. Idem, ibidem.

10. Júnia FURTADO. "Chuva de estrelas na Terra: o paraíso e a busca dos diamantes nas Minas setencentistas". In: *História e meio ambiente. O impacto da extensão europeia*. 1999, pp. 445-7. Da mesma autora, ver "Saberes e negócios: os diamantes e o artífice da memória, Caetano Costa Matoso". *Varia Historia*, 2000, pp. 295-306.

11. Idem. *O livro da capa verde*. 1996, pp. 45-6.

12. Carta de dom Lourenço sobre a descoberta dos diamantes, 22 de julho de 1729. *Revista do Arquivo Público Mineiro*, vol. 7, 1902, pp. 263-4.

13. Vitorino de Magalhães GODINHO. "Portugal, as frotas do açúcar e do ouro (1670-1770)". *Revista de História* (USP), jul.-set. 1953, pp. 69-88.

14. Júnia FURTADO. *O livro da capa verde*. 1996, p. 25.

15. Idem, ibidem, p. 26.

16. Alcide D'ORBIGNY. *Viagem pitoresca através do Brasil*. 1976, p. 135.

17. José Vieira COUTO. *Memória sobre a capitania de Minas Gerais, seu território, clima e produções metálicas*. 1994, p. 54.

18. Idem, ibidem, pp. 56-7.

19. Idem. "Memória sobre as minas da capitania de Minas Gerais...", *Revista do Arquivo Público Mineiro*, 1905, p. 57.

20. ANTT. Habilitações da Ordem de Cristo. Letra s. Maço 5, doc. 5 e AEAM. *Auto de genere et moribus* de Simão Pires Sardinha. 1768. Armário 10, pasta 1782.

21. "Do descobrimento dos diamantes e diferentes métodos que se têm praticado na sua extração". *Anais da Biblioteca Nacional*, Rio de Janeiro, vol. 80, 1960, p. 11.

22. "Notícias históricas de Portugal e do Brasil (1751-1964)". *Gazeta de Lisboa*, 1964, p. 218.

23. A arrematação do contrato será discutida mais detalhadamente no capítulo 3.

24. Apesar de o quarto contrato ter sido arrematado em dezembro de 1751 por 240 milhões de réis para o período que cobria os seis anos seguintes, João Fernandes só passou a ter controle sobre a exploração a partir de meados de 1753, recuando as contas até o início daquele ano. AHU, MAMG. Caixa 60, doc. 7. Ver capítulo 5. Na carta de "quitação do contrato dos diamantes nos anos de 1756, 1757, 1758 e 1760", lê-se: "o quarto contrato, que principiou em janeiro de 1753 e terminou em dezembro de 1759...". ANTT. Ministério do Reino. Livro 208, fls. 227 e 227v.

25. Júnia FURTADO. "Saberes e negócios: os diamantes...", op. cit., pp. 295-306.

26. ANTT. Real Mesa Censória. *Gazeta de Lisboa*. Caixa 465, nº 12. Quinta-feira, 21 de março de 1754, p. 96.

27. Júnia FURTADO. *O livro da capa verde*. 1996, p. 26.

28. João DORNAS FILHO. "Os ciganos em Minas Gerais". *Revista do Instituto Histórico e Geográfico de Minas Gerais*, 1948, pp. 147-51.

29. Sílvio de VASCONCELOS. "A formação urbana do arraial do Tejuco". *Revista do Patrimônio Histórico e Artístico Nacional*, 1959, p. 127.

30. Idem, ibidem, p. 121.

31. AHU, MAMG. Caixa 108, doc. 9, f. 1.

32. Idem, ibidem.

33. Idem, ibidem, fls. 1-9.

34. George GARDNER. *Viagens no Brasil*. 1942, p. 382.

35. Alcide D'ORBIGNY, op. cit., p. 135.

36. Conforme demonstra um bico de pena pertencente ao Arquivo e Acervo Particular Assis Horta, em que foram retratados diversos sobrados da praça da matriz no começo do século XX, dos quais a maioria possuía muxarabis.

37. ACO. Livro de autos de arrematações e termos de fianças. 1722-1742, p. 62.

38. Sílvio de VASCONCELOS, op. cit., p. 127.

39. Caio César BOSCHI. *Os leigos e o poder*. 1986. Ver também Adalgisa Arantes CAMPOS. "Irmandades mineiras e missas". *Varia Historia*, 1996, pp. 19-27.

40. José de Souza Azevedo Pizarro e ARAÚJO. *Memórias históricas do Rio de Janeiro*. t. II, vol. 8, 1946, p. 115.

41. AHU, MAMG. Caixa 63, doc. 1.

42. *Revista do Arquivo Público Mineiro*, vol. 7, p. 279. Apud: Sílvio de VASCONCELOS, op. cit., p. 126.

43. AHU, MAMG. Caixa 108, doc. 9, fls. 1-9.

44. Idem, ibidem, f. 5.

45. APM. Seção Colonial. 268, fls. 277-80.

46. Auguste de SAINT-HILARE. *Viagem pelo Distrito dos Diamantes e litoral do Brasil*. 1974, pp. 29-33.

47. APM. Seção Colonial. 176, p. 24.

48. Francisco Curt LANGE. *A música no período colonial em Minas Gerais*, 1979. Do mesmo autor, ver *História da música na capitania geral das Minas Gerais*, vol. 8, capítulo "José Joaquim Emérico Lobo de Mesquita". 1983, pp. 112-73.

49. "Notícias históricas de Portugal e do Brasil (1751-1964)". *Gazeta de Lisboa*, 1964, p. 13.

50. Júnia FURTADO. *O livro da capa verde*. 1996, pp. 54-5.

51. Idem. "Estudo crítico". In: José Vieira COUTO. *Memória sobre a capitania de Minas Gerais*. 1994, p. 19.

52. Sérgio Buarque de HOLANDA. *Metais e pedras preciosas*. 1985, p. 306.

53. AHU, MAMG. Caixa 108, doc. 9, fls. 1-9. Trata-se de documento interessantíssimo para a reconstituição da sociedade local em face das informações que fornece. Foram listados todos os(as) chefes de domicílio, por rua, seguidos de descritores como cor, ocupação, estado civil, número de habitantes livres da casa. Havia

510 domicílios e 511 chefes de domicílios, pois dois escravos coartados dividiam a chefia de um mesmo domicílio. Para chegar ao número total de domicílios, foram excluídos da contagem cinco agregados (quatro homens e uma mulher) que foram computados no censo.

54. Coartação era o processo de alforria pelo qual o escravo arcava com o ônus da liberdade, fosse em trabalho ou em espécie. Como esse pagamento podia dar-se em um um intervalo longo de tempo, muitas vezes os escravos viviam longe do ex-proprietário.

55. AHU, MAMG. Caixa 108, doc. 9, f. 5: "Vitoriano e Anacleto, pretos, coartados, sapateiros, em casa alugada".

56. Marco Antonio SILVEIRA. *O universo do indistinto: Estado e sociedade nas Minas setecentistas* (1735-1808). São Paulo: Hucitec, 1997.

57. AHU, MAMG. Caixa 108, doc. 9, f. 1.

58. AEAM. Livro de devassas. 1750-1753, fls. 40-41v.

59. Júnia FURTADO. "Entre becos e vielas: o arraial do Tejuco e a sociedade diamantífera setecentista". In: Carla ANASTASIA & Eduardo França PAIVA (org.). *O trabalho mestiço*. 2002, pp. 497-511.

60. Joaquim Felício dos SANTOS, op. cit., 1976. pp. 123-30. Ver também Francisco Curt LANGE. *História da música na capitania geral das Minas Gerais*, op. cit., pp. 111-25.

61. André João ANTONIL. *Cultura e opulência do Brasil, por suas drogas e minas*. 1974, pp. 194-5.

62. AEAD. Óbito e testamento de Rita Pais de Gouveia. Livro de óbitos do Tejuco. Caixa 521, fls. 35-35v.

63. Luciano R. A. FIGUEIREDO. *Barrocas famílias: vida familiar em Minas Gerais no século XVIII*. 1997.

2. CHICA DA SILVA [PP. 47-72]

1. AEAM. *Auto de genere et moribus* de Simão Pires Sardinha. 1768. Armário 10, pasta 1782. No documento de pedido de ingresso de Simão às Ordens Menores, as testemunhas mencionam que Chica da Silva teria entre 34 e 37 anos em 1768. Isso significa que ela teria nascido entre 1731 e 1735. Era comum as pessoas não saberem a idade exata uma das outras; conhecia-se a idade aproximada. Os documentos eram raros e falhos: não havia registro de nascimento, apenas de batismo, e as datas de um e outro nem sempre coincidiam.

2. AEAM. *Auto de genere et moribus* de Simão Pires Sardinha. 1768. Armário 10, pasta 1782. Auto de batismo de Francisca da Silva de Oliveira.

3. ANTT. Leitura de bacharéis. Letra L. Maço A, doc. 24.

4. José Vieira couto. "Memória sobre as minas da capitania de Minas Gerais". *Revista do Arquivo Público Mineiro*, 1905.

5. A matriz do Milho Verde era dedicada a Nossa Senhora dos Prazeres, porém "informa o cônego Raimundo Trindade que foi por provisão de 8 de outubro de 1781, a pedido do capitão José de Moura e Oliveira, que veio a ser instituída no lugar, como filial da freguesia da Vila do Príncipe, uma capela sob invocação de são José". Afonso ávila. "Minas Gerais: monumentos históricos e artísticos — circuito dos diamantes". *Revista Barroco*, 1994-5, p. 207. No entanto, parece que a invocação a Nossa Senhora dos Prazeres persistiu por muito tempo pois, em 1799, a crioula Inês Fernandes Neves foi enterrada na "capela de Nossa Senhora dos Prazeres do arraial do Milho Verde". bat. Cartório do Primeiro Ofício, maço 26.

6. bat. Testamento de Ana da Glória dos Santos. Cartório do Primeiro Ofício, maço 4.

7. aeam. *Auto de genere et moribus* de Simão Pires Sardinha. 1768. Armário 10, pasta 1782. Testemunho de Silvestre de Reis Drago.

8. Idem, ibidem.

9. Júnia furtado. *Cultura e sociedade no Brasil colônia*. 2000, p. 73.

10. aead. Livro de batizados do arraial do Tejuco. 1745-1765. Caixa 297, f. 2; livro de termos do Serro do Frio. 1750-1753. Caixa 557, f. 102v.

11. Mary C. karasch, *A vida dos escravos no Rio de Janeiro, 1808-1850*. 2000, pp. 36-7. Ver também Stuart B. schwartz. "The manumission of slaves in colonial Brazil: Bahia, 1684-1745". *Hispanic American Historical Review*, vol. 54, 1974, pp. 603-35.

12. antt. Chancelaria de dona Maria i. Livro 20, f. 11.

13. aead. Livro de batizados do arraial do Tejuco. 1745-1765. Caixa 297, f. 22. O cotejo deste documento com outros comprova que a escrava Francisca parda que pertencia a Manuel Pires Sardinha era com efeito Chica da Silva.

14. ahu, mamg. Caixa 60, doc. 29. Em 30 de junho de 1752, o dr. Manuel Pires Sardinha foi testemunha de uma devassa no Tejuco e afirmou ser branco, viver de sua lavra e curativo no arraial do Tejuco e ter sessenta anos.

15. aco. Livro de registro de patentes da Câmara da Vila do Príncipe, fls. 6v-9.

16. aead. Livro de óbitos do arraial do Tejuco. 1752-1895. Caixa 350, fls. 70v-71v. Livro dos defuntos que faleceram e se encontram enterrados na capela de Santo Antônio. O privilégio pode ser encontrado no Compromisso da Irmandade do Santíssimo Sacramento, capítulo xxvii, 1785. A eleição como provedor ocorreu em 1759, como se vê em "Eleição de provedor, e mais oficiais, e irmãos de mesa que hão de servir a Irmandade do Santíssimo Sacramento. Ano 1759-1760. Procurador o dr. Manuel Pires Sardinha/irmão de mesa — o dr. João Frz. de Olivra". Compromisso da Irmandade do Santíssimo Sacramento, 1785.

17. aead. Livro de óbitos do arraial do Tejuco. 1752-1895. Caixa 350, fls. 70v-71v.

18. As escravas do Tejuco foram retratadas entre 1776 e 1799 por Carlos Julião. "Julião nasceu em Turim, em 1740, e serviu no exército português, galgando vários postos até chegar a coronel. Era engenheiro militar e aquarelista." Suas figuras de escravos do Serro do Frio e do Rio de Janeiro constituem raros exemplos de iconografia de escravos no século XVIII. Carlos JULIÃO. *Riscos iluminados de figurinhos de brancos e negros dos usos do Rio de Janeiro e Serro do Frio*, 1960.

19. AEAD. Livro de batizados do arraial do Tejuco. 1745-1765. Caixa 297, fls. 14, 34 e 53.

20. Idem, ibidem, fls. 6v, 48, 52v, 57 e 109.

21. Idem, ibidem, f. 49.

22. AEAM. Livro de devassas. 1750-1753, f. 40.

23. Gilberto FREYRE. *Casa-grande & senzala*. 31ª edição. 1996, p. XVI.

24. Kathleen J. HIGGINS. *Licentious liberty*. 1999, pp. 109-10. Ver também Luciano R. A. FIGUEIREDO. "A pequena Inquisição. Visitas e visitações". *Barrocas famílias*. 1997, pp. 41-79.

25. Manuel Vieira Couto era pai do famoso naturalista e médico tejucano José Vieira Couto.

26. AEAM. Livro de devassas. 1750-1753, fls. 43v-45v.

27. AEAD. Livro de batizados do arraial do Tejuco. 1745-1765. Caixa 297, f. 29.

28. AEAD. Livro de óbitos do arraial do Tejuco. 1752-1895. Caixa 350, f. 27.

29. AEAD. Livro de batizados do arraial do Tejuco. 1745-1765. Caixa 297, f. 11. AFS. Livro avulso de testamentos. AEAD. Livro de óbitos do arraial do Tejuco. Caixa 350, f. 71.

30. AEAM. Livro de devassas. 1750-1753, f. 102.

31. Manuel Pires Sardinha teve três filhos naturais de escravas diferentes, mas na época em questão relacionava-se concomitantemente apenas com as duas Franciscas. AEAD. Livro de termos do Serro do Frio. 1750-1753. Caixa 557, f. 102v.

32. Idem, ibidem.

33. AEAD. Livro de batizados do arraial do Tejuco. 1745-1765. Caixa 297, f. 29.

34. Idem, ibidem, f. 11.

35. AEAD. Livro de óbitos do arraial do Tejuco. 1752-1895. Caixa 350, f. 27.

36. AEAD. Livro de batizados do arraial do Tejuco. 1745-1765. Caixa 297, f. 21.

37. AEAM. Auto de gênese de Cipriano Pires Sardinha. 1785. Gaveta 34.

38. Idem, ibidem, fls. 13-17v.

39. AEAM. Livro de devassas. 1750-1753, f. 41.

40. AEAD. Livro de termos do Serro do Frio. 1750-1753. Caixa 557, fls. 99-100.

41. AEAM. Livro de devassas. 1750-1753, f. 41.

42. Idem, ibidem, f. 41v.

43. AEAD. Livro de termos do Serro do Frio. 1750-1753. Caixa 557, fls. 34v-35.

44. AEAM. Livro de devassas. 1750-1753, fls. 43v-45v.

45. Joaquim Felício dos SANTOS, op. cit., 1976, p. 124.
46. AFS. Livro de notas. 1754, fls. 55-55v.
47. AEAD. Livro de óbitos do arraial do Tejuco. Caixa 521, f. 69. BAT. Inventário de José da Silva de Oliveira. 1796-1797. Cartório do Primeiro Ofício, maço 28.
48. AEAD. Livro de óbitos do arraial do Tejuco. Caixa 521, f. 70.
49. Já no inventário do sargento-mor, Chica é citada por ter pagado uma dívida contraída por Manuel Pires Sardinha, "para cuja dívida se separaram bens que seriam na testamentaria de Francisca da Silva de Oliveira". Quando parte do pagamento foi efetuada, o escrivão anotou: "Aos dezoito dias, seiscentos e trinta e oito réis que devia Francisca da Silva, preta". BAT. Inventário de José da Silva de Oliveira. 1796-1797. Cartório do Primeiro Ofício, maço 28, fls. 23 e 73v.
50. AEAD. Livro de batizados do arraial do Tejuco. 1745-1765. Caixa 297, f. 32.
51. Idem, ibidem, f. 42v.
52. Luiz MOTT. *Rosa Egipcíaca, uma santa africana no Brasil.* 1993, p. 162.
53. Idem, ibidem, p. 161.
54. ANTT. Habilitações da Ordem de Cristo. Letra s. Maço 5, doc. 5.
55. José Teixeira Neves atribui erroneamente a paternidade do primogênito de Chica da Silva a Rafael Pires Pardinho, que foi o primeiro intendente dos diamantes, confundindo-o com Manuel Pires Sardinha. Apud: Joaquim Felício dos SANTOS, op. cit., 1956, nota 26, p. 162.
56. Sobre o significado, a evolução e mecanismos de entrada na Ordem, ver Francis A. DUTRA. *Membership in the Order of Christ in the seventeenth century: its rights, privileges and obligations.* 1970.
57. Júnia FURTADO. *Homens de negócio.* 1999, pp. 37-8.
58. Evaldo Cabral de MELLO, em *O nome e o sangue*, de 1989, analisa o processo de habilitação de um senhor de engenho pernambucano, que tentava alcançar o hábito da Ordem de Cristo para apagar a mancha de cristão-novo que pesava sobre seus ascendentes.
59. ANTT. Habilitações da Ordem de Cristo. Letra s. Maço 5, doc. 5. Interrogatórios.
60. Os graus das ordens sacramentais dividiam-se em sete, das quais quatro eram ordens menores e três, sacras. As Ordens Menores eram Ostiário, Leitor, Exorcista e Acólito. E as Sacras, Subdiácono, Diácono e Presbítero. Todas eram consagradas e dedicadas a Deus pelo voto de castidade que faziam seus membros e pela impossibilidade de tomar outro estado secular. *Constituições primeiras do arcebispado da Bahia.* Livro Primeiro, 1853, capítulo 209, p. 86.
61. AEAM. *Auto de genere et moribus* de Simão Pires Sardinha. 1768. Armário 10, pasta 1782.
62. ANTT. Habilitações da Ordem de Cristo. Letra s. Maço 5, doc. 5. Interrogatórios, fls. 2 e 9.

63. ANTT. Ministério do Reino. Livro 215, fls. 207 e 208.
64. ANTT. Habilitações da Ordem de Cristo. Letra s. Maço 5, doc. 5, f. 3.
65. Idem, ibidem, fls. 3-3v.
66. Idem, ibidem, f. 4v.
67. Idem, ibidem, f. 6.
68. Havia vários tipos de ilegitimidade, e o filho natural — que significa ser filho ilegítimo de pais solteiros — é um deles. Os filhos ilegítimos podiam ser adulterinos, incestuosos, espúrios, sacrílegos, dependendo da condição dos pais.
69. Há aqui outra manipulação da documentação, pois Manuel Pires Sardinha não chegou a reconhecer oficialmente os filhos, apesar de ter lhes legado de fato seu patrimônio em testamento. Neste documento, ele afirma que os meninos mulatos nasceram em sua casa e a eles se afeiçoara. AEAD. Livro de óbitos do Arraial do Tejuco. Caixa 350. 1752-1895, f. 27.
70. ANTT. Habilitações da Ordem de Cristo. Letra s. Maço 5, doc. 5, f. 3v.
71. O sexto conde da Calheta, por carta régia de 3 de janeiro de 1766, foi Antônio de Vasconcelos e Sousa, neto de Afonso de Vasconcelos e Sousa, terceiro conde de Castelo Melhor e quinto conde da Calheta. In: Anselmo Braamcamp FREIRE. *Brasões da sala de Sintra*, vol. 1, 1973. p. 379.
72. ANTT. Habilitações da Ordem de Cristo. Letra s. Maço 5, doc. 5, f. 8.
73. Idem, ibidem, f. 10.
74. Esse estratagema está ligado à forma distinta com que se comportou em relação à ascendência paterna nos dois momentos. No primeiro processo, vivendo no Tejuco sob a proteção de Chica e do desembargador, insistiu em que "ninguém sabe quem é o pai", e que era filho ilegítimo "sem que se saiba na cidade quem seja o pai". No segundo momento, invocou a paternidade de Manuel Pires Sardinha, artifício indispensável para a obtenção do acesso à Ordem, e apagou o relacionamento da mãe com João Fernandes de Oliveira.
75. ANTT. Índice de leitura de bacharéis. Letra L. Maço A, doc. 24.
76. ANTT. Habilitações da Ordem de Cristo. Letra s. Maço 5, doc. 5, f. 11.
77. Idem, ibidem, f. 9.
78. Idem, ibidem, fls. 9 e 11.
79. Idem, ibidem, fls. 8-14.
80. AHU, MAMG. Caixa 9, doc. 53.
81. AEAD. Livro de batizados do arraial do Tejuco. 1740-1754. Caixa 297, f. 48.
82. AEAM. *Auto de genere et moribus* de Simão Pires Sardinha. 1768. Armário 10, pasta 1782.
83. AEAM. *Auto de genere et moribus* de Simão Pires Sardinha. 1768. Armário 10, pasta 1782. Testemunha Maria Furtado de Mendonça.
84. *Constituições primeiras do arcebispado da Bahia*. Livro Primeiro, título XIV, 1853, pp. 20-1.

85. Biblioteca da Universidade de Coimbra. Manuscritos do Brasil, f. 140. Carta-lei relativa a capelães que deveriam ter os navios que houvessem de sair do porto da Bahia para Angola, Costa da Mina etc.

86. Júnia FURTADO. "Pérolas negras: mulheres livres de cor no Distrito Diamantino". In: *Diálogos oceânicos*. 2001, pp. 98-9.

87. AEAD. Livro de óbitos do arraial do Tejuco. 1752-1895. Caixa 350, fls. 34-35.

88. AEAD. Livro de óbitos do arraial do Tejuco. Caixa 521, fls. 102-102v.

89. Idem, ibidem, fls. 379v-380.

90. Apenas Manuel Pires Sardinha havia morrido, no ano de 1760. AEAD. Livro de óbitos do arraial do Tejuco. 1752-1895. Caixa 350, f. 27.

91. AEAM. *Auto de genere et moribus* de Simão Pires Sardinha. 1768. Armário 10, pasta 1782. Depoimento da quarta testemunha, Custódio Vieira da Costa.

92. Idem, ibidem. "Era tão antiga que não era fácil achar quem a tinha visto batizar."

93. Idem, ibidem. Depoimentos das testemunhas capitão Luís Lopes da Costa e capitão Luís de Mendonça Cabral. O capitão-mor Francisco Malheiros de Araújo disse que era "Maria da Costa, preta forra, natural da Costa da Guiné".

94. Mariza de Carvalho SOARES. *Devotos da cor*. 2000, pp. 58-60.

95. Mary C. KARASCH. *A vida dos escravos no Rio de Janeiro, 1808-1850*. 2000, pp. 36-7.

96. Sônia QUEIROZ. *Pé preto no barro branco*. 1998, p. 30.

97. Mary C. KARASCH, op. cit., p. 64.

98. A. J. R. RUSSELL-WOOD. *The black man in slavery and freedom in colonial Brazil*. 1982, p. 113. Ver também Laird W. BERGAD. *Slavery and demographic and economic history of Minas Gerais, Brazil, 1720-1888*. 1999, p. 151.

99. A. J. R. RUSSELL-WOOD, op. cit., p. 113.

100. Mary C. KARASCH, op. cit., p. 64.

101. Idem, ibidem.

102. Maria Odila L. S. DIAS. "Nos sertões do Rio das Velhas e das Gerais: vida social numa frente de povoamento, 1710-1733". In: *Erário Mineral*, vol. 1, 2002, pp. 45-105. Cálculos realizados a partir de inventários mineiros apontam que, para o intervalo de 1720 a 1888, os escravos africanos eram em sua maioria de origem benguela (28,3%), angola (23,9%), congo (10,7%) e mina (10,5%). Laird W. BERGAD, op. cit., p. 151.

103. Apud: Sônia QUEIROZ, op. cit., p. 29.

104. AEAM. *Auto de genere et moribus* de Simão Pires Sardinha. 1768. Armário 10, pasta 1782.

105. AEAD. Livro de batizados do arraial do Tejuco. 1740-1754. Caixa 297, f. 33.

106. Idem, ibidem, f. 48.

107. AEAD. Livro de óbitos do arraial do Tejuco. Caixa 521, fls. 397v-398.

108. AEAD. Documentos sem identificação. Caixa 230.

109. "População de Minas Gerais". *Revista do Arquivo Público Mineiro*, 1898, pp. 465-98.

110. Luciano, R. A. FIGUEIREDO & Ricardo SOUSA. "Segredos de Mariana: pesquisando a Inquisição Mineira". *Acervo*, vol. 2, nº 2, 1987, pp. 11-34.

111. AEAM. Devassas. Fevereiro de 1748, f. 33. Apud: Luciano R. A. FIGUEIREDO. *O avesso da memória*. 1993, p. 109.

112. AEAM. Devassas. Fevereiro de 1748, f. 33. Apud: Luciano R. A. FIGUEIREDO, op. cit., p. 109.

113. AEAM. Devassas. Fevereiro de 1748, fls. 31v-32. Apud: Laura de Mello e SOUZA. *Os desclassificados do ouro*. 1982, p. 184.

114. Idem, ibidem.

115. AEAM. Devassa de 1750-1753, fls. 16-16v.

116. AEAD. Livro de termos do Serro do Frio. 1750-1753. Caixa 557, f. 10. Apesar de estar genericamente catalogado como livro de termos, trata-se na verdade de um livro de termos de culpas de devassas referentes às visitas de 1750 e 1753 na Vila do Príncipe, Conceição do Mato Dentro, Tejuco e arredores.

117. AEAD. Livro de batizados do arraial do Tejuco. 1745-1765. Caixa 297, f. 6v.

118. AEAM. *Auto de genere et moribus* de Simão Pires Sardinha. 1768. Armário 10, pasta 1782. Inquirição de costumes. Primeira testemunha, capitão Luís Lopes da Costa.

119. Idem, ibidem. Inquirição de costumes. Quinta testemunha, reverendo José Ribeiro Aldonço.

120. AHU, MAMG. Caixa 108, doc. 9, f. 8.

121. Bando do governador de 2 de dezembro de 1933. Apud: Xavier da VEIGA. *Efemérides mineiras*. 1998, p. 1026.

3. CONTRATADORES DE DIAMANTES [PP. 73-102]

1. ANTT. Cartórios notariais. 5B. Caixa 15, livro 75. Notas. Atual 12, fls. 75-78v. Uma pequena biografia do desembargador João Fernandes de Oliveira pode ser vista em Manoel da Silveira CARDOZO. "O desembargador João Fernandes de Oliveira". *Separata da Revista da Universidade de Coimbra*, vol. 27, 1979.

2. AEAM. Processo matrimonial de João Fernandes de Oliveira e Maria de São José, nº 3608. 1726, fls. 4 e 10v.

3. Depoimento do reverendo doutor Melquior dos Reis, vigário da Vila do Carmo. AEAM. Processo matrimonial nº 3608. 1726, f. 5v.

4. Luís Gomes FERREIRA. *Erário mineral*, vol. 1, 2002, pp. 275-7.

5. Idem, ibidem, p. 276.

6. AHCMM. Códice 150. Lista de escravos, lojas e vendas dadas em capitação no ano de 1725, f. 72v.

7. Júnia FURTADO. *Homens de negócio.* 1999, pp. 199-202.

8. APM. Seção Colonial. 35. Representação do secretário das Minas ao rei. 1732.

9. ACS. Justificações. Códice 300. Auto 6118. Primeiro Ofício, f. 18v.

10. ANTT. Cartórios notariais. Testamentos. Livro 300, fls. 30v-31.

11. Idem, ibidem, f. 31; Ministério do Reino. Livro 208, fls. 74v-75v.

12. Idem, ibidem, f. 30.

13. Júnia FURTADO. *Homens de negócio.* 1999, pp. 60-1.

14. AHCMM. Livro 189, f. 124v. "Termo de prisão feito na pessoa do capitão Paulo Moreira da Silva, a pedido do arrematante dos dízimos Ventura Fernandes de Oliveira, 1784." AHU, MAMG. Caixa 95, doc. 18. "Requerimento de Ventura Fernandes de Oliveira, caixa do contrato dos dízimos de Minas Gerais, no triênio de 1759 a 1762." Ver também AHU, MAMG. Caixa 90, doc. 43, e caixa 119, doc. 67.

15. ANTT. Chancelaria de dom José I. Livro 9, f. 19. AHU, MAMG. Caixa 96, doc. 24. "Requerimento de Ventura Fernandes de Oliveira, pedindo carta patente de confirmação do posto de tenente-coronel do Regimento da Cavalaria Auxiliar da Nobreza, termo da cidade de Mariana."

16. ANTT. Cartórios notariais. Testamentos. Livro 300, f. 30.

17. Idem, ibidem. Manuel estabeleceu-se na Vila do Carmo, casou-se com a carioca Bárbara do Rosário e teve mais dois filhos, José e Pedro Francisco. AEAM. *Auto de genere.* 1778. Armário 7, pasta 1135.

18. Idem, ibidem.

19. António Manuel HESPANHA & Ângela XAVIER. "As redes clientelas". In: José MATTOSO (org.). *História de Portugal,* vol. 4, 1993, pp. 381-93. Ver também Júnia FURTADO. *Homens de negócio,* capítulo 2, 1999.

20. ACS. Justificações. Códice 301. Auto 6130. Primeiro Ofício.

21. ANTT. Cartórios notariais. Testamentos. Livro 300, f. 30v.

22. AEAM. Processo matrimonial nº 3608. 1726, f. 5v.

23. "Termo de depoimento de Maria de São José: disse ser natural e batizada na freguesia de São José, da cidade do Rio de Janeiro." AEAM. Processo matrimonial nº 3608. 1726, f. 9v. Em seu processo de *genere* para se habilitar como bacharel em Portugal, João Fernandes de Oliveira afirmou erroneamente que sua mãe Maria de São José era natural da Vila de Taubaté, onde seus avós residiram inicialmente. ANTT. Índice de leitura de bacharéis. João Fernandes de Oliveira. Maço 22, doc. 37, f. 1.

24. ANTT. Santo Ofício. Habilitações incompletas. Maço 3, doc. 87.

25. Idem, ibidem, maço 3, doc. 87; maço 1, doc. 46.

26. Um deles era o padre José de Sousa Pimentel. AEAM. Armário 5, pasta 806. *Auto de genere* de João Fernandes de Oliveira, f. 2. Um dos irmãos era religioso da Ordem do Carmo, o outro, de Santo Antônio. ANTT. Índice de leitura de bacharéis. João Fernandes de Oliveira. Maço 22, doc. 37.

27. "Uma por nome Ana, casada com José Correia Florim, e outra por nome Inácia, casada com Francisco da Silva." ANTT. Santo Ofício. Habilitações incompletas. Maço 1, doc. 46.

28. AEAM. Processo matrimonial nº 3608. 1726, f. 8.

29. Idem, ibidem, f. 2.

30. Idem, ibidem, fls. 13-15.

31. AEAM. *Auto de genere* de João Fernandes de Oliveira. Armário 5, pasta 806.

32. ANTT. Cartórios notariais. Testamentos. Livro 300, fls. 29-30; Desembargo do Paço. Minho e Trás-os-Montes. Maço 41, doc. 16; Cartórios notariais. 5B. Livro 75, caixa 15. Notas. Atual 12, f. 77.

33. AHU, MAMG. Caixa 37, doc. 69.

34. BNL. Notícias das minas dos diamantes. Seção de Reservados. Avulsos. Cód. 7167.

35. AHU, MAMG. Caixa 37, doc. 69. "Carta de Gomes Freire de Andrade [...] dando conta das diligências por ele feitas para a arrematação do contrato dos diamantes."

36. Do ponto de vista da Coroa, a exploração não poderia ser feita sem limites, já que o excesso de pedras levaria a nova queda do preço no mercado mundial dos diamantes. Já os mineradores acreditavam que os limites impostos à extração tornariam o negócio pouco rentável, ou mesmo deficitário.

37. ANTT. Cartórios notariais. Testamentos. Livro 300, f. 31v.

38. Idem, ibidem. AHU, MAMG. Caixa 37, doc. 64. "Certidão do auto de arrematação do contrato de extração dos diamantes, realizado entre Gomes Freire de Andrade, governador das Minas, e João Fernandes de Oliveira."

39. ANTT. Desembargo do Paço. Ilhas. Maço 1342, doc. 7, fls. 32 e 37.

40. AHU, MAMG. Caixa 37, doc. 69. No mesmo documento há anexa uma carta de Rafael Pires Pardinho atestando a veracidade das informações do governador.

41. ANTT. Desembargo do Paço. Ilhas. Maço 1342. doc. 7.

42. ANTT. Cartórios notariais. Testamentos. Livro 300, f. 31.

43. ANTT. Ministério do Reino. Livro 208, fls. 74v a 75v.

44. ANTT. Cartórios notariais. Testamentos. Livro 300, f. 31v.

45. BNL. Notícias das minas dos diamantes. Seção de Reservados. Avulsos. Cód. 7167.

46. ANTT. Ministério do Reino. Decretos. Maço 10, doc. 41.

47. AHU, MAMG. Caixa 45, doc. 8. "Requerimento de João Fernandes de Oliveira, solicitando licença para passar ao Reino com sua mulher." Lê-se no docu-

mento: "[...] para que possa curar de algumas moléstias que padece sua mulher cujas não pode curar naquele país [...]. 20 de março de 1745".

48. AEAD. Livro de batizados do arraial do Tejuco. 1745-1765. Caixa 297.

49. *Ordenações filipinas*. Livro Quarto, título 12. Ver também Kathleen J. HIGGINS, op. cit., p. 112.

50. ANTT. Cartórios notariais. Testamentos. Livro 300, f. 32v. Também seu filho afirmou sobre o pai que "concorria que, não havendo feito inventário e partilha por morte de sua primeira esposa [...] em razão dos referidos embaraços com que se achava o casal". ANTT. Desembargo do Paço. Ilhas. Maço 1342, doc. 7.

51. ANTT. Cartórios notariais 5B. Livro 75, caixa 15. Notas. Atual 12, f. 76.

52. Pedro Taques, grande amigo de João Fernandes e Isabel Pires Monteiro, e que habitou durante dois anos na residência do casal em Lisboa, após o terremoto de 1755, contou que "Gomes Freire, que protegia a João Fernandes, foi empenhado neste casamento". Pedro Taques de A. PAES LEME. "Nobiliarquia paulistana". *Revista do Instituto Histórico Geográfico Brasileiro*, 1871, p. 209. Em 1744, Gomes Freire de Andrade lhe concedeu uma sesmaria. Além disso, ele já possuía outras terras chamadas "A Canastra", junto ao rio Araçuaí. "Concessão de sesmarias". *Revista do Arquivo Público Mineiro*, ano x, 1905, pp. 224-5.

53. ANTT. Desembargo do Paço. Ilhas. Maço 1342, doc. 7, fls. 31v-32.

54. AEAD. Livro de batizados do arraial do Tejuco. 1745-1765. Caixa 297, f. 11v.

55. Enquanto o filho afirma no processo que o pacto fora celebrado antes do casamento, Isabel insiste em que se deu um ano após a união. ANTT. Desembargo do Paço. Ilhas. Maço 1342, doc. 7.

56. Idem, ibidem. As fazendas foram posteriormente herdadas pelo filho dele, o desembargador João Fernandes de Oliveira.

57. Isabel afirmou que João Fernandes lhe disse que seus bens "se haviam aplicar ao pagamento de suas dívidas". ANTT. Desembargo do Paço. Ilhas. Maço 1342, Doc. 7.

58. O desembargador João Fernandes afirmou que seu pai, o sargento-mor, "era homem de negócio e que se achava embaraçado não só com as contas de dois contratos dos diamantes, mas também com os da Fazenda Real, de que ainda não tinha quitação" e que "naquele tempo era público na capitania das Minas Gerais que os sócios que [ele] tinha nos referidos contratos, formando as suas contas, o consideravam alcançado em somas muito importantes e da mesma forma". ANTT. Desembargo do Paço. Ilhas. Maço 1342, doc. 7.

59. ANTT. Ministério do Reino. Decretos. Maço 6, doc. 109. No mesmo arquivo, livro 208, fls. 226 e 226v, "Quitação do contrato dos diamantes do ano de 1744 até 1747. [...] A quantia de 995 contos, 875 mil, 726 réis, [...] dinheiro que mandei para assistir, para animar o mesmo contrato, como pela lavagem dos cascalhos. [...]. 18 de dezembro de 1760". Ainda, no mesmo livro e folhas, "Quitação do

contrato dos diamantes do ano de 1740 ao de 1743. [...] Quantia de 575 contos, 864 mil 438 réis, da importância de tudo o que deviam à minha Real Fazenda pelo dito primeiro contrato [...] passará carta de quitação [...] 18 de dezembro de 1760".

60. ANTT. Ministério do Reino. Livro 208, fls. 137v e 138. "Em petição de João Fernandes de Oliveira, José e Domingos Ferreira da Veiga e Manuel Gomes de Campos[,] em que pedem que se suspenda na causa de execução que lhes move a Irmandade do Santíssimo Sacramento da Freguesia de Nossa Senhora dos Mártires pela quantia de 32 contos de réis, que tomaram a juro para o contrato dos diamantes de que eram caixas, [...] visto terem consentido nela e a haverem reconhecido como devedora e que pelo cofre da dita administração seja a irmandade satisfeita em quanto não se mostrar a dita administração falida. [...] Nossa Senhora da Ajuda, 5 de março de 1760."

61. ANTT. Ministério do Reino. Decretos régios. Maço 10, doc. 41. Reproduz uma petição do sargento-mor João Fernandes de Oliveira queixando-se do atraso do fechamento das contas do segundo contrato e das dívidas correntes.

62. ANTT. Manuscritos do Brasil. Condições que se hão de observar no terceiro contrato..., vol. 31.

63. "Do descobrimento dos diamantes e diferentes métodos que se têm praticado na sua extração". *Anais da Biblioteca Nacional*, vol. 80, 1960, p.175.

64. ANTT. Cartórios notariais. Testamentos. Livro 300, f. 33.

65. "Do descobrimento dos diamantes...", op. cit., p.171. ANTT. Desembargo do Paço. Ilhas. Maço 1342, doc. 7. Documento em que o desembargador João Fernandes de Oliveira faz histórico do que aconteceu no Tejuco e conta que o pai foi sócio do contrato de Felisberto Caldeira Brant.

66. ANTT. Ministério do Reino. Decretos. Maço 17, doc. 36. Anexa a este documento há uma prestação de contas de Luís Alberto Pereira, um dos sócios do terceiro contrato. Numa delas lê-se: "Chegando ao Serro se mandou ao Rio de Janeiro, seu irmão Francisco Xavier Feliz, com cartas de João Fernandes de Oliveira para Lourenço Antunes Viana assistir com o que fosse necessário para a comprar das ditas lojas".

67. AEAD. Livro de batizados do arraial do Tejuco. 1745-1765. Caixa 297, f. 127.

68. Júnia FURTADO. "O labirinto da fortuna; ou os reveses na trajetória de um contratador de diamantes". In: *História: Fronteiras*, vol. 2, 1999, pp. 309-19.

69. O desembargador afirmou que seu pai resolveu "passar a este Reino ajustar as contas dos seus contratos e negociações". ANTT. Desembargo do Paço. Ilhas. Maço 1342, doc. 7

70. Ouro Preto. AIP. Livro de batizados. vol. 492, id. 3818, rolo 103. (Consulta ao banco de dados da paróquia de Nossa Senhora do Pilar de Vila Rica.)

71. ANTT. Cartórios notariais. Testamentos. Livro 300, f. 33.

72. Pedro Taques de A. PAES LEME, "Nobiliarquia...", op. cit., p. 208. "Lisboa, 24 de agosto. Esta manhã entrou no porto a frota do Rio de Janeiro, composta de catorze navios de comércio e comboiada por duas naus de guerra. Lisboa, 26 de agosto. A frota, que dissemos haver entrado no porto desta cidade anteontem composta de catorze navios mercantis, saiu do Rio de Janeiro no último dia de maio deste ano e veio comboiada pelas naus de guerra *Nossa Senhora da Piedade* e *Nossa Senhora do Livramento*." *Gazeta de Lisboa*, Notícias históricas de Portugal e do Brasil (1751-1964), 1964, p. 9.

73. "Concessão de sesmarias". *Revista do Arquivo Público Mineiro*, ano x, 1905, pp. 224-5.

74. Manoel da Silveira CARDOZO, op. cit., pp. 313-4.

75. ANTT. Manuscritos do Brasil, nº 31. s.f.: "Ilmo. e exmo. sr., diz João Fernandes de Oliveira, [que tendo] chegado das Minas a esta Corte na frota do Rio o ano passado [...] servindo já de sócios em caixas deste contrato e o ano passado pagaram prontamente em letras sacadas por Felisberto Caldeira Brant ... 1752". No mesmo arquivo, Desembargo do Paço. Ilhas. Maço 1342, doc. 7. Artigo 5 da defesa do desembargador João Fernandes de Oliveira: "No ano seguinte começou o terceiro contrato de Felisberto Caldeira Brant, em que João Fernandes foi sócio e fiador".

76. Júnia FURTADO, "O labirinto da fortuna...", op. cit., pp. 309-19.

77. ANTT. Manuscritos do Brasil, nº 31. s.f.

78. O contrato foi arrematado em dezembro de 1751 por 240 milhões de réis por um período de seis anos. AHU, MAMG. Caixa 60, doc. 7.

79. AHU, MAMG. Caixa 63, doc. 80. O ouvidor da comarca do Serro do Frio deu uma descrição pormenorizada de como a exploração foi feita nesse período: "Os trabalhos [do terceiro contrato] tiveram princípio em 1º de janeiro de 1749 e fim no último dia de dezembro de 1752. O trabalho nesta comarca teve princípio em janeiro do dito ano de 1749 e os de Goiás[,] em 28 de julho, os duzentos de Goiás saíram daquelas minas em dezembro de 1751, e chegaram a estas em princípios de março de 1752, e, por este modo, vieram a minerar nesta comarca quatrocentos escravos desde janeiro de 1749 até o princípio de 1752 e daí até o fim do mesmo ano seiscentos". AHU, MAMG. Caixa 63, doc. 29. Em carta de 8 de agosto de 1754, o novo intendente dos diamantes Tomás Robi de Barros Barreto conta que o quarto contrato vinha sendo administrado no Tejuco, até o final de 1753, por José Álvares Maciel. AHU, MAMG. Caixa 66, doc. 6.

80. ANTT. Ministério do Reino. Decretos. Maço 17, doc. 36. Anexa a este documento há uma prestação de contas de Luís Alberto Pereira, um dos sócios do terceiro contrato. Entre elas, "Há de haver: Pelo que mandou dar das lojas para se acabar de inteirar ao sargento-mor João Fernandes de Oliveira das letras protestadas que foram para o Tejuco".

81. Joaquim Felício dos SANTOS. *Memórias do Distrito Diamantino*. 1868.

82. AEAM. *Auto de genere* de João Fernandes de Oliveira. Armário 5, pasta 806, fls. 5v.-6. Em junho de 1742, "Manuel Ribeiro Pereira, casado, natural de Setúbal, boticário [...], morador nesta cidade [do Rio de Janeiro], que vive de seu negócio, de setenta anos. [...] Disse que o conheceu [João Fernandes de Oliveira] nesta cidade onde o viu e que se embarcou para Coimbra".

83. "O título universitário elevava não somente o próprio recipiendário, dando-lhe certos privilégios e acesso à classe dominante na colônia, mas constituía meio de ascensão social de toda a família." Segundo Russell-Wood, a partir do século XVIII, não apenas os filhos da elite agrária da colônia mandavam os filhos para as universidades no Reino, mas especialmente os comerciantes em ascensão financeira. A. J. R. RUSSELL-WOOD. "Relato de um caso luso-brasileiro do século dezessete". *Stvdia*, nº 36, jun. 1973, p. 20.

84. AHU, MAMG. Caixa 63, doc. 49. "Representação dos oficiais da Câmara de Mariana, informando dom José I acerca da ereção de um seminário na referida cidade". Mariana, 24 de outubro de 1753. Caio BOSCHI. "Ordens religiosas, clero secular e missionário no Brasil". In: Francisco BETHENCOURT et al. *História da expansão portuguesa*, vol. 3, 1998, p. 314.

85. No processo de *genere* de Cipriano Pires Sardinha, várias testemunhas confirmaram que o estudo do latim no Tejuco se fazia com os curas locais. AEAM. *Auto de genere* de Cipriano Pires Sardinha. 1785. Armário 3, gaveta 34.

86. José Joaquim da ROCHA. *Geografia histórica da capitania de Minas Gerais*. 1995, p. 162.

87. Júnia FURTADO & Carla ANASTASIA. "A Estrada Real na história de Minas Gerais...". *História & Perspectivas*, 1999, pp. 33-53.

88. Hospital São José. Testamentaria de Francisco Pinheiro. Carta 150, maço 29, f. 166.

89. APM. Câmara Municipal de Ouro Preto. Códice 6, fls. 12v-14. Apud: Júnia FURTADO & Carla ANASTASIA, "A Estrada Real...", op. cit., pp. 33-53.

90. John LUCCOCK. *Notas sobre o Rio de Janeiro e partes meridionais do Brasil*. 1975, p. 274.

91. Júnia FURTADO & Carla ANASTASIA, "A Estrada Real...", op. cit., pp. 33-53.

92. José Joaquim da ROCHA, "Mapa da capitania", op. cit.

93. Luiz MOTT. *Rosa Egipcíaca, uma santa africana no Brasil*. 1993, p. 196.

94. AEAM. *Auto de genere* de João Fernandes de Oliveira. Armário 5, pasta 806.

95. Mais tarde, em 1789, ali se hospedou Simão Pires Sardinha, o filho mais velho de Chica da Silva. Em um dos depoimentos apensos aos *Autos de devassa da Inconfidência Mineira*, o cabo-de-esquadra Pedro de Oliveira Silva declarou que Simão lhe dissera: "Vá à tarde por minha casa na rua do Rosário". *Autos da devassa da Inconfidência Mineira*, vol. 2, 1978, p. 75.

96. AEAM. *Auto de genere* de João Fernandes de Oliveira. Armário 5, pasta 806.
97. Fernando SILVA (org.). *Rio de Janeiro em seus quatrocentos anos*. 1965, p. 81. Ver também Charles J. DUNLOP. *Rio antigo*, 1958, pp. 137-8.
98. Fernando SILVA, op. cit., pp. 67 e 81. Mais tarde tornou-se rua Uruguaiana.
99. "A região da igreja de Nossa Senhora do Rosário da Irmandade de Nossa Senhora do Rosário e São Benedito dos homens pretos, em 1740-1750, já era ocupada desde 1708 pela capela da irmandade. Após a invasão francesa de 1711 o engenheiro militar Jean Massé (francês a serviço de Portugal) veio para o Rio e projetou a muralha cercando a cidade logo atrás da capela do Rosário. Não foi considerada área urbana pela pouca densidade de edificações. Porém, nesse período, a região extramuros já começa a ser ocupada em função da construção da igreja de São Francisco de Paula e do início da construção da Sé catedral do Rio de Janeiro. A obra ficou inacabada e as ruínas foram doadas por dom João a Real Academia Militar. O prédio hoje ocupado pelo IFCS — UFRJ, após várias reformas, é o que antes foi da Academia Militar." Nireu Oliveira CAVALCANTI. *A cidade de São Sebastião do Rio de Janeiro: as muralhas, sua gente, os construtores* (1710-1810). 1997.
100. Giovanna R. DEL BRENNA. "Projetos urbanos no Rio de Janeiro em meados do século XVIII". In: *Lisboa Iluminista e o seu tempo*. 1997, pp. 271-2.
101. Júnia FURTADO. *Cultura e sociedade no Brasil colônia*. 2000.
102. "Nesse dia 4 de fevereiro que passamos pela cintura do mundo praticaram os marinheiros as cerimônias habituais a tão difícil e perigosa passagem. Consistem elas, para os que nunca transpuseram o Equador, em serem amarrados com cordas e mergulhados no mar ou terem o rosto tisnado com trapos passados nos fundos das caldeiras. Mas o paciente pode resgatar-se, como eu fiz, pagando-lhes vinho." Jean LÉRY. *Viagem à Terra do Brasil*. 1960, p. 69. Sobre o tema, ver também Thaïs C. PIMENTEL. *De viagens e de narrativas: viajantes brasileiros no além-mar* (1913-1957). 1998.
103. Carta de Antônio Álvares Pereira a seu pai, escrita em Coimbra a 3 de março de 1695. Apud: A. J. R. RUSSELL-WOOD, "Relato de um caso luso-brasileiro...", op. cit., p. 33.
104. Por exemplo, a nau *Nossa Senhora da Natividade*, que fazia parte da frota que saiu do Rio de Janeiro em novembro de 1753, quase foi a pique por excesso de passageiros. Na escala na Bahia, o comandante mandou desembarcar os escravos que acompanhavam seus senhores, o que causou grande desconforto a bordo. ANTT. Feitos findos. Juízo da Índia e Mina. Justificações ultramarinas. Brasil. Caixa 60. Maço 4, doc. 3.
105. Carta de Antônio Álvares Pereira a seu pai, escrita em Coimbra a 3 de março de 1695. Apud: A. J. R. RUSSELL-WOOD, "Relato de um caso luso-brasileiro...", op. cit., pp. 33-4.
106. Júnia FURTADO. *Cultura e sociedade no Brasil colônia*. 2000.

107. Antônio Álvares Pereira contou que no começo da viagem ia "sempre passando bem, porque o capitão tratou-nos com todo o amor, a quem fiquei obrigadísssimo, [...] e a nós, e aos que vínhamos na Câmara nos tratava mais que a filhos". Carta de Antônio Álvares Pereira a seu pai, escrita em Coimbra a 3 de março de 1695. Apud: A. J. R. RUSSELL-WOOD, "Relato de um caso luso-brasileiro...", op. cit., p. 33.

108. "[...] o dia que avistamos Lisboa foi o dia que tive mais alegre, porque me via livre dos perigos que costumam suceder àqueles que andam sobre as ondas do mar e folguei de ver a entrada de Lisboa e as grandes fortalezas que em si tem". Carta de Antônio Álvares Pereira a seu pai, escrita em Coimbra a 3 de março de 1695. Idem, ibidem, p. 34.

109. José Sarmento MATOS. *Uma casa na Lapa*. 1994, p. 17.

110. Antônio Álvares Pereira contou que, depois que "desembarquei na Corte Real, fui logo a casa de Manuel de Sousa Madeira [...]; mandou logo preparar o melhor quarto de suas casas, onde pousei, tratou-me com toda a cortesia e com todos os regalos que tem Lisboa, [...] assisti em sua casa catorze dias". Carta de Antônio Álvares Pereira a seu pai, escrita em Coimbra a 3 de março de 1695. Apud: A. J. R. RUSSELL-WOOD, "Relato de um caso luso-brasileiro...", op. cit., p. 34.

111. ANTT. Cartórios notariais. Testamentos. Livro 300, f. 31v. José Ferreira da Veiga deveria adiantar o necessário a João Fernandes e a suas irmãs internas no convento no Porto.

112. Idem, ibidem.

113. AEAM. *Auto de genere* de João Fernandes de Oliveira. Armário 5, pasta 806.

114. Júlio CASTILHO. *Lisboa antiga. Bairros orientais*, vol. 9, cap. VI, 1937, pp. 236-46.

115. G. MATOS SEQUEIRA. *Depois do terremoto*, vol. 2, 1967, p. 203. O autor afirma que em 1761 o seminário tinha apenas quatro alunos, mas o número cresceu nos anos seguintes.

116. Baltazar M. de Matos CAEIRO. *Os conventos de Lisboa*. 1989, p. 139.

117. Apud: Júnia FURTADO. *Cultura e sociedade no Brasil colônia*. 2000.

118. Francisco RODRIGUES. *História da Companhia de Jesus*, t. IV, vol. 1, 1950, pp. 4-5.

119. George GANSS. "Ignatius constitutions of education is the spirit of the Ratio Studiorum". In: *Saint Ignatius, idea of a jesuit university*. 1954, pp. 194-207.

120. Francisco RODRIGUES. "Sistema de ensino e educação da juventude". In: *História da companhia de Jesus*, t. I, vol. 2, 1950, pp. 433-56.

121. Diogo BARBOSA MACHADO. *Biblioteca lusitana*, vol. 2, 1965-7, p. 531.

122. Joseph DE GUIBERT. "Les exercices spirituels. L'oraison mentale". In: *La spiritualité de la Compagnie de Jésus*. 1953, pp. 526-64.

123. AEAM. *Auto de genere* de João Fernandes de Oliveira. Armário 5, pasta 806.
124. Idem, ibidem, fls. 3-6v.
125. Idem, ibidem, f. 39.
126. Álvaro de Araújo ANTUNES. *Espelho de cem faces: o universo relacional do advogado setecentista José Pereira Ribeiro.* 1999, p. 163.
127. Stuart B. SCHWARTZ. "Magistracy and society in colonial Brazil". *Hispanic American Historical Review*, 1970, p. 724.
128. Idem, ibidem.
129. Álvaro de Araújo ANTUNES, op. cit. p.163.
130. A. J. R. RUSSELL-WOOD, "Relato de um caso luso-brasileiro...", op. cit., p. 21.
131. Carta de Antônio Álvares Pereira a seu pai. Apud: Idem, ibidem, p. 34.
132. Idem, ibidem, p. 30.
133. Álvaro de Araújo ANTUNES. "O estudante", op. cit., pp. 161-86.
134. A. J. R. RUSSELL-WOOD, "Relato de um caso luso-brasileiro...", op. cit., pp. 30, 34-35.
135. "Estudantes da Universidade de Coimbra nascidos no Brasil". *Brasília*, 1949, pp. 174-9.
136. Theóphilo BRAGA. *História da Universidade de Coimbra*, vol. III, 1898, p. 181.
137. Idem, ibidem, pp. 167, 173-4.
138. Idem, ibidem, pp. 181-3.
139. Estatutos da Universidade de Coimbra (1559). 1965, p. 230.
140. "Feição à moderna". Apud: Theóphilo BRAGA, op. cit., p. 172.
141. Theóphilo BRAGA, op. cit., p. 234.
142. AUC. Actos e graus de estudantes da Universidade por faculdade.
143. Theóphilo BRAGA, op. cit., p. 185.
144. Estatutos da Universidade de Coimbra (1559). 1965, pp. 261-3.
145. Para as cerimônias que constituíam a formatura e os exames no curso de Cânones, ver Theóphilo BRAGA. *História da Universidade de Coimbra*, vol. 2, 1895, pp. 720-3.
146. O cancelário da Universidade de Coimbra era sempre o prior do mosteiro de Santa Cruz. "Tem o dito cancelário faculdade e poder para dar todos os graus de licenciados, doutores e mestres e os pontos para as lições, que se houverem de fazer nos exames privados." Rafael BLUTEAU. *Dicionário da língua portuguesa*. Ampliado por Antônio de Morais. 1739, p. 95.
147. Estatutos da Universidade de Coimbra (1559). 1965, pp. 293-5.
148. ANTT. Chancelaria antiga da Ordem de Cristo. Livro 235, f. 319; livro 237, f. 318. No mesmo arquivo, Mercês de dom João v. Livro 38, f. 283.
149. ANTT. Mercês de dom João v. Livro 38, f. 283.

150. Cristovão RODRIGUES DE OLIVEIRA. *Sumário em que brevemente se contêm...*, 1938, p. 38. Essa igreja foi quase toda destruída no terromoto de 1755, restando a fachada sul do transcepto.
151. Definições e estatutos dos cavaleiros e freires da Ordem de Nosso Senhor Jesus Christo, 1628.
152. A partir de 1496, por decisão papal, os cavaleiros podiam se casar, mas havia ordens estritas contra o concubinato, que era penalizado com o confinamento no monastério da Ordem em Tomar. Francis A. DUTRA. "Membership in the Order of Christ in the seventeenth century: its rights, privileges and obligations". *The Americas*, vol. 27, n° 1, 1970, p. 13.
153. Idem, ibidem, pp. 12-3.
154. Definições e estatutos dos cavaleiros e freires da Ordem de Nosso Senhor Jesus Christo, 1628.
155. Idem, ibidem.
156. APM. Seção Colonial.131, fls. 53v-54.
157. Francisco BETHENCOURT. "Os equilíbrios sociais do poder". In: Joaquim R. MAGALHÃES. *História de Portugal*, vol. 3: No alvorecer da modernidade (1480-1620), 1993.
158. ANTT. Índice de leitura de bacharéis. João Fernandes de Oliveira. Maço 22, doc. 37.
159. Idem, ibidem.
160. Idem, ibidem. Certidões de José Carlos Castelo e Antônio Velho da Costa.
161. ANTT. Desembargo do Paço. Ilhas. Maço 1342, doc. 7.
162. Stuart B. SCHWARTZ. *Burocracia e sociedade no Brasil colônia*. 1979. Ver também Nuno CAMARINHAS. *Letrados e lugares de letras. Análise prosopográfica do grupo jurídico. Portugal, séculos XVII-XVIII*. 2000. Os dois estudos concluíram que havia um padrão informal no acesso à carreira judiciária no Reino e no além-mar. O começo da carreira dava-se por volta dos vinte e poucos anos, iniciando-se pelos cargos mais baixos. As nomeações de desembargadores ocorriam por volta dos quarenta anos, após vinte anos de serviços prestados em média. Os originários do Brasil, depois de estudar em Coimbra, começavam servindo no além-mar e só mais tarde alguns poucos conseguiam nomeações no Reino. A maioria dos desembargadores era originária de famílias cujos pais e avôs serviram na alta magistratura.
163. AEAM. *Auto de genere* de João Fernandes de Oliveira. Armário 5, pasta 806. Habilitação inconclusa.
164. Francisco SARAIVA. *Dicionário geográfico*, vol. 4, 1850, p. 220.
165. AHU, MAMG. Caixa 58, doc. 110.
166. AHU, MAMG. Caixa 58, doc. 110, e caixa 63, docs. 28 e 36. Ver Júnia FURTADO, "O labirinto da fortuna...", op. cit., pp. 309-19.

167. AHU, MAMG. Caixa 63, doc. 28.
168. André João ANTONIL. *Cultura e opulência no Brasil, por suas drogas e minas*. 1982, p. 182.
169. José Joaquim da ROCHA, op. cit., p. 162.
170. Júnia FURTADO & Carla ANASTASIA. "A Estrada Real...", op. cit., pp. 33-53.
171. AHU, MAMG. Caixa 63, doc. 38.
172. Idem, ibidem.
173. AMU. Documentos relativos ao Brasil — Bahia, nº 2585. In: Eduardo de CASTRO ALMEIDA. "Inventário dos existentes...". *Anais da Biblioteca Nacional*, vol. 31, 1909, p. 172.
174. Rubens Borba MORAES. *Bibliografia brasileira do período colonial*. 1969, pp. 317-23. O conjunto de poesias escrito na ocasião foi publicado com o título de *Júbilos da América*.
175. FBN. Minas Gerais, histórico, nº 6524 do CEHB, f. 152. Carta régia de 15 de setembro de 1753 na qual se ordena seja admitido na administração do contrato dos diamantes a João Fernandes de Oliveira, filho do contratador, e Manuel Mateus Tinoco, procuradores constituídos para a administração do dito contrato, fazendo logo expulsar a José Álvares Maciel e aos demais administradores que eram e foram revogados. Joaquim Felício dos SANTOS atribui a destituição de José Álvares Maciel aos "consideráveis prejuízos no primeiro ano do arrendamento com vários serviços no rio Pinheiro e na lavra do Mato". Joaquim Felício dos SANTOS. *Memórias do Distrito Diamantino*, 1976, p. 114.
176. AHU, MAMG. Caixa 66, doc. 6.
177. AHU. Manuscritos avulsos do Rio de Janeiro. Caixa 75, doc. 17 353. APM. Seção Colonial. 33, fls. 129-144v. Em 15 de novembro de 1753, no Rio de Janeiro, João Fernandes protocola pedido para abrir as lavras do rio Pardo, visto que as do rio Caeté-Mirim se encontravam esgotadas. O vice-rei ordena uma vistoria, realizada pelo intendente Robi e por outras autoridades no dia 22 de janeiro de 1754; confirmada a situação de esgotamento, abrem as lavras do rio Pardo. Em julho desse mesmo ano, João Fernandes pede a abertura do rio Jequitinhonha. O parecer de Robi à segunda demanda é renitente: ele sugere que a exploração dos rios seja alternada no tempo da seca.
178. ANTT. Índice de leitura de bacharéis. João Fernandes de Oliveira. Maço 22, doc. 37. Depoimento do dr. José Antônio Cobeiro de Azevedo, corregedor civil.

4. DIAMANTE NEGRO [PP. 103-27]

1. AFS. Livro de notas. 1754, fls. 55-55v.
2. AEAD. Livro de termos do Serro do Frio. 1750-1753. Caixa 557, f. 102v.

3. Idem, ibidem, f. 25.

4. Idem, ibidem, fls. 61v-62.

5. AFS. Livro de notas. 1754, fls. 55-55v. Tudo indica que era Chica da Silva, já que, na carta, João Fernandes, que acabara de chegar do Reino, alforriava sua escrava Francisca, comprada por 800$00 réis. É muito difícil tratar-se de outra escrava de mesmo nome.

6. ANTT. Desembargo do Paço. Ilhas. Maço 1342, doc. 7.

7. ANTT. Real Mesa Censória. *Gazeta de Lisboa*. Caixa 465. Suplemento ao nº 8, 26 de fevereiro de 1752, p. 160. "Saiu à luz um livrinho em oitavo com o título de Setenário natalício, praticado nos sete dias que antecedem ao do sagrado nascimento de Jesus Cristo."

8. Estatutos da Universidade de Coimbra (1559). 1965, pp. 20-1.

9. ANTT. Real Mesa Censória. *Gazeta de Lisboa*. Caixa 465, nº 52, 27 de dezembro de 1753, p. 416.

10. Francis A. DUTRA. "Membership in the Order of Christ in the seventeenth century: its rights, privileges and obligations". *The Americas*, vol. 27, nº 1, 1970, pp. 14-5.

11. AEAD. Livros de óbitos do arraial do Tejuco. 1752-1895. Caixa 350, fls. 34-34v.

12. Júnia FURTADO. "Pérolas negras: mulheres livres de cor no Distrito Diamantino". In: *Diálogos oceânicos*. 2001, pp. 81-121.

13. AEAD. Livro de batizados do arraial do Tejuco. 1745-1765. Caixa 297, f. 29. No mesmo arquivo, Livro de óbitos do arraial do Tejuco. 1752-1895. Caixa 350, f. 27.

14. Kathleen J. HIGGINS. "Manumissions in Sabará". In: *Licentious liberty*. 1999, p. 39.

15. Júnia FURTADO. *Homens de negócio*. 1999, p. 148.

16. Idem. "Saberes e negócios: os diamantes e o artífice da memória Caetano Costa Matoso". *Varia Historia*, nº 21, 1999, pp. 295-306.

17. "História da Vila do Príncipe e do modo de lavar os diamantes e de extrair o cascalho". Documento 129. In: Caetano Costa MATOSO. *Códice Costa Matoso*, vol. 1, 2000, pp. 845-50.

18. Júnia FURTADO. "Saberes e negócios...", op. cit., pp. 295-306.

19. Idem. "Pérolas negras". In: *Diálogos oceânicos*. 2001, pp. 95-6.

20. AEAD. Livro de óbitos do arraial do Tejuco. Caixa 521, fls. 49v-50.

21. AHU, MAMG. Caixa 108, doc. 9, f. 8v.

22. *Ordenações filipinas*. Livro Quarto, título 12, 1985.

23. Júnia FURTADO. "Pérolas negras", op. cit., p. 94.

24. Kathleen J. HIGGINS, "Manumissions in…", op. cit., pp. 145-74.

25. AHU, MAMG. Caixa 108, doc. 9, f. 5.

26. Carpinteiros.
27. AHU, MAMG. Caixa 108, doc. 9, fls. 1-9.
28. Júnia FURTADO. "Entre becos e vielas". 2002, p. 502.
29. Idem. *Homens de negócio*. 1999, pp. 197-260.
30. MO/CBG. Testamento. Livro 5(11), fls. 7v-11.
31. Júnia FURTADO. *Homens de negócio*. 1999.
32. Relíquia.
33. MO/CBG. Testamento de Antônia Nunes dos Anjos. Livro 7(13), fls. 15v-18.
34. APM. Seção Colonial. 260, fls. 3v-4.
35. Júnia FURTADO. "Considerações sobre estratégias e formas de sobrevivência da mulher escrava nos setecentos". *Caderno de Filosofia e Ciências Humanas*, 1997, pp. 104-9.
36. ANTT. Papéis do Brasil. Avulso 7, nº 1. (As referências que seguem sobre Joana Batista dizem respeito a este documento.)
37. Luiz MOTT. *Rosa Egipcíaca*. 1993, pp. 18-20.
38. Carl SCHLICHTHORST. *O Rio de Janeiro como é* (1825-26). Apud: Maria Lúcia MOTT. *A criança escrava na literatura de viajantes*. 1979, p. 64.
39. Antônio da Silva LEITE. *Xula carioca* (*Onde vás, linda negrinha*). Final do século XVIII/início do século XIX.
40. J. G. STEDMAN. "Narrative of a five year expedition". In: Richard PRICE et al. (org.). *Stedman's Surinam*. 1992, p. 42. Tradução da autora.
41. Rafael BLUTEAU. *Dicionário da língua portuguesa*. Ampliado por Antônio de Morais. 1739, p. 91. Verbete: BELEZA.
42. Idem, ibidem.
43. Idem, ibidem, p. 346. Verbete: AMOR.
44. Ronaldo VAINFAS. *Casamento, amor e desejo no Ocidente cristão*. 1986, pp. 11-24.
45. Rafael BLUTEAU. *Dicionário da língua portuguesa*. Ampliado por Antônio de Morais. 1739, p. 346. Verbete: AMOR.
46. Silvia M. J. BRÜGGER. *Valores e vivências matrimoniais*. 1995, p. 38.
47. Morton HUNT. *The natural history of love*. 1960.
48. Jean-Louis FLANDRIN. *Famílias: parentesco, casa e sexualidade na sociedade antiga*. 1992. Ver também Nathaniel BRANDEN. *A psicologia do amor*. 1998, pp. 38-9.
49. Jean-Louis FLANDRIN, op. cit. Ver também Mary del PRIORE. *Ao sul do corpo*. 1993.
50. ANTT. Cartórios notariais. (C-5B). Caixa 15, livro 78. Notas. Atual 12, fls. 48v-49.

51. Maria Beatriz N. da SILVA. "O princípio de igualdade". In: *Sistema de casamento no Brasil colonial*. 1984, pp. 66-7.
52. Nathaniel BRANDEN, op. cit., p. 41.
53. Luciano R. A. FIGUEIREDO. *Barrocas famílias*. 1997.
54. AEAD. Livro de termos do Serro do Frio. 1750-1753. Caixa, 557, f. 21.
55. Idem, ibidem, f .99.
56. Idem, ibidem, f. 61v.
57. Nathaniel BRANDEN, op. cit., p. 41.
58. Maria Antónia LOPES. *Mulheres, espaço e sociabilidade*. 1989, pp. 18-20.
59. AEAD. Livro de termos do Serro do frio. 1750-1753. Caixa 557, fls. 98, 15 e 14.
60. "[...] como em Portugal a bruxaria, a feitiçaria no Brasil, depois de dominada pelo negro, continuou a girar em torno do motivo amoroso". Gilberto FREYRE. *Casa-grande & senzala*. 1996, p. 324.
61. Laura de Mello e SOUZA. "O padre e as feiticeiras". In: Ronaldo VAINFAS. (org.). *História e sexualidade no Brasil*. 1986, p. 13.
62. Luciano R. A. FIGUEIREDO. Entrevista. *Cronos: Revista de História*, vol. 1, nº 1, 1999, p. 9.
63. AEAD. Livro de termos do Serro do Frio. 1750-1753. Caixa 557, fls. 96v, 98v, 96 e 102.
64. Por essa época, tanto o sargento-mor João Fernandes de Oliveira como o médico Luís Gomes Ferreira estavam de volta a Lisboa, onde certamente se reencontraram.
65. AEAD. Livro de termos do Serro do Frio. 1750-1753. Caixa 557, f. 96v.
66. AEAD. Livro de batizados do arraial do Tejuco. 1745-1765. Caixa 297, fls. 49, 76v e 96v.
67. AHU, MAMG. Caixa 108, doc. 9.
68. Idem, ibidem.
69. Luís Gomes FERREIRA. *Erário mineral*, vol. 2, 2002, p. 665.
70. ANTT. Chancelaria de dom João V. "Provisão de licença para o padre João Gomes fazer patrimônio ao dito sobrinho", 17 de março de 1716.
71. Júnia FURTADO. *Cultura e sociedade no Brasil colônia*. 2000.
72. AEAD. Livro de óbitos do arraial do Tejuco. 1752-1895. Caixa 350.
73. Gilberto FREYRE, op. cit., p. 326.
74. Idem, ibidem.
75. BAT. Inventário de José da Silva de Oliveira. 1796-1797. Cartório do Primeiro Ofício, maço 28, f. 39.
76. Ex-voto do "Milagre que fez o Senhor do Matosinho a Rita Angélica da Costa". Acervo do Museu do Diamante, Diamantina.

77. Júnia FURTADO. *Cultura e sociedade no Brasil colônia*. 2000.

78. AEAD. Livro de batizados do arraial do Tejuco. 1745-1765. Caixa 297, fls. 10, 14 e 24v.

79. Joaquim Silvério de SOUSA. *Sítios e personagens históricos de Minas Gerais*. Ap. LIII, nota 2. ANTT. Cartórios notariais. (C-5B). Caixa 15, livro 75. Notas. Atual 12, f. 77v.

80. ANTT. Real Mesa Censória. *Gazeta de Lisboa*. Caixa 465, nº 10. Terça-feira, 7 de maio de 1752, p. 192. "Na madrugada de 13 de fevereiro deu à luz na sua Quinta de Marialva com bom sucesso um filho a ilustríssima e excelentíssima senhora marquesa de Marialva, dona Eugênia Mascarenhas. Passados poucos dias lhe sobrevieram algumas dores com bastante febre. Aplicou-se o remédio da sangria e os mais que pareceram precisos, com que recebeu algum alívio. Porém, tornando-se depois a agravar a moléstia e reconhecendo-se pelos sintomas ser mortal, pediu no dia 26 os sacramentos com a constância de um ânimo verdadeiramente católico e resignada totalmente nas disposições divinas e, com muitos outros sinais predestinada, expirou com universal sentimento da corte no dia seguinte pela manhã, em idade de 29 anos." (Trata-se do nascimento do futuro governador das Minas dom Rodrigo José de Meneses, cuja mãe faleceu após o parto. As exéquias foram realizadas no dia 28 de fevereiro de 1752.)

81. AEAD. Livro de batizados do arraial do Tejuco. 1745-1765. Caixa 291, f. 86.

82. AEAD. Livro de batizados do arraial do Tejuco. 1745-1765. Caixa 297, f. 42v.

83. ANTT. Cartórios notariais. Livro 300, fls. 28v-34v.

84. AEAD. Livro de batizados do arraial do Tejuco. 1745-1765. Caixa 297, f. 47v.

85. Idem, ibidem, f. 55.

86. Idem, ibidem, f. 74.

87. Idem, ibidem, f. 82v.

88. Idem, ibidem, f. 85v.

89. Idem, ibidem, f. 89v.

90. Idem, ibidem, f. 98v. ARM. Livro de registros de saídas do recolhimento. 1781, s.n.

91. AFS. Livro avulso de testamentos. Testamento de Maria de São José Fernandes de Oliveira. ARM. Livro de registros de saídas do recolhimento. 1781, s.n.

92. ARM. Livro de registros de saídas do recolhimento. 1781, s.n.

93. AEAD. Livro de batizados do arraial do Tejuco. 1769-1780. Caixa 297, f. 84.

94. AFS. Livro avulso de testamentos. Testamento de Maria de São José Fernandes de Oliveira. (Com várias referências a Antônia, na época religiosa em Macaúbas.)

95. Sobre José Agostinho, existem vários documentos. Por exemplo, ANTT. Desembargo do Paço. Estremadura. Maço 1078, nº 11.

96. AHU, MAMG. Caixa 108, doc. 9, f. 2.

97. AEAD. Livro de batizados do arraial do Tejuco. 1745-1765. Caixa 297, f. 42v.
98. Idem, ibidem, f. 53v.
99. Idem, ibidem, f. 53.
100. Idem, ibidem, f. 53v.
101. Idem, ibidem, f. 76.
102. ANTT. Cartórios notariais. Livro 300, fls. 28v-34v.
103. Gilberto FREYRE, op. cit., pp. VIII-IX. Ver também Laura de Mello e SOUZA. *O diabo e a terra de Santa Cruz*. 1987, pp. 188-222.
104. ANTT. Cartórios notariais. Livro 300, fls. 28v-34v.
105. Idem, ibidem.
106. Anita NOVINSKY. *Inquisição; inventários de bens conquistados a cristãos-novos*. 1976, p. 65.
107. *Constituições primeiras do arcebispado da Bahia*. Livro Primeiro, título XVIII, 1853, p. 26.
108. AEAD. Livro de batizados do arraial do Tejuco. 1745-1765. Caixa 297, fls. 23 e 30.
109. Idem, ibidem, f. 29v.
110. "Instruções que o governador Gomes Freire de Andrade...". *Revista do Arquivo Público Mineiro*, vol. 4, 1899, p. 374.
111. AHU, MAMG. Caixa 60, maço 29.
112. Junia FURTADO. "Toda oferenda espera sua recompensa". In: *Homens de negócio*. 1999.
113. AEAD. Livro de batizados do arraial do Tejuco. 1745-1765. Caixa 297, f. 49.
114. BAT. Testamento de José da Silva de Oliveira. 1796-1797. Cartório do Primeiro Ofício, maço 28.
115. AEAD. Livro de casamentos do arraial do Tejuco. 1746-1811. Caixa 335, f. 5v.
116. Trata-se do futuro padre Rolim, que se envolveu na Inconfidência Mineira.
117. AEAD. Livro de batizados do arraial do Tejuco. 1745-1765. Caixa 297, f. 55.
118. Idem, ibidem. f. 82.
119, Idem, ibidem. f. 84, 85v, 89v 98v.

5. SENHORA DO TEJUCO [PP. 128-56]

1. AEAD. Livro de batizados do arraial do Tejuco. 1745-1765, caixa 297, f. 42v.
2. ANTT. Habilitações da Ordem de Cristo. Letra s. Maço 5, doc. 5, f. 10 e ss.
3. Idem, ibidem, f. 9.
4. AHU, MAMG. Caixa 108, doc. 9, f. 2.

5. Em 1770, o conde de Valadares lamentou uma desordem que havia ocorrido na Casa da Ópera do Tejuco. Belo Horizonte, APM. Seção Colonial. 176, f. 24.

6. Júnia FURTADO. *O livro da capa verde*. 1996, p. 49.

7. AHU, MAMG. Caixa 108, doc. 9, f. 2.

8. Idem, ibidem.

9. Idem, ibidem, fls. 1-9.

10. Junia FURTADO. *O livro da capa verde*. 1996, p. 98.

11. Idem. "Entre becos e vielas", 2002, pp. 497-502.

12. AHU, MAMG. Caixa.108, doc. 9, f. 1.

13. AEAD. Livro de óbitos do arraial do Tejuco. Caixa 521., f. 48.

14. <http://www.iphan.gov.br/bancodados/mostrabenstombados.asp?CodBem=1297>.

15. Para mais detalhes arquitetônicos, ver Affonso ÁVILA (org.). "Minas Gerais: monumentos históricos e artísticos — circuito do diamante". *Barroco*, v. 16, 1995, pp. 347-8.

16. A. de SAINT-HILARE. *Viagem pelo Distrito dos Diamantes e litoral do Brasil*. 1974, p. 27.

17. Idem, ibidem, p. 28.

18. Idem, ibidem, pp. 31-3.

19. Eduardo ETZEL. *Arte sacra: berço da arte brasileira*. 1984, p. 144.

20. AHU, MAMG. Caixa 108, doc. 9, f. 1.

21. Vida y leyenda de santa Quitéria: <http://www.fortunecity/felices/lapaz/78/vida.htm>; santa Quitéria: <http://terravista.pt/Enseada/2362/Santa%20Quitéria.html>.

22. Nos inventários do final do século XVIII e começo do século XIX depositados na Biblioteca Antônio Torres encontram-se referências a relógios de parede, invenção que data daquela época.

23. BAT. Inventário de João de Azevedo Pereira (capitão). Cartório do Primeiro Ofício, maço 27.

24. BAT. Inventário de Paulo José Velho Barreto (coronel). Cartório do Primeiro Ofício, maço 63.

25. Banco sem encosto e braços, de assento quadrado ou redondo, em que só uma pessoa pode se sentar.

26. BAT. Inventário de Rita Quitéria de São José. Cartório do Primeiro Ofício, maço 63, f. 4; inventário de Bento Dias Chaves. Cartório do Primeiro Ofício, maço 13, f. 18v.

27. BAT. Inventário de Francisca de Paula Fernandes de Oliveira. Cartório do Primeiro Ofício, maço 23.

28. BAT. Inventário de Rita Quitéria de São José. Cartório do Primeiro Ofício, maço 63, fls. 9v-10.

29. Segundo o *Dicionário eletrônico Houaiss*, seria uma "espécie de aparador ou de armário usado na sala de jantar e sobre o qual pode estar o serviço de mesa das refeições".

30. AFS. Testamento de Jacinta de Siqueira. Livro de testamentos nº 8, fls. 33v-38v.

31. AEAD. Livro de óbitos do arraial do Tejuco. 1752-1895, caixa 350, fls. 162v-163.

32. Espécie de bandeja ou prato em que se trazem taças, copos etc.

33. BAT. Inventário de Filipe José Correia Lacerda. Cartório do Primeiro Ofício, maço 21.

34. BAT. Inventário de Manuel Pires de Figueiredo. Cartório do Primeiro Ofício, maço 60.

35. BAT. Inventário de João de Freitas Sampaio (padre). Cartório do Primeiro Ofício, maço 29.

36. BAT. Inventário de Francisca de Paula Fernandes de Oliveira. Cartório do Primeiro Ofício, maço 23.

37. José Newton C. MENESES. *O continente rústico*. 2000, p. 27.

38. BAT. Inventário de João Germano de Oliveira. Cartório do Primeiro Ofício, maço 27, f. 45. (Contém arrecadação dos bens do morgado do Grijó.)

39. AEAD. Livro de óbitos do arraial do Tejuco. 1752-1895, caixa 350, fls. 38v-40.

40. Grandes vasos de barro nos quais se põe água para esfriar.

41. AEAD. Livro de óbitos do arraial do Tejuco. 1752-1895, caixa 350, fls. 162v-163.

42. BAT. Inventário de Inês Fernandes Neves. Cartório do Primeiro Ofício, maço 26.

43. Arco de ferro com três pés sobre o qual se põem panelas que vão ao fogo.

44. BAT. Inventário de Francisca de Paula Fernandes de Oliveira. Cartório do Primeiro Ofício, maço 23; inventário de Rita Quitéria de São José. Cartório do Primeiro Ofício, maço 63.

45. AFS. Testamento de Jacinta de Siqueira. Livro de testamentos nº 8, fls. 33v-38v.

46. Brilhante e instigante análise deste inventário para o estudo do abastecimento e da produção de alimentos locais pode ser vista em José Newton C. MENESES. *O continente rústico*. 2000, pp. 106-21.

47. Lista dos produtos em José Newton C. MENESES, op. cit., p. 109.

48. AEAD. Livro de óbitos do arraial do Tejuco. 1752-1895. Caixa 350, fls. 32v, 38v-40, 166-167.

49. BAT. Cartório do Primeiro Ofício, maço 58.

50. Idem, ibidem, maço 65.

51. AFS. Testamento de Jacinta de Siqueira. Livro de testamentos nº 8, fls. 33v-38v.

52. BAT. Inventário de Bento Dias Chaves. Cartório do Primeiro Ofício, maço 13.

53. Bando do governador de 2 de dezembro de 1933. Apud: Xavier da VEIGA. *Efemérides mineiras.* 1998, p. 1026.

54. Júnia FURTADO. *Homens de negócio.* 1999, p. 31.

55. Antônio Delgado SILVA. *Coleção de legislação portuguesa.* vol. (1750-62), 1842, p. 13.

56. AEAD. Lançamento de pastorais e capítulos de visitas dos bispos da freguesia da Vila do Príncipe do bispado de Mariana. 1745-1844, caixa 557, fls. 32-32v.

57. Como exemplo, entre os bens listados no inventário do dr. Luís José de Figueiredo constavam uma liteira usada e uma cadeirinha. BAT. Cartório do Primeiro Ofício, maço 52.

58. Bando do governador de 2 de dezembro de 1933. Apud: Xavier da VEIGA, op. cit., p. 1026.

59. Gilberto FREYRE. *Casa-grande & senzala.* 1996, p. 345.

60. Lisboa. Hospital São José. Testamentaria de Francisco Pinheiro. Carta 153, maço 29, f. 149.

61. Belo Horizonte, AAPAH.

62. BAT. Cartório do Primeiro Ofício, maço 26.

63. BAT. Cartório do Primeiro Ofício, maço 65.

64. Idem, ibidem, maços 58 e 4.

65. Gilberto FREYRE; op. cit., e Eduardo PAIVA. "Fortuna, poder e objetos mágicos: as forras, a América portuguesa e o trânsito cultural". *Escravidão e universo cultural na colônia — Minas Gerais.* 2001, pp. 217-38.

66. AEAD. Livro de óbitos do arraial do Tejuco. 1752/1895, caixa 350, fls. 38v-40.

67. Moeda-medalha de ouro que dom João IV mandou cunhar em Portugal em 1650.

68. AEAD. Livro de óbitos do arraial do Tejuco. 1752-1895, caixa 350, f. 32v.

69. André João ANTONIL, op. cit., pp. 194-5.

70. AEAD. Livro de inventário da Irmandade do Rosário. 1733-1892, caixa 514.

71. AEAD. Livro de óbitos do arraial do Tejuco. Caixa 521, fls. 48-49.

72. BAT. Inventário de Rita Quitéria de São José. Cartório do Primeiro Ofício, maço 63, f. 2v.

73. Trata-se do nome genérico que se dá a várias pedras cuja cor é dourada.

74. BAT. Inventário de Bento Dias Chaves. Cartório do Primeiro Ofício, maço 13, fls. 32v-33.

75. Eduardo PAIVA, op. cit., pp. 217-38.

76. AEAD. Livro de óbitos do arraial do Tejuco. 1752-1895, caixa 350, fls. 38v-40.

77. "Entre as forras e os livres que faziam uso dos corais deve ter havido grandes diferenças no que se refere à apropriação do material, ao uso ritual dele e aos significados a ele atribuídos. Usá-lo em contas, à maneira dos africanos da Costa da Mina, ou em ramas, à moda dos amuletos europeus ou, ainda, transformá-los em figas, que, não obstante serem generalizadamente consideradas objetos de origem africana, chegaram ao Brasil via Europa, foram opções pessoais e de grupos. Misturá-las a diferentes contas de várias tonalidades, usá-las junto a outros fios e cordões, foi escolha estética, mas foi, também, indicativo de práticas mágico-protetoras, de devoção, de vinculação religiosa, de guarda de tradições culturais, de autoridade e de poderes." Eduardo PAIVA, op. cit.

78. AEAD. Livro de óbitos do arraial do Tejuco. 1752-1895, caixa 350, fls. 162v-163.

79. Carlos JULIÃO. *Riscos iluminados de figurinhos de brancos e negros.* 1960.

80. AEAD. Livro de óbitos do arraial do Tejuco. Caixa 521, fls. 120-120v.

81. Joaquim Felício dos SANTOS. *Memórias do Distrito Diamantino da comarca do Serro do Frio.* 1956, p. 161.

82. BAT. João Vieira Martins. Cartório do Primeiro Ofício, maço 28; José Pedro de Azevedo. Cartório do Primeiro Ofício, maço 31; Cartório do Primeiro Ofício, maço 53.

83. Hospital São José. Testamentária de Francisco Pinheiro. Carta 150, maço 29, f. 166.

84. AEAD. Livro de óbitos do arraial do Tejuco. Caixa 521, fls. 387-388; BAT. Cartório do Primeiro Ofício, maço 65; BAT. Cartório do Primeiro Ofício, maço 4.

85. AEAD. Livro de óbitos do arraial do Tejuco. 1752-1895, caixa 350, fls. 38v-40.

86. John MAWE. *Viagens ao interior do Brasil.* 1978, pp. 52 e 189. Maria GRAHAM. *Journal of a voyage to Brazil.* 1824, p. 135.

87. Gilberto FREYRE, op. cit., p. 345.

88. John LUCCOCK. *Notas sobre o Rio de Janeiro e partes meridionais do Brasil.* 1975.

89. Gilberto FREYRE, op. cit., pp. 347-8.

90. AEAD. Livro de batizados do arraial do Tejuco. 1745-1765, caixa 297, f. 77.

91. ANTT. Habilitações da Ordem de Cristo. Letra S. Maço 5, doc. 5, f. 8.

92. Idem, ibidem.

93. AEAD. Livro de óbitos do arraial do Tejuco. Caixa 521, fls. 76v-77.

94. BAT. Cartório do Primeiro Ofício, maço 26.

95. Xavier da Veiga viu o testamento que infelizmente foi retirado do Arquivo do Fórum do Serro e perdido. Xavier da VEIGA, op. cit. Eferméride de 12/12/1770, vol. 2.

96. "[...] porque não deem motivo aos senhores a se descuidarem da obrigação que têm de ensinar a seus escravos [a doutrina católica]." *Constituições primeiras do arcebispado da Bahia*, 1853. Capítulo I, título XIV, p. 22.

97. AEAD. Livro de batizados do arraial do Tejuco. 1745-1765, caixa 297, fls. 58 e 68.

98. Luiz MOTT. *Rosa Egipcíaca*. 1993, p. 18. "[...] e no que respeita aos escravos, que vierem de Guiné, Angola ou Costa da Mina, ou outra qualquer parte em idade de mais de sete anos, ainda que não passem de doze, declaramos que não podem ser batizados sem darem para isso seu consentimento, salvo quando forem tão boçais, que constem não terem entendimento, nem uso da razão." *Constituições primeiras do arcebispado da Bahia*, 1853. Capítulo I, título XIV, pp. 22-3.

99. AEAD. Livro de batizados do arraial do Tejuco. 1745-1765, caixa 297, fls. 53, 53v e 56.

100. AEAD. Livro de casamentos do arraial do Tejuco. 1746-1811, caixa 335, fls. 33v, 34.

101. AEAD. Livro de batizados do arraial do Tejuco. 1745-1765, caixa 291, f. 53.

102. AEAD. Livro de casamentos do arraial do Tejuco. 1746-1811, caixa 335, f. 38.

103. Idem, ibidem, f. 33v.

104. Idem, ibidem, f. 39.

105. J. A. IMBERT. *Manual do fazendeiro ou tratado doméstico sobre as enfermidades dos negros*. 1839.

106. AEAD. Livro de óbitos do arraial do Tejuco. 1785-1810, caixa 351, f. 31v.

107. Idem, ibidem, fls. 30v, 33, 35v, 66v, 67.

108. Idem, ibidem, fls. 59v e 76.

109. Idem, ibidem, f. 129v.

110. AEAD. Livro da fabriqueira da capela de Santo Antônio. 1780-1838, caixa 509, f. 17.

111. Belo Horizonte. AAPAH. Livro de sequestro de escravos alugados pela Real Extração.

112. Júnia FURTADO. *O livro da capa verde*. 1996, pp. 121-2.

113. AEAD. Batizados em Couto Magalhães de Minas. 1760-1774, caixa 331, f. 140v.

114. AEAD. Livro de óbitos do arraial do Tejuco. 1752-1895, caixa 350, f. 7.

115. Luís Gomes FERREIRA. *Erário mineral*, vol. 1, 2002. pp. 229-30.

116. Júnia FURTADO. "Arte e segredo: o licenciado José Gomes Ferreira e seu caleidoscópio de imagens. In: Luís Gomes FERREIRA, op. cit., vol. 1, p. 5.

117. AEAD. Livro de óbitos do arraial do Tejuco. 1752-1895, caixa 350, f. 6.
118. Idem, ibidem, f. 100v.
119. Idem, ibidem, f. 133v.
120. AEAD. Livro de óbitos em São Gonçalo do Rio Preto/Felisberto Caldeira. 1790-1818, caixa 358, f. 9v.
121. Idem, ibidem, f. 65.
122. AEAD. Livro de óbitos do arraial do Tejuco. 1785-1810, caixa 351, f. 122v.
123. AEAD. Livro de óbitos do arraial do Tejuco. 1793-1811. Caixa 521, f. 397v.
124. BAT. Ana da Glória dos Santos. Cartório do Primeiro Ofício, maço 4.
125. Júnia FURTADO. "Pérolas negras: mulheres livres de cor no Distrito Diamantino". *Diálogos oceânicos*. 2001, pp.101-2.
126. AEAD. Livro de óbitos São Gonçalo do Rio Preto/Felisberto Caldeira. 1775-1789, caixa 358, f. 55.
127. Idem, ibidem, f. 59.
128. Idem, ibidem, fls. 62, 63v, 65v.
129. As denominações das tribos africanas de origem dos escravos encontradas nos documentos mineiros são imprecisas, incertas e pouco específicas. Tratava-se de uma forma aportuguesada que misturava nomes de etnias, nações, lugares, dialetos e portos de embarque na África.
130. Júnia FURTADO. *O livro da capa verde*. 1996, p. 52.
131. BAT. Inventário de . Manuel Pires de Figueiredo. Cartório do Primeiro Ofício, maço 60.
132. BAT. Inventário de Filipe José Correia Lacerda. Cartório do Primeiro Ofício, maço 21.
133. BAT. Inventário de José da Silva de Oliveira. 1796-1797. Cartório do Primeiro Ofício, maço 28.
134. BAT. Inventário de Luís José de Figueiredo. Cartório do Primeiro Ofício, maço 52.
135. AFS. Livro de testamentos nº 8, fls. 33v-38v.
136. BAT. Inventário de Rita Quitéria de São José. Cartório do Primeiro Ofício, maço 63, fls. 4v-6v.
137. Idem, ibidem.
138. BAT. Inventário de Francisca de Paula Fernandes de Oliveira. Cartório do Primeiro Ofício, maço 23.
139. Laird W. BERGAD. *Slavery and demographic and economic history of Minas Gerais, Brazil, 1720-1888*. 1999, p. 151. Com base na análise de inventários e testamentos em Minas Gerais, esse autor argumenta que o aumento do número de nascimentos como forma dominante de crescimento demográfico dos escra-

vos ocorreu em todas as comarcas da capitania de Minas Gerais a partir do início do século XIX e, um pouco mais tardiamente, no Distrito Diamantino.

140. BAT. Inventário de Francisca de Paula Fernandes de Oliveira. Cartório do Primeiro Ofício, maço 23.

141. AEAD. Livro de batizados do arraial do Tejuco. 1745-1765, caixa 297, f. 53v.

142. Para a região de Sabará, ver Kathleen J. HIGGINS. *Licentious liberty, in a Brazilian gold-mining region*. 1999. Para a região diamantina, ver Júnia FURTADO. "Pérolas negras: mulheres livres de cor no Distrito Diamantino". *Diálogos oceânicos*. 2001, pp. 104-6. Para a Bahia, ver Stuart B. SCHWARTZ. "The manumission of slaves in colonial Brazil: Bahia, 1684-1745". *Hispanic American Historical Review*, vol. 54, 1974, pp. 603-35.

143. AEAD. Livro de óbitos do arraial do Tejuco. 1785-1810, caixa 351, f. 35v.

144. AEAD. Livro segundo de grades da Irmandade de Nossa Senhora das Mercês. 1793-1837, caixa 521, f. 16v.

145. AEAD. Livro de óbitos do arraial do Tejuco. 1785-1810, caixa 351, f. 145v.

146. AEAD. Livro segundo de grades da Irmandade de Nossa Senhora das Mercês. 1793-1837, caixa 521, f. 7v. O documento registra sua morte em maio de 1802.

147. AEAD. Livro de casamentos do arraial do Tejuco. 1746-1811, f. 33v; Livro de óbitos do arraial do Tejuco. 1785-1810, caixa 351, f. 162v.

148. AEAD. Livro de certidões de missas da Irmandade de Nossa Senhora das Mercês. 1776, caixa 520, f. 37; Livro segundo de grades da Irmandade de Nossa Senhora das Mercês. 1793-1837, caixa 521, f. 16v.

149. AEAD. Livro segundo de grades da Irmandade de Nossa Senhora das Mercês. 1793-1837, caixa 521, f. 99v.

150. BAT. Inventário de Francisca de Paula Fernandes de Oliveira. Cartório do Primeiro Ofício, maço 23, fls. 3v-4.

151. BAT. Testamento de Ana Quitéria de São José. Cartório do Primeiro Ofício, maço 92.

152. AFS. Livro de notas nº 99. 1793-1794, f. 196v.

153. BAT. Testamento de Inês de Santa Luzia. Cartório do Primeiro Ofício, maço 26.

154. BAT. Testamento de Inês Fernandes Neves. Cartório do Primeiro Ofício, maço 26.

155. AFS. Testamento de Jacinta de Siqueira. Livro de testamentos nº 8, fls. 33v-38v.

156. BAT. Testamento de Maria de Azevedo. Cartório do Primeiro Ofício, maço 58.

157. AHU, MAMG. Caixa 108, doc. 9, fls.1-9.

6. A VIDA NO ARRAIAL [PP. 157-82]

1. AEAD. Livro de batizados do arraial do Tejuco. Caixa 297, fls. 38-39v.
2. Gola branca, móvel, como as que acompanham as batinas dos membros do clero.
3. Exemplos de vestimentas masculinas podem ser vistos em vários inventários locais, como BAT. Inventário de João de Azevedo Pereira (capitão). Cartório do Primeiro Ofício, maço 27, e inventário de José Francisco de Lima. Cartório do Segundo Ofício, maço 206. BAT. Cartório do Primeiro Ofício, maços 21, 52 e 60.
4. ANTT. Ministério do Reino. Livro 214, fls. 43v e 44; Chancelaria de dom José I. Livro 86, fls. 101v-102.
5. BAT. Inventário de Luís José de Figueiredo. Cartório do Primeiro Ofício, maço 52.
6. ANTT. Ministério do Reino. Livro 214, fls. 43v e 44; APM. Seção Colonial. 131, fls. 53v-54v. Neste códice há uma cópia da "carta régia na qual é conferido a João Fernandes de Oliveira o cargo de juiz do fisco de Minas Gerais [...], graduado em Cânones, opositor às cadeiras da universidade, onde ostentou no concurso do ano de 1749, habilitado pelo Desembargo do Paço, onde teve bons assentos, o qual se acha há anos no Serro do Frio na administração dos diamantes". João Fernandes de Oliveira tomou posse em janeiro de 1764, na casa do governador Luís Diogo Lobo da Silva, em Vila Rica. ANTT. Chancelaria de dom José I. Livro 86, fls. 101v e 102.
7. ANTT. Ministério do Reino. Livro 209, f. 184.
8. Idem, ibidem.
9. APM. Seção Colonial. 20, f. 145. Apud: Júnia FURTADO. *Homens de negócio*. 1999, pp. 183-4.
10. Kathleen J. HIGGINS. *Licentious liberty, in a Brazilian gold-mining region*, 1999. Ver também Joseph LYNCH. *Godparents and kinship in early medieval Europe*, 1986.
11. Hospital São José. Testamentaria de Francisco Pinheiro. Carta 149, maço 29, f. 180. Apud: Júnia FURTADO. *Homens de negócio*. 1996, p. 51.
12. AEAD. Livro de casamentos do arraial do Tejuco. Caixa 335, f. 12.
13. Idem, ibidem, fls. 13v, 15, 19 e 21v.
14. Idem, ibidem, f. 34v.
15. Idem, ibidem.
16. Idem, ibidem, f. 38v.
17. "[...] sendo testemunhas presentes o desembargador intendente Francisco José Pinto de Mendonça e o desembargador juiz do fisco João Fernandes de

Oliveira e outras mais pessoas que se estiveram presentes." AEAD. Livro de casamentos do arraial do Tejuco. Caixa 335, f. 34v.

18. Idem, ibidem, f. 41v.

19. Esta e as demais afirmações que seguem são relativas aos batizados realizados no Tejuco até 1765. Para o intervalo de 1766 a 1795 não foi possível concluir a pesquisa, pois o livro de batizados está muito danificado. Para outros arraiais e a Vila do Príncipe, a pesquisa abrange as datas disponíveis nos livros do bispado.

20. "Ana, inocente, filha de Rita, escrava de Antônio Vieira Balverde, foram padrinhos o sargento-mor Antônio de Araújo Freitas e *Francisca, mulata de Manuel Pires Sardinha*." AEAD. Livro de batizados do arraial do Tejuco. 1745-1765, caixa 291, f. 22.

21. Idem, ibidem, f. 44.

22. Stuart SCHWARTZ. "Opening the circle: godparentage in Brazilian slavery". *Slaves, peasants, and rebels: reconsidering Brazilian slavery*. 1992, p. 142.

23. AEAD. Livro de batizados do arraial do Tejuco. 1745-1765, caixa 291, f. 46.

24. Idem, ibidem, f. 47.

25. Idem, ibidem, f. 65.

26. Idem, ibidem, f. 69.

27. Idem, ibidem, f. 85.

28. Idem, ibidem, fls. 44, 47, 80v e 86v.

29. Idem, ibidem, f. 86.

30. Stuart SCHWARTZ, op. cit., pp. 137-60.

31. AEAD. Livro de batizados do arraial do Tejuco. 1745-1765, caixa 297, f. 80v.

32. Idem, ibidem, f. 56.

33. Idem, ibidem, f. 49.

34. Idem, ibidem, f. 53v.

35. Idem, ibidem, f. 76v.

36. Idem, ibidem, f. 96v.

37. Idem, ibidem, fls. 50 e 86.

38. Idem, ibidem, f. 77.

39. Idem, ibidem, f. 71.

40. Idem, ibidem, fls. 77, 79.

41. Idem, ibidem, f. 55.

42. Idem, ibidem.

43. Júnia FURTADO. "Toda oferenda espera sua recompensa". In: *Homens de negócio*. 1999, pp. 46-56.

44. AEAM. *Auto de genere et moribus* de Simão Pires Sardinha. 1768, armário 10, pasta 1782.

45. Júnia FURTADO. *Homens de negócio*. 1999, pp. 46-57.

46. Júnia FURTADO, op. cit., pp. 65-6.
47. Idem, ibidem, pp. 66-8.
48. AFS. Livro de testamentos nº 34. 1789, fls. 135v-144. Apud: José Newton C. MENESES. *O continente rústico*. 2001, p. 163.
49. José Antônio MENDES. *Governo de mineiros*. 1770, p. 133.
50. Renato P. VENÂNCIO. *Famílias abandonadas*. 1999.
51. BAT. Inventário de José da Silva de Oliveira. 1796-1797. Cartório do Primeiro Ofício, maço 28.
52. AEAD. Livro de batizados do arraial do Tejuco. 1745-1765, caixa 297, f. 38.
53. Idem, ibidem, f. 42.
54. Idem, ibidem, f. 71.
55. AEAD. Livro de batizados em Couto Magalhães de Minas. 1760-1774. Caixa 331, f. 141v.
56. AEAD. Livro de certidões de almas pelos irmãos falecidos na Irmandade do Santíssimo Sacramento. 1756, caixa 519, f. 15.
57. AEAD. Livro da Irmandade do Santíssimo Sacramento. 1759-1764. Caixa sem identificação, f. 4v.
58. Iphan/BH. Pasta de tombamento da igreja do Carmo de Diamantina. Cópia do documento com que Sua Majestade foi servida...
59. As casas foram vendidas a um certo Jacome, mas acabaram voltando ao patrimônio da Ordem. Arquivo do Iphan/BH. Inventário dos bens da Ordem Terceira do Carmo. Pasta de tombamento da igreja do Carmo de Diamantina.
60. ANTT. Desembargo do Paço. Ilhas. Maço 1342, doc. 7.
61. AEAD. Livro da fabriqueira da capela de Santo Antônio. 1780-1838. Caixa 509, fls. 17-17v.
62. Idem, ibidem, f.17v.
63. Idem, ibidem, f. 13v.
64. Caio C. BOSCHI. *Os leigos e o poder*. 1986.
65. Júnia FURTADO, op. cit., pp. 136-48. Ver também Caio C. BOSCHI, op. cit.
66. Julita SCARANO. "Black brotherhoods: integration or contradiction?". *Luso-Brazilian Review*, nº 1, vol. 16, 1979, pp. 1-17. Ver também Patricia MULVEY. "Black brothers and sisters: membership in the black lay brotherhoods of colonial Brazil". *Luso-Brazilian Review*, nº 2, vol. 17, 1980, pp. 252-79.
67. Kathleen J. HIGGINS, op. cit., pp. 89-120.
68. Sobre a participação das mulheres forras em irmandades no Tejuco, ver Júnia FURTADO. "Pérolas negras: mulheres livres de cor no Distrito Diamantino". *Diálogos oceânicos*. 2001, pp. 114-7.
69. Dom Frei José da SANTÍSSIMA TRINDADE. *Visitas pastorais*. 1998, p. 101.
70. FBN. Memória histórica da capitania de Minas Gerais, 1693, nº 6524 do CEHB.

71. José de Souza Azevedo Pizarro e ARAÚJO. *Memórias históricas do Rio de Janeiro*, t. II, vol. 8, 1946, p. 115.

72. Compromisso da Irmandade do Santíssimo Sacramento da capela de Santo Antônio do arraial do Tejuco, filial de Nossa Senhora da Conceição da Vila do Príncipe desta comarca do Serro Frio. Lisboa: Régia Oficina Tipográfica, 1785, capítulo I. (Foi no ano de 1785 que dona Maria I aprovou os estatutos.)

73. Idem, ibidem, capítulo IX.

74. Idem, ibidem, capítulo II.

75. "Eleição de provedor, e mais oficiais, e irmãos de mesa que hão de servir à Irmandade do Santíssimo Sacramento, ano 1759-60. Procurador o dr. Manuel Pires Sardinha/irmão de mesa — o dr. João Frz. de Olivr.ª." Compromisso da Irmandade do Santíssimo Sacramento, 1785. AEAD. Livro de termos da Irmandade do Santíssimo Sacramento. 1759, caixa 508, f. 36.

76. AEAD. Livro da Irmandade do Santíssimo Sacramento. 1759-1764, caixa sem identificação, fls. 4v, 6 e 7. (Esse livro lista os diversos dirigentes da irmandade entre 1759 e 1801.)

77. Compromisso da Irmandade do Santíssimo Sacramento, 1785, capítulo XV.

78. Compromisso da Irmandade do Santíssimo Sacramento, 1785, capítulos II e IX.

79. "Tem esta irmandade na capela a antiga, a pacífica posse de doze sepulturas: a saber, oito das grades para fora, e quatro das grades para dentro. Nesta só serão enterrados os irmãos que tiverem servido de provedores." Compromisso da Irmandade do Santíssimo Sacramento, 1785, capítulo XXVII.

80. AEAD. Livro de óbitos do arraial do Tejuco. 1752-1895, caixa 350, fls. 100v, 133v, e Livro de óbitos do arraial do Tejuco. 1785-1810, caixa 351, fls. 8, 31v, 59v, 76, 84v, 94v, 122v, 144v, 145v e 156.

81. AEAD. Livro da fabriqueira da capela de Santo Antônio. 1780-1838, caixa 509, f. 5v.

82. AEAD. Livro de termos da Irmandade do Santíssimo Sacramento. 1759, caixa 508, f. 98v.

83. AEAD. Livro da Irmandade do Santíssimo Sacramento. 1759-1764, caixa sem identificação, f. 25v.

84. Idem, ibidem, f. 23v.

85. AEAD. Livro da fabriqueira da capela de Santo Antônio. 1780-1838, caixa 509, f. 17v.

86. AEAD. Livros dos irmãos da Terra Santa no Tejuco. Caixa 509, f. 119.

87. Idem, ibidem, fls. 2, 8 e 23.

88. *Autos da devassa da Inconfidência Mineira*. Belo Horizonte: Imprensa Nacional, vol. 3, 1978, p. 455.

89. Adalgisa A. CAMPOS. *A terceira devoção do Setecentos mineiros: São Miguel e Almas do Purgatório*. 1994.

90. AEAD. Livro de irmãos professos na Irmandade de São Miguel das Almas. 1756, caixa 519, f. 13.

91. Idem, ibidem, fls. 48v, 87v.

92. Idem, ibidem, f. 87v.

93. Idem, ibidem, fls. 248-248v.

94. AEAD. Livro de óbitos do arraial do Tejuco. 1785-1810, caixa 351, f. 279. Em seu testamento, Maria afirma que era irmã das Almas.

95. Affonso ÁVILA (org.). "Minas Gerais: monumentos históricos e artísticos — circuito dos diamantes", *Revista Barroco*, vol. 16, 1994-5, pp. 306, 312-3.

96. Importante estudo sobre esta irmandade pode ser visto em Julita SCARANO. *Devoção e escravidão*. 1975.

97. AEAD. Livro de inventário da Irmandade de Nossa Senhora do Rosário. 1733-1892, caixa 514, f. 49. Os ocupantes dos cargos de direção concediam esmolas para a irmandade, colaborando para o seu sustento. Em 1795, o rei e a rainha pagavam vinte oitavas; já os demais juízes contribuíam com dezesseis arrobas cada. AEAD. Livro de receita e despesa da Irmandade de Nossa Senhora do Rosário. 1787, caixa 525, f. 30v.

98. AEAD. Livro de inventário da Irmandade de Nossa Senhora do Rosário. 1733-1892, caixa 514, f. 38.

99. AEAD. Livro de receita e despesa da Irmandade de Nossa Senhora do Rosário. 1787, caixa 525, f. 23v.

100. AEAD. Livro de receita e despesa da Irmandade de Nossa Senhora do Rosário. 1788, caixa 525, f. 34v.

101. AEAD. Livro de inventário da Irmandade de Nossa Senhora do Rosário. 1733-1892, caixa 514, fls. 60, 87v.

102. Idem, ibidem, fls. 60, 87v.

103. AEAD. Livro de óbitos do arraial do Tejuco. Caixa 521, fls. 387-388.

104. AEAD. Livro de inventário da Irmandade de Nossa Senhora do Rosário. 1733-1892, caixa 514, f. 43.

105. Idem, ibidem, f. 47v.

106. AEAD. Livro de entrada de irmãos professos na Irmandade de Nossa Senhora do Rosário 1782-1808, caixa 514, fls. 26v, 44v.

107. AEAD. Livro de receita e despesa da Irmandade de Nossa Senhora do Rosário. 1787, caixa 525, f. 24.

108. AEAD. Livro de inventário da Irmandade de Nossa Senhora do Rosário. 1750-1794, caixa.514, fls. 74, 76v.

109. AEAD. Livro de inventário da Irmandade de Nossa Senhora do Rosário 1733-1892, caixa 514, fls. 76v, 82, 83v e 92; Livro de inventário da Irmandade de Nossa Senhora do Rosário. 1750-1794, caixa 514, f. 82, e Livro de receita e despesa da Irmandade de Nossa Senhora do Rosário. 1787, caixa 525, fls. 5v, 29v.

110. AEAD. Livro de inventário da Irmandade de Nossa Senhora do Rosário. 1750-1794, caixa 514, fls. 95, 101v.

111. Carlos Drummond de ANDRADE. "Rosário dos homens pretos". *Obra completa*. 1967, p. 642. Ainda hoje, a cidade comemora a festa do Divino, cujo ápice é a procissão, para a qual as ruas são cobertas de tapetes de serragem.

112. Affonso ÁVILA (org.). "Minas Gerais: monumentos históricos e artísticos...", op. cit., p. 276.

113. Carlos Drummond de ANDRADE, op. cit., pp. 643-4.

114. Apud: Carlos Drummond de ANDRADE, op. cit., p. 644.

115. AEAD. Livro de inventário da Irmandade de Nossa Senhora do Rosário. 1750-1794, caixa 514, fls. 22v-23v.

116. Affonso ÁVILA (org.). "Minas Gerais: monumentos históricos e artísticos...", op. cit., pp. 313-8.

117. AEAD. Livro de entradas da Irmandade de Nossa Senhora das Mercês. Caixa 520, f. 20.

118. AEAD. Livro de eleição de juízes e juízas da Irmandade Nossa Senhora das Mercês. 1771-1847, caixa 510, fls. 3v, 20; Livro de receita da Irmandade de Nossa Senhora das Mercês. 1770-1772, caixa 510, f. 3.

119. AEAD. Livro de registro de irmãos professos na Irmandade de Nossa Senhora das Mercês. 1774-1799, caixa sem identificação, f. 88.

120. AEAD. Livros de missas para falecidos da Irmandade Nossa Senhora das Mercês. Caixa 520, f. 10.

121. Idem, ibidem, f. 20.

122. Em 1774, Francisca de Paula pagou a esmola de entrada no valor de 1,5 oitava de ouro. AEAD. Livro de registro de irmãos professos na Irmandade de Nossa Senhora das Mercês. 1774-1799, caixa sem identificação, f. 88.

123. Entrou em 20 de abril de 1795. AEAD. Livro segundo de grades da Irmandade de Nossa Senhora das Mercês. 1793-1837, caixa 521, f. 9v.

124. AEAD. Livro de registro de irmãos professos na Irmandade de Nossa Senhora das Mercês. 1774-1793, caixa 557, f. 27.

125. Filiou-se em 15 de agosto de 1798. AEAD. Livro segundo de grades da Irmandade de Nossa Senhora das Mercês. 1793-1837, caixa 521, f. 2v.

126. AEAD. Livro de certidões de missas da Irmandade de Nossa Senhora das Mercês. 1776, caixa 520, f. 36.

127. Filiou-se em 21 de dezembro de 1801. AEAD. Livro de entradas da Irmandade de Nossa Senhora das Mercês. 1799, Caixa 520, f. 15v.

128. Em 22 de janeiro de 1788 concedeu 1,5 oitava de ouro. AEAD. Livro de registro de irmãos professos na Irmandade de Nossa Senhora das Mercês. 1774-1799, caixa sem identificação.

129. Como veremos no capítulo seguinte, Luciana, que entrou em Macaúbas com as filhas do casal, era parente ou protegida de Chica da Silva e do desembargador. AEAD. Livro de entradas da Irmandade de Nossa Senhora das Mercês. 1801, caixa 520, fls. 5 e 15v; Livro de receita da Irmandade de Nossa Senhora das Mercês. 1770-1772, caixa 510, f. 17v, e Livro de receita da Irmandade de Nossa Senhora das Mercês. 1770-1803, caixa 510, fls. 31, 41v, 45, 48 e 50v.

130. AEAD. Livro de eleição de juízes e juízas da Irmandade Nossa Senhora das Mercês. 1771-1847, caixa 510, fls. 12 e 45.

131. Idem, ibidem, f. 25.

132. Idem, ibidem, fls. 15v, 21 e 29v.

133. Idem, ibidem, fls. 20 e 26.

134. Idem, ibidem, f. 26.

135. AEAD. Livro de entradas da Irmandade de Nossa Senhora das Mercês do Tejuco. Caixa 510, f. 161.

136. AEAD. Livro de eleição de juízes e juízas da Irmandade de Nossa Senhora das Mercês. 1771-1847, caixa 510, f. 36v.

137. Idem, ibidem, fls. 28v-29.

138. AEAD. Livro de registro de irmãos professos na Irmandade de Nossa Senhora das Mercês. 1774-1799, caixa sem identificação, f. 67v.

139. AEAD. Livro de certidões de missas da Irmandade de Nossa Senhora das Mercês. 1776, caixa 520, f. 37; Livro segundo de grades da Irmandade de Nossa Senhora das Mercês. 1793-1837, caixa 521, f. 16v.

140. AEAD. Livro segundo de grades da Irmandade de Nossa Senhora das Mercês. 1793-1837, caixa 521, fls. 17v, 99v.

141. Affonso ÁVILA (org.), "Minas Gerais: monumentos históricos e artísticos...", op. cit., pp. 318-24. A festa do Divino é hoje comemorada na cidade pela Igreja.

142. AEAD. Livro segundo de grades da Irmandade de Nossa Senhora das Mercês. 1793-1837, caixa 521, f. 43; Livro de certidões de missas da Irmandade de Nossa Senhora das Mercês. 1776, caixa 520, f. 15v.

143. Iphan/BH. Pasta de tombamento da igreja do Carmo de Diamantina. Cópia do documento com que Sua Majestade foi servida...

144. Affonso ÁVILA (org.). "Minas Gerais: monumentos históricos e artísticos...", op. cit., pp. 288-98.

145. Walter ALMEIDA. "Igreja de Nossa Senhora do Carmo". *Voz do Carmelo*, nº 1147, 1998, pp. 325-6. O compromisso da Ordem aprovado em 1785 diz "ter sido a capela que presentemente possuem [os irmãos do Carmo] por doação que

dela fez o desembargador João Fernandes de Oliveira, edificada pelo mesmo com licença do ordinário da diocese". Iphan/BH. Pasta de tombamento da igreja do Carmo. Documentos avulsos. Cópia do livro de registro desta chancelaria da Ordem, f. 141.

    146. Ordem Terceira de Diamantina. *Mensageiro do Carmelo*, ano XXX, pp. 85-6.

    147. AEAD. Livro de registro de irmãos na Ordem Terceira do Carmo. 1763-1808, caixa 541, f. 10.

    148. Ordem Terceira de Diamantina. *Mensageiro do Carmelo*, ano XXX, pp. 85-6.

    149. Assis HORTA. "Carmo ano 2000". *Estrela polar*. 1959.

    150. Joaquim Felício dos SANTOS. *Memórias do Distrito Diamantino*. 1976, pp. 123-4.

    151. AEAD. Livro de ordenações da Irmandade de Nossa Senhora do Carmo. 1763-1808, caixa 541, f. 10. Ver Assis HORTA, op. cit.

    152. Iphan/BH. Pasta de tombamento da igreja do Carmo. Documentos avulsos. Livro de missas celebradas aos irmãos do Carmo. Em 1798 foram rezadas 43 missas em sua intenção e em 1799, 62 missas para sua alma, segundo atestou João Correia de Araújo, o comissário da Ordem.

    153. Diamantina, igreja de Nossa Senhora do Carmo. Livro contendo o nome de todos os confrades da Ordem de Nossa Senhora do Monte do Carmo. 1788-..., s.n.

    154. Em 1766, há o registro de entrada de uma Francisca de Sales Oliveira, de quem não se encontrou nenhum outro documento no Tejuco. Resta a possibilidade de o escrivão ter errado ao grafar o nome de Francisca da Silva de Oliveira. AEAD. Livro de ordenações da Irmandade de Nossa Senhora do Carmo. 1763-1808, caixa 541, f. 15.

    155. AEAD. Livro de entradas da Irmandade de Nossa Senhora do Carmo do Serro. 1780, caixa 528.

    156. Idem, ibidem. Entradas em 15 de outubro de 1782 (João, Silvana, Josefa e Ana, escravos, e Cândida crioula, de Luís Coelho); 16 de outubro de 1782 (Maria escrava e Luísa, Custódia e Úrsula crioulas).

    157. Idem, ibidem. Entrada em 16 de julho de 1805.

    158. Idem, ibidem. Entrada em 16 de julho de 1798.

    159. Idem, ibidem. Entrada em 16 de julho de 1798.

    160. AEAD. Livro de ordenações da Irmandade de Nossa Senhora do Carmo. 1763-1808, caixa 541, f. 53.

    161. BAT. Documentos avulsos. Ordem Terceira de Nossa Senhora do Carmo. Caixa 478, f. 233.

162. AEAD. Livro de registro de irmãos na Ordem Terceira de Nossa Senhora do Carmo. 1763-1808, caixa 541, nº 616.

163. AEAD. Livro de ordenações da Irmandade de Nossa Senhora do Carmo. 1763-1808, caixa 541, f. 53, e Livro de registro de irmãos na Ordem Terceira de Nossa Senhora do Carmo. 1763-1808, caixa 541, nº 629.

164. AEAD. Livro de registro de irmãos na Ordem Terceira de Nossa Senhora do Carmo. 1763-1808, caixa 541, nº 615.

165. BAT. Documentos avulsos. Ordem Terceira de Nossa Senhora do Carmo. Caixa 478, f. 233.

166. AEAD. Livro de ordenações da Irmandade de Nossa Senhora do Carmo. 1763-1808, caixa 541; BAT. Documentos avulsos. Ordem Terceira de Nossa Senhora do Carmo. Caixa 478, f. 233.

167. Igreja de Nossa Senhora do Carmo do Tejuco. Livro contendo o nome de todos os confrades da Ordem de Nossa Senhora do Monte do Carmo. 1788- s.n. (O livro começou a ser feito em 1788, quando era secretário da mesa Antônio Fernandes de Oliveira.)

168. Iphan/BH. Pasta de tombamento da igreja do Carmo. Documentos avulsos. Ata de 1777: "Termo a respeito das duas imagens de Christo".

169. AEAD. Livro de óbitos da Ordem Terceira de São Francisco, f. 55.

170. AEAD. Documentos avulsos da Ordem Terceira de São Francisco. 1787, caixa 503.

171. AEAD. Documentos avulsos da Ordem Terceira de São Francisco. 1781--1782, caixa 503.

172. AEAD. Livro de óbitos da Ordem Terceira de São Francisco. 1772-1857, caixa 350, f. 96.

173. AEAD. Livro de óbitos de irmãos da Irmandade de São Francisco. 1772--1857. Caixa 350. Letra A.

174. AEAD. Documentos avulsos da Ordem Terceira de São Francisco. 1763--1769, caixa 501.

175. AEAD. Documentos avulsos da Ordem Terceira de São Francisco. 1783, caixa 503.

176. AEAD. Testamento de Antônia de Oliveira Silva. Livro de óbitos do arraial do Tejuco. Caixa 350, fls. 162v-163.

177. AEAD. Testamento de Rita Pais de Gouveia. Livro de Óbitos do arraial do Tejuco. Caixa 521, fls. 35-35v.

178. BAT. Inventário e testamento de Ana da Encarnação Amorim. Cartório do Primeiro Ofício, maço 4.

179. AFS. Testamento de Jacinta de Siqueira. Livro de testamentos nº 8, fls. 33v-38v.

180. AEAM. *Auto de genere et moribus* de Simão Pires Sardinha. 1768, armário 10, pasta 1782. Testemunhos de Custódio Vieira da Costa e de Manuel Francisco Cruz.
181. Idem, ibidem. Testemunho do reverendo José Ribeiro Aldonço.
182. Idem, ibidem. Testemunho de Luís Lopes da Costa.
183. Idem, ibidem. Testemunho do reverendo José Ribeiro Aldonço.

7. MINAS DE ESPLENDOR [PP. 183-98]

1. AEAD. Livro de termos do Serro do Frio. 1750, caixa 557, f. 102v.
2. AEAM. *Auto de genere et moribus* de Simão Pires Sardinha. 1768, armário 10, pasta 1782. Testemunho do reverendo Leonardo da Costa Amado.
3. ARM. Livro de registro de saídas do recolhimento. 1781.
4. AEAD. Livro de registro de irmãos professos na Irmandade de Nossa Senhora das Mercês. 1774-1799, caixa sem identificação, f. 88.
5. Belo Horizonte. AAPAH.
6. Apesar de a chácara ser ainda chamada em Diamantina de chácara da Chica da Silva, pertencia a João Fernandes e foi palco de vários casamentos da sociedade local. Por exemplo, AEAD. Livro de casamentos do arraial do Tejuco. Caixa 335, f. 38. Em 1839, a população local já a chamava de "chácara da Chica da Silva", embora a propriedade tivesse passado para seu filho mais velho e deste para seu neto, João Germano de Oliveira Grijó. BAT. João Germano de Oliveira Grijó. Cartório do Primeiro Ofício, maço 27.
7. Joaquim Felício dos SANTOS. *Memórias do Distrito Diamantino*. 1976, p. 124.
8. Francisco CALMON. *Relação das faustíssimas festas*. 1982.
9. Idem, ibidem, p. 24.
10. Idem, ibidem, p. 25.
11. Antônio José da SILVA (o judeu). *Theatro cômico português*. 1788.
12. Idem, ibidem, p. 213.
13. Alberto DINES. *Vínculos do fogo, Antônio José da Silva, o judeu, e outras histórias da Inquisição em Portugal e no Brasil*. 1992. Ver também João Gaspar SIMÕES. *História do romance português*, vol. 1, 1967, pp. 221-2.
14. Antônio José da Silva (o judeu). Op. cit. 1788, p. 214.
15. Idem, ibidem, p. 298.
16. AHU, MAMG. Caixa 99, doc. 17. Cartas anexas de Antônio da Mota Magalhães.
17. Gilberto FREYRE. *Casa-grande & senzala*. 1996, p. 355.

18. William BECKFORD. "Italy, with sketches from Spain and Portugal". Apud: Gilberto FREYRE, op. cit., pp. 340-1.

19. Ibidem, p. 341.

20. Orest RANUM. "Os refúgios da intimidade". In: Phlippe ARIÈS & Georges DUBY. *História da vida privada*, vol. 3, 1991, pp. 215-9.

21. A. de SAINT-HILARE. *Viagem pelo Distrito dos Diamantes e litoral do Brasil*. 1974, pp. 27-8.

22. BAT. Inventário de Caetano Miguel da Costa. Cartório do Segundo Ofício, maço 175; AEAM. *Auto de genere* de Cipriano Pires Sardinha. 1785, armário 3, gaveta 34. Testemunhos do reverendo Leonardo da Costa Amado e de Manuel Antônio dos Santos Rocha.

23. José Newton MENESES. *O continente rústico*. 2000, pp. 190-3.

24. Alcide D'ORBIGNY. *Viagem pitoresca através do Brasil*. 1976, p. 135.

25. Idem, ibidem, p. 136.

26. Com certeza não estudaram em Roma, nem em Coimbra como o pai, pois lá não há registro da passagem deles. Podem ter estudado na França, como o filho bastardo do avô paterno, mas não foi possível verificar.

27. AEAM. *Auto de genere et moribus* de Simão Pires Sardinha. 1768. Armário 10. Pasta 1782.

28. AHU, MAMG. Caixa 140, doc. 49. Simão não estudou em Roma, no Instituto Sapienza, como garantiram alguns autores.

29. AHU, MAMG. Caixa 123, doc. 89.

30. Leila Mezan ALGRANTI. *Honradas e devotas: mulheres da colônia*. 1993, pp. 22-6.

31. Em 1768, a madre regente de Macaúbas entrou com um processo de cobrança contra Manuel Rodrigues Lima, morador no Bananal da Passagem de Mariana, pois tinha se obrigado, "por uma escritura pública, a pagar 4 mil cruzados, com seus juros [...] caso entrasse no dito recolhimento sua mulher, d. Rosa Maria Varela de Mendonça, e como a mesma há muitos anos [de dezenove para vinte] entrou no dito recolhimento e nele atualmente se acha". ACS. Notificações. Códice 171, auto 4148.

32. Lana Lage da Gama LIMA. *A confissão pelo avesso: o crime de solicitação no Brasil colonial*. 1990, pp. 680-3.

33. Adriana ROMEIRO. *O desregramento da regra: imaginário e cotidiano no recolhimento de Macaúbas*. 1998.

34. AHU, MAMG. Caixa 18, doc. 40.

35. AHU, MAMG. Caixa 116, doc. 39.

36. Wladimir A. SOUZA (org.). "Convento de Macaúbas". *Guia dos bens tombados — Minas Gerais*. 1985, p. 383.

37. Como veremos a seguir, o mirante foi construído como doação do desembargador João Fernandes de Oliveira.
38. ARM. Termo de paga dos dotes das três sobreditas...
39. Lana Lage da Gama LIMA, op. cit., p. 674.
40. AN. Mesa do Desembargo do Paço. Estatutos do recolhimento de Macaúbas. Caixa 130, pac. 2, doc. 57.
41. ARM. Termo de paga dos dotes das três sobreditas...
42. ARM. Livro de registro de saídas do recolhimento. 1781, s.n.
43. AN. Mesa do Desembargo do Paço. Estatutos do recolhimento de Macaúbas. Caixa 130, pac. 2, doc. 57.
44. Idem, ibidem.
45. Lana Lage da Gama LIMA, op. cit., pp. 684-99.
46. Idem, ibidem, p. 688.
47. Idem, ibidem, pp. 685-9.
48. Idem, ibidem, pp. 695-6.
49. Idem, ibidem, pp. 697-8.
50. AHU, MAMG. Caixa 199, doc. 66.
51. Lana Lage da Gama LIMA, op. cit., p. 675.
52. Códice Costa Matoso, vol. 1, 1999, p. 707.
53. AN. Mesa do Desembargo do Paço. Caixa 130, pac. 2, doc. 57.
54. Susan SOEIRO. "The social and economic role of the convent: women and nuns in colonial Bahia (1677-1800)". *Hispanic Historical American Review*, nº 2, vol. 54, 1974, p. 230.
55. Idem, ibidem, p. 226.
56. Gregório de MATOS. *Obras completas*, vol. 1, 1945, p. 237.
57. AAPAH. Documentação do convento de Macaúbas. Lista de alimentos enviados às filhas de Francisca da Silva no convento.
58. AHU, MAMG. Caixa 99, doc. 17.
59. ARM. Livro de termos de paga dos dotes, f. 53v.
60. ARM. Livro de termos de entradas no recolhimento. 1767, f. 50.
61. No recolhimento de Nossa Senhora dos Humildes da Bahia, 35% das recolhidas entraram com a idade de quatro a quinze anos. Maria José de S. ANDRADE. "Os recolhimentos baianos — seu papel social nos séculos XVIII e XIX". *Revista do Instituto Geográfico e Histórico da Bahia*, vol. 90, 1992, p. 231.
62. ARM. Registro de entrada no recolhimento, pp. 85-6.
63. ARM. Termo de paga dos dotes das três sobreditas...
64. ARM. Livro de termos de entradas no recolhimento. 1768, s.n.
65. ARM. Livro de termos de entradas no recolhimento. 1768, f. 53v, e Livro de receita do recolhimento. 1768, f. 57.

66. ARM. Livro de termos de entradas no recolhimento. 1768, f. 53, e Livro de receita do recolhimento. 1768, f. 57.
67. BAT. Inventário de Francisca de Paula Fernandes de Oliveira. Cartório do Primeiro Ofício, maço 23.
68. AEAD. Livro de irmãos da Terra Santa. 1806, caixa 509, f. 212.
69. Leila Mezan ALGRANTE, op. cit., p. 183.
70. AEAD. Livro de eleição de juízes e juízas da Irmandade Nossa Senhora das Mercês. 1771-1847, caixa 510, f. 25.
71. AEAD. Livro de entradas da Irmandade de Nossa Senhora das Mercês do Tejuco. Caixa 510, f. 161.
72. AEAD. Livro de irmãos da Terra Santa. 1806, caixa 509, f. 212.
73. AHU, MAMG. Caixa 132, doc. 27 e caixa 140, doc. 47.
74. AHU, MAMG. Caixa 182, doc. 69 e caixa 180, doc. 23.
75. AHU, MAMG. Caixa 128, doc. 40; caixa 128, doc. 41 e caixa 136, doc. 1.
76. AHU, MAMG. Caixa 116, doc. 39.
77. ARM. Registro de saídas do recolhimento. 1776, s.n.
78. ARM. Livro de registros de petições ao recolhimento. 1776, s.n.
79. ARM. Livro de termos. s.n.
80. Leila Mezan ALGRANTI, op. cit., p. 24.
81. ARM. Livro de registros de petições ao recolhimento. 1780, s.n.
82. ARM. Livro de registros de saídas do recolhimento. 1781, s.n.
83. Idem, ibidem.
84. Idem, ibidem.
85. Idem, ibidem.
86. Idem, ibidem.
87. ARM. Livro de termos de entradas no recolhimento. 1781, s.n.
88. AFS. Livro avulso de testamentos.
89. ARM. Livro de receita do recolhimento. s.d., s.n., f. 53v
90. ARM. Livro de termos de entradas no recolhimento. s.d., s.n.
91. Joaquim Silvério de SOUSA. *Sítios e personagens históricos de Minas Gerais.* 1980, p. 365. Nos *Autos da devassa da Inconfidência Mineira*, Antônio Coelho Peres de França afirma que o padre Rolim tinha "alguns trastes de ouro e pedras, como eram: adereços, fivelas de ouro, cordões do mesmo metal, botões, anéis, e outras mais coisas, os tinha o dito padre dado a uma mulher que hoje está no recolhimento das Macaúbas". *Autos da devassa da Inconfidência Mineira*, vol. 6, 1978, p. 299. Isso demonstra que Quitéria já estava recolhida nos anos da malograda inconfidência. Ver também Roberto Wagner de ALMEIDA. *Entre a cruz e a espada.* 2002, pp. 44-5.
92. Joaquim Silvério de SOUSA, op. cit., p. 365. Ver também Roberto Wagner de ALMEIDA, op. cit., p. 45.
93. BAT. Documentos avulsos. Caixa 478, f. 233.

8. SEPARAÇÃO [PP. 199-224]

1. Eugênio de SANTOS. "Relações da cidade e região do Porto com Rio de Janeiro e Minas Gerais". 1994.
2. Júnia FURTADO. *Homens de negócio*. 1996, p. 23.
3. Charles BROOKS. *Disaster at Lisbon*. 1994, p. 105.
4. ANTT. Índice de leitura de bacharéis. João Fernandes de Oliveira. Maço 22, doc. 37. Certidões de José Carlos Castelo e Antônio Velho da Costa.
5. ANTT. Cartórios notariais. 5B. Caixa 15, livro 78. Notas. Atual 12, f. 48. No seu testamento, o desembargador João Fernandes de Oliveira menciona ser o proprietário de duas casas na rua do Guarda-mor.
6. ANTT. Cartórios notariais. Notas. Cartório 2, livro 8, fls. 70v-74v.
7. Pedro Taques de A. PAES LEME. "Nobiliarquia paulistana". *Revista do Instituto Histórico Geográfico Brasileiro*, 1871, p. 209.
8. Charles BROOKS, op. cit., p. 3.
9. Apud: Charles BROOKS, op. cit., p. 24.
10. Idem, ibidem, p. 125.
11. Pedro Taques de A. PAES LEME, "Nobiliarquia...", op. cit., p. 208.
12. AEAD. "Artigo de José Augusto Neves". Dom Joaquim de Souza. Documentos diversos. 1920- 1929, caixa 58.
13. Em um dos palácios do marquês de Marialva foram destruídas pinturas valiosas, entre elas Rubens, bem como tapeçarias e tapetes persas. Laura de Mello e SOUZA. "Os nobres governadores de Minas". In: *Norma e conflito*: aspectos da história de Minas no século XVIII. 1999, p. 189.
14. ANTT. Desembargo do Paço. Ilhas. Maço 1342, doc. 7.
15. ANTT. Cartórios notariais. 5B. Caixa 15, livro 78. Atual 12, fls. 48-49.
16. Belo estudo sobre a casa e a ocupação do bairro da Lapa pode ser visto em José Sarmento MATOS. *Uma casa na Lapa*. 1994. Ver também Pedro Taques de A. PAES LEME, "Nobiliarquia...", op. cit., p. 208.
17. Luiza da FONSECA. "Bacharéis brasileiros". *Anais do IV Congresso de História Nacional — Instituto Histórico e Geográfico Brasileiro*, vol. 10, 1951, p. 232.
18. ANTT. Cartórios notariais. Notas. Cartório 2, livro 8, fls. 70v-74v.
19. ANTT. Desembargo do Paço. Ilhas. Maço 1342, doc. 7.
20. José Sarmento MATOS, op. cit., p. 100.
21. ANTT. Avaliação dos bens de José Joaquim de Barros Mesquita. Estremadura. Desembargo do Paço. Maço 1152, nº 19. Apud: José Sarmento MATOS, op. cit., p. 102.
22. ANTT. Avaliação dos bens de José Joaquim de Barros Mesquita. Estremadura. Desembargo do Paço. Maço 1152, nº 19.

23. João Miguel dos Santos SIMÕES. *Azulejaria em Portugal no século XVIII*. 1979.

24. ANTT. Avaliação dos bens de José Joaquim de Barros Mesquita. Estremadura. Desembargo do Paço. Maço 1152, n⁰ 19.

25. Pedro Taques de A. PAES LEME, "Nobiliarquia...", op. cit., p. 208.

26. S. A. "Sketches of portuguese life", 1826. Apud: José Sarmento MATOS, op. cit., p. 95.

27. APM. Seção Colonial. 290, fls. 249, 254. Apud: José Newton C. MENESES, op. cit., p. 137. Ordem para vir "a este Reino de todas as espécies a fim de povoarem os viveiros da real Quinta de Belém", com "toda qualidade de sementes de plantas que possa mandar colher com as etiquetas dos nomes que têm no país, juntando-se mui particularmente as que produzirem belas e cheirosas flores".

28. APM. Seção Colonial. 290, f. 249. Apud: José Newton C. MENESES, op. cit., p. 137.

29. ANTT. Habilitações da Ordem de Cristo. Letra s. Maço 5, doc. 5, f. 11.

30. Pierre PIERRARD. *Dictionnaire des prénoms et des saints*. 1987. Ver também Donald ATTWATER. *The Penguin dictionary of saints*. 1983.

31. "Sanctus Deus, Sanctus fortis, sanctus Immortalis, Miserere nobis."

32. Na primeira metade do século XIX, o viajante inglês George Gardner notou que as águas no Tejuco "são canalizadas para muitas casas, suprindo as famílias com uma das maiores comodidades que se podem desfrutar em clima quente". Não é conhecida a data em que esse sistema foi instalado, mas é certo que foi construído a partir do rego público aberto em 1752 para captar água do córrego do Tejuco e alimentar o chafariz que fora erguido no meio da cidade. Não é improvável que a construção do rego na casa do contratador em Lisboa tenha se inspirado no sistema já implantado no arraial. Ver George GARDNER. *Viagens no Brasil*. 1942, p. 385.

33. A palavra "bolieiro" parece derivar de "boleia", uma vez que se tratava de um condutor de carros.

34. AHTCL. Livros da décima da cidade. Arruamentos, freguesia de Santos e Lapa. 1762-1834. Apud: José Sarmento MATOS, op. cit., p. 116.

35. ANTT. Desembargo do Paço. Ilhas. Maço 1342, doc. 7.

36. Idem, ibidem.

37. Idem, ibidem.

38. José Sarmento MATOS, op. cit., p. 71.

39. ANTT. Desembargo do Paço. Ilhas. Maço 1342, doc. 7.

40. ANTT. Ministério do Reino. Livro 212, fls. 6-6v.

41. José-Augusto FRANÇA. "Burguesia pombalina, nobreza mariana, fidalguia liberal". In: *Pombal revisado*. 1984, pp. 19-33. Ver também Kenneth MAXWELL.

"Pombal and the nationalization of the Luzo-Brazilian economy". *Hispanic American Historical Review*, New Heaven, nº 4, vol. 48, 1968, pp. 608-31.

42. Kenneth MAXWELL. "Colaboradores e conspiradores". In: *Marquês de Pombal, paradoxo do Iluminismo*. 1996, pp. 69-94.

43. Relatório apresentado aos acionistas e interessados na companhia dos diamantes pelo desembargador João Fernandes de Oliveira. Apud: Joaquim Felício dos SANTOS. *Memórias do Distrito Diamantino*. 1956, p. 149.

44. ANTT. Núcleos extraídos do Conselho da Fazenda. Junta de direção-geral dos diamantes. Livro 3, p. 1.

45. AHU, MAMG. Caixa 64, doc. 86. Carta de Tomás Robi de Barros Barreto informando com o seu parecer acerca da pretensão dos mineiros do distrito do Tejuco em pretenderem mais lavras. APM. Seção Colonial. 192, fls. 183-185; AHU, MAMG. Caixa 97, doc. 65. Nesse documento há uma petição dos moradores com a indicação das lavras em que pretendem explorar ouro.

46. MO. Registro de entradas de ouro na administração-geral dos diamantes (1771-1777-1779). Livro avulso sem número, registro nº 1219.

47. BAT. Cartório do Primeiro Ofício, maço 52.

48. AEAD. Livros de óbitos do arraial do Tejuco. 1752-1895, caixa 350, f. 1.

49. AHU, MAMG. Caixa 63, doc. 38. Carta de Tomás Robi de Barros Barreto, [...] informando das diligências que tem levado a cabo o ouvidor-geral do Tejuco, Francisco Moreira de Matos, no sentido de evitar o extravio de diamantes. Do mesmo arquivo, caixa 66, doc. 12. Carta de Tomás Robi de Barros Barreto informando sobre as providências que tomou no Serro do Frio no sentido de limpar a região de ladrões e negros quilombados. Ainda, caixa 67, doc. 32. Carta de Tomás Robi de Barros Barreto, dando notícias sobre os roubos praticados pelos contrabandistas de diamantes no rio Jequitinhonha.

50. Sobre sequestro por dívidas, ver APM. Seção Colonial. 135, fls. 118-122v. Sobre a descoberta das jazidas das serras do Periguasû e Parimarim, ver mesmo arquivo e seção, 143, fls. 197-197v, 201v. Sobre a assistência necessária, idem, 137, f. 1. Sobre pronto auxílio financeiro, idem, fls. 55-57, e 143, fls. 124, 179v. Sobre assistência militar, idem, 143, f. 197.

51. APM. Seção Colonial. 143, fls. 165v, 172-172v.

52. AHU, MAMG. Caixa 63, doc. 29. Ver também Júnia FURTADO. "O labirinto da fortuna; ou os reveses na trajetória de um contratador de diamantes". In: *História: fronteiras*, vol. 2, 1999, pp. 309-19.

53. BNL. Notícias das minas dos diamantes. Seção de Reservados. Avulsos. Cód. 7167.

54. AHU, MAMG. Caixa 99, doc. 17.

55. Joaquim Felício dos SANTOS, op. cit., pp. 125-7.

56. ANTT. Ministério do Reino. Livro 212, fls. 6-6v.

57. ANTT. Desembargo do Paço. Ilhas. Maço 1342, doc. 7.
58. Idem, ibidem.
59. Idem, ibidem.
60. AHU, MAMG. Caixa 96, doc. 46.
61. AHU, MAMG. Caixa 97, doc. 65.
62. AHU, MAMG. Caixa 96, doc. 57.
63. Idem, ibidem.
64. AHU, MAMG. Caixa 93, doc. 11.
65. Idem, ibidem.
66. AHU, MAMG. Caixa 99, doc. 15.
67. Idem, ibidem.
68. Idem, ibidem.
69. AHU, MAMG. Caixa 99, doc. 17. Cartas anexas de Antônio da Mota Magalhães.
70. APM. Seção Colonial. 176, f. 45. O pedido de João Fernandes pode ser visto em AHU, MAMG. Caixa 97, doc. 65.
71. APM. Seção Colonial. 176, f. 82v.
72. ANTT. Desembargo do Paço. Ilhas. Maço 1342, doc. 7, fls. 46-46v.
73. Idem, ibidem, f. 62.
74. Marquês do LAVRADIO. *Cartas do Rio de Janeiro*. 1978, p. 43 (carta 244).
75. Idem, ibidem, p. 60 (carta 271).
76. ANTT. Registros paroquiais, nº 1, caixa 7, microfilme 1019.
77. *Primeira exposição nacional de painéis votivos do rio, do mar e do além-mar*. 1983. p. 52. "Milagre que fez Nossa Senhora da Conceição do Porto Seguro a Jorge de Lima, que partindo da cidade de Lisboa para o Rio de Janeiro em o navio *Bom Jesus de Além* e *Nossa Senhora da Esperança*, aos quinze dias de viagem a 4 de outubro pelas sete horas da manhã à vista da ilha da Madeira, lhe carregou um temporal de vento sueste que foi correndo à popa só com o traquete, todo aquele dia sem esperança de vida alguma, o qual se apegou com a dita snra. E pelas duas horas da noite lhe abonançou o tempo, no ano de 1770."
78. Estiveram presentes, além do frei Francisco da Visitação, definidor-geral dos carmelitas descalços, os carmelitas frei José do Menino Jesus e frei Antônio de São José. ANTT. Desembargo do Paço. Ilhas. Maço 1342, doc. 7.
79. Foram seus médicos Baltazar Lara, doutor em Filosofia e Medicina, que fora médico do Hospital Militar de Lisboa, Inácio Lamagnini, Gualter Wade e Antônio Martins Vidigal, cirurgião. ANTT. Desembargo do Paço. Ilhas. Maço 1342, doc. 7.
80. ANTT. Registros paroquiais, nº 1, caixa 7, microfilme 1019.
81. ANTT. Desembargo do Paço. Ilhas. Maço 1342, doc. 7.
82. AHU, MAMG. Caixa 99, doc. 17.

83. ANTT. Desembargo do Paço. Ilhas. Maço 1342, doc. 7.
84. Idem, ibidem, f. 45v.
85. Xavier da VEIGA. *Efemérides mineiras*, 1998. Eféméride 12/12/1770, vol. 2, pp. 968-70.
86. ANTT. Registro geral de testamentos. Livro 312.
87. ARM. Livro de registros de saídas do recolhimento. 1781, s.n.
88. Raquel Mendes PINTO. *A família mineira em transformação*. 2002.
89. Marquês do LAVRADIO, op. cit., p. 60 (cartas 270 e 271).
90. Idem, ibidem, p. 61 (carta 274).
91. Idem, ibidem, p. 62 (carta 277).
92. Idem, ibidem, p. 62 (carta 278) e p. 63 (carta 280).
93. Idem, ibidem, p. 65 (carta 282).
94. Eram eles Rodrigo Coelho Machado Torres e José Gomes Ribeiro, desembargadores no Tribunal da Relação na Bahia. AMU. Documentos relativos ao Brasil — Bahia, n°s 8401, 8402, 8403, 8404, 8405, 8406. In: Eduardo de CASTRO ALMEIDA. "Inventário dos existentes...". *Anais da Biblioteca Nacional*, vol. 32, 1910, pp. 251-2.
95. AMU. Documentos relativos ao Brasil — Bahia, n°s 8407, 8408, 8409, 8410. In: Eduardo de CASTRO ALMEIDA, "Inventário dos existentes...", op. cit., p. 252.
96. Marquês do LAVRADIO, op. cit., p. 65 (carta 282).
97. Idem, ibidem, p. 126 (carta 436).
98. Idem, ibidem, p. 65 (carta 282).
99. AMU. Documentos relativos ao Brasil — Bahia, n° 8400. In: Eduardo de CASTRO ALMEIDA, "Inventário dos existentes...", op. cit., p. 251.
100. Marquês do LAVRADIO, op. cit., pp. 62-5.
101. Francisco VARNHAGEN, em *História geral do Brasil*, escrita entre 1854 e 1857, registrou apenas que, após o falecimento do sargento-mor João Fernandes de Oliveira, a Coroa passou a fazer a exploração pela fazenda pública. Francisco Adolfo VARNHAGEN. *História geral do Brasil, antes da sua separação e independência de Portugal*, vol. 4, 1948, p. 114, nota 107.
102. Idem, ibidem, p. 257.
103. Laura de Mello e SOUZA, "Os nobres governadores de Minas", op. cit., pp. 188-9.
104. ANTT. Núcleos extraídos do Conselho da Fazenda. Junta de direção-geral dos diamantes. Livro 3, f. 1. Cópia do mesmo teor em AHU, MAMG. Caixa 97, doc. 65. "Decreto de 1771 sobre se não arrematar o contrato dos diamantes e se administrar."
105. AHU, MAMG. Caixa 97, doc. 65.
106. Marquês do LAVRADIO, op. cit., pp. 83-4 (carta 324).
107. Idem, ibidem.

108. APM. Seção Colonial. 183, fls. 5-6.
109. Robert SOUTHEY. *História do Brasil*, vol. 3, 1977, p. 342.
110. ANTT. Núcleos extraídos do Conselho da Fazenda. Junta de direção--geral dos diamantes. Livro 3, p. 2v.
111. Kenneth MAXWELL, "Colaboradores e conspiradores", op. cit., pp. 69-94.
112. Camilo CASTELO BRANCO defendeu a tese de que as reformas pombalinas não foram resultado de um projeto de longo prazo, e sim definidas mais pelo acaso e elaboradas por outros que não ele próprio. Camilo CASTELO BRANCO. *Perfil do marquês de Pombal*. 1982, pp. 114-5, 131, 134, 274-5.
113. Pombal criara o Colégio dos Nobres para preparar os filhos dos nobres para a administração pública e as Aulas de Comércio para atualizar a classe mercantil dos conhecimentos necessários ao seu ofício.

9. DISPUTAS [PP. 225-43]

1. ANTT. Desembargo do Paço. Estremadura. Maço 1049, doc. 10.
2. AHTCL. Livros da Décima da Cidade. Arruamentos, freguesia de Santos e Lapa. 1762-1834. Apud: José Sarmento MATOS. *Uma casa na Lapa*. 1994, p. 116.
3. ANTT. Testamento de João Fernandes de Oliveira. Registro Geral de Testamentos. Livro 312, fls. 170, 171v.
4. José Sarmento MATOS, op. cit., p. 116.
5. João Fernandes deixou uma esmola em testamento para "as seis criadas que em diversos misteres o serviram e acompanharam". ANTT. Chancelaria de dona Maria I. Livro 20, f. 11.
6. No censo de 1774 realizado no Tejuco, registrou-se que Francisca da Silva de Oliveira morava na rua da Ópera com um filho. Tratava-se certamente de José Agostinho, o mais novo deles. AHU, MAMG. Caixa 108, doc. 9, f. 2.
7. ANTT. Desembargo do Paço. Estremadura. Maço 1078, doc. 11.
8. ANTT. Desembargo do Paço. Ilhas. Maço 1342, doc. 7, f. 47.
9. Idem, ibidem, fls. 46v-47.
10. ANTT. Ministério do Reino. Livro 212, f. 236.
11. AMU. Documentos relativos ao Brasil — Bahia, nº 8353. In: Eduardo de CASTRO ALMEIDA. "Inventário dos existentes...". *Anais da Biblioteca Nacional*, vol. 32, 1910, p. 249. Carta particular do conde de Povolide para o marquês de Pombal, na qual o felicita pela concessão do novo título com que fora agraciado. Bahia, 28 de novembro de 1770.
12. ANTT. Desembargo do Paço. Ilhas. Maço 1342, doc. 7. Defesa do desembargador João Fernandes de Oliveira.

13. ANTT. Ministério do Reino. Livro 212, fls. 143-145; Desembargo do Paço. Ilhas. Maço 1342, doc. 7, fls. 45v-46.
14. ANTT. Ministério do Reino. Livro 213, fls. 40v-41.
15. ANTT. Ministério do Reino. Livro 214, f. 43v.
16. ANTT. Ministério do Reino. Livro 212, f. 236; livro 213, f. 41.
17. ANTT. Ministério do Reino. Livro 212, f. 212; Desembargo do Paço. Ilhas. Maço 1342, doc. 7.
18. ANTT. Desembargo do Paço. Ilhas. Maço 1342, doc. 7, fls. 60-60v.
19. Idem, ibidem, f. 60.
20. Idem, ibidem, fls. 54v-65.
21. Idem, ibidem, f. 63v.
22. Idem, ibidem, f. 101.
23. Júnia FURTADO. "Toda oferenda espera sua recompensa". In: *Homens de negócio: a interiorização da metrópole e do comércio nas Minas setecentistas*. 1999, pp. 46-57.
24. "Sebastião José de Carvalho e Mendonça, creio que sobrinho do chanceler Paulo de Carvalho, do qual herdou as propriedades e palácio da rua Formosa." Jacome RATTON. *Recordações de Jacome Ratton sobre ocorrências do seu tempo em Portugal*. 1992, p. 149.
25. ANTT. Desembargo do Paço. Ilhas. Maço 1342, doc. 7.
26. Idem, ibidem.
27. Idem, ibidem.
28. Pedro Taques de A. PAES LEME. "Nobiliarquia paulistana". *Revista do Instituto Histórico Geográfico Brasileiro*, 1871, p. 212.
29. ANTT. Desembargo do Paço. Ilhas. Maço 1342, doc. 7. Defesa do desembargador João Fernandes de Oliveira.
30. Idem, ibidem, fls. 66-67.
31. Idem, ibidem, f. 77.
32. Hoje quase nada resta da antiga edificação, "que se mantinha intacta nos anos 80 do século XX, apenas se encontram ainda pequenas edificações que rodeavam o convento, inclusivamente, até pertencentes ao mesmo, entre os quais o antigo edifício que se situa por detrás da antiga Adega do Brioso, que seriam as celas onde dormiam a freiras do convento. Conserva-se ainda também o brasão deste convento, em frente à igreja matriz de Vialonga". Para imagens, ver <http://vialonga.no.sapo.pt/locaisquintas.htm>.
33. Idem, ibidem.
34. Idem, ibidem. Defesa do desembargador João Fernandes de Oliveira.
35. ANTT. Ministério do Reino. Livro 213, f. 168.
36. ANTT. Cartórios notariais. 5B. Caixa 15, livro 75. Notas. Atual 12, f. 77v.
37. *Ordenações filipinas*. Livro IV, tít. 100, § 5.

38. ANTT. Cartórios notariais. 5B. Caixa. 15, livro 75. Notas. Atual 12, f. 75.
39. Idem, ibidem.
40. *Ordenações filipinas*. Livro IV, tít. 100, § 5.
41. Margarida SOBRAL NETO. "A persistência do poder senhorial". In: José MATTOSO. *História de Portugal*, vol. 3, p. 174.
42. Imagens e informações em <http://www.apel-arquitectura.pt/obras/mosteiro_de_grijo.htm>.
43. ANTT. Cartórios notariais. 5B. Caixa 15, livro 78. Atual 12, fls. 48-49.
44. Idem, ibidem, f. 48.
45. ANTT. Cartórios notariais. 5B. Caixa 15, livro 75, f. 75.
46. Idem, ibidem, f .77v.
47. ANTT. Cartórios notariais. 5B. Caixa 15, livro 78. Atual 12, f. 48v. As fazendas de Santo Tomás, Santo Estêvão, Ilha, Rio Formoso, Jequitaí e Paracatu pertenceram a Isabel Pires Monteiro. ANTT. Desembargo do Paço. Ilhas. Maço 1342, doc. 7, fls. 3-4.
48. BAT. João Germano de Oliveira Grijó. Cartório do Primeiro Ofício, maço 27.
49. ANTT. Cartórios notariais. 5B. Caixa 15, livro 78. Atual 12, fls. 48-49.
50. ANTT. Desembargo do Paço. Estremadura. Maço 2112, doc. 37.
51. Pedro Taques de A. PAES LEME, "Nobiliarquia...", op. cit., p. 211.
52. ANTT. Registro geral de testamento. Livro 312, f. 170.
53. BAT. Inventário de Rita Quitéria de São José. Cartório do Primeiro Ofício, maço 63.
54. BAT. Inventário de Francisca de Paula de Oliveira. Cartório do Primeiro Ofício, maço 23.
55. Maria de Lurdes ROSA. *O morgadio em Portugal — sécs. XIV-XV*. 1995, pp. 19-20.
56. *Ordenações Filipinas*. Livro IV, tít. 100, § 5.
57. Evaldo Cabral de MELLO. *O nome e o sangue*. 1989, p. 141.
58. ANTT. Cartórios notariais. 5B. Caixa 15, livro 75. Notas. Atual 12, f. 75v.
59. Idem, ibidem.
60. Idem, ibidem, f. 76.
61. ANTT. Cartórios notariais. 5B. Caixa 15, livro 78, f. 48v.
62. ANTT. Cartórios notariais. 5B. Caixa. 15, livro 75. Notas. Atual 12, f. 77.
63. Idem, ibidem, fls. 76v-77.
64. Idem, ibidem, f. 76.
65. Padre-nosso. Apud: Luciano R. de Almeida FIGUEIREDO. "Furores sertanejos". *Oceanos*, Lisboa, 2000.
66. ANTT. Desembargo do Paço. Ilhas. Maço 1342, doc. 7.
67. Idem, ibidem.

68. João Fernandes de Oliveira encontrava-se muito doente pelo menos desde 1775. ANTT. Cartórios notariais. 5B. Caixa 15, livro 75. Notas. Atual 12, f. 78.
69. ANTT. Registros paroquiais, nº 1, caixa 7, microfilme 1019.
70. ANTT. Registro geral de testamentos. Livro 312, fls. 170-170v.
71. AEAD. Certidão da capela das quintas-feiras pelas almas dos irmãos falecidos da Irmandade do Santíssimo Sacramento. 1760-1849, caixa 519.
72. ANTT. Cartórios notariais. 5B. Caixa 15, livro 75. Notas. Atual 12, fls. 75-78v.
73. ANTT. Cartórios notariais. 5B. Caixa 15, livro 78. Notas. Atual 12, fls. 48-48v.
74. ANTT. Chancelaria de dona Maria I. Livro 20, f. 11.
75. ANTT. Chancelaria de dona Maria I. Livro 22, f. 294v.
76. ANTT. Casa da Suplicação. Juízos diversos. Inventários. Maço 375, caixa 2093.
77. ANTT. Chancelaria de dona Maria I. Livro 15, fls. 335-335v.
78. ANTT. Desembargo do Paço. Estremadura. Maço 2116, doc. 95.
79. ANTT. Desembargo do Paço. Ilhas. Maço 968, doc. 96.
80. Manoel da Silveira CARDOZO. *O desembargador João Fernandes de Oliveira*. 1979, p. 310.
81. ANTT. Desembargo do Paço. Estremadura. Maço 694, doc. 125.
82. ANTT. Desembargo do Paço. Estremadura. Maço 692, doc. 32. Pedro Taques informa que a viúva conseguira uma sentença final favorável a seu pleito em 1783, mas por essa época ela apenas tentava agilizar o processo. Pedro Taques de A. PAES LEME, "Nobiliarquia...", op. cit., p. 213.
83. Pedro Taques de A. PAES LEME, "Nobiliarquia...", op. cit., p. 212.
84. ANTT. Desembargo do Paço. Estremadura. Maço 694, doc. 125.
85. ANTT. Desembargo do Paço. Ilhas. Maço 693, doc. 27.
86. ANTT. Desembargo do Paço. Estremadura. Maço 692, doc. 32.
87. ANTT. Desembargo do Paço. Estremadura. Maço 694, doc. 125.
88. Pedro Taques de A. PAES LEME, "Nobiliarquia...", op. cit., p. 213.
89. ANTT. Desembargo do Paço. Estremadura. Maço 707, doc. 10; maço 706, doc. 32.
90. AFS. Livro de notas. 1793-1794, nº 99, fls. 29-29v.
91. Idem, ibidem. Procuração de Ana Quitéria de São José em 1º de janeiro de 1794 para receber a herança do pai.
92. AFS. Livro de notas. 1793-1794, nº 99, fls. 10v-11.

10. DESTINOS [PP. 244-64]

1. Para o rito da extrema-unção, ver *Constituições primeiras do arcebispado da Bahia*, pp. 81-2.

2. AEAD. Livro de óbitos de São Francisco. Caixa 350, f. 55.

3. AEAD. Livro de óbitos do arraial do Tejuco, f. 73v.

4. "Falecendo algum dos irmãos, será acompanhado à sepultura pela Irmandade, a qual terá obrigação de lhe dar cova, e lhe mandar dizer pelas almas 24 missas. [...] O sufrágio das 24 missas pelas almas dos irmãos defuntos se não demorará por causa, título, ou pretexto algum; mas se cumprirá dentro de um mês, contado do dia do falecimento." Compromisso da Irmandade do Santíssimo Sacramento.., 1785, capítulos XI e XIII.

5. AEAD. Livro de missas para falecidos da Irmandade de Nossa Senhora das Mercês, caixa 520.

6. Casa abobadada onde os cadáveres são sepultados; cripta.

7. AEAD. Livro de óbitos da Ordem Terceira de São Francisco. 1772-1857, caixa 350, f. 55. Para os ritos do enterro, ver *Constituições primeiras do arcebispado da Bahia*, pp. 289-93.

8. ANTT. Cartórios notariais. 5B. Caixa 15, livro 75. Notas. Atual 12, fls. 75-78v.

9. ANTT. Desembargo do Paço. Ilhas. Maço 1405, doc. 5.

10. ANTT. Desembargo do Paço. Ilhas. Maço 1390, doc. 8.

11. ANTT. Desembargo do Paço. Estremadura. Maço 1078, doc. 11.

12. ANTT. Chancelaria de dona Maria I. Livro 15, fls. 335-335v.

13. ANTT. Leitura de Bacharéis. Letra L. Maço A, doc. 24.

14. ANTT. Cartórios notariais. 5B. Caixa 15, livro 75. Notas. Atual 12, fls. 75-78v.

15. ANTT. Chancelaria de dona Maria I. Livro 22, f. 294v; Ministério do Reino. Decretos. Maço 37, doc. 41.

16. ANTT. Ministério do Reino. Decretos. Maço 37, doc. 41.

17. ANTT. Chancelaria de dona Maria I. Livro 22, f. 294v.

18. ANTT. Ministério do Reino. Decretos. Maço 37, doc. 41.

19. ANTT. Chancelaria de dona Maria I. Livro 20, f. 11.

20. "Diz Antônio Álvares, da Vila de Mafra, que, pedindo a V. Maj. que lhe mandasse dar a juro de 16000 cruzados, pertencente ao vínculo instituído pelo desembargador João Fernandes de Oliveira...". ANTT. Desembargo do Paço. Ilhas. Maço 1123, doc. 8. "O capitão Antônio Alves, assistente na Vila de Mafra [...]. Que ele para aumento da sua casa e restabelecimento das suas fazendas, precisava tomar por empréstimos." ANTT. Desembargo do Paço. Estremadura. Maço 2124, doc. 44; Desembargo do Paço. Ilhas. Maço 1405, doc. 5. "Auto de requerimento de Antônio da Costa de Araújo em que pretende 8000 cruzados [...] do vínculo que instituiu o desembargador João Fernandes de Oliveira, em que é ouvido seu filho." ANTT. Desembargo do Paço. Estremadura. Maço 1078, doc. 11.

21. ANTT. Desembargo do Paço. Estremadura. Maço 2112, doc. 37.

22. ANTT. Desembargo do Paço. Estremadura. Maço 2121, doc. 75; Desembargo do Paço. Ilhas. Maço 1390, doc. 8.
23. ANTT. Desembargo do Paço. Ilhas. Maço 1374, doc. 6.
24. ANTT. Desembargo do Paço. Estremadura. Maço 2133, doc. 43.
25. ANTT. Desembargo do Paço. Estremadura. Maço 2125, doc. 97; Desembargo do Paço. Ilhas. Maço 1420, doc. 9.
26. ANTT. Desembargo do Paço. Estremadura e Ilhas. Maço 1364, doc. 1; Desembargo do Paço. Estremadura. Maço 2116, doc. 47.
27. ANTT. Desembargo do Paço. Estremadura. Maço 2120, doc. 17; AHU, MAMG. Caixa 125, doc. 40.
28. BAT. João Germano de Oliveira. Cartório do Primeiro Ofício, maço 27, f. 32.
29. ANTT. Casa da Suplicação. Juízos diversos. Inventários. Maço 375, caixa 2093.
30. ANTT. Índice de leitura de bacharéis. Letra L. Maço A, doc. 24.
31. Manoel da Silveira CARDOZO. *O desembargador João Fernandes de Oliveira*. 1979, p. 313.
32. Com o Colégio dos Nobres, pretendia-se "disciplinar o comportamento da mocidade nobre, ao mesmo tempo que a habilitava com o saber necessário para ocupar os cargos notáveis da nação". Joel SERRÃO. "NOBRES, Colégios dos". *Dicionário de história de Portugal*. 1971, pp. 148-9. ANTT. Índice de leitura de bacharéis. Letra L. Maço A, doc. 24.
33. BAT. Inventário de João Germano de Oliveira. Cartório do Primeiro Ofício, maço 27.
34. ANTT. Desembargo do Paço. Estremadura. Maço 1078, doc. 11.
35. AFS. Livro de notas nº 95, 1791, fls. 71-71v.
36. AHU, MAMG. Caixa 159, doc. 22. Simão Pires Sardinha disse que seus meios-irmãos "servem na tropa auxiliar, como ele". *Autos da devassa da Inconfidência Mineira*, vol. 3, p. 458.
37. AFS. Livro de notas nº 99, 1793-1794, fls. 10v-11.
38. APM. Fundo Casa dos Contos. Junta Diamantina (Tejuco). Ordens e instruções ao administrador do serviço da ponte de São Gonçalo, Antônio Fernandes de Oliveira, n.144.
39. AHU, MAMG. Caixa 159; doc. 22; caixa 175, doc. 17.
40. AHU, MAMG. Caixa 175, doc. 16.
41. Pagamento recebido pelos padres seculares, feito diretamente pelo Erário Régio. Neste caso, preocupado com a sobrevivência do filho, o desembargador instituiu ele mesmo a garantia do pagamento.

42. O mosteiro tinha sido sequestrado por Pombal dos cônegos regrantes de santo Agostinho e foi vendido ao desembargador João Fernandes de Oliveira por 36 contos de réis. ANTT. Chancelaria de dona Maria I. Livro 15, fls. 335-335v.

43. AEAD. Livro de inventário da Irmandade do Rosário. 1750-1794, caixa 514; AHU, MAMG. Caixa 159, doc. 22.

44. APM. Seção Colonial. 253, f. 83.

45. BAT. Inventário de Manuel Ferreira Pinto. Cartório do Segundo Ofício, maço 66.

46. AEAD. Livro segundo de grades da Irmandade de Nossa Senhora das Mercês. 1793-1837, caixa 521, f. 9v.

47. AHU, MAMG. Caixa 159, doc. 22; caixa 175, doc. 17; caixa 175, doc. 16.

48. AHU, MAMG. Caixa 175, doc. 16.

49. AHU, MAMG. Caixa 175, doc. 17.

50. AEAD. Livro de óbitos do arraial do Tejuco. 1785-1810, caixa 351, f. 316v.

51. AEAM. *Auto de genere et moribus* de Simão Pires Sardinha. 1768. Armário 10, pasta 1782.

52. Há certa unanimidade na historiografia de ter Simão Pires Sardinha estudado no Instituto Sapienza, em Roma. Porém, pesquisa realizada nos arquivos da instituição não registrou sua presença como aluno. Roma. Archivio Centrale dello Stato. Fondo Archivio della Universitá di Roma — siglo XIV-XIX. Série seconda: studenti. Livro 103, Dottorado, 1759-1782. Tomo IV e livro 104, Dottorado, 1783-1797. Tomo V.

53. AHU, MAMG. Caixa 140, doc. 49.

54. APM. Seção Colonial. 238, f. 179v.

55. AHU, MAMG. Caixa 125, doc. 7.

56. ANTT. Chancelaria de dona Maria I. Livro 6, f. 314; livro 23, fls. 23v, 24v, 25.

57. São palavras de Simão. "Como este Senhor [Luís da Cunha Meneses] é dotado de uma vasta erudição, e cheio do mais ardente zelo pelas ciências, o que se prova pelas rigorosas ordens que ele tem dado na sua capitania para que se lhe apresentem diariamente notícias de tudo quanto sucede, e aprece de raro na sua capitania; para fazer a mais perfeita Geografia e verídica História de um país ainda não conhecido". AHU, MAMG. Caixa 140, doc. 49.

58. AHU, MAMG. Caixa 123, doc. 89. *Revista do Arquivo Público Mineiro*, 1925, p. 612.

59. AHU, MAMG. Caixa 140, doc. 49. A Real Academia foi criada sob os auspícios da rainha dona Maria I, em 1779, com o objetivo de incentivar a ciência no Império Português, colocando os intelectuais a serviço do Estado.

60. AHU, MAMG. Caixa 123, doc. 89. A carta foi transcrita em Waldemar de Almeida BARBOSA. PRADOS. *Dicionário histórico-geográfico de Minas Gerais*. 1971, p. 385.

61. O relatório de Simão Pires Sardinha pode ser visto em AHU, MAMG. Caixa 123, doc. 89.

62. AHU, MAMG. Caixa 125, doc. 7.

63. APM. Seção Colonial. 238. fls. 179v-181. Ver Júnia FURTADO. *O livro da capa verde*.

64. AHU, MAMG. Caixa 125, doc. 7.

65. *Autos da devassa da Inconfidência Mineira*, vol. 2, 1978, p. 75.

66. Idem, ibidem, vol.3, p. 462.

67. Idem, ibidem, vol. 3, pp. 457-65.

68. ANTT. Inquisição de Lisboa. Maço 1076, processo 12 957.

69. AFS. Livro de notas nº 99, 1793-1794, fls. 10v-11. "Em Lisboa, o tenente-coronel Simão Pires Sardinha". AHU, MAMG. Caixa 138, doc. 16; caixa 141, doc. 11; caixa 142, doc. 32; caixa 140, doc. 49.

70. ANTT. Chancelaria de dona Maria I. Livro 23, f. 124v.

71. AHU, MAMG. Caixa 125, doc. 7.

72. AEAD. Livro de casamentos do arraial do Tejuco. 1746-1811, caixa 335, fl. 203.

73. BAT. Francisca de Paula de Oliveira. Cartório do Primeiro Ofício, maço 23.

74. BAT. Cartório do Primeiro Ofício, maço 53.

75. BAT. Francisca de Paula de Oliveira (testamento). Cartório do Primeiro Ofício, maço 23, fls. 3v-4v.

76. BAT. Francisca de Paula de Oliveira. Cartório do Primeiro Ofício, maço 23, fls. 5v-6.

77. ACO. Livro de assento dos presos da cadeia. 1796. f. 27v.

78. Batizado a 2 de março de 1811. AEAD. Livro de óbitos do arraial do Tejuco. 1808-1812, caixa 298, f. 78.

79. AEAD. Livro de óbitos da Irmandade de Nossa Senhora das Mercês. 1793-1811, caixa 521, f. 121.

80. Variedade brasileira de algodoeiro, de fibra de cor parda e comum na região do rio São Francisco; tecido azul ou amarelo de fabricação indiana.

81. BAT. Inventário de Rita Quitéria de São José. Cartório do Primeiro Ofício, maço 63.

82. AEAD. Livro de certidões de missas da Irmandade de Nossa Senhora das Mercês. 1776, caixa 520, f. 17.

83. AEAD. Livro de óbitos do arraial do Tejuco. 1785-1810, caixa 352, f. 30.

84. BAT. Inventário de Rita Quitéria de São José. Cartório do Primeiro Ofício, maço 63.

85. A fazenda da Jaguara constituiu importante morgado em Minas Gerais no século XVIII.

86. BAT. Inventário de Rita Quitéria de São José. Cartório do Primeiro Ofício, maço 63.

87. Também chamado de sistema de *mules* (mula em inglês), foi inventado em 1799 pelo inglês Samuel Crompton.

88. "[...] direi a V. Exa. que há perto da Demarcação Diamantina um sujeito, Bento Dias Chaves, que em Portugal se deu a esse estudo, e que há bem pouco me disse tinha estabelecido na Jaguara um filatório de mules, com as suas competentes cardas." Apud: *A indústria filatória na demarcação diamantina*. Carta do naturalista Bithencourt da Câmara ao governador conde de Palma, *Revista do Arquivo Público Mineiro*, Belo Horizonte, ano II, 1897, pp. 755-6.

89. BAT. Inventário de Rita Quitéria de São José. Cartório do Primeiro Ofício, maço 63.

90. Idem, ibidem.

91. BAT. Cartório do Primeiro Ofício, maço 53, f. 4.

92. BAT. João Germano de Oliveira. Cartório do Primeiro Ofício, maço 27 (contém arrecadação dos bens do morgado do Grijó).

93. BAT. Testamento de Ana Quitéria de São José. Cartório do Primeiro Ofício, maço 92.

94. BAT. Inventário de Francisca de Paula de Oliveira. Cartório do Primeiro Ofício, maço 23.

95. Em 1837, Ana Quitéria nomeou Joaquim como um de seus herdeiros, o que demonstra que o menino estava vivo à época. BAT. Testamento de Ana Quitéria de São José. Cartório do Primeiro Ofício, maço 92.

96. BAT. Testamento de Frutuosa Batista Fernandes de Oliveira. Cartório do Primeiro Ofício, maço 23. Felicíssimo era casado com Maria. Como os pais morreram quando os filhos ainda eram menores de idade, Antônio Augusto de Oliveira Costa foi nomeado tutor das crianças.

97. AEAD. Casamentos em São Gonçalo do Rio Preto. 1789-1916, caixa 318, f. 117.

98. Dom frei José da SANTÍSSIMA TRINDADE. *Visitas pastorais*. 1998, p. 102.

99. BAT. Documentos avulsos. Caixa 478, f. 233.

100. AEAD. Livro segundo de grades da Irmandade de Nossa Senhora das Mercês. 1793-1837, caixa 521, f. 20v.

101. AEAD. Livro de óbitos de irmãos da Irmandade de São Francisco. Caixa 350. Letra A.

102. ARM. Livro de registros de saídas do recolhimento. 1781, s.n.

103. BAT. Ordem Terceira de Nossa Senhora do Carmo. Caixa 478, f. 233.

104. AEAD. Livro de certidões de missas da Irmandade de Nossa Senhora das Mercês. 1776, caixa 520, f. 36.

105. BAT. Inventário de Manuel Ferreira Pinto. Cartório do Segundo Ofício.

106. AEAD. Livro de óbitos do arraial do Tejuco. 1777, caixa 351, f. 56v.

107. AEAD. Livro da fabriqueira da capela de Santo Antônio. 1780-1838. Caixa 509, f. 17v.

108. AEAD. Livro de óbitos do arraial do Tejuco. 1785-1810, caixa 351, fls. 88-88v. Testamento de Manuel Ferreira Pinto.

109. BAT. Inventário de Manuel Ferreira Pinto. Cartório do Segundo Ofício.

110. AFS. Livro avulso de testamentos.

111. AEAD. Livro de batizados do arraial do Tejuco. 1806-1812, caixa 298, f. 11.

112. AEAD. Livro de óbitos do arraial do Tejuco. 1785-1810, caixa 351, fls. 279-280. Testamento de Maria de São José.

113. AEAD. Livro de óbitos da Ordem Terceira de São Francisco. 1772-1857, caixa 350, f. 57.

114. AFS. Livro avulso de testamentos.

115. AEAD. Livro de certidões de missas da Irmandade de Nossa Senhora das Mercês. 1776, caixa 520, f. 21.

116. AFS. Livro avulso de testamentos.

117. Idem, ibidem.

118. AEAD. Livro de óbitos do arraial do Tejuco. 1785-1810, caixa 351, fls. 279-280.

119. Idem, ibidem, f. 30.

120. BAT. Justificantes: netas de João Fernandes de Oliveira. Cartório do Primeiro Ofício, maço 150B.

121. AEAD. Livro de óbitos do arraial do Tejuco. 1785-1810, caixa 351, f. 213.

122. Rafael BLUTEAU, op. cit., p. 271.

123. Laudelino FREIRE, op. cit., p. 3280.

124. BAT. Documentos avulsos. Caixa 478, f. 233.

125. BAT. Testamento de Ana Quitéria de São José. Cartório do Primeiro Ofício, maço 92.

126. BAT. Justificantes: netas de João Fernandes de Oliveira. Cartório do Primeiro Ofício, maço 150B.

127. BAT. Testamento de Ana Quitéria de São José. Cartório do Primeiro Ofício, maço 92.

128. BAT. Testamento de José da Silva de Oliveira Rolim. Cartório do Primeiro Ofício, maço 39, f. 21v.

129. Em 29 de dezembro de 1747, foi batizado "na capela de Santo Antônio do Tejuco, a José, filho legítimo de José da Silva de Oliveira e de dona Ana Joaquina Rosa Batista [...] foram padrinhos João Fernandes de Oliveira e sua mulher dona Isabel Pires". AEAD. Livro de batizado do arraial do Tejuco. 1745-1765, caixa 297, f. 11. Este registro de batismo confirma que o padre Rolim morreu com a idade de 88 anos.

130. *Autos de devassa da Inconfidência Mineira*, vol. 8, pp. 213-4.

131. *Autos de devassa da Inconfidência Mineira*, vol. 4, p. 46.
132. BAT. Ordem Terceira de Nossa Senhora do Carmo. Caixa 478, f. 233.
133. ARM. Livros avulsos, s.d., s.n.
134. AEAD. Livro de óbitos da Ordem Terceira de São Francisco. 1772-1857, caixa 350, letra J.
135. Joaquim Silvério de SOUSA. *Sítios e personagens históricos de Minas Gerais*. 1980, p. 365. Ver também Roberto Wagner de ALMEIDA. *Entre a cruz e a espada*. 2002, p. 45.
136. AEAD. Livro de óbitos da Ordem Terceira de São Francisco. 1772-1857, caixa 350, letra J. O registro foi feito nos livros da Irmandade de São Francisco de Assis pelo fato de ele ter pertencido a essa entidade.
137. BAT. Testamento de José da Silva de Oliveira Rolim. Cartório do Primeiro Ofício, maço 39, f. 21v.
138. Arquivo da Cúria Metropolitana de Belo Horizonte. Livro de testamentos da freguesia de Nossa Senhora da Lagoa Santa. 1824. Testamento de Mariana Vicência de Oliveira Rolim.
139. Joaquim Silvério de SOUSA, op. cit.
140. Arquivo da Cúria Metropolitana de Belo Horizonte. Livro de testamentos da freguesia de Nossa Senhora da Lagoa Santa. 1824. Testamento de Mariana Vicência de Oliveira Rolim.
141. AEAD. Livro segundo de grades da Irmandade Nossa Senhora das Mercês. 1793-1837, caixa 521, fls. 27v e 39.
142. Dom Pedro IV de Portugal, que no Brasil fora imperador com o título de dom Pedro I. BAT. João Germano de Oliveira. Cartório do Primeiro Ofício, maço 27.
143. BAT. João Germano de Oliveira. Cartório do Primeiro Ofício, maço 27.
144. Idem, ibidem, p. 14.
145. Reza a tradição, ao que parece verdadeira, que a melhor parte do madeirame foi utilizada para a construção da Casa da Glória, edifício que abriga hoje o Instituto Eschwege, em Diamantina. Aires da M. MACHADO FILHO. *Arraial do Tejuco, cidade Diamantina*. 1980, p. 264.

11. CHICA QUE MANDA [PP. 265-84]

1. BAT. Inventário de Francisca de Paula de Oliveira. Cartório do Primeiro Ofício, maço 23.
2. José Teixeira NEVES. "Estudo biográfico". In: Joaquim Felício dos SANTOS. *Memórias do Distrito Diamantino*. 1956.
3. BAT. Cartório do Primeiro Ofício, maço 150 b.

4. Joaquim Felício dos SANTOS, op. cit., capítulo XV, 1868.

5. Luciano R. A. FIGUEIREDO. *O avesso da memória.* 1993. Idem, *Barrocas famílias.* 1997.

6. *Autos de devassa da Inconfidência Mineira*, vol. 4, 1978, p. 46.

7. A. de SAINT-HILARE. *Viagem pelo Distrito dos Diamantes e litoral do Brasil.* 1974. J. B. von SPIX & C. F. P. von MARTIUS. *Viagem pelo Brasil.* 1938. 2 vols.

8. Joaquim Felício dos SANTOS, op. cit., 1976, pp. 123-4.

9. Idem, ibidem.

10. Ver idem, ibidem, pp. 123-30.

11. Joaquim Silvério de SOUSA. *Sítios e personagens históricos de Minas Gerais.* 1980.

12. João Pedro XAVIER DA VEIGA. *Efemérides mineiras.* 1998, 2 vols.

13. João Pedro XAVIER DA VEIGA, op. cit., Efeméride 1/1/1740, vol. 1, p. 119.

14. João Pedro XAVIER DA VEIGA, op. cit., Efeméride 12/12/1770, vol. 2, pp. 968-70.

15. Nazaré MENESES. Nota 1 do capítulo XV, 1924. In: Joaquim Felício dos SANTOS, op. cit., 1976, p. 124.

16. Carlos Drummond de ANDRADE. "Estampas de Vila Rica". In: *Antologia poética.* 1992.

17. Aires da M. MACHADO FILHO. *Arraial do Tejuco, cidade Diamantina.* 1980.

18. Idem, ibidem, p. 252.

19. Idem, ibidem.

20. Cônego Antônio dos Santos ROCHA. Apud: Aires da M. MACHADO FILHO, op. cit., p. 265.

21. Soter COUTO. *Vultos e fatos de Diamantina.* 1954.

22. Idem, ibidem, p. 46.

23. Idem, ibidem, p. 47.

24. José Teixeira NEVES. Nota 25 do capítulo XV. In: Joaquim Felício dos SANTOS, op. cit., 1956, p. 161.

25. José Teixeira NEVES. "Estudo biográfico". In: Joaquim Felício dos SANTOS, op. cit., 1956, p. 23.

26. José Teixeira NEVES. Nota 28 do capítulo XV. In: Joaquim Felício dos SANTOS, op. cit., 1956, p. 166.

27. Francisco Adolfo VARNHAGEN. *História geral do Brasil, antes da sua separação e independência de Portugal.* 1948, vol. 4, p. 257.

28. Lúcia Machado de ALMEIDA. *Passeio a Diamantina.* 1960, p. 5.

29. Idem, ibidem, p. 9.

30. Idem, ibidem, pp. 10, 41-7.

31. Idem, ibidem, pp. 43-4.

32. Tarquínio J. B. OLIVEIRA & Herculano MATHIAS. Notas e organização. *Autos de devassa da Inconfidência Mineira*, vols. 1 a 9, 1978.

33. Idem, ibidem, vol. 3, p. 349.

34. Idem, ibidem, vol. 3, pp. 138, 452-3.

35. Cecília MEIRELES. *Romanceiro da Inconfidência*. 1965.

36. Idem, ibidem, p. 40.

37. Idem, ibidem, pp. 40-53.

38. Antonio CALLADO. *Pedro Mico; o tesouro de Chica da Silva*. 1970, pp. 47-121.

39. Agripa VASCONCELOS. *Chica que manda*. 1966.

40. Paulo AMADOR. *Rei branco, rainha negra*. 1971.

41. Paulo AMADOR. "História e preconceito". *Revista Palmares*, vol. 3, 2000, pp. 72-6.

42. João Felício dos SANTOS. *Xica da Silva* (romance). 1976.

43. Carlos DIEGUES. Nota introdutória. In: João Felício dos SANTOS, op. cit., p. XIII.

44. O filme *Xica da Silva* foi rodado em Diamantina entre janeiro e março de 1975, com direção de Carlos Diegues, também autor do roteiro ao lado de João Felício dos Santos, produção de Jarbas Barbosa e assessoria histórica de Alexandre Eulálio. O elenco era composto, entre outros, por Zezé Motta (Xica da Silva), Walmor Chagas (João Fernandes), Elke (dona Hortência), Altair Lima (o intendente), José Wilker (o conde de Valadares), Stepan Nercessian (José). *Xica da Silva* recebeu os prêmios de melhor filme, diretor e atriz no Festival de Brasília.

45. Carlos DIEGUES. "Cinema Novo". *New Latin American Cinema*. 1997, p. 273. Ver também Amelia O'NEILL. *Racial representation in film*: Xica da Silva and Quilombo. 2001, pp. 3-4.

46. Amelia O'NEILL, op. cit., p. 4.

47. Idem, ibidem, p. 5.

48. Idem, ibidem, pp. 5-6.

49. Autor: Adamo Angel (pseudônimo utilizado por Walcyr Carrasco). Elenco: Taís Araujo, Victor Wagner, Drica Moraes, Carlos Alberto, Jayme Periard, Fernando Eiras, Giovanna Anttonelli, Murilo Rosa, Mírian Pires, Ana Cecília, Carla Regina, Terena Sequerra, Eliana Guttman, André Felipe di Mauro, Maurício Gonçalves, Andréa Avancini, Lui Mendes, Maria Clara, Marco Polo, Fernando Vieira, Charles Moeller, Maria Alves, Matheus Petinatti, Luciano Rabelo, Walney Costa, José Steinberg, Lucimara Martins, Haroldo de Oliveira, Guilherme Piva, Alexandre Moreno, Edson Montenegro, Romeu Evaristo, Joana Lima Verde, Alexandre Lippiani, Iléa Ferraz, Rita Ribeiro, Ludmila Dayer, Ingrid Fridman, Octavio Victoriense, Antonio Marques, Lídia Franco, Anabella Teixeira, Rosa Castro André, Adriane Galisteu, Ângela Leal, Zezé Motta, Altair Lima, Eduardo Dusek, Leci Brandão, Sérgio Viotti, Lu Grimaldi, Cicciolina.

Bibliografia

A grafia dos documentos foi atualizada para facilitar o entendimento do leitor.

1. FONTES IMPRESSAS

ARAÚJO, José de Souza Azevedo Pizarro e. *Memórias históricas do Rio de Janeiro.* Rio de Janeiro: Imprensa Nacional, t. II, vol. 8, 1946.

Autos da devassa da Inconfidência Mineira. Belo Horizonte: Imprensa Nacional, 1978. 9 vols.

CALMON, Francisco. *Relação das faustíssimas festas que celebrou a Câmara da villa de N. S. da Purificação e Santo Amaro da Bahia, pelos augustíssimos desponsórios da sereníssima senhora d. Maria, princesa do Brasil, com o sereníssimo senhor dom Pedro, infante de Portugal, dedicada ao senhor Sebastião Borges de Barros.* Lisboa: Oficinal de Miguel Menescal da Costa, 1762. Edição fac-símile: Rio de Janeiro: Funarte, 1982.

Códice Costa Matoso. Coleção das notícias dos primeiros descobrimentos das minas na América que fez o doutor Caetano da Costa Matoso, sendo ouvidor-geral das do Ouro Preto, de que tomou posse em fevereiro de 1749, e vários papéis. Edição crítica de Luciano Raposo de Almeida Figueiredo e Maria Verônica Campos. Belo Horizonte: CEHC/Fundação João Pinheiro, 1999. 2 vols. Coleção Mineiriana, série Clássicos.

Compromisso da Irmandade do S. S. Sacramento da capela de Santo Antônio do arraial do Tejuco, filial de N. Senhora da Conceição da Villa do Príncipe desta comarca do Serro Frio. Lisboa: Régia Oficina Tipográfica, 1785.

Constituições primeiras do arcebispado da Bahia, feitas e ordenadas pelo ilustríssimo e reverendíssimo senhor d. Sebastião Monteiro de Vide. São Paulo: Typographia Antônio Louzada Antunes, 1853.

COUTO, José Vieira. *Memória sobre a capitania de Minas Gerais, seu território, clima e produções metálicas*. Estudo crítico e organização de Júnia Ferreira Furtado. Belo Horizonte: Fundação João Pinheiro, 1994.

Definições e estatutos dos cavaleiros e freires da Ordem de N. S. Jesus Christo, com a história da origem e princípios dela. Lisboa: Pedro Craesbeeck, 1628.

"Do descobrimento dos diamantes e diferentes métodos que se têm praticado na sua extração", *Anais da Biblioteca Nacional*, Rio de Janeiro, vol. 80, 1960.

Estatutos da Universidade de Coimbra (1559). Coimbra: Editora da Universidade de Coimbra, 1965.

FERREIRA, Luís Gomes. *Erário mineral*. Organização de Júnia Ferreira Furtado. Belo Horizonte: CEHC/Fundação João Pinheiro, 2002. 2 vol. Coleção Mineiriana, série Clássicos.

"Hospital São José. Testamentaria de Francisco Pinheiro". (HSJ. TFP.). In: LISANTI F., Luís. *Negócios coloniais*; uma correspondência comercial do século XVIII. Brasília: Ministério da Fazenda; São Paulo: Visão, 1973.

IMBERT, J. B. A. *Manual do fazendeiro ou tratado doméstico sobre as enfermidades dos negros*. Rio de Janeiro, s.e., 1839.

LAVRADIO, marquês do. *Cartas do Rio de Janeiro*. Rio de Janeiro: Secretaria de Estado de Educação e Cultura, 1978.

LEITE, Antônio da Silva. *Xula carioca (Onde vás, linda negrinha)*. Canção do final do século XVIII/início do século XIX.

MENDES, José Antônio. *Governo de mineiros, mui necessário para os que vivem distantes de professores seis, oito, dez e mais léguas, padecendo por essa cauza is seus domésticos e escravos queixas, que pela dilaçam dos remédios se fazem incuráveis, no mais das vezes mortais*. Oferecido ao senhor coronel Antonio Soares Brandão, cirurgião da Câmara de Sua Majestade fidelíssima e fidalgo de sua casa, cirurgião-mor dos reinos, seus domínios e exércitos. Lisboa, Oficina de Antonio Roiz Galhardo, 1770.

"Notícias históricas de Portugal e do Brasil (1751-1964)", *Gazeta de Lisboa*. Coimbra: Coimbra, 1964.

NOVINSKY, Anita. *Inquisição*; inventários de bens conquistados a cristãos-novos. Rio de Janeiro: Imprensa Nacional, 1976.

Ordenações filipinas, livros I a V. Lisboa: Fundação Calouste Gulbenkian, 1985. 3 vols.

RATTON, Jacome. *Recordações de Jacome Ratton sobre ocorrências do seu tempo em Portugal*. Lisboa: Fenda, 1992.
SANTÍSSIMA TRINDADE, dom frei José da. *Visitas pastorais*. Introdução de Ronald Polito de Oliveira. Belo Horizonte: CEHC/Fundação João Pinheiro, 1998.
SILVA, Antônio Delgado. *Coleção de Legislação portuguesa*. Lisboa: Tipografia de Luiz Correa da Cunha, vols. de 1750-1762 e 1763-1790, 1842.

REVISTA DO ARQUIVO PÚBLICO MINEIRO (RAPM).
A indústria filatória na demarcação diamantina. Carta do naturalista Bithencourt da Câmara ao Governador Conde de Palma, ano II, 1897, pp. 755-6.
Carta de dom Lourenço sobre a descoberta dos diamantes, 22 de julho de 1729. Ano VII, 1902, pp. 263-4.
Concessão de Sesmarias. Ano X, 1905, pp. 224-5.
COUTO, José Vieira. *Memória sobre as minas da capitania de Minas Gerais, suas descrições, ensaios e domicílio próprio à maneira de itinerário; com um appendice sobre a nova Lorena Diamantina, sua descripção, suas produções mineralógicas e utilidades que deste paiz podem resultar*. Ano X, 1905, pp. 55-166.
Documentos Diversos. Ano II, 1897, pp. 503-17.
Documentos Diversos. Ano IV, 1899, p. 293.
Instruções que o Governador Gomes Freire de Andrade... Ano IV, 1899, p. 374.
População de Minas Gerais. 1898, pp. 465-98.

ARQUIVOS NACIONAIS DA TORRE DO TOMBO (ANTT)
Real Mesa Censória
Gazeta de Lisboa, caixa 465: nº 39, quinta-feira, 2 de novembro de 1752; nº 12, quinta feira, 21 de março de 1754; suplemento ao nº 8, 26 de fevereiro de 1752; nº 52, 27 de dezembro de 1753.

VIAJANTES
BECKFORD, William. *Italy, with sketches from Spain and Portugal*. Londres, s.e., 1834.
BURMEISTER, Hermann. *Viagem ao Brasil através da Província do Rio de Janeiro*. São Paulo: Martins Fontes, s.d.
BURTON, Richard. *Viagem de canoa de Sabará ao oceano Atlântico*. Belo Horizonte: Itatiaia, 1977.
DENIS, Ferdinand. *Brasil*. Belo Horizonte: Itatiaia, 1980.
D'ORBIGNY, Alcide. *Viagem pitoresca através do Brasil*. Belo Horizonte: Itatiaia, 1976.
ESCHWEGE, W. L. von. *Pluto brasiliensis*. Belo Horizonte: Itatiaia, 1979.
GARDNER, George. *Viagens no Brasil*. São Paulo: Nacional, 1942.

GRAHAM, Maria. *Journal of a voyage to Brazil*. Londres, s.e., 1824.
LÉRY, Jean. *Viagem à Terra do Brasil*. Belo Horizonte: Itatiaia, 1980.
LUCCOCK, John. *Notas sobre o Rio de Janeiro e partes meridionais do Brasil*. Belo Horizonte: Itatiaia; São Paulo: Edusp, 1975.
MAWE, John. *Viagens ao interior do Brasil*. Belo Horizonte: Itatiaia, 1978.
POHL, J. E. *Viagens no interior do Brasil*. Belo Horizonte: Itatiaia, 1976.
SAINT-HILARE, A. de. *Viagem pelo Distrito dos Diamantes e litoral do Brasil*. Belo Horizonte: Itatiaia, 1974.
SPIX, J. B. von & MARTIUS, C. F. P. von. *Viagem pelo Brasil*. Rio de Janeiro: Imprensa Oficial, 1938. 2 vols.

ARQUIVO HISTÓRICO ULTRAMARINO (AHU)
CASTRO ALMEIDA, Eduardo de. "Inventário dos documentos relativos ao Brasil existentes no Arquivo de Marinha e Ultramar — Bahia (1613-1762)". *Anais da Biblioteca Nacional*, Rio de Janeiro, vol. 31, 1909.
2585
_____ "Inventário dos documentos relativos ao Brasil existentes no Arquivo de Marinha e Ultramar — Bahia (1763-1786)". *Anais da Biblioteca Nacional*, Rio de Janeiro, vol. 32, 1910.
8353; 8400, 8401, 8402, 8403, 8404, 8405, 8406, 8407, 8408, 8409, 8410.
_____ "Inventário dos documentos relativos ao Brasil existentes no Arquivo de Marinha e Ultramar — Rio de Janeiro". *Anais da Biblioteca Nacional*, Rio de Janeiro, vol. 71, 1951.
15 164
Carta particular de Gomes Freire de Andrade para Sebastião José de Carvalho em que lhe participa a partida de José Vienne para o Reino, a incompetência do intendente Sancho de Andrade Lanções e se refere a um contracto de João Fernandes de Oliveira em que era interessado Felisberto Caldeira Brant. Lisboa, 25 de fevereiro de 1753.
16 078, 16 146; 17 327, 17 328, 17 353; 18 189.

2. FONTES ICONOGRÁFICAS

BELUSSO, Ana Maria de Morais (org.). *O Brasil dos viajantes*. São Paulo: Metalivros, 1999.
DEBRET, Jean-Baptiste. *Rio de Janeiro: cidade mestiça*. Organização de Patrick Straumann. São Paulo: Companhia das Letras, 2001.

Estórias de dor, esperança e festa: o Brasil em ex-votos portugueses (séculos XVIII-
-XIX). Lisboa: Comissão Nacional para a comemoração dos descobrimentos portugueses, 1998.

Ex-voto do "Milagre que fez o Senhor do Matozinho a Rita Angélica da Costa, estando de parto com a criança morta no ventre oito dias, a 14 de dezembro e botou a 22 do mesmo mês em o ano de 1781". Acervo do Museu do Diamante. Diamantina.

JULIÃO, Carlos. *Riscos iluminados de figurinhos de broncos e negros dos uzos do Rio de Janeiro e Serro do Frio*. Organização de Lygia da Fonseca Fernandes da Cunha. Rio de Janeiro: Biblioteca Nacional, 1960.

MOURA, Carlos Eugênio Marcondes de. *A travessia da Calunga Grande*. São Paulo: Edusp, 2000.

3. FONTES MANUSCRITAS

ARQUIVOS NACIONAIS DA TORRE DO TOMBO — LISBOA (ANTT)

Cartórios Notariais. 5B, caixa 15, livros 75 e 78, Notas, actual 12.

Cartórios Notariais, cartório 2, livro 8, notas.

Cartórios Notariais, livro 300, testamentos.

Casa da Suplicação. Caixa 2093, juízos diversos, Inventários, maço 375.

Chancelaria antiga da Ordem de Cristo. Livros 235 e 237.

Chancelaria de dom José I. Livros 9 e 86.

Chancelaria de dona Maria I. Livros 6, 15, 20, 22, 23.

Desembargo do Paço. Estremadura. Maço 692, doc. 32; maço 694, doc. 125; maço 706, doc. 32; maço 707, doc. 10; maço 1078, doc. 11; maço 1152, nº 19.

Desembargo do Paço. Estremadura e Ilhas. Maço 1364, doc. 1.

Desembargo do Paço. Estremadura. Maço 2112, doc. 37; maço 2116, docs. 47 e 95; maço 2120, doc. 17; maço 2121, doc. 75; maço 2124, doc. 44; maço 2125, doc. 97; maço 2133, doc. 43.

Desembargo do Paço. Ilhas. Maço 693, doc. 27; maço 968, doc. 96; maço 1123, doc. 8; maço 1342, doc. 7; maço 1374, doc. 6; maço 1390, doc. 8; maço 1405, doc. 5; maço 1420, doc. 9.

Desembargo do Paço. Minho e Trás-os-Montes. Maço 41, doc. 16.

Feitos findos. Caixa 60, maço 4, doc. 3. Juízo da Índia e Mina. Justificações ultramarinas. Brasil.

Habilitações da Ordem de Cristo. Letra S, maço 5, doc. 5.

Índice de leitura de bacharéis. Letra J, João Fernandes de Oliveira. Maço 22, doc. 37; letra L, Lourenço João de Oliveira Grijó. Maço A, doc. 24.

Inquisição de Lisboa. Maço 1076, processo 12 957.

Leitura de bacharéis. Letra L. Maço A, doc. 24.

Manuscritos do Brasil. Número 31.
Mercês de dom João v. Livro 38.
Ministério do Reino. Decretos. Maço 6, doc. 109; maço 10, doc. 41; maço 17, doc. 36; maço 37, doc. 41.
Ministério do Reino. Livros 208, 209, 212, 213, 214, 215.
Núcleos extraídos do Conselho da Fazenda. Junta de direção-geral dos diamantes. Livro 3.
Papéis do Brasil. Avulso 7, nº 1.
Registro geral de testamentos. Livro 312.
Registros paroquiais. Nº 1, caixa 7, microfilme 1019.
Santo Ofício. Habilitações incompletas. Maço 1, doc. 46; maço 3, doc. 87.

ARQUIVO HISTÓRICO ULTRAMARINO — LISBOA (AHU)
Manuscritos avulsos De Minas Gerais (MAMG)
Caixa 9; doc. 53; caixa 18, doc. 40; caixa 37, docs. 64 e 69; caixa 45, doc. 8; caixa 58, doc. 110; caixa 60, docs. 7 e 29; caixa 63, docs. 1, 28, 29, 36, 38, 49, 80; caixa 64, doc. 86; caixa 66, docs. 6 e 12; caixa 67, doc. 32; caixa 90, doc. 43; caixa 93, doc. 11; caixa 94, doc. 25; caixa 95, doc. 18; caixa 96, docs. 24, 46, 57; caixa 97, doc. 65; caixa 99, docs. 15, 17; caixa 108, doc. 9; caixa 109, doc. 4; caixa 116, doc. 39; caixa 119, doc. 67; caixa 125, doc. 40; caixa 128, docs. 40, 41; caixa 132, doc. 27; caixa 136, doc. 1; caixa 140, doc. 47; caixa 159, doc. 22; caixa 169, doc. 35; caixa 175, doc. 16; caixa 175, doc. 17; caixa 180, doc. 23; caixa 182, doc. 69; caixa 183, doc. 9; caixa 199, doc. 66.
Manuscritos avulsos do Rio de Janeiro
Caixa 75, doc. 17 353.

ARQUIVO DA UNIVERSIDADE DE COIMBRA (AUC)
Actos e graus de estudantes da universidade por faculdade.

ARQUIVO HISTÓRICO DO TRIBUNAL DE CONTAS DE LISBOA (AHTCL)
Livros da décima da cidade. Arruamentos, freguesia de Santos e Lapa, 1762-1834.

ARQUIVO NACIONAL DO RIO DE JANEIRO (AN)
Mesa do Desembargo do Paço. Caixa 130, pacote 2, doc. 57.

ARQUIVO DO INSTITUTO DO PATRIMÔNIO HISTÓRICO E ARTÍSTICO NACIONAL/ BELO HORIZONTE (IPHAN/BH)
Pasta de tombamento da igreja do Carmo de Diamantina
Cópia do documento com que Sua Majestade foi servida para confirmar a ereção da capela da venerável Ordem Terceira da Nossa Senhora do Monte do Carmo do dito arraial.
Inventário dos bens da Ordem Terceira do Carmo.
Pasta de tombamento da igreja de São Francisco do Tejuco.

ARQUIVO DO INSTITUTO DO PATRIMÔNIO HISTÓRICO E ARTÍSTICO NACIONAL/
RIO DE JANEIRO (IPHAN/RJ)
Mapa da demarcação Diamantina. 1744.
Planta do arraial do Tejuco. 1774.

ARQUIVO DO RECOLHIMENTO DE MACAÚBAS — SANTA LUZIA (ARM)
Livros avulsos. s.n., s.d.
Livro de receita do recolhimento.
Livro de registros de petições ao recolhimento.
Livro de registros de saídas no recolhimento.
Livro de termos de entradas no recolhimento.
Termo de paga dos dotes das três sobreditas...

ARQUIVO ECLESIÁSTICO DA ARQUIDIOCESE DE MARIANA (AEAM)
Auto de genere et moribus de Cipriano Pires Sardinha. 1785. Armário 3, gaveta 34.
Auto de genere et moribus de José Fernandes de Oliveira. 1742, armário 5. pasta 0806; 1778, armário 7, pasta 1135.
Auto de genere et moribus de Simão Pires Sardinha. 1768. Armário 10. Pasta 1782.
Livro de devassas, 1748-9. Prat. Z, nº 4.
Livro de devassas, 1750-3.
Processo matrimonial de João Fernandes de Oliveira e Maria de São José. Número 3608, ano 1726.

ARQUIVO PÚBLICO MINEIRO — BELO HORIZONTE (APM)
Fundo Câmara Municipal de Sabará. Códice 24.
Fundo Câmara Municipal de Ouro Preto. Códice 6.
Fundo Seção Colonial. Códices 33, 35 (representação do secretário das Minas ao rei, 1732), 126, 131, 135, 137, 143, 176, 183, 192, 260.
Fundo Casa dos Contos. Junta Diamantina (Tejuco). Ordens e instruções ao administrador do serviço da ponte de São Gonçalo, Antônio Fernandes de Oliveira, nº 144.

MUSEU DO OURO DE SABARÁ
Registro de Entradas de Ouro na Administração Geral dos Diamantes. (1771--1777-1779). Livro avulso sem número.

MUSEU DO OURO/CASA BORBA GATO — SABARÁ (MO/CBG)
Testamentos
    Antônia Nunes dos Anjos. L7(13), f. 15v-18.
    Rosa Correia. L5(11), f. 7v-11.

ARQUIVO DA CASA DOS OTTONI — SERRO (ACO)
Livro de assento dos presos da cadeia de Vila do Príncipe. 1796.
Livro de autos de arrematações e termos de fianças. 1722-1742.
Livro de registro de patentes da Câmara da Vila do Príncipe. Setembro de 1770.

ARQUIVO DO FÓRUM DO SERRO (AFS)
Livro de notas. 1754; 1791 (nº 95); 1793-1794 (nº 99)
Livro de testamento. Número 8, f. 33v-38v; 1789 (nº 34)
Livro avulso de testamentos. Sem Número; testamento de Maria de São José Fernandes de Oliveira.

ARQUIVO ECLESIÁSTICO DA ARQUIDIOCESE DE DIAMANTINA (AEAD)*
Testamentos (registros extraídos do Livro de óbitos do Tejuco)
    Ana da Glória dos Santos. Caixa 521, f. 397v-398.
    Ana Maria de Freitas. Caixa 521, f. 120-120v.
    Antônia de Oliveira Silva. Caixa 350, f. 162v-163.
    Bernardina Maria da Conceição. Caixa 350, f. 38v-39.
    Gertrudes Angélica da Glória. Caixa 521, f. 70-70v.
    Isabel da Silva. Caixa 521, f. 79v-80.
    Isabel Gomes. Caixa 350, f. 84v-85v.
    Joana Carvalho. Caixa 350, f. 166-167.
    Josefa da Costa da Visitação. Caixa 350, f. 32v.
    Josefa Dias. Caixa 521, f. 76v-77.
    Luzia Gomes Ferreira. Caixa 521, f. 367v-368.
    José da Silva de Oliveira. Caixa 521, f. 68v-69v.
    Maria de Sousa da Encarnação. Caixa 350, f. 34-34v.
    Maria Martins Castanheira. Caixa 521, f. 387-388.
    Maria Vaz da Conceição. Caixa 521, f. 49v-50.
    Rita Pais de Gouveia. Caixa 521, f. 35-35v.
    Rosa Fernandes Passos. Caixa 521, f. 102-102v.
    Teresa Feliz. Caixa 521, f. 48-48v.
Outros documentos (Livros de:)
    Batizados do arraial do Tejuco. 1740-1754, caixa 297; 1745-1765, caixa 297; 1806-1812, caixa 298.
    Batizados em Couto Magalhães de Minas. 1760-774, caixa 331.
    Casamentos em São Gonçalo do Rio Preto. 1789-1916, caixa 318.

---

* Em 1999, depois de realizada a pesquisa, os números de catalogação das caixas foram alterados.

Casamento no arraial do Tejuco. 1746-1811, caixa 335.
Certidão da capela das quintas-feiras pelas almas dos irmãos falecidos da Irmandade do Santíssimo Sacramento. 1760-1848, caixa 519.
Certidão de missas da Irmandade Nossa Senhora das Mercês. 1776, caixa 520.
Certidões de almas pelos irmãos falecidos na Irmandade do Santíssimo Sacramento. 1756, caixa 519.
Documentos avulsos. Caixa 478.
Documentos avulsos da Ordem Terceira de São Francisco. 1781-1782, caixa 503.
Documento sem identificação. Caixa 230.
Dom Joaquim de Souza. Documentos diversos. 1920-1929, caixa 58.
Eleição de juízes e juízas da Irmandade Nossa Senhora das Mercês. 1771--1847, caixa 510.
Entrada de irmãos professos na Irmandade de São Miguel e almas. 1756, caixa 519.
Entrada de irmãos professos na Irmandade do Rosário. 1782-1808, caixa 514.
Entradas da Irmandade de Nossa Senhora das Mercês. 1801, caixa 520.
Entradas de Nossa Senhora das Mercês. 1799, caixa 520.
Entradas da Irmandade de Nossa Senhora do Carmo do Serro. 1780, caixa 528.
Fabriqueira da capela de Santo Antônio. 1780-1838, caixa 509.
Inventário da Irmandade de Nossa Senhora do Rosário. 1733-1892, caixa 514; 1734-1738, caixa 514; 1759-1764, caixa 514.
Irmandade do Santíssimo Sacramento. 1759-1764. Caixa sem identificação.
Irmãos da Terra Santa. 1806, caixa 509.
Lançamento de pastorais e capítulos de visitas dos bispos da freguesia da Vila do Príncipe do bispado de Mariana. 1745-1844, caixa 557.
Livro segundo de grades da Irmandade Nossa Senhora das Mercês. 1793--1837, caixa 521.
Missas para falecidos da Irmandade Nossa Senhora das Mercês. caixa 520.
Óbitos da Irmandade de Nossa Senhora das Mercês. 1793-1811, caixa 521.
Óbitos de São Gonçalo do Rio Preto/Felisberto Caldeira. 1777-1789, caixa 358; 1790-1818, caixa 358.
Óbitos de irmãos da Irmandade de São Francisco. 1772-1857, caixa 350.
Óbitos do arraial do Tejuco. 1752-1895, caixa 350; 1785-1810, caixa 351; 1808-1812, caixa 298; 1793-1811, caixa 521.
Ordenações da Irmandade do Carmo. 1763-1808, caixa 541.
Receita da Irmandade de Nossa Senhora das Mercês. 1770-1772, caixa 510.
Receita da Irmandade de Nossa Senhora das Mercês. 1770-1803, caixa 510.

Receita e despesa da Irmandade de Nossa Senhora do Rosário. 1787, caixa 525; 1788, caixa 525.
Registro de irmãos na Ordem Terceira do Carmo. 1763-1808, caixa 541.
Registro de irmãos professos na Irmandade das Mercês. 1774-1793, caixa 557; 1774-1799, caixa sem identificação.
Termos da Irmandade do Santíssimo Sacramento. 1759, caixa 508.
Termos do Serro do Frio. 1750-1753, caixa 557.

BIBLIOTECA ANTÔNIO TORRES (DIAMANTINA)
Testamentos e inventários (Cartório do Primeiro Ofício)
    Agostinho José Fernandes. 1815, maço 8.
    Ana da Encarnação Amorim. Maço 4.
    Ana da Glória dos Santos. Maço 4.
    Ana Quitéria de São José. Maço 92.
    Antônio Alves de Guimarães. Maço 5.
    Bento Dias Chaves. Maço 13.
    Custódio Fernandes de Oliveira. Maço 174.
    Filipe José Correia Lacerda. Maço 21.
    Francisca de Paula Fernandes de Oliveira. Maço 23.
    Frutuosa Fernandes de Oliveira. Maço 23.
    Inês de Santa Luzia. Maço 26.
    Inês Fernandes Neves. Maço 26.
    João de Azevedo Pereira (capitão). Maço 27.
    João de Freitas Sampaio (padre). Maço 29.
    João Germano de Oliveira. Maço 27 (contém arrecadação dos bens do Morgado do Grijó).
    João Vieira Martins. Maço 28.
    José Pedro de Azevedo. Maço 31.
    José da Silva de Oliveira. 1796-1797, maço 28.
    José da Silva de Oliveira Rolim. Maço 39.
    Luís José de Figueiredo. Maço 52.
    Maria de Azevedo. Maço 58.
    Manuel Pires de Figueiredo. Maço 60.
    Paulo José Velho Barreto (coronel). Maço 63.
    Rita Quitéria de São José. Maço 63.
    Rita Vieira de Matos. Maço 65.
Testamentos e inventários (Cartório do Segundo Ofício)
    Caetano Miguel da Costa. Maço 175.
    José Francisco de Lima. Maço 206.

Outros documentos
Arquivo particular de Antônio Torres. Caixa 7.
Documentos avulsos. Ordem Terceira de Nossa Senhora do Carmo. Caixa 478.
Justificação das netas de João Fernandes de Oliveira contra o curador João Raimundo Mourão. Cartório do Primeiro ofício, maço 150B.

FUNDAÇÃO BIBLIOTECA NACIONAL (FBN)
Memória histórica da capitania de Minas Gerais (1693-?). Número 6524 do CEHB.

ARQUIVO DA CASA SETECENTISTA — MARIANA
Justificações. Códice 300, auto 6118, primeiro ofício; códice 301, auto 6130, primeiro ofício.
Notificações. Códice 171, auto 4148. Macaúbas.

ARQUIVO HISTÓRICO DA CÂMARA MUNICIPAL DE MARIANA (AHCMM)
Câmara Municipal de Mariana. Livro 189. Termo de prisões.

BIBLIOTECA NACIONAL DE LISBOA (BNL)
Notícias das minas dos diamantes. Seção de Reservados. Avulsos. Códice 7167.

ARQUIVO PARTICULAR ASSIS HORTA — BELO HORIZONTE
Documentação do convento de Macaúbas. Lista de alimentos enviados às filhas de Chica da Silva.
Livro de sequestro de escravos da Real Extração.

BIBLIOTECA DA UNIVERSIDADE DE COIMBRA
Manuscritos do Brasil. Carta-lei relativa a capelães que deveriam ter os navios que houvessem de sair do porto da Bahia para Angola, Costa da Mina etc., f. 140.

IGREJA DE NOSSA SENHORA DO CARMO — DIAMANTINA (INSC)
Livro contendo o nome de todos os confrades da ordem de Nossa Senhora do Monte do Carmo. 1788, s.n.

ARQUIVO DA CÚRIA METROPOLITANA DE BELO HORIZONTE.
Livro de testamentos da freguesia de Nossa Senhora da Lagoa Santa. Testamento de Mariana Vicência de Oliveira Rolim, 1824.

ARQUIVO DA IGREJA DO PILAR — OURO PRETO
Livro de batizados. vol. 492, id. 3818, rolo 103; vol. 498, id. 7072, rolo 104.

ARCHIVIO CENTRALE DELLO STATO — ROMA
Fondo archivio della universitá di Roma. Siglo XIV-XIX.
Série seconda: studenti.
Livro 103. Dottorado, 1759-1782, t. IV.
Livro 104. Dottorado, 1783-1797, t. V.

4. FONTES ELETRÔNICAS

CASA DA RUA LALAU PIRES, ANTIGA RUA DA ÓPERA:
<http://www.iphan.gov.br/bancodados/mostrabens
tombados.asp?CodBem=1297>

VIDA Y LEYENDA DE SANTA QUITERIA:
<wysiwg://316/htp://www.fortunecity.es/felices/lapaz/78/vida.htm>

SANTA QUITÉRIA:
<http://www.terravista.pt/Enseada/2362/Santa%20Quitéria.html>

MOSTEIRO DO GRIJÓ:
<http://www.apel-arquitectura.pt/obras/mosteiro_de_grijo.htm>

MOSTEIRO NOSSA SENHORA DOS PODERES DA VIA LONGA:
<http://vialonga.no.sapo.pt/locaisquintas>

5. LIVROS E ARTIGOS

ABREU, Luís Alberto de. *Xica da Silva*. São Paulo: Martins Fontes, 1988.
ALGRANTI, Leila Mezan. *Honradas e devotas mulheres da colônia*. Rio de Janeiro: José Olympio, 1993.
ALMEIDA, Ângela (org.). *Pensando a família no Brasil*. Rio de Janeiro: Espaço Brasileiro, 1987.
ALMEIDA, Lúcia Machado de. *Passeio a Diamantina*. São Paulo: Martins, 1960.
ALMEIDA, Roberto Wagner de. *Entre a cruz e a espada: a saga do valente e devasso padre Rolim*. Rio de Janeiro: Paz e Terra, 2002.
ALMEIDA, Walter (mons.). "Igreja de Nossa Senhora do Carmo". *Voz do Carmelo*, Diamantina, nº 1147, 1998, pp. 325-6.

AMADOR, Paulo. "História e preconceito". *Revista Palmares: o olhar da mulher negra — o resgate de Chica da Silva*. Ministério da Cultura, Brasília, Fundação Cultural Palmares, vol. 3, 2000.
_____ *Rei branco, rainha negra*. Belo Horizonte: Lê, 1990.
ANDERSON, Bonnie & ZINSSER, Judith. *A history of their own*. Londres: Penguin Books, 1988.
ANDERSON, Michael. *Elementos para a história da família ocidental*. Lisboa: Querco, 1984.
ANDRADE, Carlos Drummond de. "Estampas de Vila Rica". In: *Antologia poética*. Rio de Janeiro, Record, 1992.
_____ "Rosário dos homens pretos". In: *Obra completa*. Rio de Janeiro: José Aguilar, 1967.
ANDRADE, Maria José de S. "Os recolhimentos baianos — seu papel social nos séculos XVIII e XIX". *Revista do Instituto Geográfico e Histórico da Bahia*, Salvador, vol. 90, 1992, pp. 225-37.
ANTONIL, André João. *Cultura e opulência no Brasil, por suas drogas e minas*. Belo Horizonte: Itatiaia, 1982.
ANTUNES, Álvaro de Araújo. *Espelho de cem faces: o universo relacional do advogado setecentista José Pereira Ribeiro*. Dissertação de mestrado em História. Belo Horizonte: UFMG, 1999.
ARAÚJO, José de Souza Azevedo Pizarro e. *Memórias históricas do Rio de Janeiro*. Rio de Janeiro: Imprensa Nacional, t. II, vol. 8, 1946.
ATTWATER, Donald. *The Penguin dictionary of saints*. Inglaterra: Penguin Books, 1983.
ÁVILA, Affonso (org.). "Minas Gerais: monumentos históricos e artísticos — circuito dos diamantes". *Revista Barroco*, Belo Horizonte, vol. 16, 1994-5.
BELLINI, Ligia. *A coisa obscura: mulher, sodomia e Inquisição no Brasil colonial*. São Paulo: Brasiliense, 1989.
BERGAD, Laird W. *Slavery and demographic and economic history of Minas Gerais, Brazil, 1720-1888*. Cambridge: Cambridge University Press, 1999.
BERRY, Arthur. *A short history of astronomy*. Nova York: Dover, 1961.
BETHENCOURT, Francisco. "Os equilíbrios sociais do poder". In: MAGALHÃES, Joaquim R. *História de Portugal*. Lisboa: Estampa, 1993, vol. 3: *No alvorecer da modernidade (1480-1620)*.
_____ et al. *História da expansão portuguesa*. Lisboa: Círculo do Livro, 1998, vol. 3: *O Brasil na balança do Império — 1697-1808*.
BLUTEAU, Rafael. *Dicionário da língua portuguesa*. Ampliado por Antônio de Morais. Lisboa: Oficina de Simão Thadeo Ferreira, 1739.
BOCK, Gisela. "História, história das mulheres, história do gênero". *Penélope, fazer e desfazer a História*. Lisboa, abr. 1990, vol. 4.

BORGES, Jorge Luis. *Esse ofício do verso*. São Paulo: Companhia das Letras, 2000.
BOURDIEU, Pierre. "L'illusion biographique". *Actes de la Recherche*. Paris, nºs 62-3, 1986, pp. 69-72.
BOSCHI, Caio César. "A presença religiosa". In: BETHENCOURT, Francisco et al. *História da expansão portuguesa*. Lisboa: Círculo do Livro, 1998, vol. 3.
_____ *Os leigos e o poder; irmandades leigas e política colonizadora em Minas Gerais*. São Paulo: Ática, 1986.
BOXER, Charles Ralph. *Golden age of Brazil: growing pains of a colonial society, 1695-1750*. Nova York: St. Martin's Press, 1995.
BRAGA, Theóphilo. *História da Universidade de Coimbra*. Lisboa: Academia Real das Ciências, 1898, vols. 2 e 3.
BRANDEN, Nathaniel. *A psicologia do amor*. Rio de Janeiro: Rosa dos Tempos, 1998.
BRESCIANI, Maria Stella (org.). "A mulher e o espaço público". *Revista Brasileira de História*/Anpuh, São Paulo, 1989, vol. 18.
BROOKS, Charles. *Disaster at Lisbon: the great earthquake of 1755*. Long Beach: Longley Press, 1994.
BRÜGGER, Silvia M. J. *Valores e vivências matrimoniais: o triunfo do discurso amoroso*. Dissertação de mestrado em História. Rio de Janeiro: UFF, 1995.
BURGUIÈRE, André et al. *História da família: o choque das modernidades: Ásia, África, América, Europa*. Lisboa: Terramar, 1998.
BUTLER, Judith. *Gender trouble*. Nova York: Routledge, 1990.
CAEIRO, Baltazar M. de Matos. *Os conventos de Lisboa*. Sacavém: Distri, 1989.
CALLADO, Antonio. *Pedro Mico; O tesouro de Chica da Silva; Uma rede para Iemanjá*. Rio de Janeiro: Ouro, 1970.
CAMARINHAS, Nuno. *Letrados e lugares de letras. Análise prosopográfica do grupo jurídico. Portugal, séculos XVII-XVIII*. Tese de mestrado inédita. Lisboa: Instituto de Ciências Sociais, 2000.
CAMPOS, Adalgisa Arantes. "Irmandades mineiras e missas". *Varia Historia*, Belo Horizonte, nº 15, mar. 1996, pp. 19-27.
_____ *A terceira devoção dos Setecentos mineiros: São Miguel e Almas do Purgatório*. Tese de doutorado em História. São Paulo: USP, 1994.
CARDOZO, Manoel da Silveira. "O desembargador João Fernandes de Oliveira". *Separata da Revista da Universidade de Coimbra*. Coimbra: Universidade de Coimbra, 1979, vol. 27.
CASEY, James. *História da família*. Lisboa: Teorema, 1989.
CASTELO BRANCO, Camilo. *Perfil do marquês de Pombal*. Porto: Lello e Irmão, 1982.
CASTILHO, Júlio. *Lisboa antiga. Bairros orientais*. 2ª ed. Lisboa: CML, 1937.
CASTRO, Márcia Moura. *Ex-votos mineiros*. Rio de Janeiro: Expressão e Cultura, 1994.

CAVALCANTI, Nireu Oliveira. *A cidade de São Sebastião do Rio de Janeiro: as muralhas, sua gente, os construtores (1710-1810)*. Tese de doutorado em História Social. Rio de Janeiro: IFCS/UFRJ, 1997.
CHALHOUB, Sidney. "Os mitos da abolição". *Trabalhadores*, São Paulo, 1989, vol. 1, pp. 36-40.
CONRAD, Robert. *Children of God's fire: a documentary history of black slavery in Brazil*. Princeton: Princeton University Press, 1983.
CORRÊA, Mariza. *Colcha de retalhos — estudos sobre a família no Brasil*. São Paulo: Brasiliense, 1982.
COSTA, Emília Viotti. *The Brazilian empire, myths and histories*. Chicago: University of Chicago Press, 1985.
COSTA, Jurandir F. *Nem fraude, nem favor. Estudos sobre o amor romântico*. Rio de Janeiro: Rocco, 1998.
COUTO, Soter. *Vultos e fatos de Diamantina*. Belo Horizonte: s.e., 1954.
DANTAS, Júlio. *O amor em Portugal no século XVIII*. Porto: Chardron, 1917.
DAVIS, Natalie Zemon. *Nas margens; três mulheres do século XVIII*. São Paulo: Companhia das Letras, 1997.
_____ "As mulheres por cima". In: *Culturas do povo, sociedade e cultura no início da França Moderna*. Rio de Janeiro: Paz e Terra, 1990.
DE GUIBERT, Joseph. *La spiritualité de la Compagnie de Jésus*. Roma: Institutum Historicum, 1953.
DEL BRENNA, Giovanna R. "Projetos urbanos no Rio de Janeiro em meados do século XVIII". In: *Lisboa iluminista e o seu tempo*. Lisboa: Universidade Autônoma de Lisboa, 1997, pp. 267280.
DIAS, Maria Odila L. S. "Nos sertões do rio das Velhas e das Gerais: vida social numa frente de povoamento,1710-1733". In: *Erário mineral*. Belo Horizonte: Fundação João Pinheiro, vol. 1, 2002, pp. 45-105.
_____ "Teoria e método dos estudos feministas. Perspectiva histórica e hermenêutica do cotidiano". In: *Uma questão de gênero*. Rio de Janeiro: Rosa dos Ventos, 1992.
_____ "Brancos pobres e forros na sociedade colonial do Brasil, 1675-1835". *História general da America Latina*. Unesco, cap. 14, vol. 3.
_____ *Quotidiano e poder*. São Paulo: Brasiliense, 1984.
DIEGUES, Carlos. "Cinema Novo", *New Latin American cinema*. Detroit: Wayne State University Press, 1997.
DINES, Alberto. *Vínculos do fogo, Antonio Jose da Silva, o judeu, e outras histórias da Inquisição em Portugal e no Brasil*. São Paulo: Companhia das Letras, 1992.
DORNAS FILHO, João. "Os ciganos em Minas Gerais". *Revista do Instituto Histórico e Geográfico de Minas Gerais*, Belo Horizonte, ano 3, vol. 3, 1948, pp. 138-187.
DUNLOP, Charles J. *Rio antigo*. Rio de Janeiro: Rio Antigo, 1958.

DUTRA, Francis A. "Membership in the Order of Christ in the seventeenth century: its rights, privileges and obligations". *The Americas*, Washington, nº 1, vol. 27, 1970, pp. 3-25.

ENGERMEN, S. & GENOVESE, E. *Race and slavery in the Western hemisphere: quantitative studies*. Princeton: Princeton University Press, 1975.

"Estudantes da Universidade de Coimbra nascidos no Brasil". *Brasília*. Coimbra, suplemento ao vol. 4, 1949.

"Estudos de gênero". *Acervo da Revista do Arquivo Nacional*, Rio de Janeiro, nᵒˢ 1-2, vol. 9, jan.-dez. 1996.

ETZEL, Eduardo. *Arte sacra: berço da arte brasileira*. São Paulo; Brasília: Melhoramentos; Instituto Nacional do Livro, 1984.

FARIA, Sheila de Castro. *A colônia em movimento*. Rio de Janeiro: Nova Fronteira, 1998.

FIGUEIREDO, Luciano R. A. "Furores sertanejos na América portuguesa: rebelião e cultura política no sertão do rio São Francisco, Minas Gerais — 1736". *Oceanos*, Lisboa, vol. 40, dez. 1999, pp. 128-44, "Fronteiras do Brasil colonial".

_____ "Entrevista". *Cronos: Revista de História*, Pedro Leopoldo, nº 1, vol. 1, 1999, pp. 7-15.

_____ *Barrocas famílias: vida familiar em Minas Gerais no século XVIII*. São Paulo: Hucitec, 1997.

_____ *O avesso da memória*. Rio de Janeiro: José Olympio, 1993.

_____ & SOUSA, Ricardo. "Segredos de Mariana: pesquisando a Inquisição mineira". *Acervo*, Rio de Janeiro, nº 2, vol. 2, jul.-dez. 1987, pp. 11-34.

FINSZI, Silvia Vegetti. *Historia de las pasiones*. Espanha: Losada, 1998.

FLANDRIN, Jean-Louis. *Famílias: parentesco, casa e sexualidade na sociedade antiga*. Lisboa: Estampa, 1992.

FLAX, Jane. "Pós-modernismo e relações de gênero na teoria feminista". In: BUARQUE DE HOLANDA, Heloísa. *Pós-modernismo e política*. Rio de Janeiro: Rocco, 1992.

_____ "Gender as a social problem: in and for feminist theory". *American Studies*, dez. 1986.

FONSECA, Luiza da. "Bacharéis brasileiros". *Anais do IV Congresso de História Nacional — Instituto Histórico e Geográfico Brasileiro*. Rio de Janeiro: Imprensa Nacional, 1951, vol. 10.

FRANÇA, José-Augusto. "Burguesia pombalina, nobrezea mariana, fidalguia liberal". In: *Pombal revisado*. Lisboa: Estampa, nº 34, vol. 1, 1984, pp. 19-33.

FREIRE, Anselmo Braamcamp. *Brasões da sala de Sintra*. 3ª ed. Lisboa: Imprensa Nacional/Casa da Moeda, 1973, vol. 1.

FREIRE, Laudelino. *Grande e novíssimo dicionário da língua portuguesa*. Rio de Janeiro: José Olympio, 1954. 5 vols.

FREYRE, Gilberto. *Casa-grande & senzala*. 31ª ed. Rio de Janeiro: Record, 1996.

FURTADO, Júnia Ferreira. "Arte e segredo: o licenciado José Gomes Ferreira e seu caleidoscópio de imagens". In: FERREIRA, Luís G. *Erário mineral*. Belo Horizonte: Fundação João Pinheiro, 2002. v. 1, pp.3-30.

_____ "Entre becos e vielas: o arraial do Tejuco e a sociedade diamantífera setecentista". In: ANASTASIA, Carla Maria Junho & PAIVA, Eduardo França (org.). *O trabalho mestiço: maneiras de pensar e formas de viver — séculos XVI a XIX*. São Paulo: Anna Blume, 2002. pp. 497-511.

_____ "Pérolas negras: mulheres livres de cor no Distrito Diamantino". In: *Diálogos oceânicos: Minas Gerais e as novas abordagens para uma história do Império Ultramarino Português*. Belo Horizonte: Editora da UFMG, 2001. pp. 81-121.

_____ "Chica da Silva: o avesso do mito". In: BRUSCHINI, C. & PINTO, C. R. *Tempos e lugares do gênero*. São Paulo: 34; Fundação Carlos Chagas, 2001.

_____ *Cultura e sociedade no Brasil colônia*. São Paulo: Atual, 2000.

_____ "Saberes e negócios: os diamantes e o artífice da memória Caetano Costa Matoso". *Varia Historia*, Belo Horizonte, vol. 21, 2000, pp. 295-306.

_____ "Chuva de estrelas na terra: o paraíso e a busca dos diamantes nas Minas setencentistas". In: *História e meio ambiente. O impacto da extensão europeia*. Actas do Seminário Internacional. Funchal: Centro de Estudos de História do Atlântico, Coleção Memórias, nº 26, 1999, pp. 445-57.

_____ *Homens de negócio: a interiorização da metrópole e do comércio nas Minas setecentistas*. São Paulo: Hucitec, 1999.

_____ "O labirinto da fortuna; ou os reveses na trajetória de um contratador de diamantes". In: *História: fronteiras. Anais do XX Simpósio Nacional da Anpuh*. São Paulo: Humanitas; FFLCH-USP, vol. 2, 1999. pp. 309-19.

_____ "Considerações sobre estratégias e formas de resistência da mulher escrava no setecentos". *Caderno de Filosofia e Ciências Humanas*, Belo Horizonte, vol. 9, 1997, pp.104-9.

_____ "Quem foi Chica da Silva". *Estado de Minas*. Editoria de Opiniões. Belo Horizonte, 19 de abril de 1997.

_____ "Xica da Silva". *Jornal do Brasil*. Caderno Ideias. Rio de Janeiro, 25 de janeiro de 1997.

_____ *O livro da capa verde: a vida no Distrito Diamantino no período da Real Extração*. São Paulo: Anna Blume, 1996.

_____ "Estudo crítico". In: COUTO, José Vieira. *Memória sobre a capitania de Minas Gerais, seu território, clima e produções metálicas*. Belo Horizonte: Fundação João Pinheiro, 1994.

FURTADO, Júnia Ferreira & ANASTASIA, Carla Maria Junho. "A Estrada Real na história de Minas Gerais". *História & Perspectivas*, Uberlândia, nº 20-21, jan.--dez. 1999, pp. 33-53.

GANSS, George. *Saint Ignatius, idea of a jesuit university*. Milwaukee: The Marquette University Press, 1954.

GINZBURG, Carlo. "Sinais: raízes de um paradigma indiciário". In: *Mitos, emblemas e sinais*. São Paulo: Companhia das Letras, 1990.

GODINHO, Vitorino de Magalhães. "Portugal, as frotas do açúcar e do ouro (1670--1770)". *Revista de História*, USP, São Paulo, ano 15, jul.-set. 1953, pp. 69-88.

HAASE-DUBOSC, Danielle & VIENNOT, Éliane (edit.). *Femmes et pouvoirs sous l'Ancien Régime*. Col. Histoire. Paris: Rivages, 1991.

HESPANHA, António Manuel & XAVIER, Ângela. "As redes clientelas". In: MATOSSO, José (org.). *História de Portugal*. Lisboa: Estampa, vol. 4, 1993, pp. 381-93.

HIGGINS, Kathleen J. *Licentious liberty, in a Brazilian gold-mining region*. Pensilvânia: Pennsylvania State University Press, 1999.

HOBSBAWM, Eric. *A era das revoluções (1789-1848)*. Rio de Janeiro: Paz e Terra, 1979.

HOLANDA, Sérgio Buarque de. "Metais e pedras preciosas". In: *História da civilização brasileira; a época colonial*. 6ª ed. São Paulo: Difel, t. I, vol. 2, 1985.

HORTA, Assis. "Carmo ano 200: novo prior, a escadaria ficou por nove oitavas de ouro". *Estrela polar*. Cúria da Arquidiocese de Diamantina, 1959.

HUNT, Morton. *The natural history of love*. Londres: Hutchinson and Co., 1960.

KARASCH, Mary. *A vida dos escravos no Rio de Janeiro, 1808-1850*. São Paulo: Companhia das Letras, 2000.

KUZNESOF, Elizabeth. "Household, family and community studies". *Latin American Population History Newsletter*, vol. 14, 1988.

LANGE, Francisco Curt. *História da música na capitania geral das Minas Gerais*. Belo Horizonte: Conselho Estadual de Cultura, 1983, vol. 8: *Vila do Príncipe do Serro do Frio e arraial do Tejuco*.

_____ "A música no período colonial em Minas Gerais". In: *Primeiro Simpósio de Cultura Mineira*. Belo Horizonte: Conselho Estadual de Cultura, 1979.

LARA, Silvia H. "Trabalhadores escravos". *Trabalhadores*, São Paulo, vol. 1, 1989, pp. 4-19.

_____ *Campos da violência*. Rio de Janeiro: Paz e Terra, 1988.

_____ (org.). "Escravidão". *Revista Brasileira de História*/Anpuh, São Paulo, vol. 16, 1988.

LASLETT, Peter. (ed.). *Household and family in past time*. Londres: Cambridge University Press, 1972.

LE GOFF, Jacques. *Saint Louis*. Paris: Gallimard, 1996.

LEVI, Giovanni. "Les usages de la biographie". *Annales*, Paris, ano 44, n° 6, 1989, pp. 1325-35.

LEWIN, Linda. "Natural and spurious children in Brazilian inheritance law from colony to empire: a methodological essay". *The Americas*, Washington, n° 3, vol. 48, jan. 1992, pp. 351-96.

LEWKOWICZ, Ida. "Herança e relações familiares: os pretos forros nas Minas Gerais do século XVIII". *Revista Brasileira de História*, São Paulo, vol. 17, 1989, pp. 101-14.

LIMA, Lana Lage da Gama. *A confissão pelo avesso: o crime de solicitação no Brasil colonial*. Tese de doutorado em História. São Paulo: USP, 1990.

LISANTI FILHO, Luís. *Negócios coloniais; uma correspondência comercial do século XVIII*. Brasília; São Paulo: Ministério da Fazenda; Visão, 1973.

LOPES, Maria Antónia. *Mulheres, espaço e sociabilidade*. Lisboa: Horizonte, 1989.

LUNA, Francisco Vidal. *Minas Gerais: escravos e senhores*. São Paulo: IPE/USP, 1983.

LYNCH, Joseph. *Godparents and kinship in early medieval Europe*. Princeton: Princeton University Press, 1986.

MACHADO, Diogo Barbosa. *Biblioteca lusitana*. Coimbra: Atlântida, 1965-7. 4 vols.

MACHADO FILHO, Aires da. *Arraial do Tejuco, cidade Diamantina*. Belo Horizonte: Itatiaia, 1980.

MARCÍLIO, Maria Luiza (org.). *População e sociedade*. Petrópolis: Vozes, 1984.

MATOS, Gregório de. *Obras completas*. São Paulo, 1945. 6 vols.

MATOS, José Sarmento. *Uma casa na Lapa*. Lisboa: Fundação Luso-Americana para o Desenvolvimento, 1994.

MATTOSO, José. *História de Portugal*. Lisboa: Estampa, 1993-4. 8 vols.

MATTOSO, Kátia de Queirós. *Ser escravo no Brasil*. São Paulo: Brasiliense, 1982.

_____ "A propósito de cartas da alforria na Bahia, 1779-1850". *Anais de História*, vol. 4, 1972, pp. 23-5.

MAXWELL, Kenneth. *Marquês de Pombal, paradoxo do Iluminismo*. Rio de Janeiro: Paz e Terra, 1996.

_____ "Pombal and the nationalization of the Luzo-Brazilian economy". *Hispanic American Historical Review*, New Haven, n° 4, vol. 48, 1968, pp. 608-31.

MEIRELES, Cecília. *Romanceiro da Inconfidência*. Rio de Janeiro: Letras e Artes, 1965.

MELLO, Evaldo Cabral de. *O nome e o sangue, uma fraude genealógica no Pernambuco colonial*. São Paulo: Companhia das Letras, 1989.

MENESES, José Newton C. *O continente rústico: abastecimento alimentar nas Minas Gerais setecentistas*. Diamantina: Maria Fumaça, 2000.

METCALF, Alida. "Mulheres e propriedades: filhas, esposas e viúvas". *Revista da Sociedade Brasileira de Pesquisa Histórica*, São Paulo, vol. 5, 1989.

_____ "A vida familiar dos escravos em São Paulo no século XVIII; o caso de Santana de Parnaíba". *Estudos Econômicos*, São Paulo, vol. 17, 1987, pp. 229-44.

MORAES, Rubens Borba. *Bibliografia brasileira do período colonial*. São Paulo: IEB/ USP, 1969.

MOTT, Luiz. *Rosa Egipcíaca, uma santa africana no Brasil*. Rio de Janeiro: Bertrand, 1993.

MOTT, Maria Lúcia. "A criança escrava na literatura de viajantes". *Cadernos de Pesquisa da Fundação Carlos Chagas*, nº 31, 1979.

"Mulheres no mar salgado". *Revista Oceanos*, Lisboa: Comissão Nacional para as comemorações dos descobrimentos portugueses, nº 21, jan.-mar. 1995.

MULVEY, Patricia. "Black brothers and sisters: membership in the black lay brotherhoods of colonial Brasil". *Luso-Brazilian Review*, nº 2, vol. 17, 1980, pp. 252-79.

NAZZARI, Muriel. "Concubinage in colonial Brazil: the inequalities of race, class, and gender". *Journal of Family History*, Minneapolis, vol. 21, 1996, pp. 107--23.

_____ *O desaparecimento do dote: mulheres, famílias e mudança social em São Paulo, Brasil, 1600-1900*. São Paulo: Companhia das Letras, 2000.

OLIVEIRA, Tarquínio J. B. & MATHIAS, Herculano. *Autos de Devassa da Inconfidência Mineira*. Notas e organização. 2ª ed. Belo Horizonte: Imprensa Oficial, 1978. 9 vols.

O'NEILL, Amelia. *Racial representation in film: Xica da Silva and Quilombo*. Mimeo. Princeton: Princeton University, 2001.

PACHECO, José. *O tempo e o sexo*. Lisboa: Horizontes, 1998.

PAES LEME, Pedro Taques de A. "Nobiliarquia paulistana". *Revista do Instituto Histórico Geográfico Brasileiro*, Rio de Janeiro, t. XXXIV, primeira parte, 1871, pp. 203-13.

PAIVA, Eduardo França. *Escravidão e universo cultural na colônia — Minas Gerais, 1716-1789*. Belo Horizonte: Editora da UFMG, 2001.

_____ *Escravos e libertos nas Minas Gerais do século XVIII*. São Paulo: Anna Blume, 1995.

PERISTIANY, J. G. *Honra e vergonha: valores das sociedades mediterrânicas*. Lisboa: Fundação Calouste Gulbenkian, 1988.

PERNOUD, Régine. *A mulher no tempo das cruzadas*. Campinas: Papirus, 1993.

_____ *La femme aux temps des cathedrales*. Paris: Stock, 1980.

PERROT, Michele. *Os excluídos da história*. Rio de Janeiro: Paz e Terra, 1988.

PIERRARD, Pierre. *Dictionnaire des prénoms et des saints*. Paris: Larrouse, 1987.

PIMENTEL, Thaïs V. *De viagens e de narrativas: viajantes brasileiros no além-mar (1913-1957)*. Tese de doutorado em História. São Paulo: USP, 1998.

PINTO, Raquel Mendes. *A família mineira em transformação: impactos da morte paterna no arranjo familiar*. Dissertação de mestrado em História. Belo Horizonte: UFMG, 2002.

PRADO JR., Caio. *Formação do Brasil contemporâneo*. São Paulo: Brasiliense, 1979.

Primeira exposição nacional de painéis votivos do rio, do mar e do além-mar. Lisboa: Museu da Marinha, 1983.

PRIORE, Mary del. *História das mulheres no Brasil*. São Paulo: Contexto, 1997.

_____ *Ao sul do corpo*. Rio de Janeiro: José Olympio, 1993.

_____ *A mulher na história do Brasil*. São Paulo: Contexto, 1989.

QUEIROZ, Sônia. *Pé preto no barro branco: a língua dos negros da Tabatinga*. Belo Horizonte: Editora da UFMG, 1998.

RAMOS, Donald. "Single and married women in Vila Rica, Brazil, 1754-1838". *Journal of Family History*, Minneapolis, nº 3, vol. 16, pp. 261-81, 1991.

_____ "Marriage and family in colonial Vila Rica". *Hispanic American Review*, Carolina do Norte, vol. 55, 1975, pp. 200-25.

RANUM, Orest. "Os refúgios da intimidade". In: ARIÈS, Phlippe & DUBY, Georges. *História da vida privada*, vol. 3, 1991. pp. 211-65.

REZENDE, M. Conceição. *A música na história de Minas colonial*. Belo Horizonte: Itatiaia, 1989.

ROCHA, José Joaquim da. *Geografia histórica da capitania de Minas Gerais*. Estudo crítico de Maria Efigênia Lage de Resende. Belo Horizonte: Fundação João Pinheiro, 1995.

RODRIGUES, Francisco. *História da Companhia de Jesus*. Porto: Livraria Apostolado da Imprensa, t. IV, vol. 1; t. I, vol. 2, 1950.

RODRIGUES DE OLIVEIRA, Cristovão. *Sumário em que brevemente se contêm algumas cousas (assim eclesiásticas como seculares) que há na cidade de Lisboa*. Lisboa: Biblion, 1938.

ROMEIRO, Adriana. "Confissões de um falsário: as relações perigosas de um governador nas Minas". In: *História: fronteiras. Anais do XX Simpósio Nacional da Anpuh*. São Paulo: Humanitas; FFLCH-USP, vol. 2, 1999, pp. 321-337.

_____ *O desregramento da regra: imaginário e cotidiano no Recolhimento de Macaúbas*. Comunicação, mimeo. Belo Horizonte, 1998.

ROSA, Maria de Lurdes. *O morgadio em Portugal — sécs. XIV-XV*. Lisboa: Estampa, 1995.

RUSSELL-WOOD, A. J. R. *The black man in slavery and freedom in colonial Brazil*. Nova York: St. Martin's Press, 1982.

RUSSELL-WOOD, A. J. R. "Women and society in colonial Brazil". *Latin American Studies*. Grã-Bretanha, vol. 9, 1977, pp. 1-34.

_____ "Preconditions and precipitants of the independence movement in Portuguese America". In: *From colony to nation: essays on the independence of Brasil*. Baltimore: The Johns Hopkins University Press, 1975.

_____ "Relato de um caso luso-brasileiro do século dezessete". *Stvdia*. Lisboa, nº 36, jun. 1973, pp. 7-38.

SAMARA, Eni de Mesquita. "A mulher na historiografia latino-americana recente". *Quinto Encontro da Adhilac*. Mimeo, 1990.

_____ (org.). "Família e grupos de convívio". *Revista Brasileira de História/* Anpuh, São Paulo, vol. 17, 1989.

_____ *As mulheres, o poder e família*. São Paulo: Marco Zero, 1989.

_____ *A família brasileira*. São Paulo: Brasiliense, 1983.

SANTOS, Eugênio de. "Relações da cidade e região do Porto com Rio de Janeiro e Minas Gerais". *Anais do I Colóquio Históricos Brasil-Portugal*. Belo Horizonte: PUC/MG, 1994.

SANTOS, João Felício dos. *Xica da Silva* (romance). Rio de Janeiro: Civilização Brasileira, 1976.

SANTOS, Joaquim Felício dos. *Memórias do Distrito Diamantino*. Belo Horizonte: Itatiaia, 1976.

_____ *Memórias do Distrito Diamantino da comarca do Serro do Frio*. Rio de Janeiro: O Cruzeiro, Coleção Brasílica, 1956.

_____ *Memórias do Distrito Diamantino da comarca do Serro do Frio*. Rio de Janeiro: Typographia Americana, 1868.

SARAIVA, Francisco de São Luis. *Diccionario geographico das provincias e possessões portuguezas no ultramar em que descrevem as ilhas e pontos continentes...* por José Maria de Souza Monteiro. Lisboa: Typ. Lisboense, vol. 4, 1850.

SCARANO, Julita. "Black brotherhoods: integration or contradiction?". *Luso-Brazilian Review*, nº 1, vol. 16, 1979, pp. 1-17.

_____ *Devoção e escravidão: a Irmandade do Rosário dos Pretos no Distrito Diamantino no século XVIII*. São Paulo: Companhia Editora Nacional, 1975.

SCHWARCZ, Lilia. *O espetáculo das raças*. São Paulo: Companhia das Letras, 1993.

SCHWARTZ, Stuart B. *Slaves, peasants, and rebels: reconsidering Brazilian slavery*. Urbana: University of Illinois Press, 1992.

_____ *Sugar plantation in the formation of Brazilian society, 1550-1835*. Nova York: Cambridge University Press, 1985.

_____ *Burocracia e sociedade no Brasil colônia*. São Paulo: Perspectiva, 1979.

_____ "The manumission of slaves in colonial Brazil: Bahia, 1684-1745". *Hispanic American Historical Review*, New Haven, vol. 54, 1974, pp. 603-35.

_____ "Magistracy and society in colonial Brazil". *Hispanic American Historical Review*, Carolina do Norte, nº 4, vol. 50, 1970, pp. 715-30.
SCOTT, Joan. "História das mulheres". In: BURKE, Peter (org.). *A escrita da história*. São Paulo: Unesp, 1991.
_____ "Gênero: uma categoria útil de análise histórica". *Educação e Realidade*, Porto Alegre, vol. 16, dez. 1990, pp. 5-22.
SEQUEIRA, Gustavo Matos. *Depois do terramoto: subsídios para a história dos bairros ocidentais de Lisboa*. Lisboa: Academia de Ciências, 1967. 4 vols.
SERRÃO, Joel. *Dicionário de história de Portugal*. Lisboa: Iniciativa, 1971.
SHORTER, Edward. *A formação da famíla moderna*. Lisboa: Terramar, 1995.
SILVA, Antônio José (o judeu). *Theatro cômico português*. Lisboa: Oficina de Thadeo Ferreira, 1788.
SILVA, Eduardo. *Prince of the people: the life and times of a Brazilian free man of colour*. Londres; Nova York: Verso, 1993.
SILVA, Fernando Nascimento (org.). *História da família no Brasil colonial*. Rio de Janeiro: Nova Fronteira, 1998.
_____ *Rio de Janeiro em seus quatrocentos anos*. Rio de Janeiro, Record, 1965.
SILVA, Maria Beatriz Nizza da. *Sistema de casamento no Brasil colonial*. São Paulo: Edusp, 1984.
SILVEIRA, Marco Antonio. *O universo do indistinto: Estado e sociedade nas Minas setecentistas (1735-1808)*. São Paulo: Hucitec, 1997.
SIMÕES, João Gaspar. *História do romance português*. Lisboa: Estúdios Cor, vol. 1, 1967.
SIMÕES, João Miguel dos Santos. *Azulejaria em Portugal no século XVIII*. Lisboa: Fundação Calouste Gulbenkian, 1979.
SOARES, Mariza de Carvalho. *Devotos da cor: identidade étnica, religiosidade e escravidão no Rio de Janeiro, século XVIII*. Rio de Janeiro: Civilização Brasileira, 2000.
SOEIRO, Susan. "Recent work on Latin American women: a review essay". *Journal of Interamerican Studies*, vol. 17, 1975, pp. 497-517.
_____ "The social and economic role of the convent: women and nuns in colonial Bahia (1677-1800)". *Hispanic Historical American Review*, Durham, nº 2, vol. 54, 1974, pp. 209-32.
SOIHET, Rachel. "História das mulheres". In: CARDOSO, C. F. & VAINFAS, R. (org.). *Domínios da história, ensaios de teoria e metodologia*. Rio de Janeiro: Campus, 1997.
SOUTHEY, Robert. *História do Brasil*. São Paulo: Melhoramentos, vol. 3, 1977.
SOUSA, Joaquim Silvério de. *Sítios e personagens históricos de Minas Gerais*. Belo Horizonte: Imprensa Oficial, 1980.

SOUZA, Laura de Mello e. *Norma e conflito: aspectos da história de Minas no século XVIII*. Belo Horizonte: Editora da UFMG, 1999.

_____ *O diabo e a terra de Santa Cruz*. São Paulo: Companhia das Letras, 1987.

_____ "O padre e as feiticeiras". In: VAINFAS, Ronaldo (org.). *História e sexualidade no Brasil*. Rio de Janeiro: Graal, 1986.

_____ *Desclassificados do ouro — a pobreza mineira no século XVIII*. São Paulo: Graal, 1982.

SOUZA, Wladimir A. (org.). *Guia dos bens tombados — Minas Gerais*. Rio de Janeiro: Expressão e Cultura, 1985.

STEDMAN, J. G. "Narrative of a five year expedition against the revolted negroes of Surinam". In: PRICE, Richard et al. (org.). *Stedman's Surinam*. Baltimore: The Johns Hopkins University Press, 1992.

VAINFAS, Ronaldo. *Casamento, amor e desejo no Ocidente cristão*. São Paulo: Ática, 1986.

_____ (org.). *História e sexualidade no Brasil*. Rio de Janeiro: Graal, 1986.

VARNHAGEN, Francisco Adolfo. *História geral do Brasil, antes da sua separação e independência de Portugal*. São Paulo: Melhoramentos, vol. 3, 1948.

VASCONCELOS, Agripa. *Chica que manda*. Belo Horizonte: Itatiaia, 1966.

VASCONCELOS, Silvio de. "A formação urbana do arraial do Tejuco". *Revista do Patrimônio Histórico e Artístico Nacional*, Rio de Janeiro, nº 14, 1959, pp. 121-34.

VENÂNCIO, Renato Pinto. *Famílias abandonadas*. Campinas: Papirus, 1999.

VIGARELLO, Georges. *História da violação*. Lisboa: Estampa, 1998.

VOVELLE, Michel. "De la biographie à l'étude de cas". In: *Problèmes et méthodes de la biographie*. Paris, 1985.

XAVIER DA VEIGA, João Pedro. *Efemérides mineiras*. Introdução de Edilane Maria de Almeida Carneiro e Marta Eloísa Melgaço Neves. Belo Horizonte: CEHC/ Fundação João Pinheiro, 1998. 2 vols.

ZUMTHOR, Paul (org.). *Correspondência de Aberlado e Heloísa*. São Paulo: Martins Fontes, 1998.

Créditos das ilustrações

1. Foto de Júnia Furtado.
2. Arquivo Histórico do Exército. Rio de Janeiro.
3. Foto de James W. Goodwin Jr.
4. Foto de Júnia Furtado.
5. Foto de Júnia Furtado.
6. Foto de Júnia Furtado.
7. Carlos Julião. Acervo da Fundação Biblioteca Nacional.
8. Carlos Julião. Acervo da Fundação Biblioteca Nacional.
9. Foto de Maria Cristina Armendani Trivellato.
10. Carlos Julião. Acervo da Fundação Biblioteca Nacional.
11. Carlos Julião. Acervo da Fundação Biblioteca Nacional. Foto de Amir Nadur Júnior.
12. Foto de Júnia Furtado.
13. Foto de Júnia Furtado.
14. Foto de Júnia Furtado.
15. *The Waterfall of Itamaraty, distant two days from the Rio de Janeiro* (c. 1852), William Gore Ouseley e J. Needham.
16. *Entrada da baía do Rio de Janeiro tomada de Santa Teresa*, G. L. Hall.
17. Arquivo Histórico do Exército - Rio de Janeiro.
18. *A mulata Joanna no Suriname*, John Gabriel Stedman
19. Carlos Julião. Acervo da Fundação Biblioteca Nacional.
20. Carlos Julião. Acervo da Fundação Biblioteca Nacional.

21. *Negresse Mina* (1869), Hutelln Hure.
22. Museu do Diamante, Diamantina. Foto de Júnia Furtado.
23. Foto de Júnia Furtado.
24. Foto de Júnia Furtado.
25. Baiana (c. 1850), autoria não identificada. Acervo do Museu Paulista – USP. Foto de José Rosael.
26. Carlos Julião. Acervo da Fundação Biblioteca Nacional.
27. Foto de Chichico Alkimin.
28. Foto de Júnia Furtado.
29. Foto de Júnia Furtado.
30. Foto de Júnia Furtado.
31. Foto de Júnia Furtado.
32. Carlos Julião. Acervo da Fundação Biblioteca Nacional.
33. AEAD. Livro de Registro de Irmãos Professos na Irmandade das Mercês. s/n. 1774/1779.
34. In: José Sarmento de Matos, *Uma casa na Lapa*. "Obtido acordo da Fundação Luso-Americana para o Desenvolvimento, Lisboa." Foto de Vasco Saraiva.
35. Foto de Júnia Furtado.
36. Foto de Júnia Furtado.
37. In: *Minas Gerais: monumentos históricos e artísticos. Circuito do diamante*. Revista *Barroco*, 16 ed., 1995, Coleção Mineiriana da Fundação João Pinheiro. Foto de Lincoln Continentino Filho.
38. Foto de Júnia Furtado.
39. In: *Minas Gerais: monumentos históricos e artísticos. Circuito do diamante*. Revista *Barroco*, 16 ed., 1995, Coleção Mineiriana da Fundação João Pinheiro. Foto de Lincoln Continentino Filho.
40. Foto de Júnia Furtado.
41. Foto de Júnia Furtado.
42. Foto de Júnia Furtado.
43. Foto de Júnia Furtado.
44. Foto de Júnia Furtado.
45. Foto de Júnia Furtado.
46. Foto de Júnia Furtado.
47. In: Caeiro, Baltazar Mexia de Matos. *Os conventos de Lisboa*. Distri Editora, 1989.
48. In: Caeiro, Baltazar Mexia de Matos. *Os conventos de Lisboa*. Distri Editora, 1989.
49. *A Brazilian family* (1819), Henry Chamberlain e John Clark.
50. Foto de José Rubio. Divisão de Documentação Fotográfica — Instituto Português de Museus.

51. Biblioteca Nacional de Lisboa, E. II44P.
52. Sigrid Estrada/ Getty Images.
53. Coleção do Museu do Banco de Portugal.
54. *c.* 1767-69. Academia Nacional de Belas Artes. Lisboa.
55. Foto de Júnia Furtado.
56. Foto de Júnia Furtado.
57. In: José Sarmento de Matos, *Uma casa na Lapa*. "Obtido acordo da Fundação Luso-Americana para o Desenvolvimento, Lisboa." Foto de Laura Castro Caldas e Paulo Cintra.
58. In: José Sarmento de Matos, *Uma casa na Lapa*. "Obtido acordo da Fundação Luso-Americana para o Desenvolvimento, Lisboa." Foto de Laura Castro Caldas e Paulo Cintra.
59. Foto de Júnia Furtado.
60. In: José Sarmento de Matos, *Uma casa na Lapa*. "Obtido acordo da Fundação Luso-Americana para o Desenvolvimento, Lisboa." Foto de Antonio Sachetti.

Índice remissivo

Academia dos Seletos, 101
Afonso IV, dom, 241
África, 49, 66-7, 145, 150, 153, 319*n*
Água da Sé, córrego, 210
Aguilar, Francisco José de, 222
Aiala, Bento Joaquim de Siqueira, 38
Aldonço, José Ribeiro, 72, 165, 181-2, 297*n*, 330*n*
Alegrete, marquês de, 248
Alentejo, 50
alforria, 21, 67-8, 70, 105, 154-5; acumulação de bens e, 110; concessão de, 155; concubinato e, 21-2, 104, 106, 108-10; de escrava de cs, 153; mulheres e, 69, 106; na pia batismal, 106, 153; processo de *coartação*, 105, 153, 291*n*; valores da elite branca e, 23; vida pós-, 111
Algranti, Leila, 195-6
alimentos da época, 136
Almeida, Lourenço de, 30, 41, 159
Almeida, Lúcia Machado de, 275-6, 281
Almeida, Pedro Miguel de, *ver* Assumar, conde de
Almeida, Silvestre de, 72
Almeida e Matos, Miguel de Carvalho, 51
Alves, Maria, 351*n*
Amado, Leonardo da Costa, 67-8, 330*n*, 331*n*
Amador, Paulo, 281
amor; casamento e, 115; conceito de, 115; conjugal, 116; *mutuus*, 117; poções mágicas e feitiços, 118; profano e conjugal, 118; relações consensuais, 116
Amorim, Ana da Encarnação, 140, 180, 329*n*
Ana Cecília, atriz, 351*n*
Andrade, Gomes Freire de, 33, 34, 79--84, 86, 101, 124-5, 199, 299*n*,

300n.; negócios com o sargento-
-mor, 80
Andrade, José Antônio Freire de, 99, 125
Anfitrião ou Júpiter e Alcmena, O, de Antônio José da Silva, 184-6
Angel, Adamo, *ver* Carrasco, Walcyr
Angola, 54, 296n, 318n
Angústias, Antônio das, 239
Anjos, Antônia Nunes dos, 111, 310n
Antonil, André João, 44, 140
Anttonelli, Giovanna, 351n
Antunes, Bonifácio, 106
Aquino, Tomás Francisco de, 195
Araçuaí, rio, 86, 256, 300n
Aragão, Jerônimo Ximenes de, 93
Araújo, Francisco Malheiros de, 126, 162, 165, 296n
Araújo, João Correia de, 328n
Araújo, José Soares de, 174, 178, 180
Araújo, Manuel Roiz de, 215
Araújo, Maurício Pedro de, 226
Araújo, Pedro Álvares de, 166
Araujo, Taís, 351n
Aristóteles, 93
Arrábida, Mariana da, 249
Arraial do Tejuco, cidade Diamantina, de Aires da Mata Machado Filho, 272
Asseca, visconde de, 249
Assumar, conde de, 88
Assunção, Mariana Lemes de, 126
Atouguia, conde de, 101
Autos de devassa da Inconfidência Mineira, de Tarquínio de Oliveira e Herculano Mathias, 277
Avancini, Andréa, 351n
Azevedo, Inês Maria de, 38, 130
Azevedo, Jorge Pinto de, 75

Azevedo, José Antônio Cobeiro de, 308n
Azevedo, José Pedro de, 142
Azevedo, Maria de, 137, 140, 156, 320n
Azevedo, Maria Mendes de, 160

Bacelar, José Pinto de Morais, 99
Bahia, 17, 37, 54, 63-5, 90-1, 111, 118, 124, 161, 180, 184, 193, 219, 296n, 304n, 320n, 332n, 338n
Balverde, Antônio Vieira, 50, 161, 322n
Bananal, 129
Barbacena, 257
Barbosa, Domingos Caldas, 61
Barbosa, Jarbas, 351n
Barbosa, João, 259
Barcelos, vila de, 73
Barreto, Paulo José Velho, 126, 132, 314n
Barreto, Tomás Robi de Barros, 100-1, 210-1, 302n, 308n, 336n
batismos, 19, 54, 124, 126, 161-4, 168; como eventos sociais, 157, 159; de escravos, 48, 64-5, 68, 71, 145; de filhos de CS, 124
Batista, Ana Joaquina Rosa, 83, 348n
Batista, Francisca Leite, 117
Batista, Joana, 111, 112
Batista, Lourença, 76
Belém, Maria Margarida Angélica de, 79, 123
Belo Horizonte, 271
Belo, Tomás de Aquino, 94
Benguela, 175
Benim, 66
Bittencourt, Francisco de Brito, 71
Bocaina, 64
Bom Jesus de Além, nau, 337n

Borda do Campo, 100
Borges, Jorge Luis, 21
Boto, José Antônio Pinto, 242
Braga, 73, 256
Braga, Francisco Xavier, 75
Branco, Brites de Castelo, 231
Brandão, Caetana Maria, 242
Brandão, Leci, 351n
Brandão, Luís Siqueira, 83
Brant, Conrado Caldeira, 34, 84
Brant, Felisberto Caldeira, 34, 38, 84-
  -6, 124-5, 211, 301n, 302n; acusa-
  do de contrabando de diamantes,
  99, 101; atritos com o sargento-
  -mor, 86; prisão de, 99
Brant, Sebastião Caldeira, 84
Brasília, 351n
Buenos Aires, sítio, 203, 238
Buriti, fazenda, 133-4, 137, 141, 152,
  235, 255, 257-8

Cabral, Luís de Mendonça, 44, 126,
  165, 296n
Cabral, Tomás Pereira, 160
Cachoeira, 54
Caeté-Mirim, registro, 36
Caeté-Mirim, rio, 29, 101, 308n
Calhabolas, rio, 101
Calheta, conde da, 61-2, 295n
Callado, Antônio, 280
Camargos, arraial, 100
Caminho do Campo, 100
Caminho Novo (Estrada Real), 88, 99
Caminho Velho, 88
Campos, Manuel Gomes de, 301n
"Canastra, A", fazenda, 86, 300
Candeias, Maria das, 111
capitação, taxa de, 30
Carandaí, 100
Cardoso, João Lopes, 246

Caribe, 22
caridade, 166, 168, 232; crianças aban-
  donadas e, 166-7; prestígio e, 165,
  167
Carijós, 100
Carla Regina, atriz, 351n
Carlos Alberto, ator, 351n
Carneiro, Ventura, 164
Carrasco, Walcyr, 351n
Carvalha, Maria, 38, 130
Carvalho, Baltazar Gonçalves de, 63,
  205
Carvalho, Joana de, 137
Carvalho, João Marques de, 147
Carvalho, Manuel Fernandes de, 56
Carvalho, Paulo de, 230, 340n
Carvalho e Melo, Sebastião José de,
  ver Pombal, marquês de
Carvalho e Mendonça, Paulo de, 208
Casa das Lágrimas, recolhimento, 189,
  196
casamentos; amor conjugal, 116; co-
  mo eventos sociais, 159-60; de
  escravos, 146; de razão, 116; de
  negros, 108; legitimidade de, 23;
  princípio da igualdade e, 116
Castanheira, Maria Martins, 109, 142,
  175
Castelo, José Carlos, 307n, 334n
Castelo, morro do, 89
Castelo Branco e Meneses, Fernando
  de Sousa Coutinho (conde do Redondo), 203
Castelo Branco e Noronha, José Luís
  de Meneses Abranches, ver Valadares, conde de
Castro, Leonardo de Azevedo, 176
Castro, Rosa, 351n
Castro e Lanções, Sancho de Andrade,
  85, 99, 125

383

Catas Altas, arraial, 100
Cavalcanti, Mateus de Sá, 48
Cervantes, Miguel de, 42
Chagas, Walmor, 351*n*
Chapada, arraial, 31
Chaves, Antônia Vicência Dias, 155, 257, 259
Chaves, Antônio Sanches, 79
Chaves, Bento Dias, 249, 256-7, 259, 314*n*, 316*n*, 317*n*, 347*n*
Chaves, Martinho Alves, 142, 255
Chaves, Tomásia Dias, 258
Chica que manda, de Agripa Vasconcelos, 280
Cicciolina, 283, 351*n*
Cícero, 93
Cinema Novo, 282
Claro, rio, 84
Clemente XI, papa, 28
clientelismo, 77, 159, 167, 236
Cobras, ilha das, 267
Código filipino, 78
Coelho, Luís, 328*n*
Coimbra, 249, 304*n*, 305*n*, 331*n*; mosteiro de Santa Cruz, 306n.
Coimbra, Universidade de, 61, 91-3, 95-6, 98, 104, 183, 303*n*, 306*n*, 307*n*; ensino na, 95; estudantes brasileiros na, 43, 94
Colégio dos Nobres, 344*n*
compadrio, laços de, 124-6, 157, 159-62
Compilação das leis constitutivas das colônias inglesas, confederadas sob a denominação de Estados Unidos da América Setentrional, 253
Conceição, Ana Maria da, 160
Conceição, Bernardina Maria da, 109, 135, 137, 140-2
Conceição, Francisca Romana da, 194
Conceição, Inês Maria da, 157
Conceição, Maria Vaz da, 109
Conceição, Micaela Maria da, 118
Conceição da Praia, 63-4
Conceição do Mato Dentro, 29, 69--70, 100, 256, 297*n*
Concepção, Teodora Maria da, 162
concubinato, 21-3, 45, 52-3, 56, 62, 69, 71, 103-4, 117-8, 163, 183, 188, 256, 258, 267, 307*n*; alforria e, 104, 106, 108-10; ascensão social e, 43; crimes de, 55; Igreja Católica e, 69; na Demarcação Diamantina, 54--5; vantagens e desvantagens do, 23, 108
Constituições primeiras do arcebispado da Bahia, 116
contratos diamantinos, 33-6, 38-9, 73, 75, 80-6, 99, 101, 116, 124-5, 147, 204, 207-24, 289*n*, 300*n*, 301*n*, 302*n*, 308*n*
cor da pele, estigma da, 22, 24, 54, 60, 107-8, 246, 266; classificação, 49; mecanismos de exclusão, 246
Córregos, arraial, 100
Correia, Antônio de Azevedo, 117
Correia, Belquior Mendes, 124
Correia, Rosa, 110
Correia e Sá, João Floriano do Santos, 255
Corte Real, Diogo de Mendonça, 200
Corte Real, Teresa de Jesus Perpétua, 202
Costa da Guiné, 66, 296n.
Costa da Mina, 65-7, 105, 109, 111, 131, 144, 296*n*, 317*n*, 318*n*
Costa dos Escravos, 66
Costa, Ana da, 68
Costa, Antônio Augusto de Oliveira, 261, 347*n*

384

Costa, Antônio da, 109
Costa, Antônio de Oliveira, 261
Costa, Antônio Velho da, 307n, 334n
Costa, Caetano Miguel da, 331n
Costa, Catarina, 68
Costa, Custódio Vieira da, 296n, 330n
Costa, Domingos da, 47, 56, 64, 68
Costa, Jacinto Rodrigues, 261
Costa, João da, 192
Costa, Luís Lopes da, 71, 126, 165, 181, 296n, 297n, 330n
Costa, Manuel Rodrigues da, 104
Costa, Maria da, 47, 49, 62-5, 68, 70-2, 109, 123, 277, 296n; acusada de promiscuidade, 70; alforria de, 67; batismo de, 64; personalidade de, 71; vida pós-alforria, 68-9
Costa, Maria de Oliveira, 160
Costa, Páscoa Maria da, 164
Costa, Pedro da, 112
Costa, Rita Angélica da, 120
Costa, Severina da, 145, 163
Costa, Vitória da, 46
Costa, Walney, 351n
Costa e Noronha, Francisco Xavier da, 249
Coutinho, Domingos José, 118
Couto, José Vieira, 32, 41-2, 254, 293n
Couto, Manuel Vieira, 52, 56, 293n
Couto, Soter, 273-4
Crompton, Samuel, 347n
Cruz, Francisco da, 29, 88, 139, 142, 159, 200
Cruz, Helena Leocádia da, 79
Cruz, José Lopes da, 192
Cruz, Manuel da, 51
Cruz, Manuel Francisco, 330n
Cruz e Silva, Roberto Antônio da, 162
Cunha, Florência da, 149
Cunha, Manuel Pereira da, 162

Cunha, Patrício Pereira da, 218
Curamataí, rio, 234, 263
Curral Grande, retiro, 263

D'Alembert, Jean-Baptiste, 42
D'Orbigny, Alcide, 31
Dantas, Manuel da Costa, 131
Dayer, Ludmila, 351n
Demarcação Diamantina, 27-37, 64, 69, 79, 84, 100-1, 129, 133, 150, 169, 235, 266, 320n, 347n; censo de domicílios de 1774, 129; concubinato na, 54, 55; geografia, 32
Desterro, convento do, 193, 194
diamantes, 40; contrabando de, 34, 210, 212, 214-5, 275, 336n; contratadores de, 36, 39, 73-102, 125, 207, 229; contratos de, 33-6, 38-9, 73, 75, 80-6, 99, 101, 116, 124-5, 147, 199, 204, 207-24, 299n; custos da exploração de, 214; descoberta de, 28, 30, 289n; em Tejuco, 38, 208; envio a Lisboa, 35; febre dos, 29; monopólio régio, 35-6, 38-9, 118, 213, 219-23, 228; ocupação de Minas Gerais e, 29; preço dos, 31, 33; suspensão da exploração de, 32; técnicas de exploração de, 31
Diamantina (antiga Tejuco), 17, 40, 145, 271-2, 275-6, 330n, 351n; Biblioteca Antônio Torres, 39, 42; Casa da Glória, 349n; rua Lalau Pires do Bonfim, 272
Dias, Bento Afonso, 256
Dias, José Gomes, 226
Dias, Josefa, 144
Diderot, Denis, 42

Diegues, Cacá, 282, 351*n*
Doce, rio, 30
D. Quixote, de Miguel de Cervantes, 42
Dorta, Nuno Henriques, 216, 240, 248
Douro, província do, 74
Drago, Silvestre de Reis, 48, 297*n*
Drummond de Andrade, Carlos, 271
Dusek, Eduardo, 351*n*

Efemérides mineiras, de Xavier da Veiga, 270
Eiras, Fernando, 351*n*
Eldorado, sonho do, 74
Elke, 351*n*
Encantos de Medeia, Os, de Antônio José da Silva, 184-5
Encarnação, Ana Maria da, 142
Encarnação, Gaspar da, 80
Encarnação, Manuel da, 41
Encarnação, Maria da, 65
Encarnação, Maria de Sousa da, 105, 131, 149
Enciclopédia portátil, de Diderot e D'Alembert, 42
Erário mineral, de Luís Gomes Ferreira, 74, 118, 148
escravos, 51, 53; alforria de, 21, 44, 51, 68, 104-6, 153, 155, 291*n*; alforria de mulheres, 21, 105-6; alforria na pia batismal, 153; ascensão social de concubinas, 43; batismo de, 48, 64-5, 71, 145, 161; beleza das escravas, 115; *cabras*, 49; casamento de, 146, 161; com ofício, 149, 152; como patrimônio, 153; compra de alforrias, 21, 153; comprados por ex-escravos, 144; concubinato e, 21-2, 103-6, 117, 118, crescimento demográfico de, 319*n*, 320*n*; *crioulos*, 49; de cs, 145-8, 150, 154, 161; *de ganho*, 149; de JF, 149; decadência do tráfico negreiro, 153; em irmandades, 177, 179, 328*n*; em Minas Gerais, 19; epidemias e, 146; forras e estigma da escravidão, 144; grandes proprietários de, 151; identificação de, 66; inserção social e posse de, 143-4; minas, 67; mortalidade infantil, 146; morte de, 146-8, 150; *mulatos*, 49; na mineração, 30, 67, 80, 85, 147-8, 166, 210; no convento de Macaúbas, 193; nomes de tribos africanas, 319*n*; origens africanas, 296*n*; *pardos*, 49; sensualidade das escravas, 267; sobrenomes de alforriados, 56, 57; taxa de mortalidade, 150; vida dos filhos de, 49
Espanha, 101
Espinhaço, serra do, 29, 100
Espírito das leis, O, de Montesquieu, 42
Espírito Santo, 30
Esquivel, Bernardo Ramires, 219
Estados Unidos, 19, 22
Esteves, Manuel Luís, 60
Estrela, convento da, 235
Estremoz, vila, 50, 60
Eulálio, Alexandre, 351*n*
Europa, 28, 133, 187, 317*n*
Évora, 50
Évora, Universidade de, 92

Falcão, Manuel Lopes, 160
Feição à moderna, 95
Feliz, Francisco Xavier, 301*n*
Feliz, Teresa, 130, 140
Fernandes, Antônia, 118

Fernandes, Custódio Bernardo, 192
Fernandes, Rosa, 65
Fernandes, Tomásia da Silva de Oliveira, 154
Ferraz, Iléa, 351*n*
Ferreira, Francisca, 119
Ferreira, João Gomes, 119
Ferreira, José Gomes, 51, 116, 118, 125, 160, 163, 165
Ferreira, Luís Gomes, 74, 118-9, 148, 311*n*
Ferreira, Manuel Álvares, 165
Ferreira, Manuel Pacheco, 212
Ferreira, Matilde, 119
Ferreira, Rosa, 119
Ferreira, Sebastião, 117
Ferreira, Vicente, 129
Fialho, José, 138
Figueiredo, Luís José de, 129, 136, 151, 158, 210, 316*n*, 319*n*, 321*n*
Figueiredo, Manuel Pires de, 42, 134, 151, 315*n*, 319*n*
Flores, Antônio da Rocha, 106
Flores, ilha das, 78
Florim, José Correia, 299*n*
Fonseca, Ana Perpétua Marcelina da, 129, 136
Fonseca, Francisca Joaquina de Oliveira, 261
Fonseca, João Barbosa da, 261
Fonseca, João Fernandes de Oliveira, 261
Fonseca, José Barbosa da, 261
Fonseca, Manuel Vieira da, 160, 162
Fonseca, Maria de São José de Oliveira, 261
Fonseca, Maria Josefa da, 261
Fontoura, Alexandre Rodrigues de, 48
Formiga, fazenda, 76, 234

França, 27, 76, 331*n*
França, Antônio Coelho Peres de, 333*n*
França, José Luis, 231
Franco, Lídia, 351*n*
Frantsen, José Matias, 60
Freitas, Ana Maria de, 141
Freitas, Antônio Borges de, 61
Freitas, Antônio de Araújo, 50, 126, 161, 165, 322*n*
Freitas, Josefa Maria de, 38, 44, 130
Fridman, Ingrid, 351*n*
Frutuoso, João, 144
Fundo, riacho, 47
Furtado, Francisco Xavier de Mendonça, 230

Galisteu, Adriane, 351*n*
Galveias, conde de, 72, 137
Gama, Alexandre da, 118
Gardner, George, 335*n*
Gazeta de Lisboa, 17, 35
genere, processo de, 52, 58-9, 65, 93, 112, 164, 298*n*, 299*n*, 303*n*
Glória, Ana da, 68
Godim, José Justino de Oliveira, 138
Goiás, 84, 219, 302*n*
Gomes, Ana, 147
Gomes, Francisco, 210
Gomes, João, 311n
Gomes, Maria, 118-9, 163
Gonçalves, Francisco, 51
Gonçalves, Gertrude, 51
Gonçalves, José, 51
Gonçalves, Manuel, 51
Gonçalves, Maria, 51
Gonçalves, Maurício, 351*n*
Gonçalves, Teresa, 51
Gouveia, 31, 161; igreja de Nossa Senhora das Dores, 131

Gouveia, Manuel de Soto, 160
Gouveia, Rita Pais de, 45, 180, 329*n*
Gouveia, Rita Umbelina de, 259
Governo de mineiros..., de José Antônio Mendes, 166
Grande, ilha, 78
Grande, rio, 37, 184, 215
Grijó, João Fernandes de Oliveira, 122-3, 126, 164, 226, 240-1, 247-9, 254, 256-7, 260, 269; administração do espólio do pai e do avô, 242; administração dos bens do morgado, 248; casamento de, 247-8; em irmandades, 172-3, 175; estigma da cor da pele, 248; heranças do pai e do avô, 237, 239, 240-2; morte de, 249; na Ordem Terceira do Carmo, 180
Grijó, João Germano Fernandes de Oliveira, 247, 249, 263, 315*n*, 330*n*, 341*n*
Grijó, Lourenço João Fernandes de Oliveira, 47, 62, 247
Grimaldi, Lu, 351*n*
Guarapiranga, 78
Guerra, Antônio Martins, 194
Guimarães, 247
Guimarães, Antônio Pinto, 129
Guimarães, Caetano Francisco, 55, 117
Guimarães, José de Abreu, 215
Guimarães, José de Araújo, 157
Guiné, 66, 318*n*
Guiné Bissal, 66
Guiné Equatorial, 66
Guttman, Eliana, 351*n*

Halley, Edmund, 28
Henrique, dom, o Infante, 104

História geral do Brasil, de Francisco Varnhagen, 275
Homero, 93
Horácio, 93

Ilha, fazenda, 234, 341*n*
Imposto Real de Passagem, 100
Inconfidência Mineira, 27, 38, 253, 254, 261, 267, 313*n*
Índia, 41, 204; louça da, 134-5, 260
Infeccionado, arraial, 58
Inferno, ribeirão, 29
Inhacica, registro, 36
Instituições, de Justiniano, 95
Intendência do Ouro, 29
Intendência dos Diamantes, 33, 39
irmandades, 19, 168-82; como retrato da sociedade hierárquica, 169; culto a santos, 169; da Terra Santa ou Bula da Santa Cruzada, 170, 172-3, 195, 245; da Vila do Príncipe, 170; de brancos, 169-70; de negros, 169-70, 180; de Nossa Senhora das Mercês, 45, 154, 176-7, 180, 184, 195, 245, 251, 259-60, 263, 320*n*, 326*n*, 327*n*; de Nossa Senhora do Carmo, 170, 178-9, 250, 262; de Nossa Senhora do Rosário, 107-8, 111, 140, 169, 174-6, 180, 245, 304*n*, 326*n*; de Nossa Senhora do Terço, 40; de Nosso Senhor dos Passos, 40; de Santa Ifigênia, 169; de São Benedito dos Homens Pretos, 169, 304*n*; de São Francisco de Assis, 170, 180, 245, 260, 349*n*; de São Miguel das Almas, 40, 45, 170, 173, 181, 245, 260, 325*n*; do Amparo, 178, 260; do Rosário dos Pretos, 170; do Santíssimo Sacramento, 40, 50, 167-

-72, 239, 245, 257, 259, 292*n*, 301*n*, 323*n*, 324*n*, 342*n*, 343*n*; escravos nas, 328; no Tejuco, 40
Isócrates, 93
Itacolomi, 74, 85, 118
Itacolomi, pico do, 74
Itambé, arraial, 103, 184
Itatiaia, 64

Jaboticatubas, 189
Jacome, Romão de Oliveira, 160
Jaguara, fazenda, 257, 346*n*, 347*n*
Jenipapo, fazenda, 234
Jequitaí, fazenda, 234, 341*n*
Jequitinhonha, O, jornal, 265
Jequitinhonha, rio, 29, 101, 209, 256, 308*n*, 336*n*
jesuítas; Companhia de Jesus, 92; pedagogia cristã, 92-3
Jesus, Ana Maria de, 129
Jesus, Inácia Maria de, 162
Jesus, Maria da Silva de, 255
Jesus, Maria Teresa de, 194
Jesus, Rita Isabel de, 79, 123
João IV, dom, 316*n*
João V, dom, 28, 138, 200; morte de, 36
João VI, dom, 250-1, 254
José I, dom, 36, 200-1, 213, 221, 227, 237, 247; aclamação de, 42; morte de, 36, 238
Juiz de Fora, 100
Julião, Carlos, 141, 293*n*
Justiniano, 95

Klepsidra, grupo, 310*n*
Kubitschek, Juscelino, 271, 275

Lacerda, Filipe José Correia, 134, 151, 315*n*, 319*n*
Lagoa Santa, 262

Lamagnini, Inácio, 337*n*
Landim, Manuel Batista, 165, 197, 218
Lapa, Rodrigues, 276
Lara, Baltazar, 337*n*
Lavradio, marquês de, 216, 219-20, 222
Leal, Ângela, 351*n*.
Leiria, 233; convento de Tomar, 97
Leite, Antônio da Silva, 113
Leite, Joana, 55
Leme, Pedro Taques de Almeida Paes, 201, 300*n*
Lemos, João de Souza, 68
Lemos, João Pinheiro de, 185
Liam, Manuel, 161
Lima, Altair, 351*n*
Lima, Francisco Pereira, 109-10, 175
Lima, Jorge de, 337*n*
Lima, José de, 111
Lima, José Francisco de, 321*n*
Lima, Manuel Rodrigues, 331*n*
Lippiani, Alexandre, 351*n*
Lisboa, 28, 30, 34-5, 50, 60, 75, 80, 82, 85, 90-2, 94, 98-9, 128, 132, 137, 178, 184, 185, 201, 204, 206, 209, 213, 217, 219-20, 227, 230, 241, 247, 252, 254, 262, 273, 300*n*, 302*n*, 305*n*, 311*n*, 316*n*, 335*n*, 337*n*, 346*n*; falta de água em, 206; Horta Seca, 98, 201; igreja de Nossa Senhora da Conceição, 97, 105; Lapa, 60, 202-3, 205, 213, 216, 225, 237; Paço, 97, 104; paróquia de São Mamede, 92; reconstrução e ouro do Brasil, 202; rua de Buenos Aires, 60, 203-4, 206; São Paulo, 208; Sé, 97; terremoto em Santos Velho, 201; urbanização após o terremoto, 202

Lobo, Álvaro, 85
Lobo, Bernardo da Fonseca, 131
Lobo, Gregório de Matos, 85
Lobo, Teresa de Sousa, 117
Lopes, Bernarda, 162
Lopes, José, 252
Lorena, Bernardo José de, 251
Lourenço, Bartolomeu Vaz, 226
Luccock, John, 48, 143
Luís xiv, 27-8

Macau, 134
Macaúbas, convento de, 121, 173, 184, 188-98, 212, 217, 255, 259-63, 270, 277, 312n, 327n, 331n, 333n; devassa em, 192; doenças em, 196; educação cristã de mulheres em, 190; escravos em, 193; estatuto de, 191; renda do, 195; sedução de recolhidas, 192
Macedo, Francisco da Cunha, 79
Machado, Domingos Pinto, 77, 79
Machado Filho, Aires da Mata, 272-3
Maciel, Domingos Alves, 105, 106
Maciel, José Álvares, 86, 101, 208, 308n
Madeira, ilha da, 216, 337n
Madeira, Manuel de Sousa, 305n
Madre de Deus, Isabel de, 17
Mafra, 343n; palácio de, 28, 200
Magalhães, Antônio da Mota, 212, 215, 330n, 337n
Maia, Manuel Alves, 119
Manso, rio, 167
Mantiqueira, serra da, 88
Manual do fazendeiro ou tratado doméstico sobre as enfermidades, 146
Mar, serra do, 88, 218

Maria i, dona, 60, 119, 167, 171, 184, 206, 238-43, 247-8, 345n
Maria Clara, atriz, 351n
Maria da Glória, dona (dona Maria ii), 263
Marialva, marquês de, 334n
Mariana, 111, 176, 194, 206, 258, 269, 298n, 316n; Bananal da Passagem, 331n; seminário da Boa Morte, 87
Marques, Antonio, 351n
Marques, João da Costa, 160
Martins, João Vieira, 142
Martins, Lucimara, 351n
Mártires, 84
Martius, C. F. P. von, 267
Mascarenhas, Eugênia (marquesa de Marialva), 312n
Massé, Jean, 90, 304n
Mathias, Herculano, 277
Matias Barbosa, 100, 253
Matos, Francisco Moreira de, 85, 336n
Matos, Gregório de, 193
Matos, José Sarmento, 339n
Matos, Rita Vieira de, 137, 140, 142, 149
Matoso, Caetano Costa, 106, 108
Mauro, André Felipe di, 351n
Meireles, Cecília, 199, 278-9, 281
Meireles, José Antônio de ("Cabeça de Ferro"), 253
Melo, Antônio de Campos Figueiredo, 248-9
Melo, Inácia de, 163
Melo, José Antônio Ferreira de, 162
Melo, José de, 112
Melo e Madureira, Lourenço de, 106
Memórias, de Nazaré Meneses, 271, 273

Memórias do Distrito Diamantino, de Joaquim Felício dos Santos, 86, 266-7, 269, 274
Mendes, José Antônio, 166
Mendes, Luis, 351*n*
Mendes, Pedro, 106
Mendonça, Francisco José Pinto de, 160, 162, 215, 223, 321*n*
Mendonça, Rosa Maria Varela de, 331*n*
Meneses, Luís da Cunha, 252-3, 276, 345*n*
Meneses, Nazaré, 271, 274
Meneses, Rodrigo José de, 312*n*
Menezes, Francisco José de, 55-6
Menezes, José de, 230
Menino Jesus, José do, 337*n*
Mesquita, José Joaquim de Barros, 334*n*, 335*n*
Mesquita, José Joaquim Emérico Lobo de, 42, 44
Miguel, dom, 263
Mil e uma noites, As, 270
Milho Verde, 31, 33, 47, 56, 64, 65, 68, 100; Bicas, 48; igreja de Nossa Senhora dos Prazeres, 48, 292*n*
Minas Gerais, 27, 29, 31, 38, 42, 50, 58, 61, 66, 69, 74-5, 78, 85-8, 99-100, 109, 125, 129, 139, 141-2, 158, 195, 200, 204, 206-7, 220, 234, 249, 251, 254, 266-7, 271, 276-8, 284, 300*n*, 346*n*; crescimento demográfico de, 319*n*; educação em, 87; escravos em, 19; história de, 279; irmandades em, 168-9, 178; ocupação e povoamento de, 29-30, 75; ouro e diamantes de, 28; quantidade de homens e mulheres de, 116; sociedade no século XVIII, 22

Minas Novas, 37, 189, 195, 214, 252
Minho, 73-4, 201
Miranda, Antônio Pinto de, 200
Miranda, Baltazar Pinto de, 200
Miranda, João Pinto de, 200
Miranda, Pinto de, família, 200
mobiliário da época, 133-5
Moeller, Charles, 351*n*
Monchique, convento de, 237
Monteiro, Isabel Pires, 85, 201, 203, 213, 228, 230, 242, 300*n*, 341*n*, 348*n*; casamento com o sargento-mor, 83, 116; casa da Lapa, 204, 207; clausura de, 230-1, 238, 241; herança do sargento-mor e, 227, 229-30, 233, 238, 241-2, 247; morte de, 242; no terremoto de Lisboa, 201; patrimônio de, 83, 234; testamento do sargento-mor e, 217
Monteiro, Luís Vaia, 67, 90
Montenegro, Edson, 351*n*
Montesquieu, 42
Moraes, Drica, 351*n*
Moreno, Alexandre, 351*n*
morgado do Grijó, 232-8, 239, 244, 246-7, 250, 263-4, 269; bens do, 263; devolução da sede rural, 241; esfacelamento do, 263; Mata do Requengo, 241; Quinta do Grijó, 233; Requengo do Gradil, 241
Morro do Pilar, arraial, 100
mortalidade infantil, taxa de, 48
Mota, José de Abreu Guimarães, 215
Mota e Magalhães, Antônio da, 186
Mota e Silva, Pedro da, 200
Motta, Zezé, 351*n*
Moura, Bento Dias de, 249, 263
Moura e Oliveira, José, 292*n*
Moutoso, Plácido de Almeida, 85

mulheres, 20; alforria e, 21, 68-70, 106, 109; amas-de-leite, 122-3; atividades físicas e, 143; beleza das, 44, 114, 142, 267; concubinas e homens brancos, 22, 45, 55, 106, 266; cs como personagem histórica do século XVIII, 266; educação e vida virtuosa de, 190; em busca do *amor mutuus*, 118; exploração sexual e racial de, 23; febre puerperal, 121; estereótipo de negras, 22; influência na sociedade mineira, 21-2, 24, 106-7; inserção social de forras, 22-4, 43-6, 72, 130, 143, 156, 169; lendas de gravidez, 120; ostentação de joias e, 140-1; papel na história, 19, 267; parteiras, 120-1; residências chefiadas por, 129; tratamento dado às, 117; vestimentas de, 137-40, 142; visão estrangeira sobre as, 143

Nascimento, Manuel do, 72, 226
Nercessian, Stepan, 351*n*
Neves, Inês Fernandes, 135, 139, 144, 149, 155, 292*n*, 315*n*, 320*n*
Neves, Joana Fernandes, 144
Neves, José Teixeira, 274-5
Neves, Miguel de Carvalho Almeida, 71
Nigéria, 66
Nogueira, Luís de Barros, 48
Noronha, Garcia de, 92
Noronha, Rodrigo de, 249
Nossa Senhora da Esperança, nau, 337*n*
Nossa Senhora da Natividade, nau, 304*n*
Nossa Senhora da Piedade, nau, 302*n*
Nossa Senhora de Belém, nau, 219

Nossa Senhora de Jesus, convento de, 239
Nossa Senhora do Livramento, nau, 99, 302*n*
Nossa Senhora dos Mártires, freguesia, 301*n*
Nossa Senhora dos Poderes da Via Longa, recolhimento de, 230
Nunes, José Fernando, 241

Oeiras, conde de, *ver* Pombal, marquês de
Olinda, 138
Oliveira, Agostinho Gomes de, 261
Oliveira, Ana Angélica Fernandes de, 195
Oliveira, Ana Quitéria de São José Fernandes de, 79, 122-3, 126, 131, 133, 162, 173, 242, 247, 257-8, 260, 320*n*, 342*n*, 347*n*, 348*n*; casamento de, 259; em irmandades, 173, 175, 177, 180; escravos de, 155; morte de, 259; no convento de Macaúbas, 190, 194, 197-8; testamento de, 348*n*
Oliveira, Antônia Maria Fernandes de, 122-3, 197, 260, 262-3, 312*n*; em irmandades, 173, 177, 180; morte de, 263; no convento de Macaúbas, 190
Oliveira, Antônio Caetano Fernandes de, 64, 122-3, 126, 144, 168, 173, 226, 237, 242, 250-1, 257-8, 329*n*, 344*n*; em irmandades, 172-3, 175, 177, 180, 250
Oliveira, Davi Fernandes de, 154, 178
Oliveira, Domingos Fernandes de, 146, 167
Oliveira, Donata Fernandes de, 154, 177

Oliveira, Fernandes de, família, 132, 137, 199, 201, 206, 232, 234
Oliveira, Francisca da Silva de, *ver* Silva, Chica da
Oliveira, Francisca de Paula Fernandes de, 119, 122-3, 125, 152-3, 164, 167-8, 191, 255, 257, 314*n*, 315*n*, 319*n*, 320*n*, 326*n*, 333*n*, 341*n*, 347*n*; alforria de escravos de, 155; em irmandades, 172-3, 175, 177, 180; madrinha de escravos, 163; morte de, 255; no convento de Macaúbas, 190, 194, 197-8; partilha dos bens de, 258; testamento de, 195
Oliveira, Francisca de Sales, 328*n*
Oliveira, Francisco Xavier de, 62
Oliveira, Frutuosa Batista Fernandes de, 256-9, 265, 347*n*; casamento e divórcio de, 257-8; morte de, 258
Oliveira, Haroldo de, 351*n*
Oliveira, Helena Leocádia da Cruz Fernandes de, 122-3, 126, 191, 259*n*; desistência do hábito, 197; morte de, 259; em irmandades, 177, 180; no convento de Macaúbas, 190, 194
Oliveira, Inácia da Silva de, 160
Oliveira, Joana Caetana de, 160
Oliveira, João Antônio Fernandes de, 263
Oliveira, João Fernandes de, 19, 24--5, 34-6, 44, 46, 50, 56-7, 60-2, 64, 68, 73, 83, 87-102, 118, 123-4, 133, 135, 147, 152-3, 161, 164-5, 175, 188, 199, 204-6, 208-9, 211, 215, 240, 254, 259, 268-70, 273, 275-7, 279-81, 295*n*, 299*n*, 300*n*, 301*n*, 303*n*, 304*n*, 305*n*, 306*n*, 307*n*, 308*n*, 321*n*, 322*n*, 327*n*, 328*n*, 330*n*, 334*n*, 336*n*, 337*n*, 343*n*, 345*n*; alforria de cs, 104-5, 309*n*; apoio de Pombal, 208, 227, 231; batizado de, 79; bens de, 233, 265, 273, 294*n*; biografia de, 297*n*; caridade de, 166-7, 232; chegada a Lisboa, 225; chegada ao Brasil, 100, 302*n*; clausura de Isabel Pires Monteiro e, 230; clientelismo de, 77, 166-7; como bom partido, 102; como contratador de diamantes, 99, 208, 211; como mecenas, 183-8; como membro da Ordem de Cristo, 97, 105; compra de cs, 103; construção da igreja de São Francisco de Paula e, 178; contratos de diamantes e, 308*n*; cultura refinada de, 183; despedida de cs, 218; doações de, 332*n*; doença de, 231, 342*n*; educação de, 87; em irmandades, 169-74, 178-80; escravos de, 149; estigma de mulatismo e ilegitimidade dos filhos, 236; filhos de, 122, 194; herança de, 236-7, 241, 243, 263, 266; importância de, 165; indícios de contrabando de diamantes, 212-4; inserção social dos filhos, 232, 244, 246; litígios da herança do sargento-mor, 217, 220, 226-30, 300; morgado do Grijó e, 232-3, 235, 263; morte de, 216, 238; na era Mariana, 238; na travessia do Atlântico, 91; no curso de Cânones, 94-6; no seminário, 92; notícia da morte do pai, 217; padrinho de casamentos e batismos, 159-60,

162-3; privilégios de, 158; processo de *genere* de, 93; 298n, 299n; processo de *genere* de Simão Pires Sardinha e, 60; reformas no convento de Macaúbas, 194, 197; relação com a elite do Tejuco, 157, 164; relação com cs, 102, 112, 115, 119, 121, 126, 271; relação com o conde de Valadares, 215, 220; retorno a Lisboa, 219; riqueza de, 37; testamento de, 196, 218, 232, 234, 239, 244, 334n, 339n; tutoria dos filhos e, 218; vestuário de, 157-8

Oliveira, João Fernandes de (sargento-mor), 34-6, 38, 73-87, 98-9, 124-6, 131, 167, 200-1, 203, 207-8, 227, 261, 300n, 301n, 302n, 311n, 348n; atritos com Felisberto Caldeira Brant, 86; bens de, 228, 234-5; casa da Lapa, 199-207, 213; casamentos de, 78-9, 83, 116; clientelismo de, 77; como contratador de diamantes, 34; como *homem de negócio*, 75; contratos diamantinos de, 81, 85-6, 289n; dificuldades financeiras de, 82, 84; enriquecimento no Brasil, 76; fortuna de, 235; morte de, 216, 221, 338n; negócios com Gomes Freire de Andrade, 80-1; no terremoto de Lisboa, 201; patrimônio de Isabel Pires Monteiro e, 83; retorno a Portugal, 85; testamento de, 217

Oliveira, João Francisco de, 292n, 324n

Oliveira, João Lourenço Fernandes de, 249

Oliveira, Joaquim José Fernandes de, 122-3, 126, 226, 249, 347n

Oliveira, José Agostinho Fernandes de, 122-3, 164, 226, 249-51, 312n, 339n; em irmandades, 175, 177; herança de jf e, 237; morte de, 251

Oliveira, José da Silva de, 38, 56, 64, 83, 111, 120, 125-6, 151, 160, 167, 261, 268, 277, 319n, 323n, 348n

Oliveira, José Dias de, 237

Oliveira, José Pires Monteiro, 217

Oliveira, Josefa Maria Fernandes de, 263

Oliveira, Laureana da Silva de, 177

Oliveira, Luciana Perpétua de, 177, 195; na Irmandade Nossa Senhora das Mercês, 177; no convento de Macaúbas, 327n

Oliveira, Luísa Maria Fernandes de, 122-3, 126, 168, 173, 197, 251, 259-60; em irmandades, 172, 180; no convento de Macaúbas, 196

Oliveira, Manuel Fernandes de, 76

Oliveira, Manuel Pinheiro de, 192

Oliveira, Maria de São José Fernandes de, 122-3, 153, 197, 260-1, 312n, 325n; em irmandades, 173, 177-8, 180; morte de, 260; no convento de Macaúbas, 196

Oliveira, Mariana de Jesus Fernandes de, 122-3, 126, 155, 191, 259, 261; em irmandades, 173, 180; morte de, 261; no convento de Macaúbas, 198, 261

Oliveira, Miguel Fernandes de, 76

Oliveira, Pedro de, 167

Oliveira, Quitéria Rita Fernandes de, 122-3, 131, 197-8, 261-2, 277, 333n; em irmandades, 175, 180; morte de, 262; no convento de Macaúbas, 196, 198, 262; relação com padre Rolim, 262

Oliveira, Rita Quitéria de São José Fernandes de, 68, 122-3, 126, 131, 133, 140, 152, 163-4, 249, 256-9, 314*n*, 315*n*, 316*n*, 319*n*, 341*n*, 346*n*, 347*n*; bens de, 256; casamento de, 256; desistência do hábito, 197; em irmandades, 173, 177, 180; filhos de, 256; herança de, 257; morte de, 256; no convento de Macaúbas, 190, 194, 196; prisão de, 256
Oliveira, Tarquínio de, 277
Oliveira, Ventura Fernandes de, 76, 100, 126, 173, 194, 237, 298*n*
Oliveira e Silva, Antônia de, 135
Ordem de Cristo, 58-60, 65, 75, 97-8, 104-5, 128, 158, 165, 167, 208, 244, 277, 294*n*
Ordem de Nossa Senhora do Monte do Carmo, 328*n*, 329*n*
Ordem de Nosso Senhor Jesus Christo, 307*n*
Ordem de Santiago, 203
Ordem de Santo Antônio, 299*n*
Ordem do Carmo, 299*n*
Ordem Terceira do Carmo, 158, 179-80, 323*n*
Ordenações filipinas, 82, 233
Ordens Menores, 59, 65, 71, 291*n*, 294*n*
Orta, Nuno Henriques de, 50
ouro; clérigos e contrabando de, 40; imigração e povoamento, 10, 28-9; palácio de Mafra e, 28; Portugal e, 28
Ouro Preto, 29, 262
Ovídio, 93

Pacheco, Simão, 165
Pais, Garcia Rodrigues, 88
Paiva, Diogo José, 250
Palestina, 173
Palha, chácara da, 160-1, 184, 186, 234, 246, 263, 268, 272-3; plantas europeias em, 187-8
Palheiro, registro, 36
Paliarte, Luís Francisco, 249
Pará, 111
Paracatu, 65, 117
Paracatu, fazenda, 234, 341*n*
Paraibuna, rio, 100
Paraná, 258
Paraúna, arraial, 250
Paraúna, registro, 36
Pardinho, Rafael Pires, 31, 33, 81, 299*n*
Pardo, rio, 101, 308*n*
Pardo Pequeno, rio, 215
Parimarim, serra de, 336*n*
Passagem, arraial da, 74
Passeio a Diamantina, de Lúcia Machado de Almeida, 275
Paula, Francisco Rodrigues de, 258
Pé do Morro, arraial, 31, 134
Pé do Morro, fazenda, 133, 149-50, 152, 235, 255-7, 259-60
Pé do Morro, registro, 36
Pedro I, dom, 263, 349*n*
Pena, João Machado, 129
Penalva, marquês de, 248
Pereira, Alberto Luís, 34, 124-5
Pereira, Ana, 125
Pereira, Antônio Álvares, 91, 304*n*, 305*n*, 306*n*, 343*n*
Pereira, Custódio José, 255
Pereira, Fernando José da Cunha, 228
Pereira, Floriano Martins, 262
Pereira, Inácia, 164
Pereira, João de Azevedo, 132, 314*n*, 321*n*

Pereira, José Carlos, 90
Pereira, Luís Alberto, 84, 301*n*, 302*n*
Pereira, Manuel Ribeiro, 303*n*
Pereira, Mariana, 38, 130
Pereira, Micaela, 117
Pereira, Rosa, 173
Pereira, Simão, 117
Pereira, Simão da Cunha, 42, 52
Pereira, Teresa, 125
Pereira, Vitória, 107-8
Periard, Jayme, 351*n*
Periguasû, serra do, 336*n*
Pernambuco, 90
Petinatti, Matheus, 351*n*
Picada, arraial, 31
Pilar, Francisca Joaquina do, 79, 123
Pimentel, José de Sousa, 299*n*
Pimentel, Pedro da Silva, 237
Pimentel, Pedro do Reis, 78
Pina e Proença, Martinho de Mendonça, 31
Pinheiro, família, 200
Pinheiro, Francisco, 159, 200, 303*n*, 316*n*, 317*n*, 321*n*
Pinheiro, José, 119
Pinheiro Neto, Antônio, 200
Pinta, Joana, 77
Pinto, Antônio dos Santos, 34
Pinto, Jorge, 81
Pinto, Manuel Ferreira, 251, 259, 345*n*, 347*n*, 348*n*
Pinto, Marcelino Xavier da Fonseca, 242
Pires, Francisca, 50-4, 163, 175, 183, 276
Pires, Luísa, 54
Pires, Mírian, 351*n*
Piruruca, rio, 37, 184
Pitangui, 234
Piva, Guilherme, 351*n*
Poderes, convento dos, 231
Polo, Marco, 351*n*
Pombal, marquês de, 36-7, 86, 199-203, 208-9, 212-5, 220, 223, 227-8, 238-9, 249, 269, 275, 280, 339*n*, 340*n*, 345*n*; clausura de Isabel Pires Monteiro e, 230-1, 238; crime de captação de água, 206; imóveis de, 233; no litígio da herança do sargento-mor, 228-9, 231; prisão de, 238; reconstrução de Lisboa com o ouro do Brasil, 202; relacionamento com JF, 208, 227; sistema de contratos diamantinos, 208
Pombal, marquesa de, 229
Ponte Alta, 234
Pontevel, Domingos da Encarnação, 196-7
Porfiar amando, peça teatral, 184
Porto, 98, 101, 158, 200, 237, 240, 255, 261; convento de Madre de Deus de Monchique, 79, 202; Vila Nova de Gaia, 233
Porto Seguro, 30
Portugal, 19, 24, 58, 73, 82, 87, 89-90, 99, 116, 132, 159, 173, 179, 188-9, 200, 213, 220, 228, 231, 233-5, 244, 246, 250, 252-4, 257, 266, 269, 298*n*, 304*n*, 311*n*, 316*n*, 347*n*; colégios em, 92; emigração de portugueses, 74; monopólio do comércio de diamantes, 35; ouro brasileiro e, 28; palácio de Belém, 205
Povoação, fazenda, 234
Povolide, conde de, 339*n*
Prados, 252
Prondas, 119

Pugas, Antônio Álvares, 192
Puntoni, Tiche, 310*n*

Quaresma, Antônio, 107-8
Queirós, Luís Botelho de, 107
Queirós, Vitorina Pais de, 85
Quinta da Portela, 230, 233
Quinta da Sapataria, 230
Quinta das Manteigas, 249
Quinta de Marialva, 312*n*
Quinta de Santa Maria, 231, 340*n*
quinto, imposto, 29

Rabelo, Luciano, 351*n*
Rabelo, registro, 36
Ratio studiorum, súmula, 92
Real Extração dos Diamantes, 36, 38, 44, 129, 147, 151, 221
Rede Manchete, 283
redes de sociabilidade, 157-68
Registro Velho, 100
Rego, Francisco Afonso do, 210
Rego, José Gomes do, 94
Rei branco, rainha negra, de Paulo Amador, 281
Reis, Joaquim Silvério dos, 267
Reis, Melquior dos, 297*n*
Remédios, convento dos, 216
Revistas do Arquivo Público Mineiro, 270
Revolução Francesa, 43
Riacho das Areias, fazenda, 234, 263
Ribeirão do Inferno, 210
Ribeiro, José Gomes, 338*n*
Ribeiro, José Marques, 165
Ribeiro, Rita, 351*n*
Rio de Janeiro, 33, 35, 41, 61, 67, 74, 78-9, 84-90, 93, 99-101, 143, 169, 185, 189, 200, 210, 216, 218, 234, 253-4, 257, 266, 293*n*, 298*n*, 301*n*, 302*n*, 303*n*, 304*n*, 308*n*, 337*n*; baía da Guanabara, 89; catedral da Sé, 90, 304*n*; freguesia de São José, 78; igreja da Candelária, 63; igreja da Sé, 78; igreja de São Francisco de Paula, 90; igreja do Rosário, 90; lagoa de Santo Antônio, 90; Lapa, 235; largo do Rosário, 89-90, 234; rua Augusta, 234; rua Buenos Aires, 235; rua da Bela Vista, 235; rua da Sapataria, 235; rua da Vala, 90; rua do Guarda-Mor, 235; Sé, 89-90; urbanização de, 89
Rio Formoso, fazenda, 234, 341*n*
Rio Grande, arraial, 38
Rio Manso, arraial, 31
Rio Vermelho, arraial, 133, 150, 235
Roça Grande, 192
Rocha, Bartolomeu Martins da, 71
Rocha, Manuel Antônio dos Santos, 331*n*
Rodrigues, Antônio, 185
Rodrigues, Domingos Gonçalves, 77
Rodrigues, Rita, 77
Rodrigues, Ventura Fernandes, 254
Roiz, Joana, 164
Roiz Neto, Francisco, 106
Rolim, Domingos José Augusto, 261
Rolim, José da Silva de Oliveira (pai), 38, 64, 348*n*, 349*n*
Rolim, José da Silva de Oliveira, padre, 56, 83, 261, 267-8, 277, 281, 313*n*, 333*n*, 348*n*; morte de, 262; na Inconfidência Mineira, 261; parentesco com CS, 277; prisão de, 262
Rolim, Maria dos Prazeres de Oliveira, 198, 261-2

Rolim, Mariana Vicência de Oliveira, 198, 261, 262, 270, 349*n*; morte de, 262; testamento de, 262
Rolim, Tadeu José da Silva de Oliveira, 261-2
Rolim Jr., José da Silva de Oliveira, 261-2
Roma, 28, 331*n*, 345*n*
Romanceiro da Inconfidência, de Cecília Meireles, 17, 27, 47, 73, 103, 128, 157, 183, 199, 225, 244, 265, 278-9
Romeu Evaristo, ator, 351*n*
Rosa, Ana Joaquina, 126, 167
Rosa, Murilo, 351*n*
Rosário, Bárbara do, 298*n*
Ruines, a survey of the revolutions empires, The [As ruínas, um estudo dos impérios revolucionários], de Volney, 42-3

Sá, Alexandre Gama de, 103
Sá, Antônio Caetano de, 47, 61, 63-5, 123, 277
Sá, Domingos de, 104
Sá, Heitor de, 162-3
Sá, Lucrécia de, 104
Sabará, 29, 45, 69, 106-7, 111, 159, 169, 189, 200, 249, 257, 320*n*
Sacavém, 233
Sacramento, Gertrude Pereira do, 160
Sagas do país das Gerais, de Agripa Vasconcelos, 280
Saião, José Luís, 214
Saint-Hilare, Auguste de, 41, 267
Salvador, 64, 89, 169, 180, 193
Sampaio, João de Freitas, 134, 315*n*
Santa Bárbara, arraial, 100
Santa Bárbara, fazenda, 234, 263
Santa Clara, fazenda, 234
Santa Luzia, Inês de, 155, 320*n*
Santa Luzia, Marina de, 155
Santa Maria de Oliveira, arraial, 73
Santa Rita, fazenda, 234
Santiago de Compostela, 201, 203
Santo Amaro da Purificação, 184
Santo Antônio do Itucambirussu, serra de, 214
Santo Antônio, morro de, 89
Santo Antônio, ribeirão, 29, 51
Santo Estêvão, fazenda, 234, 341*n*
Santo Tomás, fazenda, 234, 341*n*
santos, 40, 124, 168; Agostinho, 345*n*; Ana, 124, 137, 178, 189; Antônio, 108, 124, 137, 174, 206; Bárbara, 178; Elesbão, 174; Elias, 178-9; Ifigênia, 177; Inácio de Loyola, 93; irmandades e cultos a, 169; José, 191; Luzia, 178; Margarida de Cortona, 17; Maria Madalena, 70; Nossa Senhora da Conceição, 136-7, 139-40, 191, 194, 205-6; Nossa Senhora da Graça (Nossa Senhora do Bom Parto), 120, 178; Nossa Senhora da Luz, 202; Nossa Senhora da Soledade, 179; Nossa Senhora das Dores, 137, 194; Nossa Senhora das Mercês, 137, 177; Nossa Senhora do Amparo, 178; Nossa Senhora do Carmo, 178-9; Nossa Senhora do Pilar, 70; Nossa Senhora do Rosário, 174, 178, 181; Nosso Senhor do Matosinho, 120; Nosso Senhor dos Passos, 170, 176; Quitéria, 131-2, 206; Rita, 124, 178, 206; são Benedito, 174-5; são Bento, 111; são Brás, 111; são Francisco de Assis, 50, 175, 178, 180, 260; são Francisco de Paula, 119, 124,

178-9, 206; são Gonçalo, 137; são João Batista, 124; são Joaquim, 124; são José, 206, 292*n*; são Miguel e Almas, 170; são Sebastião, 89; Teresa, 179; Tomás de Aquino, 93
Santos, 78
Santos, Ana da Glória dos, 48, 65, 149
Santos, Antônio Augusto dos, 259
Santos, Feliciano Atanásio dos, 257-8, 265
Santos, Felicíssimo Pereira dos, 259
Santos, Franklin Amador dos, 259
Santos, Genoína Pereira dos, 259
Santos, Giraldo de Melo dos, 163
Santos, João Felício dos, 282, 351*n*
Santos, Joaquim Felício dos, 19, 56, 86, 142, 179, 184, 187, 265-79, 281-2, 308*n*
Santos, Joaquim Quintiliano dos, 261
Santos, José Amador dos, 259
Santos, Manuel Caetano dos, 162
Santos, Mariano Pereira dos, 259
São Bento, morro de, 89
São Domingos, fazenda, 234
São Francisco, rio, 234, 255, 346*n*
São Francisco, serra de, 37-8
São Gonçalo do Rio das Pedras, arraial, 100
São Gonçalo do Rio Preto, arraial, 31, 133, 235, 255, 259, 344*n*
São Jorge da Mina, castelo de (Elmina), 66-7
São José, Ana Quitéria de, 79, 123
São José, Antônio de, 337*n*
São José, Gertrudes Maria de Jesus de, 154, 177
São José, Maria de, 78, 123, 206, 297*n*, 298*n*, 348*n*; morte de, 82

São Patrício, seminário de, 92-3, 104, 184
São Paulo, 78, 88
saraus de música, 186-7
Sardinha, Cipriano Pires, 52-4, 146, 163, 175, 268, 293*n*, 331*n*; batismo de, 54; processo de *genere* de, 276, 303*n*
Sardinha, Dionísio Lopes, 61
Sardinha, Manuel Pires, 50, 53-5, 56, 58, 60-2, 106, 125-6, 129, 183, 268, 273, 292*n*, 294*n*, 295*n*, 322*n*, 324*n*; acusação de concubinato, 52-3, 56; como dono de cs, 292*n*; em irmandades, 171-2; escravos de, 51; filhos com escravas, 293*n*; morte de, 50, 296*n*; paternidade de, 295*n*; testamento de, 52-3; venda de cs, 103
Sardinha, Paula do Espírito Santo, 61
Sardinha, Plácido Pires, 52, 54
Sardinha, Rafael Pires, 294*n*
Sardinha, Simão Pires, 52-4, 123, 163-4, 181, 226, 242, 251-5, 276-7, 291*n*, 292*n*, 294*n*, 296*n*, 297*n*, 303*n*, 322*n*, 330*n*, 331*n*, 344*n*, 345*n*, 346*n*; ascendência de, 59-60, 65-6; batismo de, 116-7; carreira de, 252, 255; devassa de, 253; educação de, 188, 252; em irmandades, 172-3, 177; na Inconfidência Mineira, 253-4; Ordens Menores e, 71; processo de *genere* de, 58-65, 112, 128, 165, 244, 277
Sarmento, João Gualberto Pinto de Morais, 249
Sequerra, Terena, 351*n*

Serro do Frio, 29, 43, 85, 99-100, 235, 244, 293*n*, 301*n*, 302*n*, 308*n*, 321*n*, 324*n*, 336*n*; censo de 1738, 69

Silva, Antônia de Oliveira, 133, 141, 180, 329*n*

Silva, Antônio José da, 185, 262

Silva, Chica da; acusação de concubinato, 53; adoção do nome "Francisca da Silva", 53; alforria de, 104-5, 277, 309*n*; alforria de escravos, 153, 155; analfabetismo de, 183; apelido de, 270; ascendência, 47-72; ascensão social de, 62, 170, 245; assinatura de, 184; batismo de, 48; batismo dos filhos, 124, 126; *branqueamento* de, 246; cadáver de, 17-8; características físicas de, 49, 113, 115, 267, 271, 274; caridade de, 167; casa de, 128-43, 272; como heroína negra, 274; como lenda em Diamantina, 271; como madrinha de casamentos e batizados, 145, 161-3; como mecenas, 184, 186; como personagem histórica, 18-20, 265-78; comprada por JF, 103; cor da pele de, 49; despedida de JF, 218; em irmandades, 169-70, 172, 175, 177, 179-80; enterro de, 245; escolha dos nomes dos filhos, 123; escrava de Manuel Pires Sardinha, 292*n*; escravos de, 143-56, 172; estereótipo de escrava sensual, 267; estigma da cor da pele dos filhos, 46, 188, 246-7, 255, 264; figura contraditória de, 19; filhos de, 46, 53, 122, 182, 188-98, 246, 264; filme sobre, 282-3; herança de, 263; história de negras forras e, 267; idade estimada de, 291*n*; imagem negativa de, 273; incorporação de hábitos da elite branca, 182; infância de, 51; inserção social de, 162, 182, 188, 198, 246, 255, 284; inventário de, 349*n*; inventário de JF e, 294; literatura sobre, 278; missas para, 245; mito de, 20, 246, 267, 269, 271, 273-4, 278-84; morte de, 245; móveis de, 132-3; nascimento de, 33; nome pós-alforria, 57-8; parentesco com padre Rolim, 277; pesquisas sobre, 276, 278; popularização do mito na TV, 283; refinamento de, 187; relacionamento com JF, 102, 112, 119, 121, 126, 244; relações entre raças e a história de, 284; relatos sobre, 274; releitura da figura de, 272; repulsa à figura de, 18; restos mortais de, 246; sensualidade de, 276, 283; sobrenome *Silva de Oliveira*, 56, 119, 268; testamento de, 244; tutoria dos filhos e, 218; uso de cabeleira, 142

Silva, Francisco Ferreira da, 34, 79-81, 299*n*

Silva, Inês Vicência da, 275

Silva, João Carneiro da, 89

Silva, José Francisco da, 160

Silva, José Ribeiro da, 117

Silva, Josefa Rodrigues da, 79

Silva, Luís Antônio da, 122, 162

Silva, Luís Diogo Lobo da, 321*n*

Silva, Luís Pereira da, 257, 258

Silva, Micaela Arcângela da, 122, 162

Silva, Paulo Moreira da, 298*n*

Silva, Pedro de Oliveira, 303*n*

Silva, Severina da, 162

Silva e Sousa, José Pereira da, 255

Silveira, Francisco Joaquim da, 60
Silveira, João Inácio do Amaral, 261
Simões, José, 78
Siqueira, Jacinta de, 108, 143, 149, 181, 315n, 316n, 320n, 329n; alforria de escravos, 155; casa de, 133, 137; concubinato e ascensão social, 107; escravos de, 151; estigma da cor da pele, 107; filhas de, 107; testamento de, 107
Siqueira, João Antônio da, 249
Sítios e personagens históricos de Minas Gerais, de Joaquim Silvério de Sousa, 269, 270
Soares, Manuel, 119
Soeiro, Manuel Jacome, 161-2
Sousa, Alexandre Luís de, 83
Sousa, Antônia de, 121
Sousa, Caetano José de, 209, 213, 215--6, 218-9, 221-2
Sousa, Francisco Borges de, 117
Sousa, Joaquim Silvério de, 262, 269, 271, 273
Sousa, José Pereira de, 259
Sousa, Luís José de, 226, 230
Sousa, Maria Inês de, 78, 89
Sousa e Gouveia, Gregório de, 185
Spix, J. B. von, 267
Stedman, John Gabriel, 114-5
Steinberg, José, 351n
Suriname, 114

Taborda, Manuel Ribeiro, 52
Tapera, arraial, 117
Taubaté, 78, 298n
Tavares, Salvador da Rocha, 119
teatro, peças de época, 184-6
Teixeira, Anabella, 351n
Teixeira, Catarina, 117
Tejo, rio, 91, 203, 205, 231, 237

Tejuco, 17, 20, 24-5, 27, 29, 31, 37-46, 48-51, 54, 60-5, 68-9, 73, 79-84, 86-7, 99-109, 116-7, 120-2, 126, 131, 133, 135, 138-9, 141, 143-4, 150, 154-5, 157, 167, 169, 171, 176, 183, 189-90, 202, 204-5, 208, 210, 212-8, 220-2, 225, 234-5, 239, 242-7, 250-5, 259-63, 268-9, 284, 290n, 292n, 295n, 297n, 301n, 302n, 303n, 336n; arquitetura de, 39; arraial de Baixo, 37; arraial de Cima, 37; becos de, 39, 130; capela de Nossa Senhora das Mercês, 256; capela de Santo Antônio, 292n, 324n, 348n; capela do Bonfim, 176; capela do Rosário, 304n; Casa da Ópera, 314n; censo de 1774, 43, 45-6, 110, 129, 156, 290n, 291n, 339n; contrabando de diamantes em, 214; descoberta de diamantes, 29; devassas em, 103, 118; devassas episcopais em, 46, 55; estratificação da sociedade, 173; festas religiosas em, 149; hierarquia da sociedade, 128; 137; história de, 272; Hospital do Contrato, 148; igreja das Mercês, 40, 176, 245; igreja de Nossa Senhora da Conceição, 180; igreja de Nossa Senhora do Carmo, 40, 167, 262, 268, 273, 323n; igreja de Nossa Senhora do Rosário, 40, 42, 45, 174, 304n; igreja de Santo Antônio, 38, 44, 50-1, 71, 82, 124, 147, 148, 160, 163, 165, 168, 170, 172-3, 245, 256; igreja de São Francisco de Assis, 17, 40, 136, 206, 245-6, 262, 264, 287n; igreja de São Francisco de Paula, 304n; igreja do Amparo, 40, 176; igreja do

Bonfim, 40, 111; igreja do Rosário dos Pretos, 40; índice de instrução da população, 43; irmandades em, 40, 168-9; largo do Rosário, 37; moradores brancos, 39; morro de Santo Antônio, 37-8; mortalidade infantil em, 48-9, 119; mulheres negras em, 45-6; perfil dos chefes de domicílio em, 129; produção de diamantes em, 208; rua Burgalhau, 37-9, 130; rua Campo, 39, 130; rua Cavalhada Nova, 39, 130; rua da Ópera, 128-9, 132, 226, 339n; rua da Quitanda, 39, 41, 130; rua de Santo Antônio, 39; rua Direita, 38-9, 44-6, 55, 124, 129-30; rua do Amparo, 39, 110, 130, 156; rua do Bonfim, 46, 133, 256; rua do Contrato, 40, 55, 178; rua do Macau, 72, 109, 180; rua do Rosário, 45, 132, 303n; rua Francisco Sá, 39; rua Macau, 39, 130; rua Macau de Baixo, 39, 130; rua Padre Manuel da Costa, 46; rua Uruguaiana, 304n; Saint-Hilare sobre, 41; saneamento de, 39, 335n; Santa Casa de Misericórdia, 140; saraus músicais em, 186; surgimento de, 37; Teatro Público do Bairro Alto, 185; tejucanos na Universidade de Coimbra, 43; urbanização de, 41; vida cultural de, 42

Terceira Ordem da Penitência, 239

Tesouro de Chica da Silva, O, de Antônio Callado, 280

Tibães, Rosa, 111

Tinoco, Manuel Mateus, 75, 101, 308n.

Tiradentes (Joaquim José da Silva Xavier), 253-4

Todos os Santos, Ana Maria de, 160

Tomé, Maria da Silva, 121

Torres Vedras, 241

Torres, Antônio, 17-9

Torres, Rodrigo Coelho Machado, 338n

Toscana, 18

Tratado de Madri, 101

travessia marítima (Brasil — Portugal), 90-1

Três Cruzes, 64

Trindade, Raimundo, 276, 292n

Turim, 293n

Valadares, conde de, 212-5, 218-20, 222, 269, 275, 280, 314n; relação com JF, 220

Vale, Antônio Álvares do, 242

Vargem, fazenda, 74, 77, 85, 88, 194, 206

Varnhagen, Francisco, 275

Vasconcelos e Sousa, Afonso de (quinto conde da Calheta), 295n

Vasconcelos e Sousa, Antônio de (sexto conde da Calheta), 295n

Vasconcelos, Agripa, 280-1

Vasconcelos, Luís de, 254

Veiga, Domingos Ferreira da, 301n

Veiga, José Ferreira da, 91, 301n, 305n

Veiga, Xavier da, 270

Velhas, rio das, 190

Vera Cruz, Rosa Maria Egipcíaca da, 58

Verdadeiro método de estudar para ser útil à República e à Igreja, de Luís Antônio Verney, 42

Verde, Joana Lima, 351n

Verney, Luís Antônio, 42
Versiane, João Antônio Maria, 129
vestuário da época, 138-9, 158
Vialonga, 231, 340*n*
Viana, Domingos de Basto, 34
Viana, Lourenço Antunes, 84, 89, 301*n*
Viana, Manuel de Bastos, 75
Victoriense, Octavio, 351*n*
Vidigal, Antônio Martins, 337*n*
Vieira, Fernando, 351*n*
Vieira, Laureana Maria, 160
Vila da Feira, 119
Vila do Carmo, 76, 81, 292*n*, 297*n*, 298*n*, 316*n*, 322*n*, 324*n*; igreja de Nossa Senhora da Conceição, 78
Vila do Príncipe, 29, 33, 37, 39, 41, 47-50, 62, 94, 100, 104, 107, 133, 166, 181, 217, 242, 250-1; capela de Nossa Senhora dos Prazeres, 47; ouro e imigração em, 28
Vila do Ribeirão do Carmo (atual Mariana), 74, 94
Vila Nova, conde de, 98, 201
Vila Rica (atual Ouro Preto), 29, 64, 74, 79-80, 85-6, 88, 100, 126, 173, 186, 190, 200, 212, 215, 217-8, 234-5, 239, 249, 254, 257, 272, 321*n*
Viotti, Sérgio, 351*n*
visitas eclesiásticas, 51-3, 69, 256
Visitação, Francisco da, 216, 337*n*
Visitação, Josefa da Costa da, 137, 140
Volney, Constantin François, 42-3
Vultos e fatos de Diamantina, de Soter Couto, 273

Wade, Gualter, 337*n*
Wagner, Victor, 351*n*
Wilker, José, 351*n*

Xavier, Antônia, 50, 54, 129, 231
Xica da Silva, de João Felício dos Santos, 282
Xica da Silva, de Cacá Diegues, 351*n*
Ximenes, Antônio Fernandes, 92
Xiquinha por amor de Deus, peça teatral, 184
Xula carioca (Onde vás, linda negrinha), de Antônio da Silva Leite, 113

Zumbi dos Palmares, 182

1ª EDIÇÃO [2003] 5 reimpressões

ESTA OBRA FOI COMPOSTA PELA SPRESS EM MINION E IMPRESSA
PELA GEOGRÁFICA EM OFSETE SOBRE PAPEL PÓLEN SOFT DA
SUZANO S.A. PARA A EDITORA SCHWARCZ
EM JULHO DE 2021

A marca FSC® é a garantia de que a madeira utilizada na fabricação do papel deste livro provém de florestas que foram gerenciadas de maneira ambientalmente correta, socialmente justa e economicamente viável, além de outras fontes de origem controlada.